U0626365

新能源汽车工程专业联盟推荐教材

普通高等教育新能源汽车工程专业创新教材

新能源汽车节能技术

李瑞娜　张　丽　编著

机 械 工 业 出 版 社

本书的主要内容包括新能源汽车动力系统、底盘、车身及智能化的构造、工作原理等知识。全书共分为 8 章，分别介绍了新能源汽车节能技术概述、动力系统节能技术、底盘节能技术、能量回收技术、整车结构及轻量化节能技术、智能化技术、电器节能技术以及对新能源汽车节能技术的展望。

通过阅读本书，读者可以了解新能源汽车的节能技术、新能源汽车领域的前沿技术和研究成果，如最新的电池技术、电机技术等。书中具体的案例可以让读者更好地理解新能源汽车节能技术的实际应用效果，提升相应的实践认知能力。

图书在版编目（CIP）数据

新能源汽车节能技术/李瑞娜，张丽编著. -- 北京：机械工业出版社，2025. 3. --（普通高等教育新能源汽车工程专业创新教材）. -- ISBN 978 - 7 - 111 - 77919 - 3

Ⅰ. U469. 7

中国国家版本馆 CIP 数据核字第 2025P62G29 号

机械工业出版社（北京市百万庄大街 22 号　邮政编码 100037）
策划编辑：李　军　　　　　　责任编辑：李　军
责任校对：丁梦卓　刘雅娜　　封面设计：马精明
责任印制：单爱军
北京华宇信诺印刷有限公司印刷
2025 年 6 月第 1 版第 1 次印刷
184mm×260mm · 18.75 印张 · 462 千字
标准书号：ISBN 978-7-111-77919-3
定价：69.90 元

电话服务　　　　　　　　　网络服务
客服电话：010-88361066　　机 工 官 网：www.cmpbook.com
　　　　　010-88379833　　机 工 官 博：weibo.com/cmp1952
　　　　　010-68326294　　金 书 网：www.golden-book.com
封底无防伪标均为盗版　　机工教育服务网：www.cmpedu.com

汽车作为交通运输工具，在我国经济建设和发展过程中起到了十分重要的作用。随着新能源技术的不断发展，清洁能源为新能源汽车的应用提供了更加广阔的空间。新能源汽车具有零排放、低噪声、高效节能等优点。开发新能源汽车的节能技术，提高能源利用效率，减少对传统石油资源的依赖，减少车载移动源的污染物，已成为全球汽车行业的重要发展方向。对各种新型动力系统的新能源汽车来说，只有不断开展各种技术研究，提高充电速度、延长续驶里程、降低能耗，才能使新能源汽车越来越具有竞争力。

节能技术作为新能源汽车研究的重要内容，受到广泛的关注。本书旨在全面深入地介绍新能源汽车节能技术的相关知识，帮助读者更好地了解这一领域的发展趋势和前沿技术。本书从新能源汽车的基本概念入手，介绍各种类型的新能源汽车，如纯电动汽车、混合动力电动汽车、燃料电池电动汽车等的技术和应用特点，深入探讨新能源汽车动力系统各种节能技术的原理和应用，同时还介绍了电池技术、轻量化技术、能量回收技术等。通过阅读本书，读者能够全面了解新能源汽车节能技术的发展历程、现状和未来趋势。

本书可作为新能源汽车工程专业的本科生专业课教材，在编写过程中，注重了其中内容的实用性和可操作性，在每个章节中详细介绍各种节能技术的应用方法及实践经验，并设计了部分习题，帮助读者更加深入地了解新能源汽车节能技术的应用效果。

我们也希望读者能够通过阅读本书，更好地了解新能源汽车节能技术的相关知识，为未来的环保出行做出自己的贡献。

在编写本书过程中，李瑞娜老师负责整体策划、主体内容撰写、内容审核和最终定稿，张丽老师负责第 2 章、第 3 章、第 5 章中电机传动相关内容的撰写。王忠、王天鸷老师对本书提出了宝贵的修改建议，刘庆成、李旭雯、李振官、胡全等研究生也参与了书稿的整理工作，在此对他们表示衷心的感谢！此外，编者参考了大量国内外文献资料，谨向这些文献资料的作者表示深深的感谢！

由于编者水平有限，书中难免存在疏漏和不足之处，敬请广大读者批评指正。

编　者

第1章 概　述

　　汽车产业是国民经济的战略性支柱产业，是新一轮科技革命和产业变革的重要载体。党中央国务院高度重视汽车产业发展，强调要成为制造业强国，就要做汽车强国。发展新能源汽车是我国从"汽车大国"迈向"汽车强国"的必由之路，经过多年的发展，我国新能源汽车产业发展取得新的成效，为全球汽车产业转型和发展探索了中国实践，贡献了中国力量。

　　随着社会经济的飞速发展，汽车保有量不断增加，能源和环境问题日益严峻。汽车产业面临着新的发展要求，改变能源结构，充分利用电能、天然气及水能等资源，开发研究适合我国道路和交通环境的新能源和节能汽车，大力发展节能与新能源汽车是解决能源环境问题的重要举措，也是促进国民经济可持续发展，实现经济、环境、社会可持续发展的必然选择。

　　新能源汽车作为低碳化和智能化这两个未来时代主题高度融合的典型产品，涉及材料科学、信息技术、控制技术、制造工艺、制造装备等几大领域。汽车产业的发展趋势是电动化、智能化和网联化，汽车产业将是"互联网＋制造"的典型产业。因此，新能源汽车的发展对于降低我国石油进口依存度、缓解温室气体减排压力、促进产业转型升级以及带动科技创新等方面都具有重要意义。

　　通过对新能源汽车的分类与发展情况的介绍，深入了解纯电动汽车、混合动力电动汽车、燃料电池电动汽车等不同类型新能源汽车的特点与应用领域，可以更好地把握未来的发展趋势，推动可持续交通方式的普及与推广。

1.1　新能源汽车的分类与发展历程　▶▶

1.1.1　新能源汽车的定义

　　新能源汽车的概念最早出现于 20 世纪 60 年代。依据工信部于 2020 年 8 月 19 日正式发布的修改后的《新能源汽车生产企业及产品准入管理规则》的规定，新能源汽车是指采用新型动力系统，完全或者主要依靠新型能源驱动的汽车。

　　新能源汽车可以按照动力系统的特点、驱动方式或能源类型进行分类。

　　1）新能源汽车按照动力系统的不同，可以分为纯电动汽车（Battery Electric Vehicle，BEV）、增程式电动汽车（Range Extended Electric Vehicle，REEV）、混合动力电动汽车

（Hybrid Electric Vehicle，HEV）、燃料电池电动汽车（Fuel Cell Electric Vehicle，FCEV）、氢燃料发动机汽车。

纯电动汽车是一种采用蓄电池作为储能动力源的汽车。蓄电池通过充电器充电，行驶时给电机提供电源，产生动力驱动车轮转动。纯电动汽车的电控系统可以根据车速、制动等状态以及驾驶人的操作意愿，对电机进行控制，实现汽车的加速、减速、制动等操作。

增程式电动汽车是一种配有车外接充电和车载供电功能的电动汽车。增程式电动汽车的运行模式可以根据需要采用电动模式、增程模式或混合动力模式。增程式电动汽车是介于纯电动汽车和混合动力电动汽车之间的一种过渡车型，具有纯电动汽车和混合动力电动汽车的特征。

混合动力电动汽车是指驱动系统由两个或多个能同时运转的单个驱动系统联合组成的汽车。汽车的行驶功率依据实际的行驶状态由单个驱动系统单独或多个驱动系统共同提供。

燃料电池电动汽车是利用氢气和空气中的氧气在催化剂的作用下，在燃料电池中经电化学反应产生的电能作为主要动力源驱动的汽车。燃料电池电动汽车与纯电动汽车的主要区别在于动力电池的工作原理不同。

氢燃料发动机汽车是以氢气发动机作为动力源的汽车。氢气发动机将氢气燃烧所产生的热能转化为机械能来驱动车辆运行，可以实现污染物零排放，在运行过程中能够实现节能减排、绿色环保的目标，是当前较为理想的一种新能源汽车。

2）新能源汽车按照驱动方式的不同，可以分为前驱动新能源汽车、后驱动新能源汽车、四驱动新能源汽车。

3）新能源汽车按照使用特点的不同，可以分为城市型新能源汽车、长途型新能源汽车、商用型新能源汽车。

4）新能源汽车按照能源类型的不同，可以分为电动汽车、氢燃料汽车、天然气汽车和其他新能源汽车，如超级电容器、飞轮等高效储能器汽车。

1.1.2 新能源汽车发展历程

从 1834 年第一辆电动汽车诞生，到 2024 年新能源汽车在国际各大车展中唱起主角，从简单的电动汽车到今天各种类型的新能源汽车，新能源汽车的发展已经走过了 190 年的历程。经过近两个世纪的曲折发展，新能源汽车在种类、技术、市场占有率等方面都取得了不错的成绩，尤其是电动汽车的发展最为突出。

新能源汽车发展的历程可以大体分为电动汽车的诞生、电动汽车的衰落、电动汽车的复苏、混合动力及燃料电池电动汽车的发展、电动汽车市场化发展等五个阶段。

第一阶段：电动汽车的诞生。1830—1890 年间，科技的发展促进了电动汽车的诞生。1830 年，苏格兰发明家 Robert Anderson 成功将电机安装在一辆马车上。1834 年，英国人 Thomas Davenport 发明的第一辆蓄电池汽车是世界上最早的电动汽车。1847 年，美国人摩西·法莫制造了第一辆以蓄电池为动力可乘坐两人的电动汽车，如图 1-1 所示。

1881 年，法国工程师古斯塔夫·特鲁夫制造了世界上第一辆可充电的电动三轮汽车，采用铅酸可充电电池、直流电机驱动。该车在巴黎国际电力科技展上进行了展出。1899 年，德国人波尔舍发明了一台轮毂电机，替代当时在汽车上普遍使用的链条传动。随后开发了 Lohner-Porsche 电动汽车，该车采用铅酸蓄电池作为动力源，由前轮内的轮毂电机直接驱动,也是第一部以保时捷(Porsche)命名的汽车。20世纪初,从美国汽车市场上来看,电动汽车、内燃机汽车和蒸汽机汽车各占汽车市场1/3的份额。到1910年,随着内燃机汽车开始采用大规模流水线生产,成本大幅下降。由于电动汽车存在续驶里程短、充电站等基础设施不完善等问题,使得电动汽车一度退出市场。

图1-1 第一辆以蓄电池为动力可乘坐两人的电动汽车

第二阶段:电动汽车的衰落。1890—1920年间,石油的开采降低了燃油汽车的使用成本,电动汽车的发展处于劣势。全世界石油生产量增长了10倍,汽油价格下跌,大大降低了汽油车的使用成本。1911年,Charles Kettering发明了内燃机自动启动技术。1908年,福特汽车公司推出了T型车。1913年,福特(Ford)建立了内燃机汽车装配流水线,每10s就有一台T型车驶下生产线。汽油车的价格从1909年的850美元降到了1925年的260美元。内燃机汽车使用方便、价格低廉的优点逐步显现。亨利·福特以大批量流水线生产方式生产汽油车。虽然同一时期电动汽车用的动力电池技术也在飞速发展,在1910—1925年间,电池存储的能量提高了35%,寿命增长了300%,电动汽车的续驶里程增长了230%,价格降低了63%,但汽油的质量能量密度是电池的100倍,体积能量密度是电池的40倍。在使用性能方面,燃油汽车的续驶里程是电动汽车的2.3倍,动力电池充电时间也明显长于内燃机汽车燃油的加注时间。

电动汽车的续驶里程短、充电时间长成为无法与内燃机汽车抗衡的重要因素。随着道路交通系统的改善,长距离运输车辆的需求不断增加,电动汽车的黄金时代仅仅维持了20多年,便走向了衰退。随着内燃机汽车设计和制造技术的发展,在很多地区,有轨电车和无轨电车也逐步被柴油驱动的内燃机汽车取代了。20世纪20年代,电动汽车在世界上几乎消失了。

第三阶段:电动汽车的复苏。自20世纪60年代起,发达国家汽车工业的快速发展对城市空气造成了严重的污染。以石化燃料为主的内燃机汽车对石油产生了过分依赖,导致产生了一系列的政治和国家安全问题。20世纪70年代初,在石化能源紧张和一系列石油禁运危机之后,汽油价格一路飙升。电动汽车由于良好的环保性能和能摆脱对石油的依赖性,重新得到社会各界的重视。政府对电动汽车研发增加拨款,各地纷纷建立研发基地,导致了第二轮电动汽车研发高潮的到来。进入20世纪70年代,越来越多的电动汽车出现了,但是大多数电动汽车销量一般,主要受限于车速、续驶里程和外形设计。在70年代的电动汽车市场上,两家公司成为领导者,其中排名第一的是Sebring-Vanguard,生产了超过2000辆CitiCars电动汽车。70年代末期,德国戴姆勒-奔驰汽车公司生产了一批LE306电动汽车,采用铅酸蓄电池,电压180V,容量180A·h,铅酸蓄电池质量为1000kg,采用直流电机,电机最高转速为6000r/min。1976年,美国国会通过了《电动汽车和混合动力电动汽车的研究开发和样车试用法令》,拨款资助电动汽车的开发。1978年,美国通过《第95—238公法》,予以修订增加对电动汽车研发的拨款,推进能源部电力研究所与电力公司加快研制电动汽车技术。从此，国际上开始了第二轮的电动汽车研发浪潮。

第四阶段：混合动力及燃料电池等其他类型电动汽车的发展。随着人们对可持续发展认识的不断提高，越来越多的知名公司开展了对混合动力和燃料电池电动汽车的研发工作。1997年12月，丰田汽车公司首先在日本市场上推出了世界上第一款批量生产的混合动力轿车Prius，奠定了日本在混合动力电动汽车领域的世界领先地位。随着混合动力电动汽车车型的不断增多，以及产销规模的逐渐增大，许多车型表现出了良好的节能与环保性能，这标志着混合动力电动汽车市场已经成熟。国外汽车厂商于1965年设计出了世界上首款氢能汽车。我国也在1980年成功地生产出了第一辆氢燃料电池电动汽车。2003年，在通用汽车能源动力全球巡展上，引起业界人士广泛关注的"氢动三号"，已达到了通用汽车和欧宝品牌的商业化生产指标。2023年，我国氢燃料电池电动汽车产销量分别达到5600辆和5800辆，产品分别在商用车、乘用车上得到了示范化应用，我国在燃料电池电动汽车的电堆、驱动电机及控制系统等核心技术上不断取得新的突破，为燃料电池电动汽车的未来发展提供了保障。

第五阶段：电动汽车市场化发展。1994年1月，通用汽车公司生产的电动汽车Impact进入测试阶段。在4年之后，技术上逐渐成熟的Impact进入了试运行阶段。1996年，通用汽车公司已经开始制造并销售EV1电动汽车。这是一家大型制造公司用现代化批量生产的方式推出的第一款电动汽车。2008年11月，电动汽车迎来新的春天，包括欧美和中国在内的主要汽车市场国家纷纷将电动汽车列为未来汽车发展的主要方向。2008年，特斯拉推出了Roadster电动跑车，成功地打破了过去对于电动汽车性能的质疑。中国、美国、德国等国家相继出台了一系列的减排政策和补贴政策，以推动电动汽车行业的长远发展。

1.1.3 我国新能源汽车的发展

2007年，国家发展和改革委员会制定了《新能源汽车生产准入管理规则》。在《新能源汽车产业发展规划（2021—2035年)》中指出，发展新能源汽车是中国从汽车大国迈向汽车强国的必由之路。2022年，工信部编制了《关于进一步加强新能源汽车安全体系建设的指导意见》，意见督促企业建立健全新能源汽车安全体系，切实提升新能源汽车安全水平，助力实现新能源汽车产业2035年远景目标。

2008年成为我国"新能源汽车元年"，全年新能源汽车的销量增长主要是乘用车的增长，达到899辆，同比增长117%。2009年以来，在我国各种政策的扶持下，新能源汽车的市场需求大幅增加，我国新能源汽车驶入快速发展轨道。2011—2015年，我国新能源汽车开始进入产业化阶段，已在全社会推广新能源城市客车、混合动力轿车及小型电动汽车。2016—2020年，我国进一步普及新能源汽车、多能源混合动力车，插电式电动轿车及氢燃料电池轿车逐步进入普通家庭。到2021年，我国新能源汽车销量已突破百万，新能源汽车保有量已超过600万辆，占到了全球新能源汽车总量的50%以上。随着新能源汽车技术的不断突破，在政策和市场的双重作用下，到2022年，我国新能源汽车依然保持爆发式增长，全年产销量分别完成705.8万辆和688.7万辆，同比分别增长96.9%和93.4%，连续8年位居全球第一。2023年，我国新能源汽车销量为944.3万辆，同比增长30.3%。2024年，我国新能源汽车销量为1286.6万辆，同比增长35.5%。从当前行业增长趋势来看，我国新能源汽车行业或将继续维持良好的增势。宁德时代汽车电池如图1-2所示，红旗E-HS9纯电 SUV 电动汽车如图 1-3 所示。

图 1-2 宁德时代汽车电池

图 1-3 红旗 E-HS9 纯电 SUV 电动汽车

目前，随着技术的不断创新和成熟，电动汽车的销量在近年来呈现出爆发式的增长。新能源汽车产业既保持了传统汽车产业链条长的特征，又新增了电池、电机和电控等方面的重要环节。新能源汽车是汽车产业升级转型的重要方向，它的发展带动了汽车生产资源、生产方式、配套关系和产业布局的变化，为我国汽车产业结构的调整提供了机遇。新能源汽车的发展，减少了石油的消耗，降低了碳排放，保护了环境，新能源汽车的各种技术发展促进了电机、电控、电池以及各种新材料技术的创新和进步。因此，积极推动新能源汽车的普及和发展，对于实现可持续发展和建设美丽中国具有重要意义。

1.2 能量转换与节能的基本原理

1.2.1 节能的定义

节能就是节约能源，是指在保证能够生产出相同数量和质量的产品，或者获得相同经济效益，或者满足相同需要，达到相同目的的前提下能源消耗量的下降。狭义而言，节能就是节约石油、天然气、电力和煤炭等能源；广义节能是节约一切需要消耗能量才能获得的物质，如自来水、粮食、布料等。

2018 年修订的《中华人民共和国节约能源法》第三条对节能的定义为："节能是指加强用能管理，采取技术上可行、经济上合理以及环境和社会可以承受的措施，从能源生产到消费的各个环节，降低消耗、减少损失和污染物排放、制止浪费，有效、合理地利用能源。"从管理的层面看，节能工作必须从管理抓起，加强用能管理，向管理要能源。从技术的层面看，节能工作必须是技术上可行的，也就是说节能工作必须符合现代科学原理和先进工艺制造水平，这是实现节能的前提。从环境保护和可持续发展的角度来看，任何节能措施必须符合环境保护的要求，安全实用、操作方便、价格合理、质量可靠并符合人们的生活习惯。

汽车节能是指汽车在完成相同运输任务（运量或周转量）的前提下，减少燃料或能源的消耗量。为了确实达到节能的目的，新能源汽车节能研究的内容应是广义节能，如保持轮胎适当充气就能提高能效 6%，油电混合动力车等环保汽车在汽油消耗量相同的情况下，续驶里程可比内燃机汽车增加 20%。因此，本书主要从新能源汽车的动力总成、底盘、能量回收、轻量化、电器、智能化等多个方面对节能技术的原理、发展和应用进行介绍。

1.2.2 节能与能量转换的基本准则

节能的理论基础是热力学第一定律和第二定律。第一定律指明了节能的方向，第二定律指明了节能的程度。热力学第一定律和第二定律解决了能否节能的问题。

1. 热力学第一定律与节能

在热力学中，为明确讨论对象，将感兴趣的一部分物质或空间称为体系，其余部分称为环境。体系和环境之间由界面分开，常见的体系有以下几种：

1）孤立体系或隔离体系：体系和环境没有任何物质和能量交换，它们不受环境改变的影响。

2）封闭体系：体系和环境只有能量而无物质的交换，但体系本身可以因为化学反应的发生而改变其组成。

3）敞开体系：体系和环境可以有能量和物质的交换。

能量是物质固有的特性，一切物质或多或少都带有一定种类和数量的能。在热力学第一定律中，所涉及的能量通常有以下几种：

1）内能：又称热力学能，用 U 表示。它是体系内部所有粒子除整体势能和整体动能外全部能量的总和，包括分子的平动能、转动能、振动能；电子的运动能；电子与核及电子之间、核与核之间的作用能、核能；电子及核的相对论静止质量能（mc^2）；化学键能；分子之间的作用能等。体系内能的绝对值尚无法确定，但人们所关心的是内能的变化 ΔU。在确定的温度、压力下，体系的内能应当是体系内各部分内能之和，即具有加和性。

2）动能：是指体系整体具有的动能。

3）重力势能：是指体系整体具有的重力势能。

4）热：由于温差而引起的能量传递叫作热，以 Q 表示。热涉及传递方向的问题，即 Q 不仅有绝对数值，而且需要传递方向，一般规定体系得到热时 Q 为正，相反 Q 为负。

5）功：除了热之外的能量传递均叫作功，以 W 表示，是体系发生状态变化时与环境交换的能量。功和热一样，不仅有绝对数值，而且需要传递方向。一般规定体系得到功时，W 为正值，相反 W 为负值。

上述 5 种能量分为两类：一类是内能、动能、重力势能，是由于物质本身具有质量并且处在一定的状态下（温度、速度、高度），因体系自身的存在而蓄积的能量，又叫作储存能，与过程的始末状态有关，与过程本身无关；另一类是热和功，以能量传递的形式来体现，叫作传递能，它们不是状态函数，只与过程途径有关，而且热 Q 和功 W 还有正负号，以区分能量传递方向。

能量守恒定律（热力学第一定律）认为：能量既不能创造，也不会消灭，但各种能量之间可以一定的当量转换，当能量以一种形式消失时，必以另一种形式出现。

热力学第一定律所说的能量守恒是将人们所考察的体系和环境一起考虑时的能量守恒，而不是单独应用于体系。体系是我们在研究问题时感兴趣的部分，而环境则是不包括体系的其余部分。节能的目的就是尽量减少这些转移到体系之外（环境中）的能量。体系本身之间的能量转化是不守恒的，它或多或少有部分能量转移到环境中去，只有将环境和体系一起考虑作为一个统一的整体，能量守恒定律才能发挥作用。

对于一个确定的系统，在一个无限小的时间间隔内进行一个微元过程，则在此时间内传入系统内的热量 dQ 与系统所做的功 dW，以及系统内的总能量的增量 dE 之间的关系，根据热力学第一定律为

$$dE = dQ + dW \qquad (1\text{-}1)$$

式中，规定 dQ 为向系统传入热量时为正，而系统向外界放出热量时为负；规定 dW 为系统对外界做功时为负，而外界对系统做功时为正。式（1-1）说明：在 dt 时间内，传入系统的热量和功的总和等于系统总能量的增量。

系统所具有的总能量包括：

1）系统做整体宏观运动的动能 E_k。

2）系统在重力场中的势能 E_p。

3）系统内部分子做无规则运动所具有的热力学能 U，简称内能。

4）工质的化学能、核能和电磁能等。

一般情况下只研究前三种能量，而认为其他形式的能量在热力过程中保持不变。因此系统的总能量 E 为

$$E = E_k + E_p + U \qquad (1\text{-}2)$$

若系统相对于所选的坐标系没有宏观的运动，则该系统是静止系统。对于静止系统，由于无整体运动，即系统的宏观速度为零，宏观动能 E_k 为零。不考虑重力势能，系统总能量 E 简化为 E = U，此时，热力学第一定律转化为

$$dU = dQ + dW \qquad (1\text{-}3)$$

热力学第一定律说明了能量在转换过程中总量的不变性，在能量转换过程中应尽量将能量转换到感兴趣的体系中去，而不是环境中。

2. 热力学第二定律与节能

热力学第一定律指明了能量在转递过程中在不同物质中的分配，可以判断能量转移到感兴趣体系的程度，为节能工作提供方向。能量的转换过程并不是只要守恒就可以随便转换，比如将低温物质的能量转换到高温物质中，要解决这个问题，就需要热力学第二定律。

热力学第二定律有各种不同的表述方法，其中涉及范围最广泛的一种说法是，自然界中的一切自发过程都是不可逆的。自发过程是指不需要外界任何辅助条件就能自发地进行的过程。

能量传递（热功转换）过程的方向、条件和限度问题，要由热力学第二定律来回答。热力学第二定律的实质是一切自发的过程都是不可逆的。

活塞式发动机，燃料在气缸中燃烧，燃烧室气体膨胀做功，然后从发动机排出。无论气体膨胀得如何完善，膨胀后的温度总是比大气温度高，不可避免地有一部分热量排入大气，相当于向冷源放热。在热机中，要使热能连续地转换为机械能，仅有一个热源是不行的，还必须有一个冷源，即除了必须有热源供热之外，还必须向冷源排热。"向冷源排热"是热机把热能不断地转换为机械能所必须具备的条件，这就是热力学第二定律的开尔文-普朗克说法："要制成只从一个热源吸收热量并把它全部转换为功的热机是不可能的"，有的也说成"第二类永动机是不可能造成的"。

动力电池和燃料电池在能量转换过程中也符合热力学第一定律，即遵循能量守恒定律，能量不能被创造或者销毁，只能转化为其他形式。当化学能转化为电能时，总能量的量在转

换前后保持不变。动力电池和燃料电池系统也受到热力学第二定律的约束，其中包括能量转换的不可逆性和熵的增加。系统内部存在热能损失以及熵的增加，这导致燃料电池过程中产生的能量转换并非百分之百高效。

3. 法拉第定律与节能

法拉第定律描述了电化学反应中电流和化学物质消耗之间的关系。法拉第第一定律指出，在电极界面上发生化学变化的物质的质量与通入的电量成正比。这意味着电池的电能大小与反应中转移的电子数量有直接关系。法拉第第二定律说明通电于若干个电解池串联的线路中，各个电极上发生反应的物质，其物质的量相同，这进一步强调了电量与化学反应量的关系。

法拉第定律具体内容为：①当电流通过电解质溶液时，在电极（即相界面）上发生化学变化物 B 的物质的量与通入的电量成正比；②几个电解池串联通入一定的电量后，各个电极上发生化学变化物 B 的物质的量相同。在电极反应表达式中：

$$氧化态 + ze^- = 还原态$$
$$还原态 = ze^- + 氧化态$$

式中，z 为电极反应转移的电荷数，取正值。当反应进度为 ξ 时，通过电极元电荷的物质的量为 $z\xi$，通过的电荷数为 $z\xi L$（L 为阿伏伽德罗常数）。因为每个电荷所带电量为 e，故通过的电量为 $Q = z\xi Le$。定义法拉第常数为 $F = Le$，得出：通过电极的电量正比于电极反应进度与电极反应电荷数之积：

$$Q = zF\xi \tag{1-4}$$

式（1-4）即法拉第定律表达式。因 $L = 6.0221367 \times 10^{23}$ 以及 $e = 1.60217733 \times 10^{-19} C$，故法拉第常数为 $F = Le = 96485.309 C/mol$。

法拉第定律本质是物质守恒定律和电荷守恒定律在电化学过程中的具体体现，反映了物质变化与电量之间的关系。

法拉第定律不受温度、压力、电解质溶液的组成以及浓度、电极材料和形状等因素的影响，在水溶液中、非水溶液中或熔融盐中均可使用。

根据式（1-4）可以得到电流密度与电化学反应速率的关系：

$$I = dQ/dt = zFd\xi/dt = zFr_e \tag{1-5}$$

式中，r_e 为电化学反应速率。若用物质的质量 m 表示，可以得到

$$m = ItM/zF \tag{1-6}$$

式中，M 为物质的摩尔质量。用电解时间去除式（1-6），可以得到生成速率的表达式：

$$dm/dt = IM/zF \tag{1-7}$$

法拉第定律为研究电化学反应动力学奠定了理论基础，解释了电池和燃料电池内部的化学反应如何转化为电能，以及影响电池性能的因素。

根据法拉第定律，动力电池中的电流与化学反应中的物质消耗成正比。换言之，电池放电时，通过电极和电解质的化学反应释放出电子，产生电流，直接与电池放电的化学反应量成正比。因此，为了延长电池的使用时间，可以通过优化电池的设计、提高电池的能量密度和效率来减少化学反应中的物质消耗，从而间接降低电池的能量损耗。

燃料电池可直接将化学能转化为电能，效率比传统的热力发电更高。根据法拉第定律，燃料电池中的电流量与反应中的化学物质消耗成正比，为了提高燃料电池的节能效率，可以

通过优化催化剂、电极和电解质的设计，减少电化学反应中的损耗，提高电流的利用率。

4. 节能的基本指导思想

1）能量守恒必须将体系和环境一起考虑，单独考虑体系时，能量是不守恒的，这为节能工作的可能性提供了理论依据。

2）体系能量在转化过程中，节能工作的方向是减少能量向环境的转移，这样体系能量利用率才能提高，节能工作才有成效。如各种燃料转变成热量再由热量转变成各种其他能量时，应尽量将燃料燃烧的热量转移到体系中去，减少转移到环境中的热量。

3）能量有品位高低，一般情况下，不要将高品位的能量等量转变成低品位能量。如将电能转变成热能时，不要直接转变，要通过制热机提高能源效率系数。

4）低品位能量不能完全转变成高品位能量，在转变的过程中需要付出一定的代价，所付出的代价是一部分能量转移到环境中去，如能充分利用转移到环境中去的这部分能量，则可大大提高能量的利用效率。如利用燃料燃烧产生的热量做功发电时，热量转化为功的效率有理论上的极限，受到客观条件的限制较难改变，但可以通过热量的梯级利用，热量在做功发电的同时，还进行供暖和制冷，使排放到环境中的无效能量大大减少，以达到节能的目的。

1.3　新能源汽车的节能评价指标

新能源汽车的动力系统将能量（电能、燃料化学能等）转化为有效动力输出传递到车轮使汽车前进，新能源汽车节能评价指标是衡量新能源汽车在使用过程中能源利用效率和减少能源消耗的指标，常见的节能评价指标有动力系统节能评价指标、传动系统节能评价指标、行驶系统节能评价指标等。

1.3.1　动力系统的节能评价指标

目前，汽车的动力系统正从发动机向混合动力、电动、燃料电池过渡，以实现汽车能源的多元化。混合动力电动汽车需要消耗电能和汽油两种能量介质，可外接充电式混合动力汽车的部分电能还来自于电网充电。研究表明，$1kW \cdot h$ 的能源可供传统燃油车行驶 $1.5 \sim 2.5km$，电动汽车利用 $1kW \cdot h$ 的能量可行驶 $6.5 \sim 7.5km$。针对电动汽车的能耗试验方法，国家颁布了标准 GB/T 18386。针对混合动力电动汽车能耗试验方法，国家质检总局颁布了标准 GB/T 19753、GB/T 19754 和 GB 22757.2。针对燃料电池电动汽车目前也制定了相应的行业和团体标准。

常见的新能源汽车动力系统节能评价指标有：

1. 燃油经济性

燃油经济性指汽车行驶过程中，消耗一定量的燃油所能行驶的距离。常用的是"百公里油耗"，即车辆在道路上按一定速度行驶 100km 的油耗，单位是升/百千米（L/100km）。

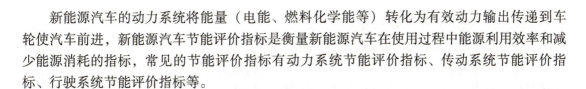

$$Q = 100F_C/D \qquad (1-8)$$

式中，Q 为 100km 的油耗（L/100km）；F_C 为行驶了 D km 消耗的燃油量（L）；D 为汽车行驶的里程（km）。

2. 能效比

能效比指汽车发动机输出功率与燃料能源输入之间的比例关系，用百分比表示，见式（1-9）。能效比越高，表示汽车在相同能源输入下能够产生更多的有用功。传统燃油车发动机能效比较低，通常在20%～30%，即只有燃料能的20%～30%被转化为有效的动力输出，剩余的能量以废气、散热等形式损失。而先进的节能技术和新能源技术则可以显著提高汽车发动机的能效比，从而减少燃料消耗和尾气排放。例如，混合动力电动汽车的能效比通常可以达到40%以上，电动汽车则可以实现100%的能量利用，没有任何废气排放。燃料电池电动汽车也具有很高的能效比，可以达到50%以上。除此之外，轻量化技术、智能辅助系统等也可以提高汽车的能效比。

$$EER = \frac{P_{eo}}{P_{ei}} \times 100\% \qquad (1-9)$$

式中，EER 为能效比；P_{eo} 为有效输出功率（kW），即汽车在运行时实际输出的功率；P_{ei} 为能源输入功率（kW），即消耗能源为发动机提供的功率。

3. 能量经济性

电动汽车能量经济性采用单位行驶距离所耗电网的能量来度量，即

$$C = E/D \qquad (1-10)$$

式中，C 是电动汽车能量经济性（W·h/km）；E 是充电期间来自电网的能量（W·h）；D 是充满电后的续驶里程（km）。在实际工程实践中，常采用100km所耗能量来代替，即

$$C_{100} = 0.1C \qquad (1-11)$$

式中，C_{100} 为100km所耗能量（kW·h/100km）。

电动汽车能量经济性的上述指标通常在等速法或工况法的条件下测量计算获得。根据车辆不同类型，等速法是以60km/h或40km/h的车速匀速进行，而工况法则按照一定的工况循环进行，如图1-4a所示的NEDC或图1-4b所示的WLTC。

4. 充放电效率

充放电效率是新能源汽车的重要节能指标。充电效率表示在充电过程中，新能源汽车电池接收的电能与实际储存的电能之间的比例，见式（1-12）。放电效率表示在一定的放电条件下，新能源汽车电池放出的电能与实际消耗的电能之间的比例，见式（1-13）。较高的充放电效率意味着更少的能源浪费、更快的充电速度和更长的续驶里程。

$$CE = E_s/E_i \qquad (1-12)$$
$$DE = E_o/E_d \qquad (1-13)$$

式中，CE 为充电效率；DE 为放电效率；E_s 为储存电量（kW·h），E_o 为放出电量（kW·h），分别指电动汽车在充放电过程中实际储存与放出的电量；E_i 为充电时所供给电量，E_d 为放电时所消耗电量，分别指电动汽车在充放电过程中实际获得与消耗的电量。

在计算新能源汽车的充电效率时，还需要考虑充电设备的转换效率、电池充电过程中的能量损耗等。

5. 电机系统效率

驱动电机系统是新能源汽车的核心，电机系统效率表示实际使用中电机的输出效率和控制器效率的积，见式（1-14）～式（1-16）。电机系统效率是新能源汽车的重要性能指标。较高的电机系统效率意味着更少的能源消耗与更强的驱动能力。

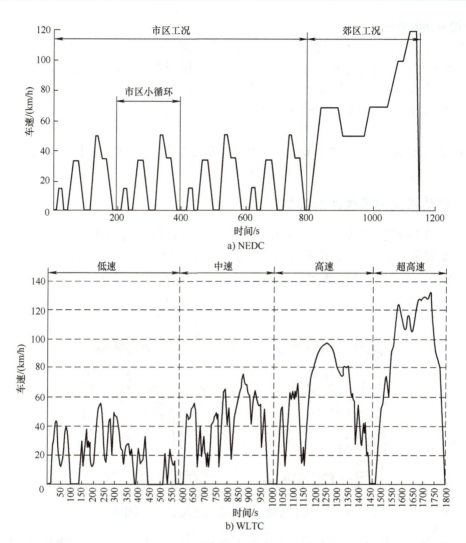

图 1-4　工况法续驶里程测试循环的工况循环举例

$$\eta_{ms} = \eta_m \eta_c \qquad (1\text{-}14)$$

$$\eta_m = P_{mo}/P_{mi} \qquad (1\text{-}15)$$

$$\eta_c = P_{co}/P_{ci} \qquad (1\text{-}16)$$

式中，η_{ms} 为电机系统效率；η_m 为电机效率；η_c 为控制器效率；P_{mo} 为电机输出功率（kW）；P_{mi} 为电机输入功率（kW）；P_{co} 为控制器输出功率（kW）；P_{ci} 为控制器输入功率（kW）。

6. 电动汽车续驶里程

对于电动汽车来说，续驶里程是重要的节能指标。它表示在电动模式下，新能源汽车可以行驶的最大距离，见式（1-17）。较长的纯电续驶里程意味着更少的能源消耗和更低的碳排放。

$$BER = E_s/E_c \qquad (1\text{-}17)$$

式中，BER 为续驶里程（km）；E_c 为能量消耗量（kW·h/km），指电动汽车在规定工况下行驶单位里程的电池能量消耗量。

7. 能量回收效率

新能源汽车通常采用能量回收技术，回收车辆在制动或惯性滑行中释放出的多余能量，并通过发电机将其转化为电能，再储存在蓄电池中，用于之后的加速行驶，以此达到节约电量、优化续驶里程的目的。能量回收效率是指回收到的制动能量除以可回收的制动能量，见式（1-18）。较高的能量回收效率意味着更长的续驶里程。

$$\eta_{be} = BE_r / BE_{re} \tag{1-18}$$

式中，η_{be} 为制动能量回收效率；BE_r 为回收到的制动能量（kW·h）；BE_{re} 为可回收的制动能量（kW·h）。

1.3.2 传动系统的节能评价指标

汽车传动系统是指将发动机或驱动电机的动力传递给汽车轮胎以推动车辆前进的系统。汽车传动系统主要由发动机、驱动电机、转矩合成器、电机控制器、离合器（或自动变速器）、变速器、传动轴、差速器和驱动轮组成。纯电动汽车和混合动力电动汽车动力系统示意图如图1-5所示。

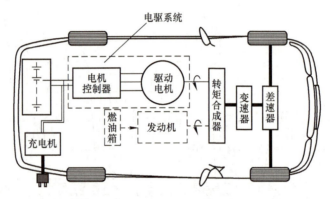

图 1-5　纯电动汽车和混合动力电动汽车动力系统示意图

汽车传动系统的节能评价主要与动力损失有关。汽车传动系统中存在多种动力损失，这些损失会影响动力总成最终传递到车轮上的效率。一般来说，汽车传动系统的动力损失可以分为以下6种主要类型。

1）机械传动损失：包括齿轮、传动轴、万向节等传动部件的摩擦损耗，以及由于传动链条或传动带传动引起的能量损失。

2）液体动力损失：对于自动变速器，液力变矩器和液压离合器会导致液体动力损失，这是由于在传输动力时液体流动引起的能量损耗。

3）空气阻力损失：包括车辆行驶时所受到的空气阻力，这会消耗一部分动力。

4）惯性损失：在加速和减速时，车辆的惯性会导致能量的损耗。

5）轮胎和制动系统损失：轮胎与地面的摩擦以及制动系统的摩擦都会导致一定程度的能量损失。

6）辅助设备损失：辅助设备（如空调、发电机等）的工作会对发动机产生额外负荷，从而造成动力损失。

汽车传动系统的动力损失会导致动力总成的实际输出功率小于输入功率，从而使整个传动系统的效率下降。换言之，为了获得相同的动力输出，汽车需要更多的能量，从而导致能量经济性下降。同时，汽车传动效率降低，会导致汽车的动力性能（如加速性能）下降。因此，为了提高汽车传动系统的性能和效率，需要减少动力损失。

1.3.3　行驶系统节能评价指标

汽车行驶系统节能评价指的是对汽车在行驶过程中的能源利用效率进行评估和评价的过程。这个评价过程涉及多个方面，包括车辆本身的设计特性、驾驶人的驾驶习惯以及行驶环境等因素。

评价汽车行驶系统节能性能的目的是为了衡量汽车在实际行驶中对能源的利用效率，从而帮助用户选择更节能的汽车或者改进现有汽车的行驶节能性能。评价方法可能包括实际的燃油消耗数据、行驶模拟测试、驾驶行为分析等多种手段。具体评价指标有实际油耗、能源利用效率、轮胎滚动阻力等。汽车行驶节能评价可以帮助制定相关法规标准、推动技术创新，并且对环境保护和能源资源的有效利用具有积极的意义。

1. 传动效率

传动效率是电动汽车设计中一个至关重要的指标，它直接关系到车辆能源利用的效率。

1）以发动机作为汽车动力源的汽车传动效率是指从发动机输出的动力到达车轮的有效转换比例。

汽车传动效率计算公式为

$$\eta = (P_{output} / P_{input}) \times 100\% \tag{1-19}$$

式中，P_{output} 为发动机输出到车轮的功率，通常可以通过测量车辆加速能力或使用底盘测功机来获得；P_{input} 为从发动机输出的总功率，通常可以通过测量发动机的最大转矩和转速来估算。

传动效率的高低取决于多个因素，包括传动系统的类型（手动、自动等）、齿轮组件的设计、材料和润滑情况以及传输过程中的摩擦损耗等。传动效率的提高可以减少能量损失，从而提高燃油经济性，同时还可以减少传动系统元器件的磨损和热量产生，从而有助于提升传动系统的耐久性和可靠性。在环保和排放方面，通过提高传动效率，汽车可以以更高效的方式利用能源，减少能源浪费，从而降低尾气排放，对环境更加友好。

2）对于电动汽车，传动系统效率的主要影响因素包括变速器的机械传动效率、档位数、各档传动比以及换档规律。变速器的机械传动效率会影响动力传动系统效率。变速器的机械传动效率是由变速器的各种寄生损失决定的，为了提高机械传动效率、必须减少寄生损失。变速器的档位数及各档传动比影响驱动电机及其控制器运行的工作点，进而影响电机和电机控制器的运行效率和变速器的机械传动效率，从而间接影响整个动力传动系统效率。另外，变速器在不同档位工作时，变速器的机械传动效率也会发生变化。自动变速器的换档规律决定了换档的时机，适当的换档规律可以使驱动电机及其控制器经常在效率较高的区域工作，从而提高整个动力传动系统的效率。

2. 能源转化效率

能源转化效率是衡量新能源汽车能源利用程度的重要指标，表示新能源汽车能量从动力系统传递到车轮上的能量转换效率。较高的能源转化效率意味着更低的能源浪费和更高的动力输出效果。

1）对于以发动机为动力的汽车，汽车的能源转化效率可分为发动机燃烧效率、传动系统效率、轮胎和道路摩擦效率。发动机燃烧效率是指发动机将燃料的化学能转化为机械能的效率，通常为30%~40%。传动系统效率是传动系统的效率。轮胎和道路摩擦效率是轮胎与道路接触时所产生的摩擦力与传动系统传递到车轮的驱动力的比值。

2）对于电动汽车，汽车的能源转化效率可分为电池的能量转换效率、电机的效率、传动系统效率、轮胎和道路摩擦效率。其中，电池的能量转换效率是指电池将储存的化学能转换为电流的效率。电机的效率一般是车上永磁同步电机或异步电机的效率，通常可以达到90%以上。

3）对于燃料电池电动汽车，汽车的能源转化效率可分为燃料电池堆的效率、电机的效率、传动系统效率、轮胎和道路摩擦效率。其中，燃料电池堆的效率是指将氢气和氧气（通常是空气中的氧气）通过电化学反应产生电能的效率。

4）对于混合动力电动汽车，能量的来源有电能和机械能两种不同的形式，能源转化效率的计算需要先对电能和燃油消耗量进行等效换算。电能和燃油消耗量的等效换算，也有助于对比电动汽车与传统燃油车的能源转换效率。

电能换算成燃油消耗量的公式见式（1-20）~式（1-22）。

$$NEC = \int UI\mathrm{d}t = SOC \times C\Delta U \tag{1-20}$$

$$V_e = NEC \times \eta_m / (D_{fuel} Q_{fuel} \eta_{eng}) \tag{1-21}$$

$$V_w = V_{fuel} + V_e \tag{1-22}$$

式中，η_m 是电驱动系统电能到机械能的转换效率；η_{eng} 是发动机燃料燃烧后内能到机械能的转换效率；D_{fuel} 是燃料密度；Q_{fuel} 是单位质量燃料的能量比。

式（1-20）是计算电池中的电能增量 NEC，通过电池电压 U 和电流 I 实时积分计算得到。NEC 也可以通过测试汽车行驶前后电池的电量百分比 SOC 估算消耗的电能。式（1-21）是将 NEC 换算成燃油消耗量 V_e。式（1-22）是将实际燃油消耗量 V_{fuel} 与 V_e 相加得到等效的燃油消耗量 V_w。

1.3.4 电动汽车能量流测试

在电动汽车整车开发过程中，能耗是评价整车经济性的关键指标，电动汽车能量流是评价电动汽车能耗规律、识别电动汽车能耗关键因素的重要方法。电动汽车的实际驾驶场景（如工况、驾驶习惯、环境、温度等），都会影响电动汽车能量流。

现有的电动汽车开发流程往往在零部件或者系统级别进行台架验证后，按照国家标准进行整车级别的验证，但是实际应用中会产生以下问题：

1）评价维度单一：标准测试仅考核工况续驶里程和能耗两个整车级别指标，对零部件指标如电机效率、传动效率、DC/DC 效率、电池充放电性能等均不考核。

2）结果分析困难：因为零部件台架测试工况和整车工况无法保证一致，且零部件集成技术也会显著影响整车能耗表现，但是无有效手段将整车能耗分解到零部件，造成整车能耗和续驶里程不达标时无法评估优化方向。

为了解决以上问题，进行整车级别的能量流测试，将不同工况的整车能耗按照零部件指标进行逐级分解，精确评估整车能耗优化方向和零部件具体优化措施。

电动汽车能量流主要通过以下两种方式获得：一是通过整车台架试验，测试各个系统、部件的能量占比；二是获取一定数量车辆的样本，通过统计和数据分析获得各系统的能耗分布。当前我国对电动汽车续驶里程和能耗测试的标准有 GB/T 18386.1—2021《电动汽车能量消耗量和续驶里程试验方法　第 1 部分：轻型汽车》和 GB/T 18386.2—2022《电动汽车能量消耗量和续驶里程试验方法　第 2 部分：重型商用车辆》。该标准是当前测试电动汽车能量消耗量与续驶里程的主要依据，是国家规定的能耗公告测试标准。

随着电动汽车销量的增加，汽车市场上关于高低温续驶里程降低的问题也在增加。中国汽车技术研究中心推广的 EV-Test 测评规程和中国汽研汽车工程技术中心推广的新能源汽车评价规程（以下简称 CEVE）是我国两个具有代表性的电动汽车测试规程。这两种测试规程与国标的主要差别在于工况选择的不同，表 1-1 为 3 种工况的主要差别。现行标准 GB/T 18386.1—2021 使用 CLTC-P 工况，即中国乘用车驾驶循环工况，与 EV-Test 保持一致，CEVE 选择燃油车测试法规标准，即 WLTC 工况循环。

表 1-1　3 种能耗测试工况对比

测试项目	GB/T 18386.1—2021	EV-Test	CEVE
测试工况	CLTC-P	CLTC-P	WLTC
常温续驶温度/℃	23 ±5	23 ±5	23 ±3
高温续驶温度/℃	30 ±2	35 ±3	35 ±3
低温续驶温度/℃	−7 ±3	−7 ±3	−7 ±3
高速续驶工况	—	100km/h 等速	120km/h 等速
测试质量	参考 GB 18352	加载 100kg	加载 100kg

1.3.5　全生命周期评价

1. 生命周期评价的概念

生命周期评价（Life Cycle Assessment，LCA）是一种评价产品、工艺过程或服务系统，从原材料的采集、加工到生产、运输、销售、使用、回收、养护、循环利用和最终处理整个生命周期系统对环境负荷影响的方法。ISO 14000 环境管理系列标准的定义是汇总和评估一个产品或服务体系在整个生命周期内所有投入及产出对环境造成的潜在影响的方法。目前，我国 GB/T 24040—2008《环境管理　生命周期评价　原则与框架》和 GB/T 24044—2008《环境管理　生命周期评价　要求与指南》也对生命周期评价进行了规范。

生命周期评价已广泛应用于整个工业社会，涉及产品及生产工艺的设计和改进的决策、环境政策制定、废弃物管理等各个方面，在汽车产业领域也得到了广泛应用，被认为是 21 世纪极具潜力的可持续发展支持工具。

在生命周期评价的基础上，发展了一系列新的理念和方法，如生命周期设计（Life Cycle Design，LCD）、生命周期工程（Life Cycle Engineering，LCE）、生命周期核算分析（Life Cycle Cost Analysis，LCCA）及为环境而设计（Design for Environment，DFE）等，这些方法也在各个领域都得到了广泛应用。

2. 生命周期评价在新能源汽车上的应用

随着人们对环境保护意识的逐渐增强以及对产品生产消费过程中可能产生作用的了解，

生命周期评价法（当时被称为资源环境状况分析）于1998年开始应用于汽车的能源消耗和环境排放情况的研究中。

新能源汽车生命周期评价就是利用生命周期评价的理论方法，系统地、定量地分析和评价新能源汽车从原材料开采、零部件制造、使用到最终回收再利用的整个生命周期过程中对环境造成的潜在影响。

针对机动车的生命周期能耗和排放评价，应用较多的工具为Argonne开发的GREET模型。针对不同的燃料类型和车辆，"从井口到车轮"（From Well to Wheel，WTW）的全生命周期对燃料进行评价，包括两个主要阶段："从油井到油箱"（Well-to-Tank，WTT）和"从油箱到车轮"（Tank-to-Wheel，TTW），如图1-6所示。WTT阶段包括一次能源开采、运输，燃料的生产、运输、分配和储存，以及燃料的加压过程；TTW阶段即车辆运行阶段，此阶段的研究对象是机动车行驶中燃料的燃烧和排放。

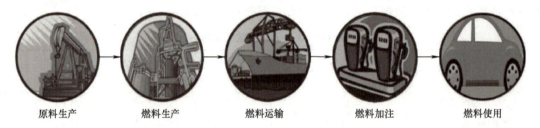

原料生产　　　　燃料生产　　　　燃料运输　　　　燃料加注　　　　燃料使用

图1-6　汽车燃料全生命周期研究边界

（1）能耗计算　WTT是燃料制取的过程，即从矿井到加注机/充电桩的过程。对于汽油、柴油、天然气等化石燃料来说，主要包括原料的开采、加工和燃料的运输过程。在能源制取阶段，汽油、柴油、天然气等直接从一次能源提炼制取而来的能源，只需提供开采、炼化的能耗，能耗并不高。以天然气为例，开采、加工效率为97.2%，液化效率为91%，加上过程中的一些逸散损失，最后WTT阶段的综合效率为83%左右。TTW阶段表示汽车燃料的加注和使用过程，主要的能耗和排放集中在发动机的驱动过程，排放高低取决于燃料成分，而能耗高低主要取决于发动机的类型。将WTT和TTW两个阶段的能耗累加，即得到汽车燃料在全生命周期内的能耗。

不同能源开采、生产路径及自身特点都有所不同，往往涉及多种一次能源，需要对每种能源进行计算迭代。WTT阶段内的总能耗计算公式见式（1-23）。

$$E_{WTT} = \sum E_i(1 + E_{生产,i} + KE_{开采,i}) \tag{1-23}$$

式中，E_{WTT}是生产单位能源产品的总能耗（MJ）；E_i是生产单位能源产品消耗燃料的能量（MJ）；$E_{生产,i}$是燃料i生产阶段能耗（MJ）；$E_{开采,i}$是燃料i开采阶段能耗（MJ）；K是损失系数。

TTW阶段的能耗主要影响因素为由车辆的100km油耗，也称燃油经济性，通过燃油经济性可以计算得到各种驱动技术车辆每行驶单位里程所消耗的能量，并由此与燃料上游阶段的计算结果相衔接。TTW的能耗计算公式见式（1-24）。

$$E_{TTW} = LHV \times \rho \times FE \times 10^5 \tag{1-24}$$

式中，E_{TTW}是燃料下游阶段总能耗（kJ/km）；LHV是燃料的低位发热量（kJ/km）；ρ是燃料的密度（kg/m^3）；FE是燃料的燃油经济性（L/100km）。

将 WTT 和 TTW 阶段的能耗单位统一并相加即得到全生命周期 WTW 内的总能耗。

（2）排放计算 全生命周期的排放计算与能耗计算类似，也分为 WTT 和 TTW 两个阶段来考虑。污染物的排放主要采用排放因子法计算，CO_2 和 SO_2 排放采用平衡法计算，排放因子计算方法见式（1-25）。

$$EM_j = \sum E_i \times EF_{i,j} \qquad (1-25)$$

式中，EM_j 是污染物 j 的总排放（g/MJ）；$EF_{i,j}$ 是燃料 i 燃烧时污染物 j 的排放因子（g/MJ）。

1.4 新能源汽车的节能途径和技术

影响新能源汽车节能的主要因素有动力系统（混合动力系统、电驱动系统、发动机动力系统、燃料电池系统等）、底盘、整车结构和轻量化、能量回收、车用电器、智能化等方面。

开展新能源汽车动力系统包括混合动力系统的节能技术、高效能量管理、动力总成智能控制技术的研究，提高整车动力系统的效率和能量智能化控制水平；开展动力电池的轻量化和高效冷却技术的研究，提高动力电池的能量密度和驱动电机的效率；开展新能源汽车的动力系统与整车软硬件协同优化、节能驾驶辅助系统的研究，可以进一步提高新能源汽车的节能适应性；开展新能源汽车的行驶与动力驱动系统匹配的节能研究，运用大数据模型，结合车联网等技术，预测和制定整车的运动规划；开展新能源汽车的行驶道路环境与动力系统、行驶系统的自适应动态控制方法的研究，可以进一步提升新能源汽车的节能效果。因此开展新能源汽车节能技术的研究是保持新能源汽车持续、健康发展的永恒课题。

1.4.1 动力系统的节能技术

1）提高发动机的热效率。提高发动机的性能、优化燃烧与进气系统以及开发替代燃料发动机来提高发动机的热效率。应用缸内直喷技术、增压技术、可变气门技术、可变压缩比技术、电子节气门等进气系统优化技术；开发替代燃料发动机，利用化学能、氢能、电能等新能源；开发高效的发动机燃烧模式，优化燃烧系统；采用朗肯循环等工作循环方式、余热回收等技术，从而提高发动机的热效率。

2）采用低摩擦技术和附件电动化来提高有效效率。降低发动机的摩擦损失也是提高发动机的热效率、实现节能的有效途径。针对发动机的运动件，采用类金刚石减摩涂层和低摩擦系数的材料，对气门机构、活塞环组件和气缸套表面涂层处理，以提高运动件的耐磨性，从而降低发动机的摩擦损失。对发动机润滑系统的机油泵、冷却系统的水泵、风扇等零部件，采用电控驱动，减少机械驱动，进一步降低机械损失，从而提高发动机的有效效率。

3）减少能量传输损失和提高传动效率。优化变速器，包括多档位手动变速器（Manual Transmission，MT）、多档位自动变速器（Automatic Transmission，AT）、电控机械式自动变速器（Automated Mechanical Transmission，AMT）、无级变速器（Continuously Variable Transmission，CVT）和双离合变速器（Dual Clutch Transmission，DCT）。变速器档位越多，汽车处于最经济工况运行的可能性越大。同时辅以换档提醒装置，运用计算机运算，比较发动机的转速和转矩，显示适合驾驶状况的最佳档位，提示驾驶人采取更经济的驾驶模式，从而实现高效节能。

1.4.2 智能能量管理系统

1）优化动力电池与发动机的动力输出。应用控制技术，结合车载传感器和外部信息源，实时获取并处理大量数据，优化电池与电机之间的能量流动，为电池管理和能量分配提供精确的决策依据，降低能量损耗。尤其是混合动力电动汽车，发动机与动力电池的相互配合为汽车提供动力，需要对电池的剩余电量、燃油存量、汽车行驶的状态、道路的情况等因素进行综合考虑后做出判断，决定发动机介入或退出工作，为汽车的行驶提供动力或给动力电池充电。

2）实时监测电池以提高存储效率。实时监测电池的充放电状态、驾驶条件、汽车行驶的速度、路面状况和外部环境因素，对车辆未来的能源需求进行预测，对驱动电机的输出进行精确调整，以实现最大化的能量输出和存储效率，从而避免动力电池过度放电或充电导致的性能下降和损害。

1.4.3 动力电池的高效冷却

高效冷却可以提高动力电池的工作效率。动力电池是新能源汽车的能量存储中心，其状态直接影响整车的性能和续驶里程。当动力电池处于充放电状态时，动力电池内部进行的化学反应会产生大量的热量。先进的实时监测高效冷却系统对于动力电池温度的控制起到核心的作用。利用流体、风冷或相变材料，冷却系统能够迅速带走动力电池产生的多余热量，使其保持在一个合理的工作温度范围内。通过对动力电池温度的实时监测，传感器可以为冷却系统提供准确的反馈信息，实时监测系统可以根据动力电池的实际需求进行调节，保证了动力电池的安全性，提高了动力电池的工作效率。

1.4.4 高效智能电机控制技术

精确控制提高驱动电机的效率。驱动电机性能直接影响汽车的动力性能、加速性能、制动性能以及续驶里程等各项指标。对驱动电机的转速、转矩和工作状态进行精确控制，以确保电机始终以最佳的效率运行。应用现代电机控制技术，特别是磁场定向控制和变频调速技术，为新能源汽车的电机提供了强大的动力支持。磁场定向控制技术可以确保电机始终在最佳的工作状态下运行，提高电机的效率和响应速度；变频调速技术则能使电机根据外部驾驶条件和需求动态调整转速，为驾驶人提供更加稳定和平滑的驾驶体验。这些技术的实施需要与车辆的其他系统及部件，如电池管理系统、传感器和控制器等紧密协作，共同形成一个高效、稳定的整车控制网络。可以极大地提高驱动电机的效率和能源利用率。

1.4.5 整车结构和轻量化技术

1）改善汽车车身的形状。风阻系数小，可以降低汽车行驶时所受的空气阻力，采用流线型车身、侧裙、导流尾椎、主动进气格栅、优化的前照灯设计、车顶和车底的设计，以及降低轮胎与空气摩擦力的轮圈设计来降低流动阻力。

2）轻量化技术。采用铝、镁、陶瓷、塑料、玻璃纤维或碳纤维复合材料等轻质材料来减少汽车的质量。通过分析载荷传递路径来优化结构设计，优化零部件的尺寸参数及形状，改善加强筋、凹凸结构的形状、位置和数量。采用承载式车身和减薄车身板料厚度优化车身结构，进一步减少汽车的整体质量。

3）汽车轮胎的选择。采用低滚阻轮胎，优化了花纹沟槽角度，增强了湿路防滑性能；采用无规变节距胎面设计，减小了运动振动，提高了耐异常磨损能力；采用高刚性肋骨设计，提升了高速行驶时的稳定性。

1.4.6 汽车电器的节能技术

降低辅助系统能量消耗。使用高效空调，压缩机自动感应环境温度，精确调节车内设定温度的冷气量，当车内温度接近驾驶人设定的舒适温度时，压缩机自动停止工作，以保持温度恒定；当温度上升时，压缩机自动工作，以实现节油效果。采用电动助力转向系统（Electronic Power Steering，EPS）、发动机冷却风扇智能控制系统、高效率发电机等，都可以达到节能的目的。使用 LED 节能灯，也可以降低灯具的能源消耗。

1.4.7 实时高效动能回收

再生制动能量回收。运用再生制动能量回收技术可以将新能源汽车制动时产生的动能有效地转化为电能并存储到动力电池中。回收新能源汽车减速或制动时产生的能量，可以形成一个相对闭合的能量循环系统。依据制动安全性和稳定性要求，优化动态能源管理系统和节能驾驶辅助系统，对再生制动的强度和时间进行精确的实时调整，以确保车辆在各种驾驶情境下都能达到最佳的能量回收效果。除此之外，还有振动能量回收等方法。

1.4.8 节能驾驶辅助系统

1）大数据模型预测实现节能。在汽车行驶过程中，各种不可预测的因素，如路况、交通流量、天气条件等都可能影响车辆的能效。车辆在道路上行驶时会产生大量的数据，如从驾驶行为、电池使用、车辆状态等方面形成的大量数据。智能能量管理系统能够根据历史数据和算法模型来预测未来的驾驶模式和能量需求，通过各种深度学习和机器学习算法，合理规划车辆行驶路线等来提高能源利用效率。

以汽车在不同道路行驶控制为例：在城市拥堵道路上，预测道路前方的交通流，调整汽车动力系统的能量输出。针对混合动力电动汽车，应用模型预测和智能能量管理系统，可以控制动力电池与发动机的运转方式。在高速公路上，可以根据路面情况、风向和其他环境因素自动调整车辆的行驶策略，提高能源利用效率。

以新能源汽车的动力电池为例：可以对动力电池在不同条件下的工作数据进行分析，通过大数据的模型预测，对前方有堵车、上坡或下坡路段路况进行预测，可以提前调整能源使用策略，对驱动电机和动力电池系统做出相应的调整，预测电池的老化速度和可能出现的问题，以减少不必要的能源消耗。

2）软硬件协同优化确保车辆各系统的高效运行。在汽车设计和开发过程中，实施软硬件协同优化能促进跨学科交流和协作。硬件不仅要能够快速响应外界变化，还需要有足够的计算能力来支持软件的运行。软件需要具备较强的灵活性，以适应不同的驾驶环境和条件。通过最佳的软件设计策略，确保软硬件协同优化的最大效益。

3）自适应动态控制方法提升效率。自适应动态控制方法为新能源汽车提供了更为智能和灵活的控制方式。通过传感器采集的实时数据，应用先进的控制算法对数据进行深度解读、模拟和预测车辆的行为和性能，能够自动响应并适应汽车行驶过程中各种不同的驾驶条件。自适应动态控制方法的核心在于自我学习和性能调整，能够使汽车在各种不同的驾驶情境下都能表现出最佳的性能和效率。

新能源汽车的各种节能措施不仅代表着节能技术的进步，还是对可持续交通理念的具体实践和拓展，对新能源汽车的综合性能及用户体验具有重要的意义。

———— 思 考 题 ————

1. 什么是新能源汽车？新能源汽车节能有什么意义？
2. 节能的基本概念是什么？
3. 节能与能量转换基本准则有哪些？
4. 新能源汽车的节能可以从哪些方面进行评价？具体有哪些评价指标？
5. 新能源汽车节能有哪些影响因素？主要途径有哪些？

第2章 新能源汽车动力系统的节能技术

新能源汽车的发展离不开动力系统的创新与优化，动力系统作为节能技术的核心，更加关系到新能源汽车的续驶里程、性能和市场竞争力。提高新能源汽车动力系统的节能技术水平，对于推动新能源汽车产业的持续发展、解决全球能源危机和环境污染具有重要的现实意义和战略价值。

2.1 发动机的节能技术

在新能源汽车中，虽然发动机不再是唯一的动力来源，但仍然是新能源汽车系统中不可或缺的一部分。采用低碳燃料（氢、氨、甲醇等）和可再生燃料的发动机，未来很有可能是商用车的主要动力源。对于混合动力电动汽车，发动机可以直接驱动汽车行驶，也可以驱动发电机给电池充电。因此，发动机的节能技术在新能源汽车中仍然发挥着重要的作用，有助于降低整车能耗和排放，并提高能源利用效率。

2.1.1 影响发动机节能的因素

发动机节能技术的核心是提高发动机的热效率，提高热效率就要组织好发动机的工作过程，减少各种损耗。

1. 影响发动机热效率的因素

根据汽油机、低速柴油机和高速柴油机的理想循环热效率的计算公式，分别见式（2-1）、式（2-2）、式（2-3），可以很容易看出发动机热效率的影响因素。

汽油机定容加热（奥托）循环的热效率为

$$\eta_{tv} = 1 - \frac{1}{\varepsilon^{k-1}} \tag{2-1}$$

低速柴油机定压加热（狄塞尔）循环的热效率为

$$\eta_{tp} = 1 - \frac{1}{\varepsilon^{k-1}} \frac{\rho^{k} - 1}{k(\rho - 1)} \tag{2-2}$$

高速柴油机混合加热循环的热效率为

$$\eta_{t} = 1 - \frac{1}{\varepsilon^{k-1}} \frac{\lambda\rho^{k} - 1}{\lambda - 1 + k\lambda(\rho - 1)} \tag{2-3}$$

式中，ε 为压缩比；k 为绝热指数；λ 为压力升高比；ρ 为预膨胀比。在高速柴油机混合加热循环的热效率表达式中，$\rho = 1$ 时，即转换为 η_{tv}；$\lambda = 1$ 时，即转换为 η_{tp}。

从以上三种理论循环的热效率公式可知，要提高发动机的热效率，应尽量提高压缩比 ε 和绝热指数 k。

发动机的实际工作循环存在换气损失、传热损失、燃烧损失、涡流和节流损失、泄漏损失、机械损失等各种损失，因此，发动机实际热效率远远小于理想循环的热效率。发动机大致热量分配比例见表 2-1。

表 2-1　热量分配比例的大致情况

名称	汽油机	柴油机
理论循环热效率 η	0.54 ~ 0.58	0.64 ~ 0.67
指示热效率 η_i	0.30 ~ 0.40	0.40 ~ 0.45
工质比热容变化	0.10 ~ 0.12	0.09 ~ 0.10
燃烧不完全及热分解	0.08 ~ 0.10	0.06 ~ 0.09
传热损失	0.03 ~ 0.05	0.01 ~ 0.04
提前排气	0.01	0.01

发动机实际循环的热效率可表达为

$$\eta_e = \frac{3.6 \times 10^3 P_e}{G_b H_u} \tag{2-4}$$

$$P_e \propto i V_s H_u \frac{1}{l_0} \frac{1}{\tau} \varphi_c \eta_{it} \frac{1}{\alpha} \eta_m n \rho_b \tag{2-5}$$

式中，η_e 为发动机的有效热效率；P_e 为有效功率；G_b 为单位时间耗油量；H_u 为燃料低热值；i 为气缸数；V_s 为气缸工作容积；l_0 为燃烧 1kg 燃料所需的理论空气量；τ 为冲程数，四冲程 $\tau = 4$，二冲程 $\tau = 2$；φ_c 为充量系数；η_{it} 为指示热效率；α 为空燃比；η_m 为机械效率；n 为发动机转速；ρ_b 为发动机进气管的空气密度。

为了提高发动机的热效率，关键要组织好进排气过程、喷油过程、燃烧过程。提高发动机热效率的主要技术措施有：提高压缩比、高效燃烧技术、废气涡轮增压技术、燃油喷射与点火电子控制技术、替代燃料汽车动力系统等。

2. 影响发动机轻量化的因素

除了提高发动机的热效率，发动机轻量化也是节能的重要方面，不仅可以节约金属材料，降低制造成本，还可以使整车有效载荷增加。

比质量 m 是评价发动机产品制造过程中材料消耗的指标。影响比质量的主要因素是升功率 P_L。P_L 越高，表明发动机工作容积利用率越高，提供一定数量的有效功率所需的发动机尺寸就越小。因此，不断提高 P_L 的水平以获取更强化、更轻巧、更紧凑的发动机也是发动机工程技术人员所追求的目标。

升功率 P_L 的表达式为

$$P_L \propto \frac{H_u}{l_0} \frac{\eta_{it} \eta_m}{\varphi_a} \frac{1}{\tau} \varphi_c n \rho_b \tag{2-6}$$

式中，φ_a 为过量空气系数。

从式（2-6）中可以看出影响升功率 P_L 的各因素。目前，提高 P_L 的主要措施有：通过合理组织燃烧过程，提高指示热效率 η_{it}；改善发动机换气过程，提高气缸充量系数 φ_c；提高转速 n，增加发动机单位时间内每个气缸做功的次数；采用增压技术，增压进气密度 ρ_b。此外，应用现代设计理论和方法，在结构上采用强度大、轻量化、低摩擦的设计，采用高强度轻质材料，也是发动机轻量化的重要途径之一。

2.1.2 电控燃油喷射技术

电控燃油喷射系统（Electronic Fuel Injection，EFI）是指在一定的压力下，利用喷油器将一定数量的燃料直接喷入气缸或进气道内的燃油供给装置。电控燃油喷射系统是以电控单元（Electronic Control Unit，ECU）为控制中心，利用安装在发动机不同部位上的各种传感器，检测发动机的各种参数，按照 ECU 中设定的控制程序，通过喷油器精确地控制喷油量，使发动机在各种工况下均能获得合适空燃比的混合气，可有效地提高和改善发动机的动力性、经济性和排放性能。汽油机电控燃油喷射系统发展早于柴油机电控燃油喷射系统，并取代了化油器广泛应用于乘用车上。

1. 汽油机电控燃油喷射系统

（1）汽油机电控燃油喷射系统的组成　汽油机电控燃油喷射系统组成如图 2-1 所示，主要由进气系统、燃油供给系统和电控系统等组成。

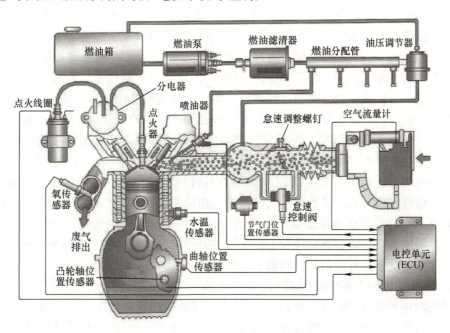

图 2-1　汽油机电控燃油喷射系统组成

1）进气系统。进气系统又称为空气供给系统，主要作用是为发动机提供、测量和控制燃油燃烧时所需要的空气量。进气系统主要由空气滤清器、空气流量计、节气门、怠速调整螺钉、怠速控制阀、进气总管、进气歧管等组成。空气经空气滤清器过滤后，由空气流量计测量，通过节气门进入进气总管，再分配到各进气歧管。在进气歧管内，从喷油器喷出的燃油与空气混合后形成可燃混合气，被吸入到气缸内燃烧。在车辆行驶时，空气的流量由加速踏板带动节气门的开度来控制。在车辆怠速时，节气门关闭，空气由怠速调整螺钉和怠速控制阀控制的旁通气道通过。

按怠速进气量控制方式的不同，空气供给系统分为旁通空气式和直接供气式。旁通空气式空气供给系统主要由空气滤清器、空气流量传感器、进气软管、旁通空气道、怠速控制阀、进气歧管、动力腔、节气门位置传感器、进气温度传感器等组成。直接供气式空气供给系统主要由空气滤清器、空气流量传感器、进气软管、进气歧管、动力腔、节气门位置传感器、进气温度传感器等组成。采用节气门直接控制的发动机控制系统，没有设置旁通空气道。进入气缸的空气量多少，由 ECU 根据安装在进气道上的空气流量传感器检测的进气量信号来确定。

2）燃油供给系统。燃油供给系统主要是为气缸或进气歧管提供一定压力的高压燃油，主要由燃油箱、电动燃油泵、输油管、燃油滤清器、油压调节器、燃油分配管、喷油器和回油管等组成。电动燃油泵将燃油从燃油箱中泵出，经燃油滤清器和供油管，将其送到燃油分配管中，由油压调节器加压，再经供油管送到各个喷油器中；当 ECU 检测出在某一时刻，该缸的活塞位于排气行程上止点某一位置时，ECU 通过控制喷油器打开时间的长短来控制喷油量的多少；当发动机的运行工况不需要那么多的高压燃油，而电动燃油泵又在不断泵送时，有的发动机上安装有燃油压力调节器，当系统压力高于调节器压力时，它将帮助把燃油系统的油压维持在某一固定值，此时与回油管相接的燃油压力调节器帮助回油到燃油箱。现在大部分轿车发动机使用的是缸内喷射系统，喷射压力为 250～600kPa，可以使燃油雾化更均匀，缸内直喷的发动机要求喷油压力更高，可以实现燃油的分层燃烧。

3）电控系统。电控系统根据发动机实际运行的状态信息，控制燃油喷射量和点火时刻。电控系统由各种传感器、ECU 和执行器组成，其中传感器包括节气门位置传感器、曲轴位置传感器、凸轮轴位置传感器、转速传感器、冷却液温度传感器、氧传感器等，其功用是检测发动机运行状态的电量参数、物理参数和化学参数，并将这些参数转换成计算机能够识别的电信号输入 ECU。ECU 是发动机控制系统的核心部件，其功用是接收各种传感器传来的信号，经过计算确定满足发动机运转状态的燃油喷射量和喷油时间等。执行器包括喷油器、怠速控制阀等，其功用是接收 ECU 输出的各种控制指令，以完成具体的控制动作，使发动机处于最佳工作状态。供给发动机的汽油量由喷油持续时间来控制，喷油持续时间则由 ECU 通过来自进气歧管压力传感器或空气流量计的信号来计算进气量，根据进气量和转速计算出基本喷油持续时间，然后进行温度、海拔、节气门开度等各种工作参数的修正，得到发动机在这一工况下运行的最佳喷油量和喷油时间。

（2）汽油机电控燃油喷射系统的优点　汽油机电控燃油喷射系统采用电子控制方式，根据每循环的进气量对各缸所需的汽油喷射量进行精确计量和控制，ECU 还可根据执行结果改变控制目标，实现闭环反馈控制。在反馈控制基础上，还可增加学习控制并自行进行修正，极大地改善了发动机的动力性、经济性和排放性，提高了控制系统的控制精度、稳定性和可靠性。汽油机电控燃油喷射系统具有以下优点：

1）汽油机电控燃油喷射系统可直接或间接地测量发动机的进气量，进而精确计量出发动机燃烧所需的供油量。同时根据发动机负荷、温度等参数进行适时修正，以此精确控制发动机各种工况下的空燃比（A/F），从而实现发动机的最优控制，可以有效提高发动机的动力性、经济性和排气净化程度。

2）由于进气管无需喉管节流，从而减少了流通阻力，提高了发动机充气效率。同时，由于汽油机电控燃油喷射系统可以采用较大的气门重叠角，有利于废气排出，还可以提高发动机的充气效率。

3）汽油机电控燃油喷射系统可提高汽油的雾化质量，故无须采用进气管预热的方法促进汽油蒸发，有利于进气管的设计和布置。由于气缸内吸入较冷的混合气，可以提高发动机的充气效率，同时也有利于提高发动机的抗爆性，使发动机也可采用较大点火提前角和较高的压缩比，以提高发动机的动力性。

4）发动机可在较稀混合气条件下运行。利用发动机的断油技术，可减少发动机污染物的排放，从而有利于提高发动机的燃油经济性。

5）动态响应好。汽车加速行驶时，由于电控燃油喷射系统响应迅速，消除了汽车变工况时汽油供给的迟滞现象，从而有利于提高发动机的加速性能。

6）进气管无须形成高速气流。进气歧管可按流体力学最佳理论进行设计，具有较大的设计自由度，有利于提高发动机的充气效率。尤其是采用进气谐振控制系统后，可根据发动机转速选择进气管的有效长度，利用进气谐振增压效应，可以进一步提高发动机的充气效率。

7）汽油机电控燃油喷射系统可使发动机每个气缸获得均匀的混合气，从而提高发动机的燃烧质量和稳定性，减少废气中 CO 和 HC 的含量。

8）由于汽油是在一定压力下以雾状喷出的，发动机冷起动时基本不影响混合气的形成质量，使发动机具有良好的低温起动性能。

9）在反馈控制基础上，增加了学习控制功能，且与三效催化转化器配合使用，可最大限度地减少 CO、HC 及 NO 等有害气体的排放。

（3）汽油机电控燃油喷射系统的分类　按电控系统的控制模式，汽油机电控燃油喷射系统可以分为开环控制和闭环控制两类。

1）开环控制。开环控制是将根据实验确定的发动机各种运行工况所对应的最佳供油量的数据事先存入计算机，发动机运行过程中主要根据各传感器的输入信号，判断发动机运行状况，再找出最佳供油量，并发出控制信号。控制信号经功率放大器放大后，驱动喷油器动作，以此精确地控制混合气的 A/F，使发动机在最佳工况运行。

开环控制简单易行，但精度直接依赖于所设定的基准数据的精度和喷油器调整标定的精度。因此，它对发动机及控制系统各个组成部分的精度要求较高，若系统本身抗干扰能力较差，当使用工况超出预定范围时，则不能实现最佳控制。

2）闭环控制。闭环控制是在排气管上加装氧传感器，从而可根据排气中含氧量的变化，测出进入发动机燃烧室内混合气的 A/F 值，并将其输入到 ECU 中，与设定的 A/F 目标值进行比较，将误差信号经功率放大器放大后驱动喷油器喷油，使 A/F 保持在设定目标值附近。因此，闭环控制可达到较高的 A/F 控制精度，能消除因气缸差异和磨损等引起的性能变化对 A/F 的影响，发动机工作稳定性好，抗干扰能力强。此外，采用闭环控制的汽油喷射系统可保证发动机运行在理论空燃比（14.7）附近很窄的范围内，使三效催化转化器对排气净化处理达到最佳效果。

由于发动机在一些特殊的运行工况（如起动、暖机、加速、怠速、满负荷）需要控制系统提供较浓的混合气来保证发动机的各种性能，因此，在现代汽车发动机电控系统中，通常采用开环与闭环相结合的控制方式。

（4）汽油机电控燃油喷射系统的控制原理

1）喷油器控制：发动机各种传感器信号输入ECU后，ECU根据数学计算和逻辑判断结果，发出脉冲信号指令控制喷油器喷油。

2）喷油正时控制：喷油正时是指喷油器开始喷油的时刻。单点汽油喷射系统只有一只或两只喷油器，发动机一旦工作就连续喷油。多点汽油喷射系统每个气缸配有一只喷油器。根据汽油喷射时序不同，多点汽油喷射又可分为同时喷射、分组喷射和顺序喷射三种喷射方式。在多点顺序喷射系统中，喷油顺序与点火顺序同步，点火时刻在压缩上止点前开始，喷油时刻在排气上止点前开始。

3）喷油量控制：喷油量控制即对喷射持续时间的控制，其目的是根据发动机燃烧时所设定的目标空燃比来精确配给汽油量，使其达到最佳空燃比。喷油持续时间控制内容如图2-2所示。

发动机工况不同，对混合气浓度的要求也不相同。特别是冷起动、急速、急加减速等特殊工况，对混合气浓度都有特殊要求。因此，喷油量的控制大致可分为发动机起动时喷油量的控制和发动机起动后（即运转过程中）喷油量的控制两种情况。

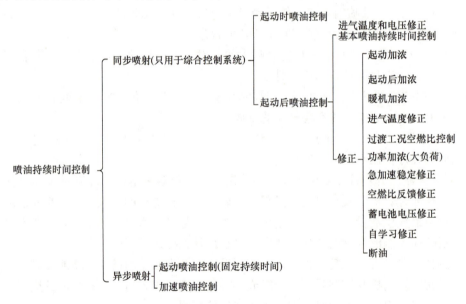

图2-2 喷油持续时间控制内容

2. 柴油机电控燃油喷射系统

柴油机电控燃油喷射系统与汽油机电控燃油喷射系统有许多共同之处，都由传感器、电控单元（ECU）和执行器三部分组成，其关键技术及难点为柴油喷射电控执行器。柴油机电控燃油喷射系统采用多种传感器检测发动机的工作状态，经过电控单元计算处理，使发动机在各种工况下均能获得最佳的空燃比，可有效地提高和改善发动机的动力性、经济性和排放性。

（1）柴油机电控燃油喷射系统的优点　在满足排放法规的条件下，应用柴油机电控燃油喷射系统，大大提高了柴油机的燃油经济性和动力性。其优点如下：

1）机械控制喷射系统的基本控制信息是柴油机转速和加速踏板位置，而电控燃油喷射系统则通过许多传感器检测柴油机的运行状态和环境条件，通过 ECU 计算出适应柴油机运行状况的控制量，由喷油器实施，使控制更加精确、灵敏。在需要扩大控制功能时，如控制排气后处理装置等，只需改变 ECU 的存储软件，即可实现综合控制。

2）机械控制喷射系统由于设定错误和磨损等原因，会使喷油时刻产生误差。而电控燃油喷射系统则根据曲轴位置的基本信号进行再检查，不存在喷油时刻产生失调的可能性。

3）电控燃油喷射系统的控制软件可以通过改换输入装置的程序、标定的数据，来改变控制特性，从而满足柴油机各种特性的需求。一种喷射系统的控制软件可用于多种柴油机，而不需要额外的机械加工，可以使新产品开发周期缩短、成本降低。

（2）柴油机电控燃油喷射系统的类型及应用情况　在传统燃油喷射系统的基础上，首先发展起来的柴油机电控燃油喷射系统是位置控制系统，即第一代柴油机电控燃油喷射系统；时间控制系统为第二代柴油机电控燃油喷射系统；共轨式电控高压喷射系统为第三代柴油机电控燃油喷射系统，并且它是 21 世纪柴油机燃油系统的主流。

1）位置控制系统。位置控制型电控柴油喷射系统中，喷油泵和喷油器与机械控制的柴油喷射系统相同，只是将机械式调速器和液压式喷油提前器分别由电磁式供油量控制阀和电磁式供油定时控制阀取代。这两个电磁阀按照 ECU 的指令，通过改变供油量调节套筒的位置和喷油提前器活塞的位置来实现柴油机喷油量和喷油定时的控制。ECU 根据柴油机转速传感器和节气门位置传感器等输入的柴油机运行状态信息，计算出适合于柴油机运行状态的最佳控制量，并向控制阀发出指令以完成相应控制。位置控制型电控柴油喷射系统与机械控制柴油喷射系统相比，控制精度和响应速度都有所提高。将机械控制柴油喷射系统改造为位置控制型电控系统时，无须改变柴油机的结构，但系统控制频率低，喷油压力和喷油规律不能独立控制。

日本 Denso 公司的 ECD-V1 系统、德国 Bosch 公司的 EDC 系统、日本 Zexel 公司的 COVEC 系统、英国 Lucas 公司的 EPIC 系统、日本 Zexel 公司的 COPEC 系统、德国 Bosch 公司的 EDR 系统和美国 Caterpillar 公司的 PCEC 系统等，都属于位置控制的电控直列泵系统。

2）时间控制系统。时间控制系统保留了原有的喷油泵、高压油管和喷油器系统，用高速强力电磁阀直接控制高压燃油喷射。通常，电磁阀关闭，喷油开始；电磁阀打开，喷油结束。喷油始点取决于电磁阀关闭的时刻，喷油量取决于电磁阀关闭的持续时间。传统喷油泵中的齿条、滑套、柱塞上的斜槽和控制喷油正时的提前器等全部取消，对喷射定时和喷射油量控制的自由度更大。

日本 Denso 公司的 ECD-V4 系统电控分配泵、日本 Zexel 公司的 Model-1 电控分配泵、美国 Detroit 公司的 DDEC 电控泵喷嘴和德国 Bosch 公司的 EUPI3 电控单体泵等，都属于时间控制系统。

3）共轨式电控高压喷射系统。共轨式电控高压喷射系统改变了传统的柱塞泵脉动供油原理，采用新型的高压燃油系统，通过高压输油泵向共轨（蓄压室）泵油，并在共轨中设置压力传感器，监测共轨中的燃油压力，通过 ECU 控制设置在高压输油泵上的电磁阀，对共轨压力进行反馈控制，以确保共轨压力恒定。它采用压力时间式燃油计量原理，用电磁阀控制喷射过程，喷油量和喷油正时控制更加灵活。共轨式电控高压喷射系统的特点如下：

1）喷油压力可柔性调节，根据柴油机不同的运行工况来确定对应的最佳喷油压力，从而优化柴油机的综合性能。

2）可独立控制喷油正时，控制范围较宽，配合喷油压力（120～220MPa）柔性控制喷油时间，有利于降低 NO 和微粒（PM）的排放。

3）喷油速率的柔性控制，可实现理想喷油规律，容易实现预喷油和多次喷油，从而提高柴油机的动力性和经济性，有效控制排放。

4）电磁阀控制喷油，控制精度较高，高压油路中不会出现气泡和残压为零等现象，循环喷油量变动小，各缸供油均匀，可减小柴油机的振动，并降低排放。

德国 Bosch 公司、日本 Denso 公司、美国 Caterpillar 和英国 LLICas 公司都研制出了共轨式电控高压燃油喷射系统，我国成都的威特燃油公司、北油电控燃油喷射系统（天津）有限公司也生产了共轨式电控燃油喷射系统，并得到了实际应用。德国戴姆勒-奔驰公司利用 Bosch 技术，推出了采用新型高压共轨燃油喷射系统的 4 气门直喷式柴油机，并应用于 A、C 级轿车上。

2.1.3 高效新型燃烧技术

1. 均质混合气压燃技术

均质混合气压燃技术（Homogeneous Charge Compression Ignition，HCCI）是一种新的燃烧方式，它向气缸里注入比例非常均匀的空气和燃料混合气，通过活塞压缩混合气，使之温度升高至一定程度时自行燃烧，如图 2-3 所示。

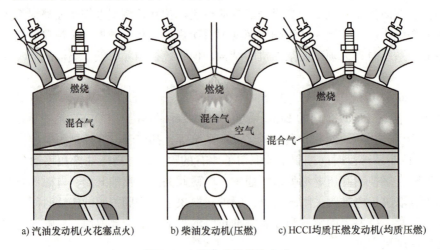

a) 汽油发动机(火花塞点火)　　b) 柴油发动机(压燃)　　c) HCCI均质压燃发动机(均质压燃)

图 2-3　3 种发动机燃烧方式

采用 HCCI 的发动机，既不同于柴油机，又不同于汽油机，它们之间的关系如图 2-4 所示。

传统汽油机采用的是均质混合气点燃方式，柴油机采用的是非均质混合气压燃方式，直喷式汽油机采用的是分层稀薄燃烧方式，而 HCCI 发动机采用的则是均质混合气压燃方式。HCCI 发动机通过提高压缩比，采用废气再循环、进气加温和增压等手段提

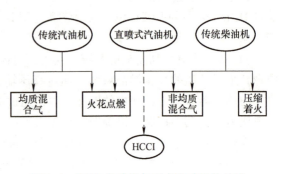

图 2-4　HCCI 发动机与现有发动机的关系

高缸内混合气的温度和压力，促使混合气压缩自燃，在气缸内形成多点火核，有效维持了着火燃烧的稳定性，并缩短了火焰传播距离和燃烧持续期。HCCI 发动机燃烧方式的特点如下：

1）采用均质混合气。空气和燃油在 HCCI 发动机的进气系统中预混合，形成均质的空气/燃油混合气，然后吸入气缸进行压缩。也可以采用燃油直接喷入气缸，在气缸内与空气进行预混合的方式。

2）采用压缩点燃。在压缩行程中，混合气温度升高，达到自燃温度而自燃，不需要任何点火系统。

3）采用比火花点燃式发动机高得多的压缩比，且允许压缩比在一个广阔的范围内变动。

4）为了使均质混合气能够通过压缩而点燃，必要时需对吸入空气进行加热。

5）由于压缩点燃的缘故，可以采用相当稀薄的混合气，因此可以按照变质调节的方式，直接通过调节喷油量来调节转矩，不需要节气门。

6）由于均质混合气是自燃的，所以燃烧大体上是整个气缸内同时开始的，可以采用过量空气或者残余废气实现高度稀释的混合气。

7）HCCI 发动机采用的燃油辛烷值范围较宽。可以采用汽油、天然气、二甲醚等高辛烷值燃料，也可以将多种燃料进行混合。由于 HCCI 的燃烧速率主要受燃油蒸发以及混合气形成速率的影响，还可以将高辛烷值燃料和低辛烷值燃料按一定的比例进行调配，控制燃料的蒸发混合和燃烧起点。HCCI 发动机在着火前缸内已经形成均匀的混合气，是预混燃烧模式。因此，HCCI 发动机兼有传统汽油机和柴油机的优点。

将压缩点燃式发动机改装成 HCCI 的主要目的是减少氮氧化物和微粒物的排放。将火花点燃式发动机改装成 HCCI 的目的是减少部分负荷时的燃油消耗，提高其动力性。

如果将柴油机改装成 HCCI 发动机，就要将高压喷油设备改换成低压的汽油喷射设备，喷油位置也要从缸内喷射改成进气口喷射（也有缸内直接喷射的 HCCI 发动机）；如果将汽油机改装成 HCCI 发动机，就要提高压缩比，并且保持节气门敞开，将点火系统拆除。由于 HCCI 发动机容易产生爆燃，且转速区间小，所以要广泛应用 HCCI 仍有一定的困难。

2. 分层燃烧技术

分层燃烧技术是指在气缸内形成的混合气浓度并不是均匀的，在靠近火花塞的内层空间混合气偏浓，在远离火花塞的外层空间（靠近气缸壁与活塞顶部）混合气则偏稀。这样混合气就形成了由内及外、由浓到稀的状态，只有这样才能为分层燃烧做好准备。

缸内分层燃烧技术如图 2-5 所示，可以通过二次喷油实现分层燃烧。发动机在进气行程活塞移至下止点时，ECU 控制喷油嘴进行一次少量的喷油，使气缸内形成稀薄混合气；在活塞压缩行程末端时再进行第二次喷油，这样可以在火花塞附近形成混合气相对浓度较高的区域（利用活塞顶的特殊结构），从而利用这部分较浓的混合气来引燃气缸内稀薄的混合气。

目前，为实现分层燃烧模式，除采用多次喷射技术使混合气浓度加以区分之外，还可以利用燃烧室壁面结构，令混合气产生滚流，进而产生浓度差异；也可以通过可变进气技术，在发动机低速运转时，对部分进气道实施截流，以增大进气涡流强度，从而促使混合气分层的形成。

在分层燃烧模式下，整个空燃比 λ 为 1.6~3（空气过量），可以用更少的燃油达到同样

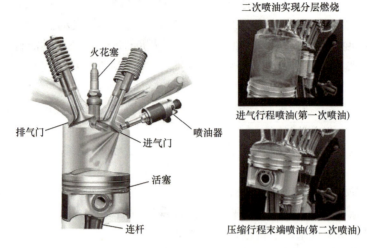

图 2-5　缸内分层燃烧技术

的燃烧效果，从而使发动机的油耗更低。同时在分层燃烧状态下，只有火花塞附近的区域进行燃烧，最外侧极为稀薄的混合气相当于一个隔热棉，可以将通过缸壁传导损失的热量降到最低，从而提高了发动机整体的热效率。但分层燃烧模式并不是在发动机的任何工况下都适用的，只有在比较柔和的驾驶模式下才能实现分层燃烧，而在需要动力性能的时候，就需要转换到均质燃烧模式。在均质燃烧模式下，只在进气行程进行一次喷油，这样在点火前，气缸内所形成的混合气的浓度是均匀的，而且空燃比 λ 约为 1。此外，分层燃烧技术还存在着一个目前难以得到综合性解决的氮氧化物排放的问题，而这也是分层燃烧技术在欧洲逐步取消的根本原因。

（1）分层燃烧系统　为合理组织燃烧室内混合气的分布，即在火花塞周围局部形成具有良好着火条件的较浓的混合气，空燃比在 12 ~ 13.4，而在燃烧室的大部分区域是较稀的混合气。为了有利于火焰传播，混合气浓度从火花塞开始由浓到稀逐步过渡，这就是所谓的分层燃烧系统。

1）缸外进气道喷射的分层燃烧方式。在缸外进气道喷射稀燃汽油机中，必须使燃油喷射和气流运动相结合。按照进气流动形式分为涡流分层和滚流分层两种技术。涡流进气可实现混合气在缸内轴向分层。当一个气门或两个气门不对称进气时，充量在缸内将形成斜轴涡流。混合气分层控制因素有两个：一个是进气涡流；另一个是喷油时刻控制。涡流起维持混合气分层的作用，喷油时刻决定着浓混合气区在缸内的位置。一般认为，在进气行程初期喷油，燃油随空气进入缸内首先分布于燃烧室下部，随着活塞的运动而逐渐成为均匀混合气；在进气行程后期喷油，浓混合气将占据燃烧室上部空间直至着火。稀燃极限与喷油时刻关系很大，只有在进气行程的某一区间内结束喷油，才能得到理想的稀混合气。

轴向分层燃烧系统利用强烈的进气涡流和进气行程后期的进气道喷射，使利于火花塞点火的较浓混合气留在气缸上部靠近火花塞处，气缸下部为稀混合气，形成轴向分层如图 2-6 所示，它可以在空燃比为 22 时工作，燃油消耗率可比均燃降低 12%。

横向分层燃烧系统是利用滚流来实现的，图 2-7 所示为四气门横向分层燃烧系统示意图。在进气道喷射的汽油形成浓混合气，浓混合气在滚流的引导下经过设置在气缸中央的火

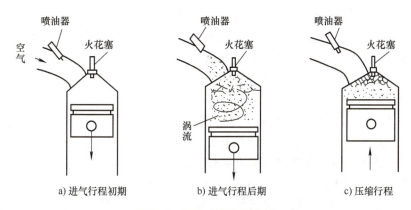

a) 进气行程初期　　　　b) 进气行程后期　　　　c) 压缩行程

图2-6　轴向分层燃烧系统

花塞，活塞顶做成有助于生成滚流的曲面。横向分层燃烧系统的经济性比常规汽油机提高了6%～8%，NO的体积分数下降了80%。

日本三菱公司利用进气道喷射燃油，先后成功地在三、四气门发动机上实现了发动机缸内滚流分层稀燃（Mitsubishi Vertical Vortex，MVV）系统。初期的MVV系统，燃油由双进气门中的一个气道提供，火花塞布置在正对供油进气门进气流的下游，混合气在滚流轴线方向上出现浓稀分层，火花塞附近有适于着火的混合气浓度，但此种方案不能将火花塞布置在缸盖上的燃烧室中心，仅用于二进气门一排气门的三气门汽油机中。随后，三菱公司

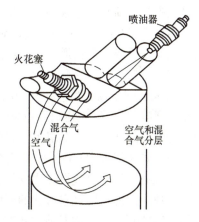

图2-7　四气门横向分层燃烧系统示意图

在四气门汽油机上，在两个进气道内对称布置立式隔板，在两个隔板之间喷油，使混合气在缸内滚流轴线方向上形成稀-浓-稀类似馅饼状的三层分布，且为了增强滚流，设计了特殊的凸顶活塞。日本的Horie K等人利用开发的变涡流系统（VTEC-E）机构和精确的α控制系统，成功地开发出了一种四气门稀燃发动机，使发动机高速区使用直气道和两气门工作，从而加大了充量系数，低速区使用一个进气门工作，从而构成缸内涡流，并控制进气行程的喷油定时，以产生轴向分层进气，可以使燃油消耗率降低10%。

2）缸内直喷的分层燃烧方式。缸外进气道喷射汽油机在不采用辅助的助燃方法组织稀燃时，其空燃比 λ 存在上限（$\lambda = 27$）。与缸外进气道燃油喷射稀燃汽油机相比，缸内喷射稀燃汽油机具有泵气损失和传热损失小、充气效率和抗爆性高、动态响应好等优点，被誉为21世纪车用汽油机的主要动力。日本丰田公司D-4汽油直喷发动机就是利用缸内涡流实现稀燃的缸内直喷汽油机。它的进气道由一个具有涡流控制阀（Swirl Control Vavle，SCV）的单边螺旋气道和一个直气道组成，活塞顶部有一渐开线形的燃烧室凹坑，高压旋流喷嘴位于气道下方且采用了可变气门定时系统（VVT-i）、电子控制节气门和吸附还原型NO催化器，通过直气道内SCV的关闭和开启，并配合不同时刻喷油（小负荷在压缩行程后期喷油，以实现分层稀燃；中负荷在进气和压缩行程分两次喷油，以实现弱分层燃烧；大负荷在进气行程喷油，以实现均匀混合燃烧），从而达到中小负荷及大负荷不同燃烧模式的转变。日本三

菱公司的 GDI 发动机是利用缸内滚流实现稀燃的典型直喷发动机。其缸内空气运动采用了直立气道形成的逆滚流方式，喷油器布置在进气道一侧，以防止燃油被加热，降低缸内燃烧温度，火花塞布置在中间，活塞顶面为带有球形凹坑的活塞，并配合不同时刻喷油（小负荷时压缩行程后期喷油，以实现稀燃模式；大负荷时压缩行程初期喷油，以实现均质稀燃模式），从而可以实现两种工作模式的转变。

除此之外，由于德国大众汽车公司的燃油分层喷射（Fuel Stratification Injection，FSI）发动机采用了直接喷射技术，燃油混合气集中在位于燃烧室中央的火花塞周围，燃烧室周边的部分是空气。由于燃烧只在燃烧室中央进行，四周被空气隔离，从而减少了热量的散失。并且发动机燃油消耗率可以减少 15% 左右，从而提高了发动机的经济性。将一次循环供油量分两次喷入气缸，不仅可以拓宽稀燃范围，还可以抑制爆燃的发生。日本的首藤登志夫等人利用压缩行程前、终进行两段（二次）喷油，获得了宽广的分层稀薄混合气燃烧，该燃烧方式在中等负荷与理想预混合燃烧相比，热消耗率降低了 30%，NO 降低了 50% 左右。

缸内直喷（Gasoline Direct Injection，GDI）燃烧系统可实现均质混合气燃烧、分层混合气燃烧以及均质混合气压燃（HCCI）。GDI 技术在 20 世纪 30 年代由德国最先开发，但由于当时电控技术落后无法实际应用。1996 年，三菱 GDI 发动机 4G93 开始投入日本市场，并于1997 年进入欧洲市场。目前，我国的乘用车汽油机已广泛应用 GDI 燃烧系统。实现 GDI 的关键在于产生与传统发动机不同的缸内气流运动，使喷入气缸的汽油与空气形成一种多层次的旋转涡流。因此，GDI 采用了立式吸气口、弯曲顶面活塞和高压旋转喷油器 3 种技术手段。下面主要介绍缸内直喷分层混合气燃烧系统。

缸内直喷分层混合气燃烧主要依靠由火花塞处向外扩展的由浓到稀的混合气，目前实现方法有 3 种：借助于燃烧室形状的壁面引导方式、依靠气流运动的气流引导方式和依靠燃油喷雾的喷雾控制方式。前两种方式都有可能形成壁面油膜，从而造成 HC 排放高。第三种方式则与喷雾特性、喷射时刻关系密切，燃烧控制比前两种要难。

GDI 发动机部分负荷时，在压缩行程后期喷油，形成分层混合气，空燃比 λ 为 25～40 或更大；高负荷时，在进气行程早期喷油，形成均质混合气，λ 为 20～25 或理论空燃比，或最大功率空燃比。

GDI 发动机具有以下优点：

① 燃油经济性提高，部分负荷经济性改善可达 30%～50%，一般为 20%。

② 由于燃油直接喷射到缸内，发动机瞬态响应改善。

③ 起动时间短。

④ 冷起动，HC 排放得到改善。

采用 GDI 方式燃油消耗率低的主要原因是接近柴油机的燃烧及负荷调节方式（但保持外源点火），具体分析如下：

① 由于在稀混合气燃烧时，N_2 和 O_2 双原子分子增多，气体的比热容增大（大约由 1.3 增大到 1.4），因此可使理论循环热效率有较大提高。

② 由于燃油在缸内汽化吸热，使压缩终点温度降低，因而爆燃可能性减少，压缩比可以提高（一般可由 10 提高到 12），由此可使燃油消耗率减少 5% 以上。

③ 由于燃烧放热速率提高，可使燃油消耗率减少 2%～3%，而怠速时，可减少 10% 以上。

④ 由于取消了进气节流阀，泵气损失可降低 15%。

⑤ 中小负荷时，周边区域参与燃烧的程度较小，气体温度降低，使传热损失减小。

GDI 发动机也存在以下问题和困难，需要进一步改进：

① 难以在所要求的运转范围内使燃烧室内混合气实现理想的分层。分层燃烧对燃油蒸气在气缸内的分布要求很高，通常对于喷油时刻、点火时刻、空气运动、喷雾特性和燃烧室形状配合必须控制得十分严格，否则很容易发生燃烧不稳定和失火现象。

② 喷油器内置气缸内，喷孔自洁能力差，容易结垢，影响喷雾特性和喷油量。

③ 低负荷时，HC 排放量高；高负荷时，NO 排放量高，且有碳烟生成。

④ 部分负荷时，混合气稀于理论空燃比，三效催化转化器转化效率下降，需采用选择性催化转化 NO_x。

⑤ 气缸和供油系统磨损增加。

（2）典型缸内直喷燃烧系统

1）三菱缸内直喷分层充量燃烧系统。图 2-8 给出了三菱汽车公司的 GDI 发动机的结构图，这是世界上最先商品化的 GDI 发动机。与传统的进气道喷射 4G93 汽油机相比，采用了很有特色的立式进气道，以保证高度的滚流（纵涡）及充量系数；滚流与单坡屋顶形和极富特征的弯曲顶面活塞形成的燃烧室配合，在火花塞周围形成浓混合气；为追求喷油雾化特性，使用了旋流式广角度（伞喷）喷油器，喷射压力为 5.0MPa。

三菱公司 GDI 发动机相对于同系列的进气道喷射式汽油机的性能改善效果如图 2-9 所示。与传统发动机相比，其主要设计参数见表 2-2。由图 2-9 可知，由于转矩波动的改善，使稀燃界限扩大至空燃比 $\lambda = 40$ 以上，较均质化学计量比燃烧工作的普通汽油机节油 35%，如图 2-9b 所示。由于采用稀

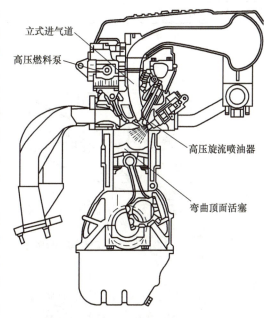

图中标注：立式进气道、高压燃料泵、高压旋流喷油器、弯曲顶面活塞

图 2-8　三菱汽车公司 GDI 发动机的结构图

燃方式，并能保证燃烧的安全性，急速时的稳定工作转速可由 750r/min 降低至 600r/min，由此可节油 40%，如图 2-9a 所示。同时，在 $\lambda = 40$ 的稀燃条件下，NO 可降低 60% 以上。若同时采用 30% 的 EGR，将降低 90% 左右。如果再采用选择还原型稀薄催化剂，则将降低 97%，如图 2-9c 所示。

2）丰田缸内直喷分层燃烧系统。丰田公司于 1996 年开发成功并商品化的 D-4 缸内直喷式稀燃汽油机燃烧系统如图 2-10 ~ 图 2-12 所示。通过安装在进气道上的涡流控制阀（E-SCV），形成不同角度的斜向进气涡流。燃烧室为半球屋顶形，活塞顶部设有唇形深凹坑，与进气涡流旋向以及高精度的喷油时间和喷油方向控制相配合，在火花塞周围形成较浓的易点燃混合气区域。为抑制燃烧扩散所产生的黑烟，采用高压（8 ~ 13MPa）旋流喷油器，可实现高度微粒化（喷雾粒度小于 5μm）。

表 2-2　GDI 发动机与传统发动机相比主要设计参数

型号		4G93 缸内直喷	4G93 传统型
缸径 × 行程/(mm × mm)		81.0 × 89.0	81.0 × 89.0
总排气量/mL		1834	1834
气缸数		直列 4 气缸	直列 4 气缸
进排气门	形式	DOHC	DOHC
	数量	两个进气门，两个排气门	两个进气门，两个排气门
压缩比		12.0	10.5
燃烧室		单坡屋顶形（弯曲顶面活塞）	单坡屋顶形
进气道		立式	普通方式
燃料供应方式		缸内直接喷射	进气道喷射
喷油压力/MPa		5.0	0.33

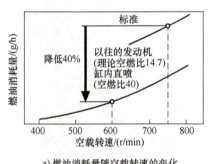

a) 燃油消耗量随空载转速的变化

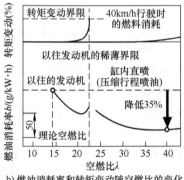

b) 燃油消耗率和转矩变动随空燃比的变化

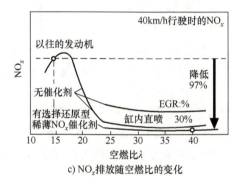

c) NOx 排放随空燃比的变化

图 2-9　三菱公司 GDI 发动机性能改善效果

为控制分层燃烧时 NO 的产生，该汽油机还采用了电控废气再循环（Exhaust Gas Re-circulation，EGR）系统。该系统装有紧凑耦合三效催化转化器和吸附还原型稀薄催化器。

缸内直喷式稀燃汽油机都采用灵活的电喷控制系统，以保证所有工况下都能稳定燃烧。如图 2-13 所示的丰田 D-4 稀燃发动机控制方法，在低速低负荷时，在压缩行程后期喷油，

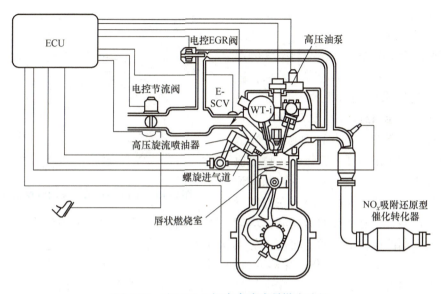

图 2-10　丰田 D-4 缸内直喷式稀燃汽油机

会形成明显的分层燃烧。而在高速大负荷时，在进气行程就开始喷油，以形成完全的均质化学计量比燃烧。在分层燃烧与均质化学计量比燃烧之间，有弱分层燃烧和均质燃烧两个区域。

在装用丰田 D-4 稀燃发动机、车重 1250kg 的车上所做的日本 10-15 工况法试验中，实现了 17.4km/L 的低燃油消耗率，比同排量的传统汽油机乘用车节油 35%。

3）福特 EcoBoost 缸内直喷发动机燃油喷射系统。2.0L EcoBoost 发动机采用的是缸内直喷燃油的喷射方式，在发动机进气行程，只有新鲜空气通过开启的进气门流入燃烧室，而高压燃油通过专门的喷油器被精确地喷射到气缸燃烧室内，

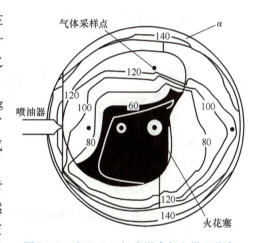

图 2-11　丰田 D-4 缸内混合气空燃比分布

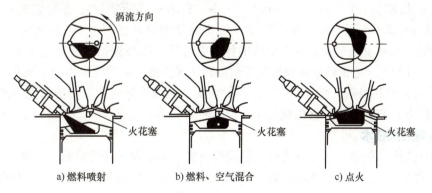

a) 燃料喷射　　b) 燃料、空气混合　　c) 点火

图 2-12　丰田 D-4 燃气混合过程

通过活塞上的凹坑形成混合气，如图2-14所示。喷油时刻发生在进气行程，与进气歧管多点喷射的发动机相比，燃油与空气的混合时间更短。为了提高燃油的雾化效果，缸内直喷发动机要求燃油有很高的压力（最大燃油压力可达到15MPa）。2.0L EcoBoost发动机有均质和催化器加热两种喷射模式。当发动机在正常工作温度下工作时，喷射模式为均质模式，此时，燃油喷射量按照理论空燃比（14.7:1）精确计算，燃油在进气行

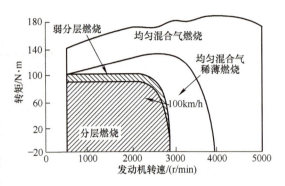

图2-13 丰田D-4稀燃发动机控制方法

程喷射，使得混合气有足够的时间混合均匀。当发动机温度较低时，喷射模式为催化器加热模式，此时采用两段喷射技术，将燃油分两次喷入气缸燃烧室（分别在进气和压缩行程喷射），以达到快速加热三效催化转化器的目的。第一次喷射与均质模式一样，在进气行程喷油。第二次喷射发生在压缩行程，在进气门关闭后，快速地喷射，以形成一个浓的油核，围绕在火花塞周围，点火时刻被推迟，使得尽可能多的燃烧余热进入排气管，从而快速加热三效催化转化器，以降低HC和NO_x的排放。

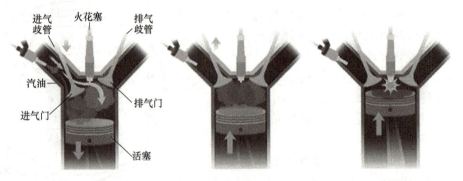

图2-14 2.0L EcoBoost发动机采用的缸内直喷燃油喷射方式

2.0L EcoBoost发动机的燃油喷射系统如图2-15所示，它有低压和高压两部分。燃油箱上安装了一个单独的油泵控制模块（FPDM），通过电子油泵控制线路控制低压油路的压力。动力系统控制模块（Powertrain Control Module，PCM）将所需要油压的控制信号传递给FPDM，该信号是一个低频的PWM信号（可变脉宽的脉冲信号），占空比为10%～85%。FPDM在收到PCM发送过来的所需油压的控制信号后，以高频信号驱动电子油泵，此时占空比为0%～100%。电子油泵根据该信号给高压油泵供油，而发动机不同工况所需的燃油量由PCM进行计算和控制，所以不存在回油的情况。低压管路的油压传感器把当前的低压管路油压值传送给PCM，这样就构成了闭环控制回路。

3. 稀薄燃烧技术

常规汽油机（包括大部分进气道喷射式汽油机）的混合气是均质的，一般在空燃比$\lambda = 12.6～17$范围内工作。常规汽油机的主要缺点是：①为了防止发生爆燃，采用较低压缩比，这会导致热效率较低；②浓混合气的比热容低，使热效率降低，只能用进气管节流方式对混合气充量进行调节，即所谓量调节，这使得泵气损失较大；③在化学计量比附近燃烧，其有

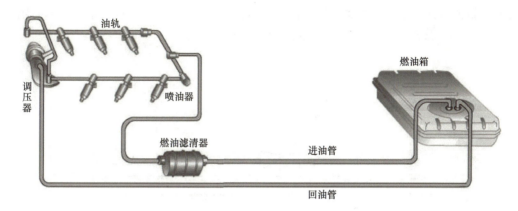

图2-15 2.0L EcoBoost 发动机的燃油喷射系统

害排放特别是 NO 的排放较高。总之，常规汽油机，特别是用三效催化转化器的汽油机，过量空气系数必须控制在 $\varphi_a = 1$ 左右，因此限制了其性能进一步提高。

　　稀薄燃烧控制技术是采用气缸内直接喷射方式，将高压燃油直接喷入活塞顶部的深坑形燃烧室内，配合进气涡流及燃烧室内的气流运动，形成分层燃烧，同时精确控制缸内的燃油喷射量和喷射时间，以实现空燃比为50的超稀薄燃烧，如图2-16所示。稀薄燃烧技术就是利用稀混合气驱动发动机做功的一种技术，喷油器喷出的少量燃油通过活塞头的特殊导流槽与空气混合，并使最高浓度的油气混合气在火花塞附近达到点燃浓度的下限，进而由火花塞点燃。随后周围的稀薄混合气也可被明火引燃，实现用最少的燃油达到燃烧的目的。稀薄燃烧技术的基础是分层燃烧，因为混合气中汽油含量越低，就越难被引燃，而采用稀薄燃烧技术的发动机的空燃比往往可以达到25:1甚至更高。因此，就必须对混合气加以

图2-16 稀薄燃烧技术

分层，使靠近火花塞部分的混合气具有较高的空燃比，以利于点火。发动机的空燃比大于18:1，便可以称之为稀薄燃烧。当然，实际采用稀薄燃烧技术的发动机空燃比可能远高于这一比值，如本田公司的 i-VTECI 型直喷汽油发动机，其空燃比可达65:1。稀薄燃烧既实现了燃料的充分利用，又可大幅降低发动机的换气损失，燃烧效率高、经济、环保，还可以提升发动机的功率输出。

　　稀薄燃烧汽油机是一个范围很广的概念，只要空燃比 $\lambda > 17$，且能保证动力性能，就可以称为稀薄燃烧汽油机。稀薄燃烧（简称稀燃）技术就是发动机在空燃比大于理论空燃比的情况下燃烧，从而可以使燃料完全燃烧，同时汽油机的有害排放物 CO、HC、NO_x 和 CO_2 都较少。由于稀燃时燃烧室内的主要成分为 O_2 和 N_2，它们的比热容较小，多变指数较高，因而热效率高，燃油经济性好。提高稀燃能力的根本在于缩短火焰发展期和燃烧持续时间。但稀燃会使火焰传播速度变慢，应采取相应的措施来加快火焰的传播，提高燃烧速度，减小燃烧循环波动率。稀燃汽油机可分为两大类：一类是均质稀燃；另一类为分层稀燃。而分层稀燃又可分为进气道喷射分层稀燃方式和缸内直喷分层稀燃方式。与常规汽油机相比，稀薄

燃烧汽油机同时兼顾了较好的燃油经济性和低排放特性。图 2-17 所示为常规、非直喷稀燃和直喷稀燃三种燃烧方式的汽油机排放特性和燃油经济性对比。

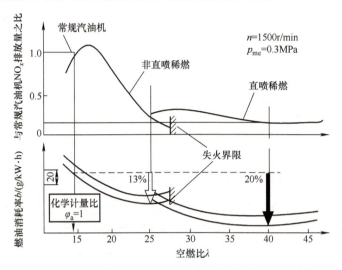

图 2-17　不同燃烧方式的性能对比

（1）稀薄燃烧系统　增大过量空气系数 φ，使用稀薄混合气工作，可以提高压缩比 ε，并增大绝热指数 h 值，从而保证燃料完全燃烧，这是提高汽油机经济性，降低排气污染的有效方法。目前采取的主要措施是增强紊流、缩短火焰传播距离、依次多点喷射等，以加速燃烧。均质稀薄燃烧的实现可以采用火球高压缩比燃烧室、碗形燃烧室等燃烧室结构。

1）火球高压缩比燃烧室。如图 2-18 所示，燃烧室主要部分位于缸盖上凹入的排气门下方，它的直径很小，结构紧凑并有一定挤气面积可形成较强的挤气紊流。同时，在进气门的浅凹坑处开一浅槽与主要燃烧室连通。在活塞到达上止点前，一部分进入进气门凹坑的充气量通过浅槽切向进入主要燃烧室，产生一个有控制的涡流运动。当活塞下行时，燃气又以高速形成反挤流运动，这样就大大提高了燃烧速度。火球燃烧室在燃用研究法辛烷值 97 的汽油时，试验汽油机压缩比从 8.5 提高到了 16，一般可达 13～14，与一般的汽油机相同的缸内最大爆发压力 P_{zmax}，可以燃烧稀薄均匀混合气，空燃比可达到 26，最经济的空燃比为 19。图 2-19 所示为这种燃烧室与一般汽油机的性能比较。TCP 是 20 世纪五六十年代美国 Texaco 公司推出的 Combustion Process 燃烧系统。Proco 是 1968 年福特公司推出的 Programmed Combustion Process 燃烧系统。由图 2-19 可以看出，火球燃烧室系统的耗油率低，必须使用高辛烷值汽油。并且火球燃烧室对缸内积炭比较敏感，需要严格控制压缩比、混合气浓度和点

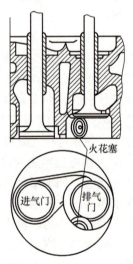

图 2-18　火球高压缩比燃烧室

火正时，还应有爆燃反馈系统来控制爆燃发生。因此，多年来火球燃烧室尚未在产品上得到广泛应用，只应用在了捷豹 V12 跑车上。

2）碗形燃烧室。如图 2-20 所示，碗形燃烧室采用很紧凑的活塞顶凹坑，火焰传播距离短，挤气面积大，紊流强，火花塞位于凹坑内。这种形式的里卡多（HRCC）燃烧室在使用

研究法辛烷值 99 的汽油时，压缩比从 9 提高到了 13，最经济的空燃比为 21.5，可以在空燃比 $\lambda = 16 \sim 22.5$ 的范围内运行。由于压缩比的提高和挤气增加，使滞燃期明显缩短，火焰传播速度得以提高，可采用推迟点火（上止点前 $5° \sim 6°CA$）的方式，不易产生爆燃，有利于稀混合气着火。采用 HRCC 燃烧室发动机的燃油经济性可以得到明显提高。图 2-21 所示为 1.6L 常规汽油机和 HRCC 汽油机的性能比较。碗形燃烧室已在博世发动机上得到应用。

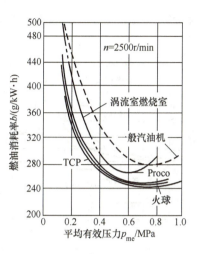

图 2-19　各种发动机油耗比较

（2）稀薄燃烧方式及特点　稀薄燃烧技术建立在混合气分层燃烧的基础上，分层燃烧是在着火时刻时，在火花塞周围分布适合于着火的浓混合气，而燃烧室其他位置为稀混合气。如何在气缸内形成适合的混合气浓度梯度分布是稀薄燃烧的关键技术。根据气缸内涡流形式的不同，稀薄燃烧分为轴向分层稀薄燃烧和纵向分层稀薄燃烧；根据喷射方式不同，稀薄燃烧分为气道喷射（PFI）稀薄燃烧和缸内直喷（GDI）稀薄燃烧。GDI 发动机的经济性和排放特性明显优于 PFI 发动机，其燃烧过程比较如图 2-22 所示。

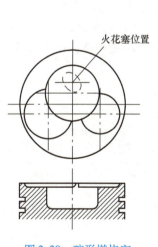

图 2-20　碗形燃烧室

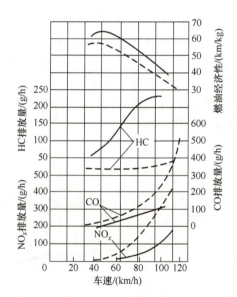

图 2-21　HRCC 汽油机与常规汽油机油耗和排放的比较（实线—HRCC；虚线—常规）

GDI 发动机在不同工况下的混合气特征如图 2-23 所示，在整个运行工况范围内采用混合燃烧模式，即稀薄燃烧仅在中小负荷工况进行。GDI 发动机在压缩行程后期喷油，通过晚喷在气缸内形成上浓下稀的分层混合气，点火后能高效稳定燃烧，混合气的平均空燃比可达到 25。同时通过推迟点火时刻，采用 EGR 技术等控制排放；在大负荷或全负荷区，为了输出最大转矩，提供功率混合气，为此在进气行程中提前喷油，使得在点火时缸内已形成均匀混合气；在中等负荷、高速区采用均质的理论混合气燃烧，通过三效催化转化器来降低排放。

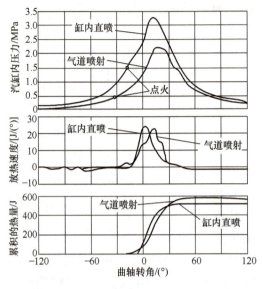

图 2-22　GDI 与 PFI 燃烧过程比较

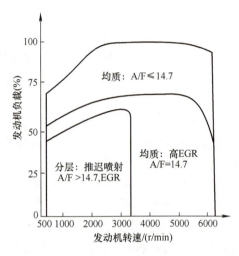

图 2-23　GDI 发动机不同工况下混合气特征

1）PFI 稀薄燃烧技术。采用 PFI 稀薄燃烧技术的四气门稀燃系统如图 2-24 所示。四气门发动机通过气流与喷射时刻的匹配，在缸内形成混合气浓度的梯度分布。缸内气流运动规律由直进气道和螺旋气道控制，在中小负荷工况运行时关闭直进气道，进入气缸的气流在螺旋气道的导向作用下，在缸内形成一定强度的涡流，并与喷油时刻配合，从而实现稀薄燃烧；在大负荷时，直进气道和螺旋进气道同时开启，减小缸内涡流强度，以提高充气效率，从而实现功率混合气的均质燃烧。

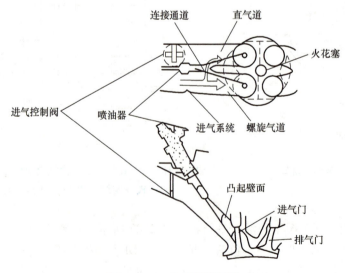

图 2-24　四气门稀燃系统

PFI 稀薄燃烧分为轴向分层稀薄燃烧和横向分层稀薄燃烧。轴向分层稀薄燃烧配合缸内气流在进气后期进行喷射，通过缸内强涡流实现混合气浓度的梯度分布。喷油时刻决定了缸内浓混合气的位置，从而确定火花塞的位置。轴向分层原理如图2-25所示，利用进气道的导向作用在缸内形成较强的轴向涡流，轴向涡流强度在压缩过程中有所衰减，但能保持一定强度，配合缸内的气流特性，通过ECU控制喷油器在进气后期的恰当时刻喷油，由此通过缸内轴向涡流的作用，在气缸内形成上浓下稀的混合气浓度梯度分布，从而实现稀薄燃烧。

　　轴向分层燃烧技术的关键在于喷射时间与进气涡流的匹配，通过进气道导向行程进入气缸内的螺旋形涡流，可分解为径向分量和轴向分量，通常径向分量大于轴向分量。通过径向分量使由进气门进入气缸的混合气向气缸圆周扩散分布，混合气沿轴向形成浓度梯度分布，从而保证火花塞附近形成浓混合气，空燃比可达到22。轴向分层燃烧相对均质燃烧，油耗可降低12%。稀薄燃烧汽油机普遍采用多气门机构和进气可变系统，以实现气缸内的斜轴涡流。

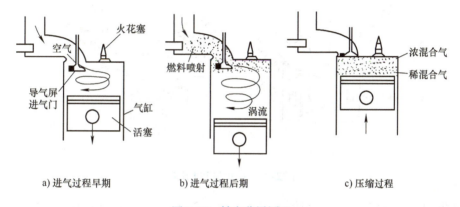

a) 进气过程早期　　　　b) 进气过程后期　　　　c) 压缩过程

图 2-25　轴向分层原理

　　横向分层稀薄燃烧利用滚流式进气道，进气过程中在气缸内绕垂直于气缸中心线且平行于曲轴轴线产生纵向滚流，并配合喷射方式在缸内形成混合气浓度梯度分布，如图2-26所示。滚流在压缩过程中随压缩程度增加而越来越强。喷油器布置在进气歧管中心，顺气流沿气门方向喷油。在滚流作用下，浓混合气经过气缸中央布置的火花塞，两侧为空气，从而实现横向混合气浓度梯度分布，空燃比可达到23，经济性可提高6%~8%，NO排放量可降低80%。

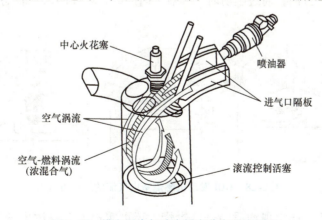

图 2-26　横向混合气浓度梯度分布形成原理

　　PFI 稀薄燃烧技术能改善发动机的经济性和排放特性，但由于节气门的存在，泵气损失会增大，进而影响中小负荷燃烧效率的提高；在混合气形成过程中，进气道及气门处黏附油膜，将直接影响气缸内的混合气质量，这不利于发动机快速起动、瞬态过渡响应特性以及更精确地控制混合气浓度；采用 PEI 稀薄燃烧技术的发动机空燃比小于 27，节能效果有限，难以进一步降低 NO_x 的排放。

　　2）GDI 稀薄燃烧技术。GDI 技术包括缸内气流特性（滚流和涡流）控制、高压旋流式喷油器的喷雾及喷射时间控制、喷射压力（2~5MPa）控制和稀薄燃烧等。

　　GDI 发动机的喷油器安装在燃烧室内，如图 2-27 所示。采用 GDI 稀薄燃烧技术在气缸内更容易形成不均匀的混合气浓度梯度分布，可以消除气道油膜蒸发量对缸内混合气质量的影响，还可以减小泵气损失，更容易实现稀薄燃烧，且混合气 A/F 范围变宽，有利于进一步改善发动机的经济性和排放特性。

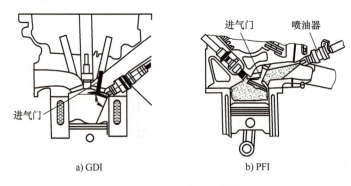

图 2-27　GDI 与 PFI 比较

　　GDI 发动机燃烧室内气流的组织方式，如图 2-28 所示。壁面导向方式通过活塞顶部燃烧室的形状将喷油器喷射的燃油导向气缸上部流动，并配合燃烧室内形成的挤流，从而在火花塞附近形成浓混合气。气流导向方式通过燃烧室结构形状设计，配合进气道的导向作用，在气缸内形成涡流和滚流，并配合喷射时间实现混合气浓度分层分布，可以在适当位置设置火花塞，从而可靠点燃混合气。喷雾导向方式配合气缸内的气流特性，合理布置火花塞及喷油器喷射的相对位置，从而实现稀薄燃烧。火花塞安装在靠近喷油器的下游，喷油器喷射的燃油偏向火花塞位置方向，通过喷射时刻和点火时间的合理控制，可靠地点燃梯度分布的混合气。

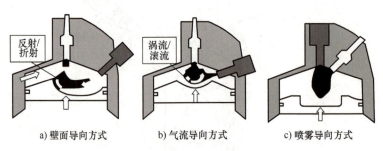

图 2-28　GDI 发动机燃烧室内气流的组织方式

　　GDI 喷射方式不仅能实现均质混合气燃烧，还可实现混合气浓度分层的稀薄燃烧。目前，利用 GDI 技术已经开发了预混合压燃（PCCI）和均质压燃（HCCI）技术。

① GDI 分层稀薄燃烧。GDI 分层稀薄燃烧如图 2-29 所示。缸内直喷汽油机的启喷压力为 2MPa，采用螺旋气道在缸内产生一定强度的进气涡流，火花塞沿气流方向布置在喷油器下游的油束下方。在缸内气流的作用下，喷油器喷雾偏向火花塞方向扩散，在火花塞附近形成浓混合气的分层分布。对应喷射时间控制点火时刻，以实现可靠着火，并向稀薄混合气扩散燃烧。已燃气体被气流带离火花塞区，新鲜气体被带入喷油区，依次循环工作。GDI 分层稀薄燃烧可将发动机压缩比提高到 12，从而提高热效率，改善燃油经济性。

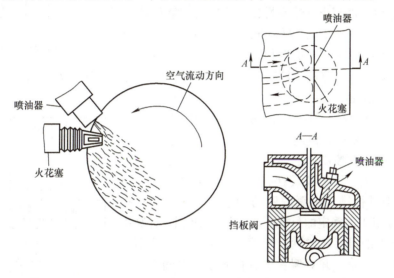

图 2-29　GDI 分层稀薄燃烧

② GDI 滚流分层稀薄燃烧。GDI 滚流分层稀薄燃烧在缸内组织滚流的方式大体上可分为两种：一种是采用切向进气道，压缩过程中在气缸内形成压缩滚流，滚流随压缩过程的进行越来越强，同时配合喷射时间，从而在缸内形成不同的混合气浓度分层分布，如图 2-30 所示。采用这种方式可使空燃比达到 40，还可以使燃油经济性提高 30%，并且采用 40% 的 EGR 率可降低 90% 的 NO 排放。根据发动机不同工况，控制喷油器的早喷射

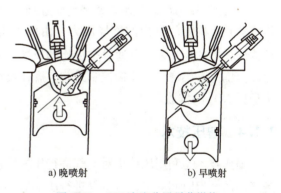

a) 晚喷射　　b) 早喷射

图 2-30　GDI 滚流分层稀薄燃烧

和晚喷射，可实现均质燃烧和分层燃烧，也可在小负荷到大负荷范围内实现分层稀薄燃烧。另一种是采用直立式进气道，进气过程中在气缸内直接产生进气滚流，结合压缩过程中不断加强的滚流强度控制最佳喷射时间，在气缸内形成混合气浓度的分层分布，如图 2-31 所示。采用这种方式可使空燃比达到 50，并能有效改善发动机的经济性和排放特性。

汽油机采用 GDI 技术后，经济性可达到或接近柴油机的水平，动力性也相应提高，瞬态响应特性也会明显改善，并且还能缩短起动时间，并降低冷起动时 HC 的排放。但 GDI 技术目前仍存在以下问题，需进一步完善：

① 分层燃烧对燃油蒸气在气缸内的分布要求较高，需确保喷油时刻、点火时刻、空气运动、喷雾特性和燃烧室形状匹配，否则燃烧不稳定。

② 低负荷和高负荷时，NO 排放都较多，若燃烧组织不好，有可能形成碳烟。

③ 由于喷油器安装在燃烧室内，与高温燃气直接接触，所以易堵塞且无自洁作用，会直接影响喷雾质量。

④ 因混合气浓度超出理论空燃比，所以三效催化转换器不能应用，而稀薄混合气的还原装置成本高，技术难度较大。

⑤ 气缸和燃料供给系统的磨损加剧。

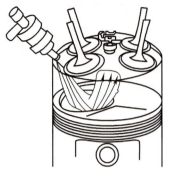

图 2-31　GDI 燃烧

（3）稀薄燃烧控制方法　目前稀薄燃烧系统精确控制空燃比的方法有空燃比反馈控制式和燃烧压力反馈控制式。

1）空燃比反馈控制式稀薄燃烧系统。利用空燃比传感器测出排气中的氧浓度，由此求出该循环空燃比，进行下一循环空燃比的反馈控制。空燃比传感器输出的信号为模拟信号，对该信号进行 A/D 转换，经调幅等前处理后，再输入到 ECU 中进行排气中氧浓度的测量，并利用储存在 ROM 中由发动机工况确定的目标空燃比的 MAP 图，计算出该工况下排气中的目标氧浓度。然后将目标值与实测值进行比较，求出偏差量，并对偏差量进行修正，以确定最终的喷射持续时间。空燃比反馈控制流程如图 2-32 所示。

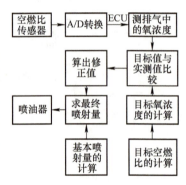

图 2-32　空燃比反馈控制流程

2）燃烧压力反馈控制式稀薄燃烧系统。通过燃烧压力传感器直接检测气缸内的燃烧压力，由此求出发动机每循环输出转矩的变动量，并通过空燃比的反馈控制，使发动机输出的实际转矩变动量被控制在允许范围内。燃烧压力反馈控制式与空燃比反馈控制式相比，空燃比控制范围更大，可进一步降低 NO_x 的排放。

2.1.4　增压技术

增压技术是利用压缩机对空气进行压缩增压后再送入缸内燃烧。在相同的进气行程内，进气门的开启时间一定，将空气进行压缩后再送入气缸，能使单位时间内进入缸内的空气质量增加，同一循环内喷油量增加，则输出功率增加，同时还能改善缸内燃烧状况，提升燃烧效率。与普通发动机相比，增压技术可使发动机输出功率提高至少 20%，并且与大排量的发动机相比，其消耗的能源更少，获得的动力却相当，在很大程度上降低了能源消耗，减少了污染物的排放，提高了汽车发动机的经济性。

1. 发动机增压的分类

发动机增压是指通过增压系统来提高进入气缸的进气压力。根据进气压力提高时能量的传递和转换方式，发动机增压主要分为废气涡轮增压、机械增压、复合增压和气波增压。

（1）废气涡轮增压　废气涡轮增压是利用发动机排出的废气能量来使增压器工作。涡轮壳与发动机的排气管相连，发动机排出的具有一定压力和温度的废气以高速经排气管进入涡轮，推动涡轮高速旋转，并带动同一轴上的压气机叶轮工作。压气机将吸入的新鲜空气压缩后送入发动机气缸中。由于涡轮叶轮和发动机是非机械连接，不消耗发动机的有效功，而是回收了发动机的一部分废气能量，因此涡轮增压在提高发动机功率的同时，也改善了燃油经济性，并起到了节能的作用。

在废气涡轮增压闭环控制系统中，ECU 依据发动机的转速、爆燃程度、冷却液温度、进气量等信号，确定增压压力的目标值，并通过进气管压力传感器来反馈发动机的实际增压压力值。ECU 根据目标值与实际值的差值控制脉冲信号的占空比，分别控制电磁阀的相对开启时间，以此调节可变喷嘴环和涡轮增压器废气放气阀真空膜盒的真空度，进而可以改变可变喷嘴环的角度和废气放气阀的开度，以此来控制废气涡轮的转速，从而产生发动机所需要的目标增压压力。

涡轮增压技术主要包括传统涡轮增压技术、可变增压涡轮叶片几何技术和涡轮增压中冷技术等。

1）传统涡轮增压技术：在普通发动机上加装涡轮增压器，利用发动机运转时产生的废气来驱动空气压缩机，进而可以提高发动机的进气量，从而提升发动机功率与转矩。涡轮增压器主要由涡轮机和压缩机两部分组成，之间通过一根传动轴连接。通过发动机排出的废气来冲击涡轮高速运转，从而带动同轴的压缩机高速转动，强制地将增压后的空气压送到气缸中。

2）可变增压涡轮叶片几何技术：可以根据发动机的转速改变叶片的角度。当发动机转速较低时，由于排气的流量较小，不容易推动涡轮叶片，这时可变涡轮几何系统中装在与涡轮叶片平行位置并且围绕它的那几片可变导流板的角度就会变小，这样可以使气流通过的空间缩小，加大流速，更容易推动叶片。当发动机的转速较高时，气体流量充足，这时可变导流板的角度会变大，让涡轮获得最大的增压值。

3）涡轮增压中冷技术：在增压器与发动机进气歧管之间安装中冷器。涡轮增压器将新鲜空气压缩经中冷器冷却，然后经进气歧管、进气门流至气缸燃烧室。有效的中冷技术可使增压温度下降到 50℃ 以下，有助于减少排放并提高燃油经济性。据实验显示，在相同的空燃比条件下，增压空气温度每下降 10℃，柴油机功率能提高 3%～5%，还能降低排放中的 NO_x，同时改善发动机的低速性能。

涡轮增压发动机依靠涡轮增压器可大幅提高进气量，从而增加发动机的输出功率与转矩。在不增大发动机排量的情况下，增压技术可显著地增加发动机的输出功率，大幅度提高转矩、提高燃油经济性并降低尾气排放。数据显示，使用涡轮增压技术可以帮助汽油和柴油车辆在不降低性能的前提下分别节油 20% 和 40%。废气涡轮增压已成为发动机的必备装置。

（2）机械增压　机械增压技术是在普通发动机上加装机械增压器，通过曲轴的动力带动一个机械式空气压缩机旋转来压缩空气。机械增压发动机结构示意图如图 2-33 所示。机械增压器结构如图 2-34 所示。机械增压器是直接由发动机曲轴带动的，当发动机运转时，增压器便开始工作。所以在发动机低转速时，发动机的转矩输出表现也十分出色，而且空气压缩量是按照发动机转速线性上升的，但是在发动机高速运转时，机械增压器对发动机动力的损耗也是很大的，动力提升不太明显。

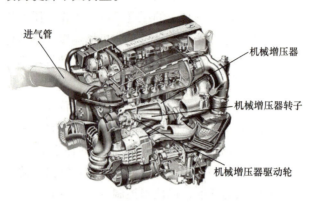

进气管　机械增压器　机械增压器转子　机械增压器驱动轮

图 2-33　机械增压发动机结构示意图

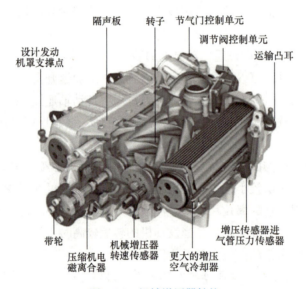

隔声板　转子　节气门控制单元　调节阀控制单元　运输凸耳　设计发动机罩支撑点　带轮　压缩机电磁离合器　机械增压器转速传感器　更大的增压空气冷却器　增压传感器进气管压力传感器

图 2-34　机械增压器结构

福特 58LV8 发动机就采用了机械增压技术，如图 2-35 所示，该发动机通过传动带带动曲轴，再用曲轴的转动带动增压器，以达到增压的目的。相比于涡轮增压，机械增压的动力输出更加平顺和线性，并且机械增压不受转速的限制，即使在发动机低转速下，机械增压同样能起到作用。福特 58LV8 发动机在 6250r/min 时最大输出功率为 485kW，在 4000r/min 时输出峰值转矩为 813N·m，并且该发动机荣获了 2013 年世界十佳发动机的称号。

（3）复合增压　采用两种或两种以上增压方式，称为复合增压。复合增压技术包括双涡轮增压技术和涡轮机械双增压技术。

1）双涡轮增压技术：针对废气涡轮增压的涡轮迟滞现象，增加一只低速涡轮，在发动机低转速的时候，较少的排气即可驱动这只涡轮高速旋转以产生足够的进气压力，当发动机转速升高以后，高速涡轮继续工作进入高增压值的状态，从而可以提供一个连贯的强劲动力。在实际应用中，双涡轮增压技术通常用于直列 6 缸或 V 型等排量较大的发动机上，宝马 3.0L 直列 6 缸发动机就采用了两个涡轮增压器。

图 2-35　福特 58LV8 发动机

双涡轮增压发动机的优点是涡轮转速高、增压值大，从而对动力提升明显；缺点是有涡轮迟滞现象，即发动机在转速较低（一般在 1500～1800r/min）时排气动能较小，不能驱动涡轮高速旋转以产生增大进气压力的作用，这时候的发动机动力等同于自然吸气，当转速提高后，涡轮增压起作用，动力会突然提升。

2）涡轮机械双增压技术：在发动机上增设由涡轮增压器和机械增压器共同组成的双增压系统，如图 2-36 所示。由于涡轮增压系统和机械增压系统分别拥有各自的优势和劣势，因此，涡轮机械双增压系统发动机同时具备了涡轮增压系统和机械增压系统的双重技术优势，并且使整合在一起的两种不同形式的增压系统实现了优势互补。涡轮机械双增压系统发动机很好地解决了机械增压系统燃油经济性较差和涡轮增压系统在低转速时容易产生"涡轮迟滞"现象的问题。但由于涡轮机械双增压系统结构复杂，不易与发动机匹配，对于发动机零部件的制造要求也较高，因此，目前只在少数车型上实现了应用。

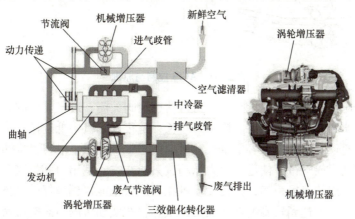

图 2-36　涡轮机械双增压发动机

（4）气波增压 气波增压是根据压力波的气动原理，利用发动机排气的压缩波和膨胀波来传递能量，并将空气压缩。在发动机进气行程初期，由于活塞的吸入作用，在进气管内会产生负的压力波（负压波）。负压波在进气管内传播，并到达进气管末端，若无压力变化时，该负压波会被反射回来，形成逆相位的正压力波。当进气门打开时，正压力波进入气缸内，从而提高了充气效率，即惯性增压。气缸、进气管构成了进气系统，由活塞引起压力振动而产生共振，使这种惯性效应达到最大值。一般通过选择进气管的长度、进排气门的开闭定时，以实现在发动机额定转速下可以获得较好的惯性效应。

如果使进气压力脉动波与进气门的配气相位合理配合，可使进气管内的空气产生谐振，利用谐振效果在进气门打开时形成增压进气效果，有利于增加发动机的输出功率。

当进气管较长时，谐振压力波的波长较长，将有利于发动机在中、低转速区增加转矩；当进气管较短时，谐振压力波的波长较短，将有利于发动机在高速范围内输出功率的增加。若发动机进气管的长度能随转速改变，则可使发动机在整个转速范围内充分利用进气谐振效应，有效地提高发动机的动力性。但进气管的长度不能改变，因此一般按照最大转矩所对应的转速区域来设计惯性增压。

波长可变的谐波进气增压控制系统（ACIS）如图 2-37 所示。该发动机进气管的长度不能变化，但在进气管中部增设了一个大容量的空气室和电控真空阀，从而实现了压力波传播有效长度的改变，并兼顾了发动机在低速和高速时的谐波增压效应。

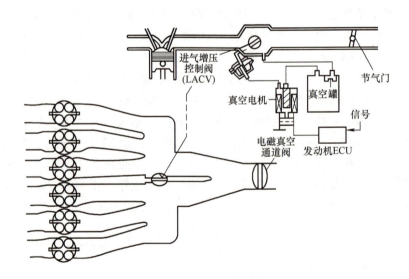

图 2-37　ACIS 控制与原理

当发动机转速较低时，大容量空气室出口的控制阀关闭，进气管内的脉动压力波传播长度为由空气滤清器到进气门的距离，该距离较长，是按发动机中低速进气增压效果要求设计的。当发动机转速较高时，则大容量空气室出口的控制阀打开，由于大容量空气室的参与，在进气道控制阀处形成气帘，使进气压力脉动波只能在空气室出口和进气门之间传播，从而等效地缩短了压力波的传播距离，可使发动机在高速区也能得到较好的气体动力增压效果。

气波增压目前尚未达到较高的增压压力，虽然它在发动机的瞬态响应及转矩特性等方面都优于废气涡轮增压，但由于它还存在体积大、工艺复杂及噪声大等问题，因此应用较少。

2. 废气涡轮增压技术

（1）废气涡轮增压技术的特点　通常情况下，燃油在气缸燃烧中有 30% ~ 40% 的能量会以废气的形式被释放出来。增压发动机的性能取决于涡轮将这部分能量转换到压气机并提供增压压力的能力，废气能量的有效利用对发动机整机性能具有很大的影响。从发动机节能的角度来看，目前车用发动机上采用的基本都是废气涡轮增压方式。

发动机采用废气涡轮增压有利于增加发动机的有效功率、提高发动机的经济性、降低发动机的噪声、降低排放、并可实现功率自动补偿。

1）增加发动机的有效功率。在气缸容积一定的情况下，充气密度越大，新鲜空气的绝对量就越大，就可以有较多的燃料进行燃烧，从而发出更大的功率。

提高转速可以增大发动机的升功率，但随着发动机转速的提高，往复运动零件的惯性力会增大，从而增加机械磨损，并缩短寿命，同时也会使发动机的充气系数下降，导致燃烧不良。提高升功率的另外一个办法是提高平均有效压力，提高平均有效压力则需要提高进气压力并降低进气温度，也就是采用增压技术和中冷技术。一般非增压发动机的平均有效压力在 0.8 ~ 1.9MPa 之间，采用增压技术后可以达到 1.3 ~ 1.5MPa，高增压柴油机的平均有效压力可以达到 2MPa 以上，可见采用增压技术是提高发动机功率的有效措施。

2）提高发动机的经济性。废气涡轮增压器压气机所消耗的功率完全由涡轮提供，同时在增压后，进气密度的提高使燃烧更加充分，有助于提高发动机的经济性。当发动机功率由于采用废气涡轮增压而提高 30% ~ 40% 时，它的燃油比消耗量可降低 5% 左右。

3）降低发动机的噪声。增压发动机的体积小，发射噪声的表面积小；同时涡轮也有消声的作用，排气可以在涡轮中获得进一步的膨胀，因此增压发动机的排放噪声有所降低。另外，增压后，由于压缩终点温度与压力的提高，滞燃期会缩短，压力升高比也有所降低，燃烧较柔和，因此燃烧噪声也有所降低。

4）降低排放。涡轮增压可通过采用不同的增压度以及增压中冷措施，使同一发动机形成不同的功率系列，各种排放水平呈现总体下降的趋势，其中 HC 和 CO 由于空气充足而被充分氧化，其排放降低，中冷 NO_x 也会降低。

5）功率自动补偿。废气涡轮增压发动机在高原或高温地区工作时，比未增压的发动机功率下降要小得多，还能够自动补偿功率的损失。

发动机废气涡轮增压技术也存在一些不足之处。由于增压装置的存在，增加了结构的复杂性，并且机械负荷和热负荷都会增加，可靠性和加速性也将面临考验。

（2）涡轮性能　由于涡轮增压器与发动机结合在一起工作，而车用发动机经常在变工况条件下运转，因此车用涡轮增压器也工作在变工况条件下。

1）涡轮流量特性：通常用相似流量 M_T 和 $\sqrt{T_T^* / P_T^*}$，以及相似转速 $n_T / \sqrt{T_T^*}$ 作为绘制涡轮流量特性的参数。这些参数是涡轮工作的相似准则，它们只是马赫数 Ma 的函数。如图 2-38 所示，车辆经常在变工况下工作，其转速和负荷变化频繁，

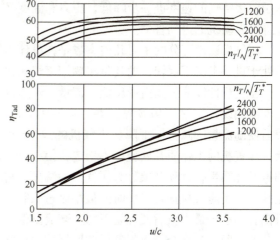

图 2-38　涡轮流量特性曲线

变化范围也大，因此进入涡轮的燃气压力、温度和流量也随之变化。在膨胀比一定时，相似转速降低，则相似流量增加。因为随着转速的降低，涡轮叶轮中气体所受离心力会减小，因此在同样的涡轮进口条件下，通过涡轮的流量会增加。当转速一定时，相似流量随膨胀比的增大而增加，直到达到流量的最大值，再增大膨胀比，涡轮流量也不会继续增加，这时候的流量叫作阻塞流量，其原因是喷嘴环或涡轮叶轮中某处的气流速度已经达到了声速。

2）涡轮效率特性：涡轮效率特性是由喷嘴及涡轮内的损失特性所决定的，表示变工况条件下涡轮能量损失变化的情况，常以涡轮效率 η_{Tad} 为纵坐标、速度比 u/c 为横坐标绘制，如图2-39所示。当涡轮变工况工作时，u/c 偏离了设计值，喷嘴中的损失虽有变化，但变化不大。而涡轮中工作参数偏离设计值后，无论偏大还是偏小，都要产生气流撞击和气流分离，使涡轮效率下降。因此只有在设计工况时其损失最小，且效率最高。

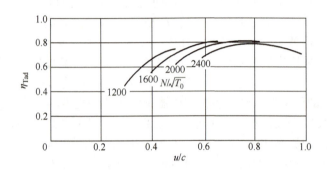

图2-39　涡轮效率特性曲线

（3）压气机的性能　压气机是涡轮增压器的关键零部件，是实现机械功转化为气体压力能过程的部件。车用增压器要求压气机的尺寸小、质量小、效率高、工作范围宽广、寿命长且价格低廉。空气首先经进气道进入叶轮中，并随压气机叶轮一起旋转。同时从压气机叶轮处吸取机械功，使空气的速度、温度和压力都得到了提高。当高速气流从压气机叶轮出来后进入扩压器，经扩压器时空气的速度会下降，使一部分动能变成压力能，其压力和温度都将进一步提高。然后空气从扩压器出来，汇集于压气机壳中，由于压气机壳也有一定的扩压作用，使空气的速度进一步降低，压力和温度又一次得到了提高。最后空气由压气机壳流出并进入发动机的进气管中。

压气机通流部分的主要几何参数是在设计工况下决定的。但是，任何压气机都不可能始终处于设计工况下运转，尤其是车辆用废气涡轮增压器的工况，变化范围更广泛。

压气机性能曲线是由增压比、流量、转速以及压气机效率等参数组成的等转速、等效率的性能曲线，如图2-40所示。在一定转速下，当流量减小时，起初增压比上升，达到最大值后便随流量的减少而下降。压气机的效率变化也是如此。若流量再继续减少到某一数值后，压气机的工作便开始变得不稳定，使出口气流出现振荡现象，随之，压气机便产生强烈的振动和噪声，这种现象称为压气机的喘振。将不同等速线上的喘振点连起来，就构成了喘振线，这是压气机正常工作时的最小流量限制。随着空气流量的增大，增压比和压气机效率升高，当达到最大值后便开始下降。当流量继续增大到某一值后，压气机的增压比和效率开始急剧下降，效率会变得很低，此区域称为压气机的流量阻塞区。要避免压气机在喘振区和流量阻塞区工作。利用压气机的特性曲线，就可以判断压气机本身的性能是否优越及其工作范围的大小，还可通过它与发动机的耗气特性相配合，来检验压气机与发动机的匹配是否合理。

（4）涡轮增压器和发动机的匹配　废气涡轮增压发动机的运行情况是否满足设计与使用要求，不仅要看发动机与增压器的性能，还取决于两者的配合是否合理，匹配的目的就是使增压发动机在整个运转工况范围内都处于最优状态，并且能最大限度地利用发动机的排气能量。

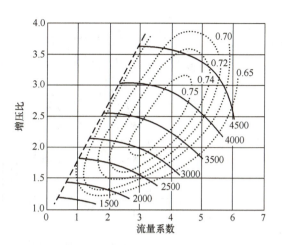

图 2-40　压气机性能曲线

发动机与增压器的匹配主要有发动机与压气机的匹配、发动机与涡轮的匹配和压气机与涡轮的匹配。

1）发动机与压气机的匹配。车用发动机对于压气机匹配的要求是：①发动机的特性曲线应该穿过压气机的高效率区，而且最好是发动机的运行曲线与压气机高效率的等效率区相平行。对于车用发动机，要求最大转矩点正好位于压气机最高效率附近，如图 2-41 所示。②发动机的耗气特性线应离压气机的喘振线有一定的距离。

2）发动机与涡轮的匹配。车用发动机对涡轮的要求是：①在发动机整个运行范围内，涡轮应具有较高的效率。试验证明，径流式涡

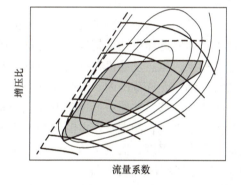

图 2-41　发动机耗气特性与压气机特性的配合

轮本身具有较高的高效率区，并且在发动机按外特性工作时速比变化很小，故涡轮效率变化也较小，与压气机相比，涡轮较易满足与发动机匹配的要求。②涡轮具有合适的通流能力，以保证能够提供给压气机所需要的功率。涡轮流通能力对匹配性能是十分敏感的，故发动机与涡轮的匹配是否良好主要是看涡轮流通能力的选择是否合适。对于车用发动机，还应同时将标定点最大转矩点的工况标在涡轮流通特性上。通常某一型号涡轮的通流能力适合于标定点，但对最大转矩点却显得过大；或者所选涡轮流通能力对最大转矩点合适，但对标定点又显得过小。这时应根据发动机性能要求进行适当的折中。

3）压气机与涡轮的匹配。压气机与涡轮的匹配应遵循压气机与涡轮的平衡条件：转速相等、流量连续和功率平衡的关系。选择匹配点并且在压气机和涡轮性能曲线上校核，如图 2-42所示。

综上所述，发动机与增压器的匹配原则有以下几点：①发动机运行范围处于压气机高效率区，且离压气机喘振线有一定的裕度；②发动机运行范围内不出现过高的排气温度；③发动机运行范围内增压器转速不超过极限值，即不出现过高的增压压力；④发动机负荷特性上进气压力与排气背压的交点位于低负荷区，且越低越好；⑤增压发动机能达到预定的功率、

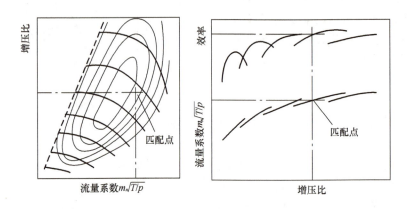

图 2-42　发动机与涡轮、压气机的联合工作特性

经济性以及烟度等指标，特别是在万有特性上低油耗的区域应该宽广，在负荷特性上低负荷范围内不会出现太高的油耗。

车用发动机的功率范围比较宽广，但是增压器只能选定一个工况为设计点。在增压器的设计中，如何选择设计点是一个尤为重要的问题。由以上的要求可以看出，匹配点如果选在额定功率点，虽然发动机在额定功率点工作时可以得到预定的功率指标，且发动机热负荷、机械负荷都在允许范围内。但是当发动机进入低速大转矩点时，就会引起涡轮增压器流量减少、排气量不够，致使中低速时发动机转矩指标达不到要求。反之，如果匹配点选在最大转矩附近，发动机在额定工作点时就会发生增压压力过高，导致气缸的最大爆发压力大大超过发动机的允许限度，而且增压器经常处于超速的工况下，会降低增压器的使用寿命。

（5）新型涡轮增压系统

1）两级增压系统。目前发动机的技术发展趋势之一就是在整个转速运行范围内实现高增压。两级涡轮增压系统通过高压级增压器和低压级增压器的共同作用，能够提供更高的压比，可以大大提高不同工况下的充气密度，拓宽增压器的工作范围。两级增压系统应用于发动机上，可以提高发动机低速空燃比和低速转矩，改善发动机低速时的经济性，同时可以较大幅度地提高发动机的升功率，从而增加发动机的功率输出，减少排放，并提高经济性。

图 2-43 所示为两级涡轮增压系统的原理图。高压涡轮利用增压压力控制阀可以旁通控制涡轮，在低转速时两级都使用以实现高转矩储备，而在高转速时高压涡轮旁通放气以限制增压压力。在设计两级增压系统的结构时，要从使整个增压系统的流动阻力尽可能小、系统总效率尽可能高、结构尽可能紧凑的角度出发进行。根据发动机的具体结构，两级增压器可以采用轴线垂直或平行布置，同时两级涡轮间的废气调节阀可采用外置结构，也可采用集成方案。两级涡轮增压系统实物图如图 2-44 所示。两级涡轮增压系统不仅结构紧凑，还具有优良的性能，已成为未来两级可调增压系统的重要发展方向。

2）电辅助涡轮增压系统。电辅助涡轮增压系统是增压发动机的节能措施之一。相比传统涡轮增压器，电辅助涡轮增压系统主要增加了电动机/发电机、变频器、电控单元、电池、高功率逆变电源和传感器。其中电控单元和电池可与发动机共用。电辅助涡轮增压系统的基本工作原理为：当发动机工作在起动或加速工况时，电控单元发出控制信号，控制电机起动

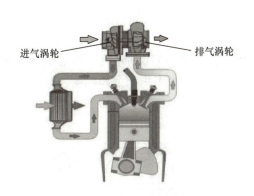

进气涡轮　　　　　　　　　　排气涡轮

图2-43　两级涡轮增压系统原理图　　　图2-44　两级涡轮增压系统实物图

并驱动压气机加速，此时电池中储存的电能转化为压气机的动能，从而提高了进气压力，满足了发动机所需的空气量要求。当发动机转速上升到一定程度、压气机能够提供足够的空气时，电机就可以关闭或脱开。当发动机工作在高速或大负荷工况时，电控单元发出控制信号起动发电机，涡轮回收能量中的一部分通过发电机转化为电能储存在电池中。因此，发动机采用电辅助涡轮增压系统以后，不但可以去掉放气阀和冒烟限制器，还可以将二者的匹配点选在标定工况或其他经济性好的工况。同时通过电辅助涡轮增压系统还可以改善发动机低速大负荷和加速时的燃烧状况，避免出现冒黑烟、排气温度过高等问题，从而扩大了发动机的高效、经济工作区域，还改善了发动机的瞬态响应特性和起动性能。

电辅助涡轮增压系统主要有两种结构形式：整体式电辅助涡轮增压系统和电驱动压气机式涡轮增压系统。图2-45和图2-46所示分别为整体式电辅助涡轮增压系统的原理图和实物图。电机布置在涡轮和压气机之间，一般为了使电机受涡轮高温影响小，而将其布置在靠近压气机侧。这种结构布置紧凑，轴的振动小，尽管增加了转子转动惯量，但也能显著提高工况点的瞬态特性。当有过量废气时，电机可作为发电机回收能量，将电能释放到车辆电子系统。但整体式电辅助涡轮增压系统也存在一些问题，如电子部件和电路对于高温和机械冲击的敏感性、电磁在高温下的兼容性以及当电机不工作时轴承室也一直需要冷却等问题。

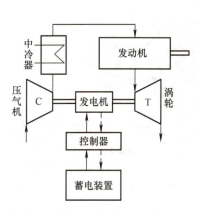

图2-45　整体式电辅助涡轮增压系统原理图　　　图2-46　整体式电辅助涡轮增压系统实物图

图 2-47 所示的两种电辅助涡轮增压系统结构是电机带动压气机独立布置，称为电动增压器，它形成了两级增压系统，根据发动机的工况对进气进行补气。图 2-47a 所示为电动增压器布置在废气涡轮增压器之后，即电动增压器后置；图 2-47b 所示为电动增压器布置在废气涡轮增压器之前，即电动增压器前置。这两种独立布置方案由于远离涡轮，电机受涡轮高温影响小，且控制独立，不但拓宽了压气机的性能，而且对电机转速的要求低，因而和其他结构的电辅助涡轮增压系统相比具有更大的优势，结构更容易实现。

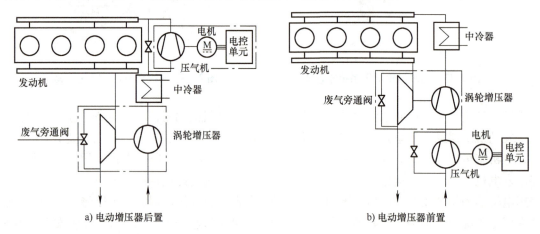

图 2-47　电动增压器布置方案

电辅助涡轮增压在车用发动机节能储能措施上是一种新型可行的技术方案，也是新型涡轮增压技术发展方向之一。它在车用领域主要应用于自身能量管理，包括电能储备容量和电驱动系统，因此不能孤立地对发动机的结构进行考虑，而应根据整车系统来决定。

3）动力涡轮复合增压系统。为了更好地利用废气能量，提高整个系统的功率输出，于是出现了动力涡轮复合增压系统方案。动力涡轮复合增压系统是在涡轮增压器涡轮出口再接一个动力涡轮，利用涡轮增压器排出的废气再次做功，并经过一个复杂的传动系统，作用在发动机曲轴上。动力涡轮复合增压系统通常包括传统涡轮增压器压气机、传统涡轮增压器涡轮机、动力涡轮、减速齿轮组、液力耦合器和曲轴末端主动齿轮等。图 2-48 所示为动力涡轮原理结构图。

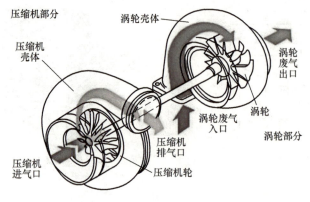

图 2-48　动力涡轮原理结构图

复合涡轮增压的概念最早出现在 20 世纪四五十年代的两台著名航空发动机：Wright Cyclone 和 Napier Nomad。在航空运输领域上复合涡轮增压发动机一直保持着低油耗的优势，但很快复合涡轮就被燃气涡轮和螺旋涡轮取代。

动力涡轮复合增压系统的特点如下：

① 由于在现代重型柴油机中 20%~25% 的燃料能量被排出，因此可以在废气排出处加入一个动力涡轮，使高达 20% 的废气能量能够被重新利用，即被排出的 25% 的燃料能量的 20%（相当于总能量的 5%）。

② 提供了更好的瞬态响应和更高的为改善低速转矩所需要的增压压力。

③ 特别适合于高负荷运输车辆，对于长距离运输车辆预计能减少 3% 的燃料消耗；在小负荷条件下燃油消耗率的降低很小，还会有消极影响。

④ 具有非常好的发动机响应和驾驶性能。

⑤ 由于排气歧管的压力增加而高于进气歧管压力，能够更容易地获得高效的废气再循环流动，以降低氮氧化物的排放。

目前车用发动机采用动力涡轮复合增压系统还存在以下问题：

① 齿轮系、液力耦合器和动力涡轮增加了质量、复杂性（可靠性等相关性能）及成本。

② 如何在小负荷时使负面效应的增加达到最小。

③ 在废气再循环的冷却过程中，由于一部分能量被冷却系统利用，因此排出废气的能量减少，动力涡轮可利用的能量就会随之减少。

④ 对于废气再循环系统和涡轮增压器的安放，空间上会有更多的限制。

从发动机节能的角度来说，这种动力涡轮复合增压系统是未来发展的一个途径，具体的应用要根据车辆的实际要求和性能来确定。

2.1.5　低摩擦技术

低摩擦技术是降低摩擦损失、提升发动机效率的关键技术之一。发动机中大多数摩擦损失发生在气缸内表面与活塞、活塞环配合副和曲轴主轴承摩擦副上。针对这些滑动摩擦副，寻找降低摩擦的技术方案，主要研究内容集中在润滑添加剂、先进表面涂层和织构技术的应用、润滑理论与仿真技术等方面。

（1）润滑添加剂　在基础油中加入特定的添加剂，如黏度改进剂、摩擦改性剂和抗磨添加剂等，以提高润滑剂的性能。这些添加剂可以减小摩擦、提高效率并具有减小磨损的作用，但这些添加剂中含有金属、硫和磷等对排放不利的有毒物质。

纳米颗粒润滑添加剂目前也受到众多学者的关注。纳米颗粒润滑添加剂是将由聚合物、金属、有机和无机材料制成的各种纳米颗粒混合到润滑油中，当摩擦副之间的润滑膜变薄，出现边界润滑和混合润滑状态时，纳米颗粒可能会承担一定比例的负载，并将两个表面分开以防止黏附，或与对应的摩擦副表面相互作用形成表面保护膜，从而减少运动副间摩擦磨损。纳米流体的减摩抗磨性能，取决于纳米粒子的尺寸、形状、浓度及它们与基础润滑剂的相容性等多种因素。润滑添加剂的摩擦学性能多通过摩擦磨损试验进行研究，并结合微观测试仪器如扫描电子显微镜（SEM）和 X 射线衍射（XRD）等技术观测磨损表面形态，以分析具体减摩效果、磨损形式和机理。

（2）先进表面涂层和织构技术的应用　发动机部件的减摩控磨设计，还可以通过表面涂层和织构技术来实现。表面涂层技术通过改变摩擦副材料的硬度，来减轻黏着或磨料等类型的磨损，如采用物理气相沉积（PVD）涂层和类金刚石（DLC）涂层等。增加涂层后摩擦副表面的机械性能和摩擦磨损性能会受涂层成分和具体加工方式的影响。另外，涂层的有效性还受具体基材材料的影响，因而表面涂层技术需要考虑化学、制造、材料科学和机械工程等多个学科的知识，并系统地研究在以上影响因素综合作用的基础上，同步考虑应用场景、环境友好性和成本，从而为特定部件找到最佳的涂层。

相对于表面涂层技术，表面织构对摩擦磨损的影响更精细且其机理更复杂。研究表明，摩擦副表面的微凹坑可以为动力润滑提供额外的承载力，能在贫油情况下提供储油作用，还可以存储由磨损产生的微小磨屑，以减轻摩擦副之间的磨粒磨损。最新的研究成果表明，微凸起/凹坑等微结构的存在，影响了润滑剂流动和压力的重新分布，微织构结构尺寸的变化使摩擦副两表面之间形成了额外的动压效应，进而增加了油膜承载能力和油膜刚度。在活塞裙部表面引入微凹坑纹理可以减小摩擦，其减摩效果高达30%。另外，表面织构的设计过程需要与具体应用对象的特定功能高度相关，纹理的形状、深度、密度和具体排布方式需要经过精细设计，且纹理质量会受制造方法的影响。表面织构加工方法主要有激光表面纹理化、微放电加工、超声波加工、电化学加工、聚焦离子束加工、抛丸/磨料喷射加工、振动力学纹理化和微研磨等多种加工方式，加工方式需根据织构的形状、几何参数、生产效率和成本以及基材材料的安全性要求选取。

（3）润滑理论与仿真技术　1883年B. Tower首次在试验中发现了轴承的动压效应，随后Reynolds基于流体力学基础理论中的Navier-Stokes方程，在油膜厚度方向简化并首次提出描述润滑的Reynolds方程，对轴承的动压效应从理论上给出了解释，从而奠定了流体润滑理论的基础。学者们针对发动机的润滑要求，对润滑模型结合应用场景进行了研究。

在流体动力润滑（Hydrodynamic Lubrication，HL）模型中，假设油膜将两摩擦副完全隔开，且摩擦副是刚性的，一般应用于载荷较低（10MPa以下）的共形接触摩擦副，且摩擦副多工作在稳态载荷下。早期应用流体动力润滑理论的分析结果，与试验测试结果取得了较好的一致性。随着流体动力润滑理论的快速发展，考虑到特定的应用场合，如高温环境和外接触，一些影响润滑特性的重要因素如高温和表面弹性变形，开始被重视并纳入到广义Reynolds方程中，同时推动了模型的针对性修正。为了研究非共形接触表面间薄膜润滑状态和弹性变形对润滑的影响，20世纪初，弹性流体润滑（Elastohydrodynamic Lubrication，EHL）得以发展，它考虑了润滑表面在高压下弹性变形对动压油膜形成的影响机理，并认为高压下摩擦副表面的弹性变形会增加油膜压力。

车用润滑油为改善润滑特性，通常会加入一些添加剂，导致润滑油表现出非牛顿特性。由于在早期的研究中载荷不大且油膜厚度相对较厚（几十微米），常用方法是将润滑油黏度与剪切率成正比的牛顿流体模型应用在EHL模型中，但随着载荷增加，在高达GPa级别的载荷下，润滑油的非牛顿特性逐渐凸显。

研究表明，在发动机低摩擦技术中，降低润滑油黏度可以有效提高燃油效率，但随之会使磨损问题加重。低黏度润滑油在汽车领域的应用较早，且近年来越来越严格的立法迫使汽车产业进一步提高燃油效率。因此，采用更低黏度的润滑油是实现这个目标最具经济效益的方法。随着减摩要求的提高和低黏度润滑油的应用，发动机设计中完全动力润滑状态将不断减少，且逐渐由接近最小摩擦系数的混合润滑状态来代替。车用多级润滑油通常添加多种添加剂，其剪应力与剪应变率之间因非线性关系而呈现非牛顿特性。在现有的通用摩擦副中，关于黏压和剪切稀化效应的仿真研究一般单独采用 Barus equation 或 Cross equation 模型，考虑等温条件下黏压效应和剪切稀化效应，虽然这是比较接近润滑油真实属性的合理近似方式，但真实的多级综合油的摩擦学行为更为复杂也更难测量。研究表明，当局部压力接近 200MPa 时，需考虑黏压效应。当剪切率达到 $10^6 s^{-1}$ 时，剪切稀化效应不可忽略。

润滑仿真的其他发展方向还包括分子动力学建模和 CFD 仿真。在贫油的边界润滑模式下，两个粗糙接触表面之间距离尺寸极小（纳米级）且可能有混合介质（如润滑油中的气泡），要了解无法使用传统连续介质力学的复杂现象，需借助分子尺度的分子动力学建模方法。而采用 CFD 求解 N-S 方程的方法，有利于模拟传热、空化、相变、湍流等影响因素，可以模拟真实粗糙表面，对物理模型的简化程度也有较高要求。

由于润滑理论和仿真计算可以在原型机出来之前的设计阶段进行校核和修改优化，因此可以缩短研发周期并降低经济成本。

2.1.6　替代燃料动力系统

气体燃料主要包括天然气和氢气。表 2-3 列出了天然气、氢气、汽油、柴油等的燃料特性对比。

表 2-3　天然气、氢气、汽油、柴油等的燃料特性对比

参数	天然气	LPG		氢气	氨	汽油	柴油
		丙烷	丁烷				
化学式	CH_4	C_3H_8	C_4H_{10}	H_2	NH_3	$C_5 \sim C_{12}$	$C_{10} \sim C_{26}$
密度/（kg·m^{-3}）	0.7	1.8	2.5	39	600	740	838
低热值/（MJ/kg）	48.6	45.8	46.4	120.0	18.8	44.5	42.5
汽化潜热/（kJ/kg）	—	—	—	—	—	290 ~ 315	230 ~ 250
层流火焰传播速度/（m/s）	0.43	0.38	0.37	3.51	0.07	0.58	—
自燃温度/K	810	723	703	773 ~ 850	930	573	503
辛烷值	130	112	95	>100	130	90 ~ 98	20 ~ 30
理论空燃比	17.2	15.7	15.4	34.6	6.1	15.0	14.5
可燃极限（%）	5 ~ 16	2.2 ~ 9.5	1.9 ~ 8.5	4.0 ~ 75.0	15.0 ~ 28.0	0.6 ~ 8.0	1.9 ~ 8.2

1. 气体燃料

（1）天然气发动机　天然气储量丰富，在常温常压下为气体，其主要成分为甲烷（CH_4），含有少量的乙烷烃类化合物、氧气、氮气和二氧化碳等。液化天然气需要将天然气压缩至 20MPa，而车用压缩天然气（CNG）的储存压力一般在 20MPa。CNG 在发动机上应用有较多优点：辛烷值高达 130，抗爆性更好；与空气的雾化混合效果好，发动机冷起动效果佳；稀燃极限远高于汽柴油，有利于实现分层稀薄燃烧，提高发动机的热效率和经济性；排放物中有害产物少；密度比空气小，在发生泄漏的时候向上扩散，安全系数比较高。天然气目前已经被视为最成熟的车用替代燃料。

如图 2-49 所示，在双燃料系统燃料供给方式中，天然气的供给方式可以分为缸外预混合供气和缸内直接供气。在缸外供气方式中，有进气总管与空气混合、进气歧管与空气混合两种供气位置。并且在缸外供气方式中，按点火方式可以分为电火花点火、汽油或柴油引燃、添加其他燃料压燃等。在缸内供气方式中，气体缸内直喷技术现阶段比较复杂，且成本很高。天然气单点喷射或者多点喷射技术较预混合式供给系统具有更高的技术含量，能够通过不同功能的传感器采用闭环控制系统。

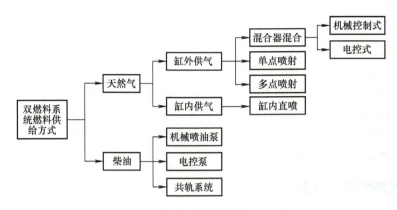

图 2-49　双燃料系统燃料供给方式分类

　　（2）汽油/CNG 两用燃料发动机　将汽油机改装为汽油/CNG 两用燃料发动机后，当燃用天然气时，发动机的功率和转矩都明显下降。但适当提高改装机的压缩比，可减小功率损失，还能改善发动机的燃油经济性。混合器闭环控制 CNG 燃料供给系统采用步进电机伺服阀和比例调节式混合器进行闭环控制，如图 2-50 所示。

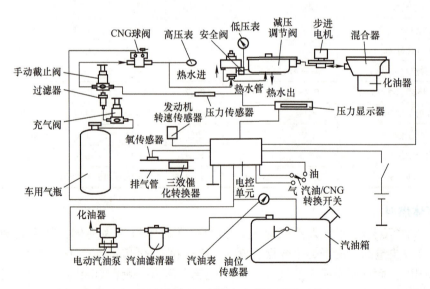

图 2-50　混合器闭环控制 CNG 燃料供给系统

　　利用步进电机伺服阀和比例调节式混合器的电控 CNG 闭环控制系统能改善空燃比的控制精度，但小负荷工况的空燃比仍难以准确、稳定地控制。为此，CNG 和汽油的供给都采用电控喷射的方式，如图 2-51 所示。

　　电控单元通过传感器和开关信号来进行运算、判断和处理，从而向天然气喷射器发出适

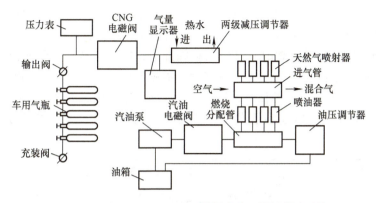

图 2-51　电控汽油/CNG 两用燃料发动机燃料供给系统

时启闭指令。喷气量与喷射器开启的持续时间成正比，电控 CNG 喷射系统要求减压调节器出口压力保持在 0.6MPa 左右，其变化范围不能超过平均值的 ±3%，并且通常采用两级减压调节器。

（3）柴油/CNG 双燃料发动机　面对国六法规，我国各企业利用国外或自主研发技术不断探寻经济实用的技术线路，如当量比、稀燃 + SCR、柴油引燃均质燃烧等，其中当量比 + 三效催化的国六技术路线受到较多企业的青睐。为加快实现柴油车燃气化，双燃料技术在商用车市场上获得了大规模的推广。这是在保留原车柴油系统的基础上加装了燃气系统，进而实现柴油-天然气掺烧的一种技术。柴油/CNG 双燃料发动机的主燃料是天然气，柴油起到火花塞的作用。天然气和空气在气缸外或者气缸内形成可燃混合气，在压缩行程末期喷入燃烧室内一定量的柴油，并依靠高温压缩空气加热着火产生的火焰能量来引燃可燃混合气。这种在一个工作循环中，两种燃料同时燃烧的发动机叫作双燃料发动机。柴油/CNG 双燃料发动机在原柴油机燃油系统之外增加了一套 CNG 供给装置，如图 2-52 所示。

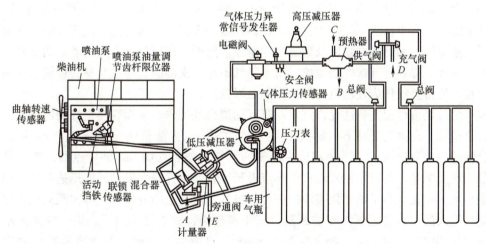

图 2-52　柴油/CNG 双燃料发动机燃料供给系统

（4）汽油/LPG 两用燃料发动机　石油气主要成分为丙烷、丁烷和少量的乙烷和戊烷，石油气在常温下加压到 1.6MPa 即可液化成液化石油气，适合用作车用燃料。

目前，车用 LPG 燃料供给装置与 CNG 燃料供给装置的基本部件都可通用，但 LPG 对车用气瓶及其附件、管阀件有特殊要求。混合器闭环控制 LPG 供给系统如图 2-53 所示，当汽油/LPG 转换开关置于 LPG 位置时，LPG 电磁阀开启，LPG 会从车用气瓶流入蒸发调压器，并在其中蒸发减压，然后进入混合器，并在混合器中与空气混合后进入气缸。电控单元根据氧传感器和发动机转速传感器的信号，通过改变通向真空电磁阀的脉冲信号占空比，调节蒸发调压器膜片室的压力，以控制蒸发调压器的输出压力和供气量，从而实现供气量闭环控制。

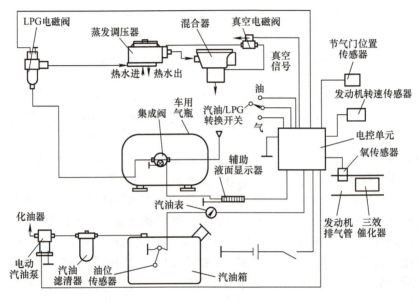

图 2-53　混合器闭环控制 LPG 供给系统

（5）氢燃料发动机　氢气是氢元素形成的一种单质，是世界上已知的密度最小的气体，在地球上储量非常丰富。氢气作为发动机燃料具有许多优点，如层流燃烧速度快、点火能量低、可燃范围广、稀燃能力强以及燃烧产物清洁。然而，使用氢气作为发动机的燃料时，可能会出现回火、爆燃等异常燃烧现象。由于氢气不是一次能源，存在制备、运输、存储等方面的困难，使得氢气作为发动机的燃料目前难以推广。

氢气的可燃极限很宽，这允许氢发动机以稀混合气工作，从而获得更好的经济性和更少的污染物排放。在大气条件下，氢-空气混合物的最小点火能量比异辛烷-空气和甲烷-空气的混合物低一个数量级。空气中 22% ~ 26% 的氢气仅需要 0.017mJ 即可点燃，氢气具有较低的最小点火能量，可以使氢发动机能够点燃稀混合气，并确保发动机能迅速起动。但是较低的最小点火能量也会增加燃烧室中的混合气被其他热源点燃的风险。淬火距离是可燃混合气火焰在熄灭前可以靠近气缸壁的距离，该距离越小，火焰越难熄灭。氢气的淬火距离为 0.64mm，而甲烷是 2.03mm，异辛烷是 3.50mm。自燃温度是确定发动机压缩比的重要参数，奥托循环中压缩之后的温升与压缩比有关，并且受到压缩比的限制，氢气较高的自燃温度允许更高的压缩比，为进一步提升热效率提供了可能。在化学计量条件下，氢气的火焰速度更快，甲烷和异辛烷的火焰速度分别为 0.38m/s、0.38 ~ 0.43m/s，氢气的火焰速度为 1.85m/s，高火焰速度使氢发动机更接近于理想的热力循环。

目前，大多数氢发动机都使用进气道燃料喷射系统（Portfuel Injection，PFI）。福特公司研究了 6.8L V10 和 2.3L L4 氢发动机，结果表明，增压氢发动机可以达到压缩天然气发动机的水平。容积效率和异常燃烧限制了氢发动机的峰值功率输出，表 2-4 对比了氢气与汽油的能量及容积效率。PFI 氢发动机进气混合物中大量氢气置换空气，导致容积效率下降。若按体积计算化学计量条件下的氢气和汽油混合物，其中氢气占 30% 的空气体积，而汽油仅占 2%。因此，相较于相同运行条件下的汽油发动机，PFI 氢发动机的最大功率仅为汽油机的 83%。受异常燃烧的限制，氢发动机的实际运行功率将显著低于 83%。对于直喷氢发动机，在进气门关闭后，将氢气与空气混合，氢发动机的峰值输出功率可比汽油发动机提高 15%。然而，由于缸内直喷氢气喷嘴的限制，直喷系统仍处于研究阶段。

表 2-4　氢气和汽油的能量和容积效率比较

项目	流体汽油	汽油氢气预混	液氢预混	高压氢气喷射
示意图	化油器 汽油蒸气 空气 空气 汽油	歧管 空气 氢气 空气 氢气	歧管 空气 氢气 空气 液氢	高压氢气 歧管 空气 氢气 空气
燃料/mL	17	300	405	420
空气/mL	983	983	965	1000
能量/kJ	3.5	3.5	4.0	4.2
相对能量（%）	100	100	115	120

如图 2-54 所示，通过喷入柴油并引燃氢气-空气混合物的方式，使氢气应用于压燃式（Compression Ignition，CI）发动机成为可能。通过采用双燃料技术，可以将氢气应用于高效的压燃式发动机中，这也为使用二甲醚和生物柴油等碳中和燃料与氢气混合使用提供了参考。

废气再循环是一种有效降低 NO_x 排放的技术，也是抑制氢气-柴油双燃料发动机爆燃的一种实用方法。但是，EGR 的使用可能会导致发动机效率的降低，并且这种影响会随着 EGR 率的增加而增加。此外，增加 EGR 率还可能造成 CO、HC 和碳烟排放的增加。与柴油相比，氢气的添加及 EGR 的双燃料运行仍能降低排放并提高发动机的性能。

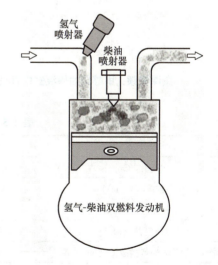

图 2-54　在 CI 发动机中应用氢气和柴油

（6）氨燃料发动机　氨气是一种无色气体，并具有强烈的刺激性气味，其来源广泛、储存方便。氨分子中不含碳原子，储氢量达 17.6%，是很好的氢载体。液氨的能量密度是液氢的 1.5 倍，相较于氢气，氨气具有更高的能量密度。液氨在大气条件下的自燃温度为930K，辛烷值为130，汽化潜热很高。作为一种零碳燃料，液氨的能量密度比液氢高出70%，比70MPa的压缩氢气高出2倍多。氨的点火温度相对较高，可燃范围窄，必须与引燃燃料结合才能实现可持续燃烧。在柴油机中燃烧氨需要高压缩比或引燃点火源。氨燃料也可以在汽油机上应用，但氨的火焰传播速度慢且汽化潜热高。并且液氨喷射方式比较困难，可以采用气体喷射的方式。图2-55展示了氨在点燃式和压燃式发动机中应用的形式。

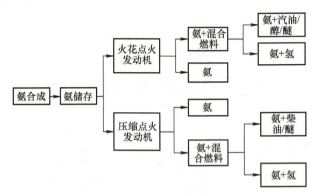

图2-55　发动机中应用氨的形式

2. 醇基燃料

醇基燃料就是以醇类（如甲醇、乙醇、丁醇等）物质为主体配置的燃料，醇类物质的质量比不小于70%。面对化石能源的枯竭，醇基燃料是最有潜力的新型替代能源，是各国政府大力推广的环保清洁能源。表2-5列出了几种常用燃料的理化特性。

微课视频：甲醇柴油掺混缸内直喷

微课视频：甲醇进气道喷射 + 缸内直喷柴油

表2-5　各类燃料的理化特性

燃料名称	甲醇	乙醇	丁醇	汽油	柴油
化学式	CH_3OH	C_2H_5OH	C_4H_9OH	$C_5 \sim C_{12}$	$C_{10} \sim C_{26}$
密度/（kg/m³）	791	785	809	740	838
低热值/（MJ/kg）	19.7	26.8	33.1	44.5	42.5
汽化潜热/（kJ/kg）	1109	904	584	290～315	230～250
层流火焰传播速度/（m/s）	0.52	0.54	0.50	0.58	—
自燃温度/K	742	690	614	573	503
辛烷值	112	110	96	90～98	20～30
理论空燃比	6.5	9.0	11.2	15.0	14.5
可燃极限（%）	6.7～36.0	4.3～19.0	1.4～11.2	0.6～8.0	1.9～8.2

醇基燃料的能量密度较低、蒸发潜热大。醇基燃料的热值一般在 20.1 ~ 26.0MJ/kg 之间，是柴油、液化石油气等高热值燃料热值的 60% 左右，属于低热值液体燃料。醇基燃料能和水以任何比例相互溶解，但不会与水形成共沸混合物，并且含水燃料的热值将更低。

（1）醇基燃料在发动机上的燃用方式 醇基燃料主要应用于点燃式发动机。由于目前点燃式发动机的压缩比较低，无法达到压燃式发动机的效率。因此，为了实现高效利用，醇燃料发动机必须向高压缩比方向发展。然而，由于醇基燃料的着火能力差（十六烷值仅为 3，是柴油的十六分之一；着火温度高达 470℃），因此在压燃式发动机上应用难度极大。为了实现醇基燃料压燃，国内外主要采取了如下措施：

1）乳化法。乳化法就是在燃料被喷入发动机之前，使柴油与醇基燃料均匀混合，混合好的燃料经喷油泵、喷嘴被喷入柴油机中进行燃烧。对原柴油机不需进行任何改动，就可以燃用部分醇基燃料。采用混合燃料法的困难在于乳化剂的价格较高，并且混合燃料容易产生相离；当醇基燃料的掺混率高时，滞燃期加长，会导致发动机冷起动困难、工作粗暴；发动机在冷起动、暖车及小负荷工作时，HC 及醛类排放浓度会增加；若往乳化燃料中加入助溶剂、十六烷值改进剂等物质，因这类物质多是硝基化合物，对发动机的碳烟和 NO_x 排放十分不利。

2）助燃法。由于醇基燃料自发着火比较困难，因此需要借助某些措施来辅助醇基燃料着火燃烧，主要方式有火花助燃法，这种发动机是在气缸内喷射燃料，火花塞和甲醇喷嘴的位置如图 2-56 所示。采用助燃法会形成不均匀的混合气，靠火花塞点燃可燃混合气，以火焰传播方式燃烧。另外，还有热面助燃法和电热塞助燃法，如图 2-57 所示，可以燃用 100% 甲醇。但在气缸盖上不仅要安装喷嘴，还要预留出火花塞或电热塞的位置，因此结构较复杂；火花塞、电热塞受到甲醇的反复热冲击作用，使得其寿命短、可靠性较差；在低负荷时会有失火现象发生，排放性较差。

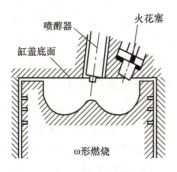

图 2-56 火花助燃法

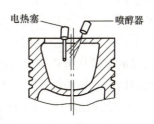

图 2-57 电热塞助燃法

3）直接压燃法。采取适当提高压缩比、增加十六烷值添加剂、进气加热等措施，可以直接压燃醇基燃料。如在甲醇中添加 20% 的 $C_8H_{17}NO_3$，可使十六烷值提高到 35。在环境温度 25℃ 时，发动机可正常运转，若采用预热使甲醇温度升高到 70℃，那么甲醇中添加 12% 的 $C_8H_{17}NO_3$ 就足够了。但是采用十六烷值添加剂，会带来 NO_x 排放增加，而且其成本较高。由于直接压燃法的实际应用较困难，因此应用较少。

4）柴油引燃法。柴油引燃法是通过进气系统或供油系统向柴油机气缸内输入部分醇基燃料，从而在气缸内形成部分预混合可燃气体。然后用喷嘴喷入柴油，引燃醇基燃料混合气。引燃法可以分为化醇器法、缸内双喷射法和进气管喷射法等。

化醇器法是将化油器适当改造，然后安装到柴油机的进气管上，从而通过节气门来控制醇的量。这种改造方法较简单，但仍有以下缺点：如发动机在低负荷时，其起动性、经济性和排放性都较差；进气节流损失较大；当高负荷醇基燃料喷入过多时，会使滞燃期增长，导致发动机工作粗暴，并且在天气太冷时，还会使化醇器喉口处结冰。

缸内双喷射法是在气缸上安装有两只高压喷嘴，一只喷柴油、一只喷醇，柴油引燃醇，安装位置如图 2-58 所示，气缸盖上不仅要安装有两只高压喷嘴，还要安装电热塞，结构复杂；高压供给醇的系统偶件磨损严重；碳烟、油耗、碳氢化合物（Total Hydrocarbons, THC）和 CO 都会增加。

进气管喷射法是在进气管处安装低压喷嘴，喷入醇基燃料以形成预混合气体，预混合气体进入气缸由柴油引燃。采用进气管喷射法可以避免化醇器法的节流损失，并且可以精确控制醇的量，但小负荷喷醇时，HC 和醛类排放会剧增，且冷起动性能较差。

微课视频：甲醇喷射系统介绍

图 2-58　双喷射系统布置

5）高压缩比甲醇发动机。由于甲醇的着火温度很高，故对其压燃十分困难，即使采用点燃的方式，也会因为甲醇较高的汽化潜热，使得冷起动较为困难。采用高压缩比虽然可以解决冷起动困难的问题，但大负荷时，则可能发生爆燃。当发动机在大负荷工况时，采用废气再循环进行调节，可兼顾解决上述矛盾。一方面，废气含有惰性气体会阻止爆燃发生；另一方面，废气自身的温度还可以改善冷起动。因此，这是一种很有发展前景的燃烧方式。据报道称，某研究部门在一台增压、中冷柴油机的基础上，将其改装成燃用纯甲醇的发动机，压缩比为 19.5。并使用理想混合气浓度，三效催化转化器，用大量废气再循环以防止爆燃，使发动机的性能超过了原机，排放可达到美国超低排放值的要求。同时，热效率甚至超过了原柴油机，并且该发动机可以在 0℃ 条件下顺利起动。因此，采用高压缩比、点燃方式将是实现纯甲醇高效燃烧的重要途径。由于采用纯甲醇，可以简化发动机的燃料供应系统，也由于甲醇的价格远低于柴油和汽油的价格，因此采用纯甲醇燃烧必将为此类发动机提供广阔的市场。然而，高压缩比，即意味着大幅度提高了发动机的加工制造要求，这必将带来发动机制造成本的增加。

（2）甲醇燃料　甲醇（CH_3OH）来源广泛，可由化石燃料、二氧化碳及可再生能源（如生物质能）通过多种合成方法制成。当前，国外甲醇燃料制备以天然气原料为主，我国甲醇燃料制备主要以煤、天然气和焦炉气三种原料为主，生产技术处于世界领先水平，生物质制甲醇、二氧化碳加氢气制甲醇等绿色甲醇制备技术也已初步实现商业化应用。甘肃省兰州市年产1000t甲醇、河南省安阳市年产11万t甲醇等相关项目已陆续投产运营。未来，我国有望大规模投产应用绿色甲醇。

甲醇是一种结构简单的饱和一元醇，常温常压下为无色澄清液体，有刺激性气味，具有与多种化合物形成共沸混合物或混溶剂的特性，被广泛应用于化工领域，是基础的化工原料。甲醇燃料通常指M15甲醇燃料、M85甲醇燃料和M100甲醇燃料，其中甲醇质量分数分别为15%、85%和100%。

从理化特性来看，甲醇作为车用燃料具有3个优点：①甲醇的辛烷值高，抗爆性能较强，可通过增大发动机的压缩比来提高发动机的热效率；②甲醇含碳量低且含氧，燃烧速度快且充分，氮氧化物、颗粒物等排放较汽油、柴油少；③甲醇常温下为液态，与汽油、柴油的理化性质接近，便于储存、运输和加注。同时，甲醇作为车用燃料具有3个缺点：①甲醇汽化潜热值较大，发动机低温起动性较差，需要添加一定添加剂或配备汽油、柴油起动；②甲醇具有一定的腐蚀和溶胀作用，需要对汽车零部件及油路进行改进；③甲醇热值较低，在同等续驶里程下燃料的消耗量增加，所需燃料箱的体积更大。

甲醇汽车发展主要有两种技术路线：①采用双燃料的方法，用汽油或柴油起动，待发动机冷却液温度达到一定温度后，自动切换为甲醇燃料模式或者二元燃料模式；②甲醇燃料中掺入易挥发的低沸点组分，易挥发组分占甲醇燃料体积的10%~30%，可以提高燃料的挥发性，此方法多应用在乘用车上。与汽油相比，甲醇的辛烷值为112，高于汽油的辛烷值92。因此，甲醇作为汽油机代用燃料的抗爆性优于汽油，在汽油机上使用甲醇燃料可以提高压缩比，有利于提高汽油机的动力性和经济性。

甲醇燃料在汽油机上使用，经历了从低比例掺烧（M15甲醇占15%）逐渐到高比例（M85~M100）掺烧的过程。荷兰首先提出了灵活性燃料汽车（FFV）的概念，FFV采用的燃料主要是甲醇、汽油以及汽油和甲醇的混合燃料。我国最早从20世纪70年代初就开始关注甲醇燃料作为汽车的代用燃料，并将甲醇汽车技术开发列为国家科技重点攻关项目，分别对低比例燃用甲醇燃料和高比例燃用甲醇燃料开展了系统性的试验研究。自2012年起，工信部先后在山西、上海、陕西、贵州、甘肃等5省市中的10个城市进行甲醇汽车试点，对甲醇汽车进行科学系统的验证，共投入运营甲醇汽车1024辆，总运行里程超过1.84亿km，单车最高行驶超过35万km，并且建设甲醇燃料加注站20座，累计消耗甲醇燃料超过2.4万t。自2018年起，甲醇汽车产品公告已取消区域限制，可在全国范围内推广运行。2018年年底，西安以纯甲醇M100为燃料的出租车正式上线。2019年3月，工信部、公安部、交通运输部等八部门联合发布《关于在部分地区开展甲醇汽车应用的指导意见》，以甲醇为车用清洁燃料进一步得到了推广。至2019年5月，已有1万辆甲醇汽车在我国部分地区展开运营。

由于甲醇为单碳化合物，其燃烧无烟无焰，应用在柴油机上可以同时降低碳烟和NO_x排放，因此，搭载柴油/甲醇双燃料技术的重型货车通过简单的后处理即可满足国五排放标准。我国目前已经攻克甲醇的腐蚀性、高温气阻和冷启动等难题，动力性和排放特性都与燃油汽车水平基本一致。同时，我国的甲醇主要产自煤炭和焦炉气，生产甲醇的煤炭多为高硫、高灰分的劣质煤，因此我国甲醇的价格不到汽油、柴油价格的1/3，具有很好的价格优势。但是我国甲醇汽车的发展仍处于起步阶段，还需要加大技术研发，以推动建立成熟的甲醇汽车产业链。

甲醇燃料在乘用车上的应用方向：目前甲醇汽车是在汽油车的基础上更换燃料供给和控制系统来满足燃用甲醇的车辆，其发动机结构并不需要做改动和优化。相对于汽油，甲醇的辛烷值更高，抗爆性能更优秀，可适应更高压缩比下的发动机。因此甲醇燃料发动机可将压缩比提高至 10 以上，进而提高发动机的输出功率，并提高发动机的动力性及燃烧效率。从排放污染物的角度来看，甲醇是一碳含氧化物，汽车燃用甲醇燃料的常规污染物如一氧化碳（CO）、碳氢化合物（HC）、NO_x 的排放均明显低于汽油、柴油。但在甲醇不完全燃烧的情况下，甲醇汽车将排放甲醇和甲醛，会对环境造成较大的污染。因此，需要针对甲醇和甲醛进行适用性开发。

甲醇燃料在商用车上的应用方向：目前甲醇应用在商用车上的技术主要有两种：一种是天津大学提出的柴油-甲醇组合燃烧技术；另一种是单一甲醇燃料的点燃式技术，以一汽靖烨发动机有限公司和吉利汽车集团有限公司为代表。围绕上述商用车用甲醇发动机，需要开展的工作包括：需要一套单独的供醇系统和控制系统与原有的柴油供给系统相配合，以控制甲醇在进气道内的喷射和混合；需要发展满足国六排放法规的技术路线。

（3）乙醇燃料　对车用发动机而言，在众多的代用燃料方案中，乙醇作为一种现实的可再生的清洁燃料备受瞩目。国家发展改革委在"十五"规划中已在部分省市推行乙醇燃料试点项目，同时发布了 GB 18350—2013《变性燃料乙醇》和 GB 18351—2017《车用乙醇汽油》两项国家标准，为乙醇的推广应用提供了技术保障，并陆续扩大试点范围，现已取得初步成效。据相关报道，自 2002 年以来，我国相继有 9 个省市用含有 10% 乙醇（体积分数）的车用乙醇汽油代替普通汽油。

天津大学的研究团队在一台电喷汽油机上燃用 E0、E10 和 E30 后发现：在怠速工况下，燃用混合燃料可显著降低 CO、NO_x 和总碳氢化合物（THC）的排放，E30 的效果最明显；并且随着乙醇含量的增加，排气中乙醛和乙醇的浓度逐渐增大，如图 2-59 所示。在动力性和燃油经济性方面，有研究表明：发动机在燃用混合燃料后，不会影响功率、转矩等使用性能，故无须对发动机进行改装；在掺烧乙醇后，有利于改善发动机的燃烧状况，降低能耗率。在排放物的催化转化方面发现，Pt/Rh 催化剂对排气中的乙醇转化效率较低，而对乙醛表现出较高的转化效率。同时还发现，普通三效催化器对排气中苯的平均净化效率约为 87%，同时在低速（1600r/min）时只在催化器前检测到甲醛，催化器后没有检测到甲醛，说明催化剂对甲醛的催化净化效果较好。

3. 生物柴油燃料

生物柴油（Biodiesel）是指以动植物油脂、微生物油脂、餐饮垃圾油等为原料，通过酯交换工艺制成的可替代石化柴油的液体燃料。生物柴油与柴油相容性好，能够混合使用，是典型的清洁、可再生"绿色能源"，是化石燃料的理想替代品之一。目前生物柴油在各个国家发展迅速，已经逐渐形成一定的产业规模。

我国用于汽车的生物柴油燃料及生物柴油混合燃料（B5）已有相关国家标准。另外，云南省还制定了强制性地方标准 DB 53/450—2013《生物柴油调合燃料（B10）》和 DB 53/451—2013《生物柴油调合燃料（B20）》，上海市已制定团体标准 T/SFSF 000010-2020《餐厨废弃油脂制 B10 柴油》。

生物柴油和普通石化柴油的理化特性存在差别，生物柴油的燃烧特性，如滞燃期、着火

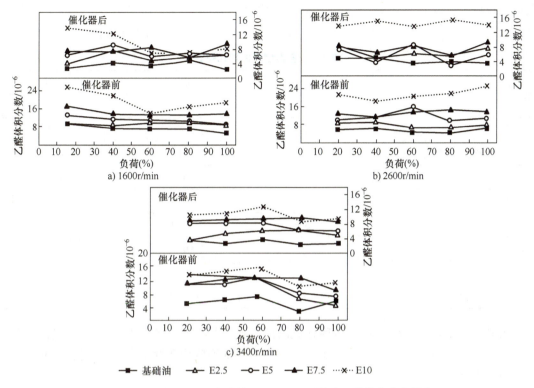

图2-59　乙醇-汽油混合燃料汽油机的乙醛排放及其催化净化效率

温度以及喷雾的贯穿距离都与普通石化柴油有所区别。总体而言，由于生物柴油具有相对较大的十六烷值，在柴油机中燃用生物柴油会使得滞燃期缩短，从而减少预混放热，并且由于燃料含氧，所以会促进扩散燃烧，进而可以减少燃烧持续期。与普通石化柴油类似，燃用生物柴油的主要排放物为 CO、HC、NO 和 PM（微粒、碳烟）排放。燃用生物果油或者混入生物柴油之后，可以使 CO 的排放量最大降低 50% 左右，常规和非常规 HC 以及 PM 排放都会降低，且燃烧效率略有改善。但是对 NO 的排放有一定负面影响，相对于燃用普通柴油，燃用生物柴油会使 NO_x 最大升高 13.1%。

由于使用生物柴油可以大幅减少温室气体和有害气体的排放，而且生物柴油是可再生燃料，因此发展生物柴油也是实现"碳中和"的一种方法。我国在 2004—2010 年经历了生物柴油的快速增长期。目前主要生产的是第一代生物柴油，燃烧热值约为普通石化柴油的 87%、冷凝点偏高。受国际油价和我国生产生物柴油中原料、销售等因素的影响，我国生物柴油产业的发展有一定的困难。目前，我国生物柴油制备技术已有了较大的发展，由动/植物油脂"催化加氢裂解"、微藻制备生物柴油等也得到了发展。此外，动物和植物油脂制备的生物柴油，尤其是利用地沟油等废弃油脂制备的生物柴油具有极大的社会和经济价值。

4. 二甲醚燃料

二甲醚（Methoxymethane 或 Dimethyl Ether，DME）的分子式为 CH_3OCH_3，二甲醚又称作甲醚，是最简单的脂肪醚。它是二分子甲醇脱水缩合的衍生物，在室温下为无色、无毒、有轻微醚香味的气体或压缩液体。二甲醚的一个重要应用就是作为柴油和液化石油气的替代燃料。作为柴油替代品，二甲醚被认为是柴油发动机最洁净的替代燃料之一，可以降低氮氧化物的排放，实现无烟燃烧。二甲醚主要由甲醇生产而来，因此其有较为广泛的生产来源，可以由煤、天然气、生物质等生产而来。表2-6列出了各类燃料的理化特性。

表2-6　各类燃料的理化特性

燃料名称	二甲醚	汽油	柴油
化学式	CH_3OCH_3	$C_5 \sim C_{12}$	$C_{10} \sim C_{26}$
密度/(kg/m^3)	660	740	838
低热值/(MJ/kg)	28.8	44.5	42.5
汽化潜热/(kJ/kg)	460	290~315	230~250
层流火焰传播速度/(m/s)	0.45	0.58	—
自燃温度/K	506	573	503
辛烷值	—	90~98	20~30
理论空燃比	9.0	15.0	14.5
可燃极限(%)	3.4~17.0	0.6~8.0	1.9~8.2

另外，二甲醚正在被开发成一种合成的第二代生物燃料（BioDME），它可以由木质纤维素生物质生产而来。目前，欧盟正在考虑将BioDME应用于生物燃料的混合，并计划在2030年进行推广。

二甲醚车辆在全球各地都有广泛的应用。在欧洲，沃尔沃集团已开发了多代二甲醚发动机技术，并已应用在公交车和货车上。在瑞典，由于纸浆的生产过程中有大量的副产物可以用于生产二甲醚，因此二甲醚在瑞典也具有很好的应用前景。在日本，以五十铃（ISUZU）为代表的发动机生产厂家也测试了二甲醚作为柴油替代燃料的潜力。在中国，以上海交通大学黄震教授为代表的车用二甲醚研究团队在科技部的支持下，对车用二甲醚展开了广泛的科学研究和应用研究。

国内外对二甲醚在柴油机上的应用研究，已经取得了长足的进展。目前，国外已经有二甲醚车辆出现，如瑞典的沃尔沃、日本的五十铃等。我国上海交通大学联合上汽、上柴等多家公司，对二甲醚车辆展开了大量的试验和应用研究。但由于二甲醚在常温常压下为气态的特性，使用中还存在加注、零部件生产、燃料经济性等方面的不足，未来的应用前景尚不明朗。

5. 聚甲氧基二甲醚燃料

聚甲氧基二甲醚（Polyoxymethylene Dimethyl Ethers，简称$PODE_n$或DMM_n）作为醚类燃料的低聚物，具有很高的十六烷值和含氧量，对降低柴油机PM有巨大的潜力。$PODE_n$是分子式为$CH_3O(CH_2O)_nCH_3$的一类醚类燃料，这里$n \geqslant 2$。$PODE_n$可以用甲醇为原料通过聚合反应来合成，因此，包括煤、生物质等在内的可以生产甲醇的原料均可作为生产$PODE_n$的原料。以甲醇、煤基二甲醚燃料制备PODE，可获得聚合度为2~8的PODE混合物。

表2-7给出了PODE燃料中各组分的主要理化参数。图2-60所示为聚甲氧基二甲醚的主要研究机构。

表 2-7 PODE 燃料中各组分的主要理化参数

组分	熔点/℃	沸点/℃	密度/(kg/L)	十六烷值	含氧量（%）
PODE$_2$	−69.5	105	0.96	63	45.3
PODE$_3$	−42.5	156	1.02	78	47.1
PODE$_4$	−9.8	202	1.07	90	48.2
PODE$_5$	−18.3	242	1.10	100	48.0
PODE$_6$	58	280	1.13	104	49.6

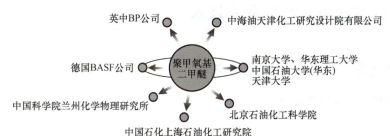

图 2-60 聚甲氧基二甲醚的主要研究机构

PODE 是由不同碳链组成的混合物。随着分子中碳链的增加，氧含量增加。当 $2 < n < 5$ 时，PODE 具有较高的氧含量（> 45%）和较高的密度（> 960kg/m），但运动黏度较低。研究表明，柴油机掺混较高十六烷值和含氧量的 PODE 能够促进燃烧，改善燃烧质量，并提升柴油机的热效率，还可以实现较低的排放。但由于 PODE 热值和运动黏度较低，在柴油机上应用，易出现喷油器磨损、动力性下降等问题，因此不宜在柴油机中单独使用。

聚甲氧基二甲醚（PODE）是由不同聚合度的聚醚类混合而成的，可以在甲缩醛的（Dimethoxy Methane，DMM）基础上，通过与甲醇反应增加 $-CH_2O-$ 而生成，如图 2-61 所示，它们有着相似的分子结构。

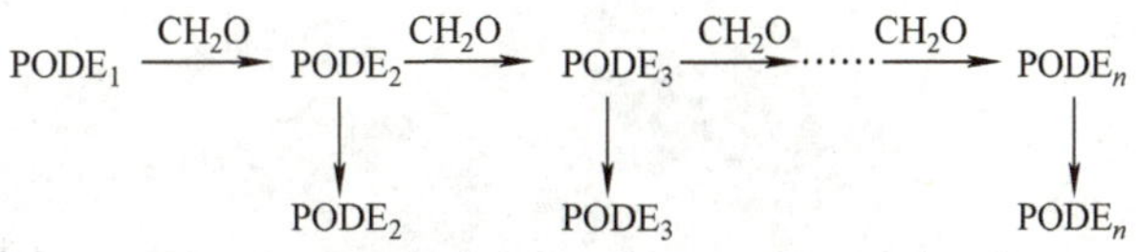

$$PODE_1 \xrightarrow{CH_2O} PODE_2 \xrightarrow{CH_2O} PODE_3 \xrightarrow{CH_2O} \cdots\cdots \xrightarrow{CH_2O} PODE_n$$

$$PODE_2 \qquad PODE_3 \qquad PODE_n$$

图 2-61 由 PODE$_1$ 逐步混合生成 PODE$_n$ 的示意图

燃料的燃烧过程耦合了流动、传热、传质和化学反应等物理和化学过程。化学反应机理对于燃料的着火、低温和高温氧化反应、燃烧剧烈程度和燃烧产物生成等发挥着关键性作用。针对 PODE 化学反应机理，研究起步较晚。清华大学在 2017 年提出了关于 PODE 的详细高温反应动力学机理，同时通过试验获得了 PODE 的预混合火焰结构和层流燃烧速度，并与反应机理很好契合。通过机理研究发现，由于 PODE 不含 C—C 结构，高温条件下 PODE 缺少碳烟前驱物，因此使得 PODE 极大地抑制了碳烟的生成。

6. 丙酮-丁醇-乙醇燃料

丙酮-丁醇-乙醇（Acetone-Butanol-Ethanol，ABE）是生物发酵制丁醇的中间产物，其中丙酮、丁醇和乙醇的含量分别占体积含量的 22%～33%、62%～74% 和 1%～6%，比例大致为3:6:1。丁醇含氧，与汽油和柴油的溶解性好，并且具有对发动机供油系统腐蚀性小和吸水后不易分层等特点。因此，丁醇在替代汽油和柴油方面表现出了很多的优势。但丁醇一般是通过ABE发酵后经过分离和提纯后制取的，并且分离和提纯成本较高。由于丁醇具有良好的性质和高昂的提纯成本，目前科研学者开始对直接将ABE作为汽油和柴油的替代燃料应用于发动机来展开研究。

PODE和ABE作为发动机燃料依然处于实验室研发阶段，距离产业化还需要时间和市场的考验。

2.2　电动汽车动力系统的节能技术

2.2.1　电动汽车动力系统的结构特点

1. 电动汽车动力系统的结构

动力电池是电动汽车的储能动力源，电动汽车的动力电池通过向驱动电机供电，驱动电机运转，从而驱动汽车行驶。

不同于传统燃油车，电动汽车以电能为主要动力源，在结构上有所简化，主要差异点在动力系统。传统燃油车是以汽油或者柴油为燃料，通过发动机将燃料的化学能转化为动力的汽车，其动力系统主要由发动机总成（包括两大机构和五大系统）、变速器总成以及底盘部分构成。而电动汽车的动力系统主要包括电驱动系统、动力电池系统和电控系统，取消了发动机总成。电动汽车的主要结构还包括热管理系统、辅助系统、车身和底盘，如图2-62所示。

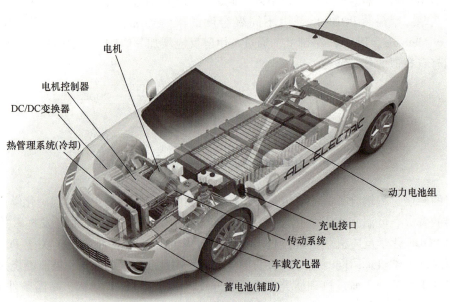

电机
电机控制器
DC/DC变换器
热管理系统(冷却)
动力电池组
充电接口
传动系统
车载充电器
蓄电池(辅助)

图2-62　电动汽车的结构

（1）电驱动系统　电动汽车的电驱动系统是动力系统的核心组成部分，负责将电能高效地转化为机械能，从而驱动车辆行驶。电驱动系统可以大致分为电机控制器和驱动电机两个部分，如图 2-63 所示。

电动汽车的驱动电机主要采用永磁同步电机和交流感应电机两种。永磁同步电机的优点是功率密度大、结构紧凑、调速范围广、瞬态工况仍可以保证较高的工作效率，适用于频繁起停以及空间受限的中小型电动汽车。目前多数电动乘用车采用永磁同步电机，但存在单位功率成本高、运行温度大幅变化时容易引起永磁体退磁的缺点。交流感应电机的成本低、无退磁问题、可靠性较高，适合

图 2-63　电动汽车的电驱动系统结构示意图

于在高速路况行驶的中大型电动汽车。但交流感应电机存在工作效率较低、功率密度较小的缺点。

电动汽车的驱动电机是电动汽车的关键部件。要使电动汽车具有良好的使用性能，驱动电机应具有较宽的调速范围较高的转速、足够大的起动转矩、体积小、质量小、效率高以及动态制动强和能量回馈等性能。电动汽车所用的电机正在向大功率、高转速、高效率和小型化方向发展。随着电机及驱动系统的发展，控制系统趋于智能化和数字化。变结构控制、模糊控制、神经网络、自适应控制、专家系统、遗传算法等非线性智能控制技术，都将各自或结合应用于电动汽车的电机控制系统。它们的应用将使系统结构简单、响应迅速、抗干扰能力强、参数变化具有鲁棒性，可以大大提高整个系统的综合性能。

（2）动力电池系统　动力电池是指用于电动汽车驱动电机的可充电式电池，动力电池的电压和储存电量较大，与汽车发动机的起动蓄电池有较大的区别。动力电池一般为电化学储能部件，是化学能与电能的能量储存与转换装置：在动力电池放电时，将化学能转换为电能，对外提供电功率；在动力电池充电时，将外部电能转换为化学能，存储在动力电池中。这一相互转换过程需要依靠电化学反应，即具有氧化还原过程、存在电子得失的化学反应。电动汽车用动力电池的主要类型如图 2-64 所示。

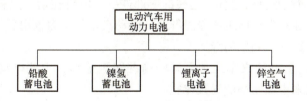

图 2-64　电动汽车用动力电池的主要类型

车用动力电池应具有以下特点：

1）具有较高的体积能量密度（W·h/L）和质量能量密度（W·h/kg），以满足车辆有限空间与载重条件下对于续驶里程的需求。

2）具有一定的功率密度（W/L 或 W/kg），以满足瞬态/短时功率需求，适应车辆上坡、超车、制动能量回收等工况。

3）较宽的工作温度范围，以保障车辆适应寒冷、炎热等多种环境。

4）较长的使用寿命，以降低电动汽车用户的电池更换成本，如长达 8～10 年。

5）极高的安全性，以保障驾乘人员的安全。

（3）电控系统　电动汽车电控系统是电动汽车的"大脑"，负责控制和管理电动汽车的各项功能。电动汽车的电控系统主要由以下几个部分组成：整车控制器（Vehicle Control Unit，VCU）、电机控制器（Motor Control Unit，MCU）和电池管理系统（Battery Management System，BMS）。此外，电控系统还包括传感器、执行器等组成部分，它们通过控制器局域网（Controller Area Network，CAN）来实现相互通信，共同协作完成电动汽车的各项控制任务。在不同类型的电动汽车上，电控系统存在一些区别，但总体来说一般都包括上面几个部分，各子系统功能不是简单的叠加，而是综合各子系统功能来控制电动汽车。电控系统的组成如图 2-65 所示。

整车控制器(VCU)
电机控制器(MCU)
电池管理系统(BMS)
控制器局域网(CAN)

图 2-65　电动汽车电控系统的组成

2. 电动汽车动力系统的特点

与传统燃油车相比，电动汽车有以下特点：

1）环保性。由于电动汽车的动力源可以是可再生能源，因此降低了对传统化石燃料的依赖。电动汽车使用电能作为动力源，不会产生排气污染，对环境保护和空气的洁净是十分有益的，有"零污染"的美称。

2）节能性。电动汽车的能源效率已超过传统燃油车。电动汽车停车时不消耗电量，制动过程还可以实现能量再利用。动力电池可以在夜间避开用电高峰充电，有利于电网均衡负荷，并减少费用。

3）舒适性。电动汽车行驶过程中运转的零部件少，电机在运行过程中产生的噪声远低于发动机，使得驾驶和乘坐环境更加安静舒适。电动汽车的动力输出更加平顺，减少了车辆行驶过程中的振动，提升了乘坐的舒适性。

4）性能优越。由于电动汽车通常具有较高的转矩输出，因此电动汽车的加速性能优越，可以为驾驶人带来更加畅快的驾驶体验。

5）结构简单，使用维修方便。相较于传统燃油车，电动汽车的结构简单、运转和传动零部件少、维修保养工作量小。若电动汽车采用交流感应电机，则电机通常不需要保养维护。

2.2.2　动力电池性能评价

在电动汽车的动力电池中，主要有铅酸蓄电池、镍氢蓄电池、锂离子电池三大类。

铅酸蓄电池的主要特点是能量密度低、成本低、寿命短，主要用于低速小型电动汽车，如场馆车辆、老年代步车等。

镍氢蓄电池的比功率高、不含铅/镉等有毒重金属、寿命长，适用于混合动力电动汽车和部分纯电动汽车，第一代丰田油电混合动力汽车 Prius 采用的就是镍氢蓄电池。

锂离子电池能量密度高、寿命长、成本较高。近几年，由于锂离子电池技术发展很快，并且电动汽车对电池能量的需求不断提高，因此，锂离子电池是目前混合动力电动汽车与纯电动汽车的主流选择。

锂离子电池可以分为磷酸铁锂和三元锂电池两大类。磷酸铁锂电池的优点是成本低、循环次数高、安全性好，缺点是低温性能差、能量密度低。目前，磷酸铁锂电池主要应用在客车和专用车上，在乘用车上的装机份额较低。三元锂电池是指正极材料含有镍（Ni）、钴（Co）、锰（Mn）或镍（Ni）、钴（Co）、铝（Al）3 种元素化合物的锂离子电池，三元锂电池最大的优点是能量密度和功率密度较高，电池包的体积小，在乘用车上的装机份额较高。但三元锂电池尤其是高镍三元锂离子电池的热稳定性差，容易发生热失控爆炸，成本较高。

表 2-8 比较了铅酸蓄电池、镍氢蓄电池和锂离子电池在各个方面的性能差异。其中，铅酸蓄电池在价格上最为低廉，但性能也较差；锂离子电池虽然价格略高，但在比能量、比功率、循环寿命和快速充电能力上都表现出明显的优势。在所有金属中，锂的正电性是最强的（相对标准氢电极为 -3.04V），并且其密度最小（密度 $\rho = 530\text{kg/m}^3$），所以，理论上锂离子电池具有较高的能量密度。

表 2-8　铅酸蓄电池、镍氢蓄电池和锂离子电池性能比较

电池类型	铅酸蓄电池	镍氢蓄电池	锂离子电池
工作电压/V	2	1.26	3.6
质量能量密度/(W·h/kg)	30～50	60～90	100～160
体积能量密度/(W·h/L)	80	160	260
循环寿命/100% DOD	≥300 次	≥500 次	≥800 次
放电率/(%/月)	5	20～35	6～10
快速充电能力	一般	较好	好
耐过充能力	一般	强	差
环境污染	严重	微小或无	无
使用温度范围/℃	-20～50	-20～50	-20～55

2.2.3　电池管理系统

电池管理系统是集监测、控制与管理于一体的、复杂的电气测控系统。电池管理系统最基本和最重要的作用是准确、可靠地获得电池荷电状态，并对电动汽车的用电进行管理，特别是防止动力电池过充电及过放电。

电池管理系统的核心是对动力电池荷电状态的预估，动力电池的荷电状态并不能直接获得，需要通过动力电池的电压、电流、电池动力内阻、温度等参数进行估算。电动汽车动力电池荷电状态的合理范围是 30%～70%，这对保证动力电池的寿命和能量效率至关重要。在电动汽车行驶过程中，动力电池的放电和充电均为脉冲工作模式，大的电流脉冲很可能造成动力电池过充电（SOC＞80%）、深放电（SOC＜20%），甚至过放电（SOC 接近 0）。因此，电动汽车的电池管理系统必须对动力电池的荷电状态敏感，并能及时做出准确的反应。同时，电池管理系统需要监测电池组中各电池的容量状态，并识别出电池组中各电池间的性能差异。在此基础上，电池管理系统均衡控制充电和放电，以确保电池组整体性能良好。

1. 电池管理系统的组成

电池管理系统的主要任务是检查动力电池的电压、电流和温度。通过对测量参数的分析，估计动力电池的剩余容量并做出各种错误警告。为了实现对动力电池的有效管理，需要保证采集数据的准确性、系统通信的可靠稳定性以及抗干扰性。电池管理系统的结构示意图如图 2-66 所示。

动力电池的荷电状态一部分是基于对电流积分，因此电流信号检测的精度会直接影响对

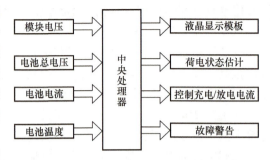

图 2-66　电池管理系统的结构示意图

动力电池荷电状态预估的准确度，这就要求电流转换隔离放大单元在较大范围内有较高的精度、较快的响应速度、较强的抗干扰能力、较好的零漂及温漂抑制能力和较高的线性度。电流转换隔离放大单元是用电流性霍尔元件将 −400 ~ +400A 的电流转换为电压信号，电流的采样精度一般要求为 1%。

动力电池的温度是判断动力电池能否正常使用的关键性参数，如果动力电池的温度超过一定值，有可能造成动力电池不可恢复性的破坏。电池组之间的温度差异会造成电池单体之间的不均衡，从而造成动力电池寿命的降低。电池管理系统中的温度采样是通过总线数字化温度传感器完成的，温度采样精度可达到 0.5℃。

电压是判断电池组好坏的重要依据，电池管理系统要求能得到电池组在同一时刻电压值的变化和各电池组的电压值，然后通过算法找出有问题的电池组，因此对电压采样精度的要求比较高。电池管理系统采用的单片机内部自带 A/D 转换功能，电压采样精度可以达到 0.1V。

电机等部件属于电动汽车中的强电磁干扰源，这要求电池管理系统具有较强的抗电磁干扰性，可以从系统硬件设计、印制电路板的制作和软件程序方面进行改进。

2. 电池管理系统的功能

电池管理系统是电动汽车的关键组成模块，动力电池要配备电池管理系统才能正常工作。电池管理系统的功能主要包括以下 6 项。

（1）实时采集电池系统的运行状态参数　动力在电池的使用过程中，电池组的性能和状态会实时发生变化，电池组中每块电池单体的性能和状态也在实时发生变化。因此，各电池单体的参数不会实时保持一致，需要对每块电池的电压、电流和温度数据进行采集和监测。电动汽车电池系统的运行状态参数有电池组中每块电池单体的端电压和温度、充放电电流及电池组总电压等。

（2）确定动力电池的荷电状态　根据采集到的动力电池中每块电池单体的电压、温度和充放电电流等历史数据，建立每块电池单体剩余能量的数学模型，即估计电动汽车动力电池的荷电状态。电池管理系统的难点和关键在于如何根据动力电池的参数，实时准确预测电动汽车动力电池的荷电状态。

（3）故障诊断与警告　为了保证电池的寿命和能量效率，动力电池的 SOC 应始终保持在 30% ~ 70% 之间。当动力电池的电量过低时，会及时发出警告，防止动力电池过放电而

减少动力电池的使用寿命。当电池的温度过高时，也会及时发出警告，以保证动力电池正常工作。

（4）热平衡管理 动力电池的热平衡管理系统是电池管理系统的有机组成部分，其功能是通过风扇等冷却系统和电阻加热装置使电池温度处于正常工作温度范围内。

（5）一致性补偿 当电池组内各电池单体之间有差异时，应有一定的措施进行补偿，以确保电池组的性能，并应有一定的措施来显示性能不良的电池位置，以便维修替换。此外，还可以设计旁路分流电路，以确保每个电池单体都可以充满电，从而减缓动力电池老化的进度，并延长动力电池的使用寿命。

（6）通过总线实现各检测模块和中央处理单元的通信 基于总线或其他串行通信协议，将动力电池的电压、电流、温度等关键数据发送至中央处理单元。中央处理单元对收到的数据进行处理和分析，以实现动力电池状态的实时监控、故障诊断、SOC 估算以及热管理等功能。这种高效的通信机制不仅提升了电池管理系统的运行效率和可靠性，也为确保电动汽车的安全运行和延长电池寿命提供了坚实的技术支持。

2.2.4 电驱动系统的组成和分类

1. 电驱动系统的组成

电驱动系统可以分为驱动电机和电机控制器。

电动汽车的驱动电机负责将电能转换为机械能驱动汽车行驶，也可以作为发电机将机械能转换为电能并存储在动力电池中，其性能直接影响车辆的动力性、经济性和舒适性。电动汽车驱动电机需要满足以下性能要求：

1）宽调速范围。以适应不同驾驶条件下的速度要求。

2）高密度轻量化。以降低车重，提高能效。

3）高效率。在较宽的转速范围和转矩范围内都有较高的效率。

4）能量回收。在车辆制动或滑行时能发电，回收能量。

5）高可靠性和安全性。确保电动汽车在复杂道路环境下的稳定运行。

电机控制器通常由一个或多个控制芯片组成，主要负责将整车控制器信号转化为电机控制信号，即根据用户需求（如速度、方向、负载）来生成相应的控制信号，以实现对电机的精确控制。电机驱动器是一种电气或机械器件，主要负责接收来自电机控制器的控制信号，并通过电子电路和机械传动系统将其转换为电机可以识别的驱动信号。这样，电机就能根据控制信号的要求进行旋转、停止或反转等操作。电机控制器主要有以下功能：

1）能量转换。将动力电池的直流电转换为交流电，供给驱动电机使用（具体属于电机驱动器的功能）。

2）控制电机运转。根据整车控制器的指令，控制电机的转速、转矩等参数，实现电动汽车的加速、减速、制动等功能。

3）通信与协调。通过 CAN 总线等通信方式与其他控制模块进行通信，协调整车各系统的运行。

4）保护与监控。具备过电流保护、过载保护、欠电压保护、过电压保护、缺相保护等功能，实时监控电机及控制系统的运行状态，以确保安全运行。

5）能量回馈。在制动或减速过程中，将部分能量回馈给动力电池，提高能源利用效率。

2. 驱动电机的分类与工作原理

（1）驱动电机的分类 电动汽车常用的驱动电机主要分为以下几类：有刷和无刷直流电机、永磁同步电机、交流感应电机和开关磁阻电机，表2-9给出了常用驱动电机的特点以及应用情况。

表2-9 常用驱动电机的特点与应用情况

电机类型	优点	缺点	应用情况
有刷直流电机	控制性能好、电机控制器结构简单、成本较低	电机转速较低、维护周期短、耐久性差、过载能力差、功率密度小、运行效率低	应用较早，已逐渐被其他类型电机取代
无刷直流电机	起动转矩大、过载能力强、功率密度高、控制算法简单	转矩纹波大、运行噪声大	应用较少
永磁同步电机	工作效率高、功率密度大	控制算法复杂、电机控制器成本高、永磁材料性能易受温度和振动影响	应用广泛，尤其在乘用车领域应用较多
交流感应电机	转速高、耐久性好、成本较低、可靠性好	功率密度一般、运行效率一般	应用广泛，尤其在商用车领域应用较多
开关磁阻电机	结构简单、起动转矩大、运行效率高、适用于高温高转速环境、成本低	转矩纹波大、运行振动和噪声大	应用较少

电机控制器的硬件组成通常分为控制板和驱动板。控制板主要负责信号处理、逻辑运算和通信等功能；驱动板则负责功率放大和驱动电机运转。电机控制器的核心部件以 IGBT 模块（绝缘栅双极型晶体管）构成，通过脉宽调制（Pulse Width Modulation，PWM）技术控制 IGBT 的开关，以实现电机的精确控制。除此之外，电机控制器还包括电流传感器、电压传感器、温度传感器等，用于监测电机及控制系统的运行状态。

（2）驱动电机的工作原理 电动汽车驱动电机的工作原理是依据电磁感应定律实现电能的转换或传递，电机控制器进行信号接收与处理、控制策略执行、电力转换与输出、状态监测与保护。驱动电机的工作过程具体可以分为以下 4 个步骤。

1）电能供给。电源（如动力电池）为电动汽车的驱动电机提供电能。

2）磁场产生。对于交流电机，当定子绕组通入交流电时，会在定子和转子气隙中产生旋转磁场，这个旋转磁场是驱动电机工作的基础，对于直流电机，当给定子通入直流电后将产生固定的磁场。

3）磁电动力旋转。旋转磁场与转子中的导体（如笼型闭合铝框）相互作用，根据电磁感应原理，在转子中产生感应电流。感应电流在磁场中受到力的作用，从而使转子开始旋转。

4）转矩传递。转子旋转时，通过机械传动装置（如齿轮、传动轴等）将转矩传递给电动汽车的车轮，从而驱动汽车行驶。

2.2.5　电驱动系统的节能技术

1. 驱动电机的节能技术

电动汽车驱动电机的节能技术，旨在提高电机的效率、降低能耗并延长电动汽车的续驶里程。电机的类型和效率、电机的结构优化、电机的材料和电机与传动系统的匹配等5个方面与驱动电机的节能有很大的关系。

（1）电机的类型　电动汽车常用的电机类型包括直流电机、交流感应电机、永磁同步电机等。其中，由于永磁同步电机具有高功率密度、高效率和良好的控制性能，并且永磁同步电机的节能率可以达到20%～40%，因此在电动汽车中得到了广泛应用。从节能角度来分析，永磁同步电机的优势具体如下：

1）高效率。永磁同步电机具有较高的效率，能够更有效地将电能转化为机械能，从而减少能量损耗。相比于传统的异步电机，永磁同步电机在整个调速范围内的平均效率都更高，特别是在转速较低时，这种优势尤为明显。这种高效率有助于提升电动汽车的能源利用率，并延长续驶里程。

2）高功率因数。永磁同步电机具有较高的功率因数，能够减少无功功率的消耗，提高电网的功率因数。这不仅有助于提升电力系统的稳定性，还能降低输变电线路的损耗，从而节省电网投资。

3）永磁体励磁。使用永磁体提供磁场，无需外部励磁电流，从而减少了励磁系统的能量损耗。同时，由于其转子绕组没有感应电流、转子电阻和磁滞损耗，进一步提高了电机的效率。

4）快速响应和高精度控制。永磁同步电机具有较快的响应速度和较高的动态性能，能够更好地适应负载变化，提高系统的响应性能。此外，其高精度的转矩和速度控制，能够更精确地满足不同工况下的控制需求，从而优化能源使用效率。

5）轻量化设计。由于永磁同步电机使用了高性能的永磁材料提供磁场，使得电机的体积和质量较交流感应电机大大缩小。这有助于减小电动汽车的整体质量、降低能耗、增加续驶里程。

（2）电机的效率　对于电动汽车来说，驱动电机的效率直接影响汽车的经济性，进一步影响汽车的续驶里程。由于驱动电机既可以工作在电动机状态，又可以工作在发电机状态，因此驱动电机的效率包括电动状态效率和发电状态效率。图2-67所示为驱动电机的机械特性，图2-68所示为电动汽车某交流感应电机系统在额定直流电压下的效率，图中上半部分（即转矩大于零的部分）为电动状态效率，下半部分（即转矩小于零的部分）为发电状态效率。

驱动电机系统的效率等于电机控制器效率与驱动电机效率的乘积，即

$$\eta_s = \eta_{inv}\eta_{em} \tag{2-7}$$

式中，η_s 为驱动电机系统的效率；η_{inv} 为电机控制器的效率；η_{em} 为驱动电机的效率。

电机控制器的损耗包括主电路损耗和控制电路损耗两部分，其中主电路损耗占较大的比重。主电路损耗包括电力电子器件的损耗以及电容器、连接导线的损耗，其中以电力电子器件的损耗为主。

驱动电机的损耗由铜损、铁损、机械损耗以及杂散损耗等构成，绝大部分损耗会转换成

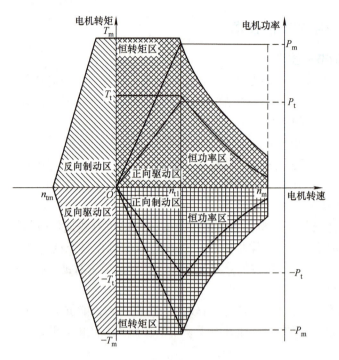

图 2-67　驱动电机的机械特性

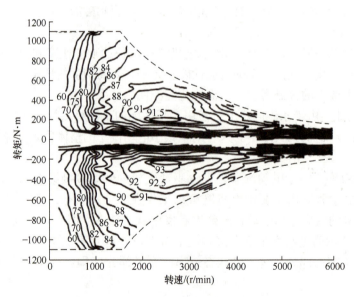

图 2-68　交流感应电机系统在额定直流电压下的效率

热量，使电机整体或局部温度升高。

对于常用的三相交流电机，若定子绕组回路等效电阻为 R_s，回路电流为 i_s，定子绕组的铜损可以表示为

$$P_{Cu,s} = 3i_s^2 R_s \tag{2-8}$$

若转子绕组回路等效电阻为 R_r，回路电流为 i_r，转子相数为 n，转子绕组的铜损可以表

示为

$$P_{\mathrm{Cu,r}} = ni_{\mathrm{r}}^2 R_{\mathrm{r}} \qquad (2\text{-}9)$$

定子和转子铁心的单位体积铁磁材料磁滞损耗可以表示为

$$p_{\mathrm{Hy}} = C_{\mathrm{Hy}} f B_{\mathrm{m}}^n \qquad (2\text{-}10)$$

式中，C_{Hy} 为经验常数，通常由生产厂商根据铁磁材料性质给出；f 为铁心所处磁场的交变频率；B_{m} 为铁磁材料最大磁通密度；n 与铁磁材料自身相关，取值范围一般为 $1.5 \sim 2.5$。

定子和转子铁心的单位体积铁磁材料涡流损耗可以表示为

$$p_{\mathrm{Ed}} = C_{\mathrm{Ed}} f^2 \tau^2 B_{\mathrm{m}}^2 \qquad (2\text{-}11)$$

式中，C_{Ed} 为与铁磁材料电阻率相关的系数，通常由生产厂商根据铁磁材料性质给出；τ 为铁心叠片的厚度。

根据式（2-10）、式（2-11）以及电机定子铁心和转子铁心形状，可以计算出定子铁心铁损 $P_{\mathrm{Fe,s}}$ 及转子铁心铁损 $P_{\mathrm{Fe,r}}$。

电机工作过程中存在的机械损耗 P_{Me} 表示为

$$P_{\mathrm{Me}} = P_{\mathrm{Fr}} + P_{\mathrm{Wi}} \qquad (2\text{-}12)$$

式中，P_{Fr} 表示电机的机械摩擦损耗；P_{Wi} 表示电机的空气摩擦损耗。电机的机械损耗与电机内部结构、电机转速、电机维护状态等密切相关。

除以上给出的各类损耗外，把电机工作中可能出现的其他损耗，统一称为杂散损耗，用 P_{St} 表示。

基于式（2-9）~ 式（2-12），电机总的损耗 P_{Ls} 可以表示为

$$P_{\mathrm{L,s}} = P_{\mathrm{Cu,s}} + P_{\mathrm{Cu,r}} + P_{\mathrm{Fe,s}} + P_{\mathrm{Fe,r}} + P_{\mathrm{Me}} + P_{\mathrm{St}} \qquad (2\text{-}13)$$

在实际道路工况下，驱动电机的工作点会分布在图 2-67 中较大的范围。因而，整车经济性要求驱动电机应具有较宽的高效区，即在较大的转矩和转速范围内，需要具有较高的工作效率。

（3）电机的结构优化　根据永磁同步电机绕组的结构可分为扁线电机与圆线电机，如图 2-69 所示。扁线电机的显著特点是定子绕组中采用扁铜线，绕组类似发卡一样的形状，亦称发卡绕组，如图 2-70 所示。扁线电机相对于圆线电机绕组的优势：槽满率高、效率高、散热能力强、排列紧密、体积小且噪声低。当线圈的长度、电阻值相同时，提高线圈的截面积可以减小电阻。当槽容积相同时，扁铜线绕组比圆铜线绕组槽满率要高。而电动汽车驱动电机正向着高功率、低成本、精密化和低噪声方向发展，这使得扁线绕组永磁同步电机成为永磁同步电机发展的热门和趋势。

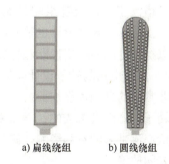

a) 扁线绕组　　b) 圆线绕组

图 2-69　永磁同步电机绕组的扁线和圆线结构

扁线电机的结构设计过程大致如下：

1）扁线电机的基本结构通常包括铝壳、前后轴承、定子总成、转子总成、温度传感器、旋转变压器等几个部分。其中，定子总成和转子总成是电机的核心部件，直接决定了电机的性能。

2）扁线电机的定子设计通常包括定子铁心、扁线绕组和绕组工艺等几个部分。定子铁

a) 扁线电机

b) 发卡绕组

图 2-70　扁线电机及发卡绕组

心是电机磁路的重要组成部分，通常采用硅钢片叠压而成，以减少涡流损耗。扁线电机的定子铁心设计可能采用分瓣定子铁心，如 P2 系统定子结构，这种结构对于集成装配工艺要求较高，需要保证同轴度、圆度和齿与齿之间的均匀分布。扁线电机的最大特点在于其采用扁平形状的铜线作为绕组，这种设计显著提高了电机的槽满率（槽填充率）。一般而言，圆线电机的槽满率约为 75%，而扁线电机的槽满率目前已经可以达到 90% 以上。槽满率的提高意味着在相同的空间内可以装填更多的铜线，产生更强的磁场强度，从而提高功率密度。扁线绕组在工艺上可以分为发卡绕组、波绕组等多种。其中，发卡绕组工艺是目前的主流工艺，多数电机厂商都采取这种工艺，如图 2-71 所示。发卡绕组工艺的优势在于提高槽满率、降低绕组端部高度、节省生产成本等。此外，多层扁线导体设计也是扁线电机的一个重要特点，它可以提供更高的峰值性能和恒转矩区输出能力。

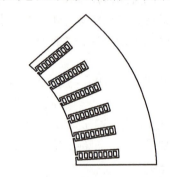

图 2-71　扁线电机的发卡绕组工艺

3）扁线电机的转子设计同样关键，它直接影响到电机的转矩输出和效率。转子通常由许多非常薄的硅钢片叠加而成，并且每一层之间都被互相绝缘，以减少电磁涡流的损耗。同时，转子的磁性是永久的，不需要外部能源来维持，其磁场源自于薄而坚固的钕铁磁片。为了降低涡流带来的不利影响，磁片内部的磁铁被划分为多个部分，既能导通磁场，又能保持彼此之间的绝缘。

除了电机绕组的扁线化，还可以通过对驱动电机冷却系统进行优化来提高节能率。电动汽车的驱动电机在运行过程中会产生大量热量，如果这些热量不能及时散出，将导致电机温度升高，进而影响电机的性能，甚至引发故障。因此，电动汽车驱动电机的冷却系统是确保电机在高强度运行下不过热、保持正常工作效率和延长使用寿命的关键。

电动汽车驱动电机的冷却方式主要有两种：风冷和液冷（液冷包括水冷和油冷）。电动汽车驱动电机的风冷是利用空气作为冷却介质，通过自然对流或强制对流的方式将电机产生的热量带走，以确保电机的正常工作和长期稳定运行。风冷的实现原理包括自然对流和强制对流。自然对流是通过电机内部或外部的空气自然流动，将电机产生的热量带走。这种方式通常适用于小功率电机或散热要求不高的场合。强制对流是利用风扇（风机）产生气流，通过加速空气流动来提高冷却效率。这种方式在电动汽车驱动电机中更为常见，因为电动汽车驱动电机通常功率较大，发热量也较高。风冷结构简单、成本低廉、适用范围广，但是冷却效果有限、噪声较大和受环境影响大。

电动汽车驱动电机的水冷是通过循环的冷却液来吸收并带走电机产生的热量，以确保电机在正常工作温度下运行，从而延长电机的使用寿命并提高车辆的性能。驱动电机的水冷系统结构如图 2-72 所示。水冷系统工作时冷却液在水泵的作用下从水箱中抽出，并通过冷却管道流入电机内部。冷却液在电机内部吸收电机产生的热量后，温度会升高。高温的冷却液通过冷

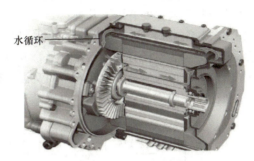

图 2-72　电动汽车驱动电机的水冷系统结构

却管道流回散热器，在散热器中通过风扇的强制对流作用将热量散发到空气中。温度降低后的冷却液再次流回水箱，从而完成一个循环。水冷系统工作可靠性强、耐候性好（受环境影响小）和噪声相对较小，但是系统复杂、维护难度大、冷却效率低。

电动汽车驱动电机的油冷是通过专用的冷却油来吸收并带走电机产生的热量，从而确保电机在正常工作温度下运行，可以提高电机的性能和寿命，如图 2-73 所示。冷却油通过油泵在系统中循环，经过热交换器与整车冷却液进行热交换，从而降低温度。油滤用于过滤冷却油中的杂质，保证系统的清洁度。冷却油道则负责将冷却油输送到电机需要冷却的部位。油冷系统具有冷却效率高、绝缘性能好、适用范围广、结构紧凑和提升

图 2-73　电动汽车驱动电机的油冷系统结构

电机功率密度的优点，但是其油路系统设计复杂、工艺水平要求高、冷却介质要求高。

（4）电机的材料　电动汽车的驱动电机通过选用高性能的永磁体材料、高电导率的导体材料、优质的绝缘材料和轴承材料，以及实现系统材料的集成与优化，可以显著提升电机的效率和性能，并降低能耗。驱动电机的材料主要分为 3 类：高性能永磁材料、低电阻导电材料和轻质材料。使用高性能永磁材料制作电机转子，如钕铁硼，可以减少励磁电流的需求，降低能量损耗，提高电机的整体效率。定子绕组采用低电阻导电材料，可以减少电流通过时的能量损失，提高电机的导电效率。同时在电机外壳和其他非关键承载部件上使用轻质材料（如铝合金），可以减小电机质量，从而降低车辆的整体能耗。

（5）电机与传动系统的匹配　通过合理设计传动系统的传动比，可以使电机在更高效的转速范围内工作，从而提高整车的能效。在部分高档电动汽车中，采用多电机协同工作的方式，通过合理分配各电机的负载和转速，可以进一步提高整车的动力性能和能效。

2. 电机控制器的节能技术

电动汽车的电机控制器作为电动汽车动力系统的核心部件，其节能技术对于提升电动汽

车的能效和续驶里程具有重要意义。电机控制器的节能技术主要从两方面来实现，分别是智能控制算法和逆变技术。

（1）电机控制器的智能控制算法　电机控制器的智能控制算法通过优化控制策略、提高控制精度和响应速度，以及降低电机损耗等方式，有效提升了电动汽车的能效和续驶里程。智能控制算法主要有以下几种：

1）矢量控制（Field Oriented Control，FOC）。矢量控制通过数学变换，将三相交流电机的定子电流分解为磁场分量和转矩分量，并分别进行控制，如图 2-74 所示。矢量控制方法模仿了直流电机的控制方式，实现了对交流电机转矩和磁通的独立控制。矢量控制能够显著提高电机的动态响应和稳态精度，可以减少不必要的能量损耗，从而提高电机的效率。

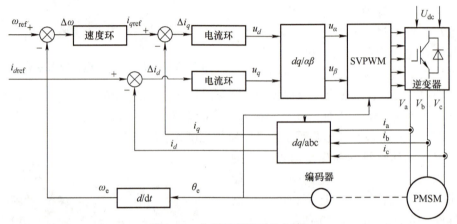

图 2-74　矢量控制的结构框图

2）直接转矩控制（Direct Torque Control，DTC）。直接转矩控制通过直接控制电机的转矩和磁链，省去了复杂的矢量变换，简化了控制结构，如图 2-75 所示。直接转矩控制利用

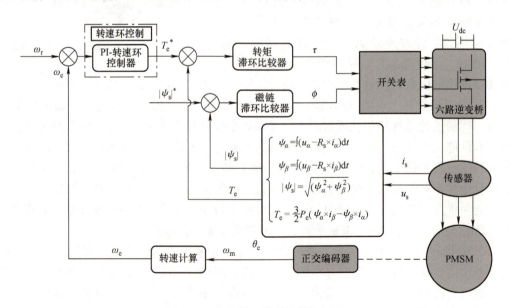

图 2-75　直接转矩控制的结构框图

空间矢量的概念，通过检测电机定子电压和电流，直接在定子坐标系下计算电机的磁链和转矩，并通过控制逆变器的开关状态来实现对电机的控制。直接转矩控制具有较快的动态响应和较高的控制精度，能够有效减少电机的能量损耗，并提高电机的效率。

3）模型预测控制（Model Predictive Control，MPC）。模型预测控制是一种基于模型的先进控制算法，它根据当前的系统状态和预测模型，计算出未来一段时间内系统的最优控制输入，如图2-76所示。在电机控制中，MPC可以通过预测电机的未来行为，提前调整控制策略，以实现更优的控制效果。MPC能够实时优化控制策略，减少不必要的能量损耗，同时提高电机的动态响应和稳态精度。

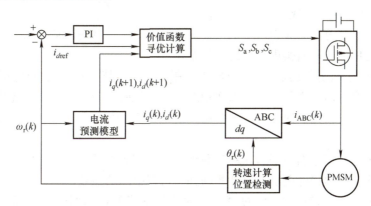

图2-76　模型预测控制的结构框图

4）滑模变结构控制（Sliding Mode Control，SMC）。滑模变结构控制是一种不连续的非线性控制策略，它通过设计一种特殊的控制律，使系统的状态轨迹在有限时间内到达并保持在预定的滑模面上，如图2-77所示。在电机控制中，SMC可以通过调整控制律的参数，实现对电机转速和转矩的精确控制。SMC对系统参数和外部扰动具有较强的鲁棒性，能够在不同工况下保持较好的控制性能，从而减少能量损耗。

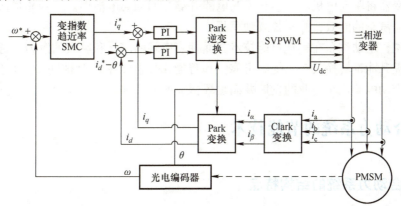

图2-77　滑模变结构控制的结构框图

5）自适应控制（Adaptive Control）。自适应控制是一种能够在线调整控制参数的控制策略，它通过实时检测系统的状态和控制效果，自动调整控制参数以适应系统的变化，如图2-78所示。在电机控制中，自适应控制可以根据电机的负载和工况变化，自动调整控制策略，从而实现更优的控制效果。自适应控制能够实时优化控制策略，减少不必要的能量损耗，同时可以提高电机的动态响应和稳态精度。

除了以上经典的电机控制策略外，随着人工智能技术的发展，越来越多的智能算法被引入到电机控制领域。例如，神经网络算法、遗传算法、模糊控制等可以与经典控制策略相结合，形成更加高效、智

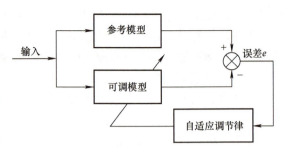

图 2-78   自适应控制的结构框图

能的控制算法。这些算法能够学习电机的复杂非线性特性，自动调整控制参数，提高控制算法的鲁棒性和适应性，从而实现更好的节能效果。

（2）电机控制器的逆变技术   针对电机控制器，逆变技术是实现节能的重要手段之一。逆变技术通过调节输出频率和电压，以实现对交流电机的精确控制，进而优化电机的运行效率，从而达到节能的目的。逆变技术包括载频动态调整技术、不连续发波（DPWM）技术、过调制技术等。

载频动态调整技术根据不同转速和负载情况，动态调整开关频率，以减少电机控制器的开关损耗，最大限度地降低电机控制器的损耗，可以提高其能效。

不连续发波（DPWM）技术通过减少开关次数来降低控制器的开关损耗。DPWM 技术相比传统发波技术（如 CPWM）能显著降低开关损耗。当调制比 $M > 0.816$ 时，DPWM 技术可以在保持谐波近似相同的前提下，降低功率半导体器件的损耗。

过调制技术通过提高调制比，从而提高电机在弱磁区的输出功率和转矩，改善电机的动力性能，并降低系统发热。在输出相同功率的情况下，该技术能明显降低电流，减小系统发热，提高控制器的过载能力，从而改善整车动力性能和续驶里程。

逆变技术还包括能量回收技术，该技术主要是通过再生制动来实现的。在电动汽车制动过程中，逆变器将驱动电机的动能转换为电能并储存回动力电池中。这种能量回收系统能够显著提高电动汽车的能效，并延长续驶里程。

总的来说，电动汽车在实现节能技术方面拥有广阔的前景和巨大的潜力。通过不断优化电机设计、提升能量转换效率、提高可靠性和智能化控制水平以及推动多元化发展等措施，可以进一步推动电动汽车产业的发展并满足环保节能的要求。

2.3   混合动力系统的节能技术

2.3.1   混合动力系统的结构特点

1. 混合动力电动汽车的特点

混合动力电动汽车是在传统燃油车的基础上增加驱动电机、动力电池、电控系统等部件，驱动电机与发动机共同驱动车轮。汽车以电驱动前进时，驱动电机驱动车轮转动；汽车以发动机驱动前进时，驱动电机可以发电机的形式工作，给动力电池充电。混合动力电动汽车的组成结构如图 2-79 所示。

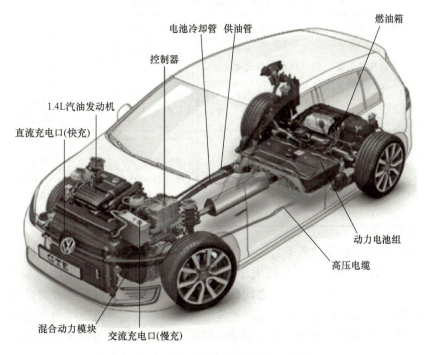

图 2-79　混合动力电动汽车的组成结构

混合动力系统具有以下特点：

①发动机可以在中、高负荷区高效率运行，燃油经济性得到大幅改善；②低速、小负荷工况采用电机单独驱动，可实现低能耗、零排放；③制动能量回收，可以改善整车燃油经济性；④系统结构和控制策略较为复杂。

与纯电动汽车相比，混合动力电动汽车具有以下优点：

①混合动力的动力驱动系统有发动机作为辅助动力，可以使动力电池的数量减少，从而可以使汽车自身质量减小；②有发动机作为辅助动力，汽车的续驶里程基本上和以发动机为动力的汽车续驶里程一样；③借助发动机的动力，可带动空调、转向助力及其他辅助电器，不消耗动力电池能量；④发动机作为混合动力的动力源之一，可以提高汽车的加速性能。

与传统燃油车相比，混合动力电动汽车具有以下优点：

①可使发动机在最佳工况区域稳定运行，大幅度降低发动机的燃油消耗和排放污染；②在人口密集的商业区、居民区等地可用电动方式驱动车辆，实现零排放；③通过电机提供动力，可配备功率较小的发动机，并可通过电机回收汽车减速和制动时的能量，可进一步降低汽车的能量消耗。

2. 混合动力系统的分类

（1）按照动力联结方式来分类　混合动力系统按照动力联结方式可以分为串联、并联和混联三种类型，其中混联又分为功率分流和串并联两种类型。

不同类型的混合动力系统各有不同的优缺点，其取决于应用环境、驾驶工况、制造和使用成本等多种因素。典型车用混合动力系统的特点以及代表车型见表2-10。

表 2-10　典型车用混合动力系统的特点及代表车型

类型	串联	并联	混联（功率分流）	混联（串并联）
特点	发动机动力全部转换成电能驱动；需要大型电机和发电机	发动机动力通过变速器驱动，电机用于能量回收和辅助驱动，需要变速器	发动机动力可以转换为机械能和电能（行星齿轮分配）；电机和发电机比串联式要小	发动机动力低速转换成电能（串联式），高速转换成机械能（并联式）；与串联式一样需要大型电机和发电机
代表车型	丰田 COASTER SHV 日产 NOTE e-Power	丰田 Estima HV 比亚迪秦、唐 英菲尼迪 QX60 宝马 530Le 本田 FIT（i-DCD）	丰田 THS 福特 FUSION 通用 Volt（PHEV）	本田雅阁（i-MMD） 三菱欧蓝德（PHEV） 荣威 e550、eRX5

串联混合动力系统的发动机不直接参与动力驱动，而是与发电机连接组成辅助动力单元（Auxiliary Power Unit，APU）。发电机发出的电能直接供给电机驱动汽车，也可以存储在动力电池中。由于发动机与车辆驱动轮之间没有机械连接，因此可以控制发动机在高效率和低排放区工作。但由于发动机的输出能量经过发电机和驱动电机，进行了两次能量转换，因此系统的综合效率有所降低。此外，由于驱动电机要满足汽车行驶过程中的最大功率需求，因此其体积和质量较大，导致系统的布置较为困难、成本也有所增加。

并联混合动力系统的发动机和电机通过动力耦合装置与驱动轴连接，既可以单独驱动车辆，也可以共同驱动车辆，从而提高了整车的动力性。发动机直接驱动车辆可以减少因能量多次转换造成的损失。通过电机系统优化发动机的工况点，可提升整车燃油经济性。但并联混合动力系统需要配置与发动机动力相同的离合器、变速器等传动部件，还要增加电机、动力电池、动力耦合装置等部件，因此动力系统结构较复杂。此外，发动机的运行工况与车辆行驶工况难以完全解耦，发动机无法一直运行在高效率和低排放区。

混联混合动力系统在结构上综合了串联和并联混合动力系统的特点。与串联结构相比，混联系统的发动机与传动系统有机械连接，发动机的输出转矩可以直接驱动车辆，能量转化效率高；与并联结构相比，混联系统包含两个电机，具有更多的工作模式，能够保证发动机一直工作在高效率区。混联系统根据整车运行工况可以实现发动机、发电机和驱动电机的优化控制，通过模式切换使整个系统可以一直工作在最佳状态。

混合动力系统可以充分发挥发动机和驱动电机各自的优点，相比发动机动力系统，可以实现30% ~40%的节能效果。并且由于电机的存在，混合动力系统对发动机的动力性要求降低，使得混合动力专用发动机的峰值有效热效率得以大幅提升。车用动力系统的电动化使得发动机焕发新生，发动机的结构也更加紧凑，无需采用复杂的结构就可以使发动机的燃油经济性和排放达到最佳状态。

（2）按照电机功率混合比来分类　电机功率混合比是电机功率在整车所有动力源功率总和中所占的比例。据此可以将混合动力系统分为微混、轻混、深混和全混4 种动力类型。

1）微混动力系统。微混动力系统的电机功率混合比很小（小于10%），整车驱动功率主要由发动机提供，电机主要用于辅助发动机的起停及实现有限的制动能量回收。微混动力系统一般采用48V 电机起停系统，发电机功率为 2~4kW，燃料消耗和 CO 排放较常规发动机的动力系统减少 1.5%～4%。图 2-80 所示的 P0 构型属于微混动力系统。美国通用汽车公司开发的传动带驱动起动机/发电机（Belt-driven Starter/Generator，BSG）是典型的微混动力系统。

2）轻混动力系统。轻混动力系统的电机功率混合比为 20% 左右，整车驱动功率仍以发动机为主，电机一般在车速低时助力，有的在车速高时也可以实现助力，可回收更多的制动能量。图 2-80 所示的 P1 构型属于轻混动力系统。本田公司开发的集成起动/发电（Integrated Starter/Generator，ISG）是典型的轻混动力系统。

3）深混动力系统。深混动力系统的电机功率与发动机功率的比例接近，即电机功率混合比约为 50%，能提供足够的电机功率输出，还可以实现一定里程的电动驱动。图 2-80 所示的功率分流（PS）动力系统属于深混动力系统。丰田的 THS 功率分流混合动力系统、本田 iMMD 中并联混合动力系统都是典型的深混动力系统。

4）全混动力系统。全混动力系统的驱动力全部由电机提供，电机功率混合比为 100%，发动机只用于驱动发电机发电给动力电池充电，或通过逆变器直接输出电能给电机用。串联混合动力系统是典型的全混动力系统，如比亚迪秦 Pro DM、理想 L9、宝马 i3 和日产 e-Power 混合动力系统。

（3）按照电机位置来分类 混合动力系统按照电机布置位置可以分为 P0、P1、P2、P2.5、P3、P4、PS 等构型，如图 2-80 所示。其中 P0、P1、P2、P2.5、P3、P4 等构型采用单电机驱动，也属于并联混合动力系统构型。

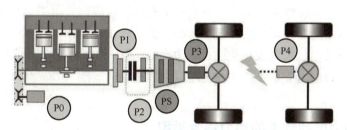

图 2-80　混合动力系统按电机布置位置分类

P0：电机通过传动带与发动机相连，位于发动机前端，也称为传动带驱动起动/发电（BSG）技术。BSG 电机可替代起动机实现发动机的快速起停，可以取消发动机的怠速状态，并且对整车结构改变小，所增加的成本低。但 BSG 电机对车辆提供助力和进行制动能量回收的功率有限，无法实现纯电驱动。

P1：电机直接与发动机曲轴相连，或处于发动机飞轮的位置，也称为集成起动/发电（ISG）技术。由于 ISG 电机与发动机之间是刚性连接，同样可以快速起停发动机，并且能够实现驱动助力和制动能量回收，通过 ISG 输出动力可以优化发动机运行区域，提升整车动力性和经济性。该构型的缺点是电机受空间限制，轴向尺寸较小，电机成本较高，并且没有纯电驱动模式。

P2：电机位于离合器输出端与变速器的输入端之间，电机可以单独驱动车辆行驶，车辆制动时也可断开发动机与驱动轴的连接，可以通过电机回收更多的制动能量，实现较好的整车经济性。电机位于变速器之前，可以降低电机最大转矩需求，降低成本并减小体积。P2 构型的缺点是对动力系统集成度要求高，对于横置发动机系统，轴向尺寸增加，整车布局较困难。

P2.5：将电机集成到双离合变速器中的一个轴（一般是偶数档位轴）上，其优点是通过电机协调控制可改善模式切换时的冲击。该构型对系统集成度要求更高，仅适用于双离合变速器系统。

P3：电机位于变速器的输出端，结构开发相对容易，电机可通过驱动轴直接驱动车辆，制动能量回收效率高。该构型的缺点是电机无法用于发动机起动，电机最大转矩需求高。

P4：电机位于变速器之后，电机与发动机不在同一驱动轴上。该构型可以在常规发动机动力总成基础上实现车辆四驱，利用后驱电机可以补偿前轴动力系统换档时的动力中断。由于发动机与电机布置在不同的驱动轴上，所以当发动机和电机在驱动模式切换时，可能影响车辆的操纵稳定性和驾驶舒适性。

PS：功率分流（Power Split，PS）构型由单行星齿轮或多行星齿轮系统与发电机、主驱电机和发动机系统集合而成。该构型通过电机对发动机的运行范围进行调节和优化，可以减少瞬态工况，使其总是运行在高效区，从而最大限度地降低油耗。该构型的不足是系统结构较为复杂。

（4）按照动力电池是否利用电网充电来分类　混合动力电动汽车按照动力电池充电方式可分为插电式混合动力电动汽车（Plug-in Hybrid Electric Vehicle，PHEV）和非插电式混合动力电动汽车（Hybrid Electric Vehicle，HEV）两大类。两者的主要区别是，PHEV的动力电池容量要大一些，一般要求纯电里程超过50km，动力电池既可以通过电网充电，也可以通过发动机驱动电机发电或制动能量回馈进行充电。在我国，由于PHEV使用了电网的电能，所以把它归入新能源汽车，享受新能源积分优惠政策。HEV的动力电池容量相对较小，且只能用发动机驱动电机发电或制动能量回馈充电。PHEV既可以单独依靠电池来行驶较长距离，也可以像非插电式混合动力电动汽车（HEV）一样工作，但成本高于相同级别的HEV。

2.3.2　混合动力电动汽车的动力耦合类型

混合动力电动汽车是指由发动机与电机两种动力混合驱动的车辆，这种混合是通过动力耦合器的耦合作用实现的。动力耦合器的形式不仅决定了混合动力电动汽车具备的工作模式，也是功率分配策略制定的依据，并最终对整车的动力性、经济性和排放性产生重要影响。

动力耦合类型主要有转矩耦合、转速耦合、功率耦合和牵引力耦合等。

1. 转矩耦合

转矩耦合式动力系统是指两个（或多个）动力源的输出动力在耦合过程中输出转矩相互独立，而输出转速必须互成比例，最终的合成转矩是由两个动力源输出转矩的耦合叠加而成的系统。

转矩耦合方式可以通过齿轮耦合、磁场耦合、链或带耦合等多种方式实现。

（1）齿轮耦合方式　齿轮耦合方式是通过耦合齿轮（组）将多个输入动力合成在一起输出。这种耦合方式结构简单，可以实现单输入和多输入等多种驱动形式，耦合效率较高，控制相对简单。但由于齿轮是刚性的，在动力切换、耦合过程中易产生冲击。

齿轮耦合式混合动力电动汽车系统结构如图2-81所示。

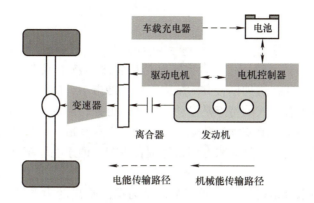

图 2-81　齿轮耦合式混合动力电动汽车系统结构

合成输出转矩为

$$T_3 = \eta_0(T_1 + i_k T_2) \tag{2-14}$$

式中，T_1 为发动机的输出转矩；T_2 为电机的输出转矩；T_3 为发动机和电机的合成输出转矩；η_0 为耦合效率；i_k 为从电机到发动机的传动比。

合成输出转速为

$$n_3 = n_1 = n_2 / i_k \tag{2-15}$$

式中，n_1 为发动机的输出转速；n_2 为电机的输出转速；n_3 为发动机和电机的合成输出转速。

（2）磁场耦合方式　磁场耦合方式是将电机的转子与发动机的输出轴做成一体，通过磁场作用力将电机输出动力和发动机输出动力耦合在一起。这种耦合方式效率高，结构紧凑，耦合冲击小，能量回馈方便。但混合度低，电机一般只能起辅助驱动的作用。由于电机转子具有一定的惯性，所以多用于轻度混合动力电动汽车上，如本田 Insight 混合动力电动汽车采用的就是磁场耦合方式。

磁场耦合式混合动力电动汽车系统结构如图 2-82 所示。

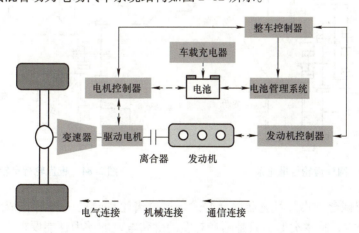

图 2-82　磁场耦合式混合动力电动汽车系统结构

合成输出转矩为

$$T_3 = T_1 = T_2 \tag{2-16}$$

合成输出转速为

$$n_3 = n_1 = n_2 \tag{2-17}$$

（3）链或带耦合方式　链或带耦合方式是把齿轮改为链条或带，通过链条或带将两个动力源输出动力进行合成，这种耦合方式结构简单、冲击小，但耦合效率低。

综上所述，转矩耦合方式的特点是发动机的转矩可控，而发动机的转速不可控。可以通过控制电机转矩的大小来调节发动机转矩，使发动机工作在最佳油耗曲线附近。转矩耦合方式结构简单，传动效率高，而且无需专门设计耦合机构，便于在原车基础上改装。

2. 转速耦合

转速耦合式动力系统是指两个（或多个）动力源的输出动力在耦合过程中输出转速相互独立，而输出转矩必须互成比例，最终的合成转速是由两个动力源输出转速的耦合叠加，而合成转矩则不是由两个动力源输出转矩叠加而成的系统。合成转速为

$$n_3 = pn_1 + qn_2 \tag{2-18}$$

式中，n_1 为动力源 1 的输出转速；n_2 为动力源 2 的输出转速；n_3 为动力源 1 和动力源 2 的合成转速；p 和 q 由耦合器的结构决定。

转速耦合方式可以通过行星齿轮耦合和差速器耦合等方式实现。

（1）行星齿轮耦合方式　行星齿轮耦合方式是一种普遍采用的动力耦合方式，通常发动机的输出轴与太阳轮连接，电机与齿圈连接，行星架作为输出端。这种耦合方式结构简单、传动效率高、混合度高，并且还可以实现多种形式驱动，动力切换过程中冲击力小，但整车驱动控制难度较大。图 2-83 所示为圆柱齿轮行星轮系。图 2-84 所示为锥齿轮行星轮系。

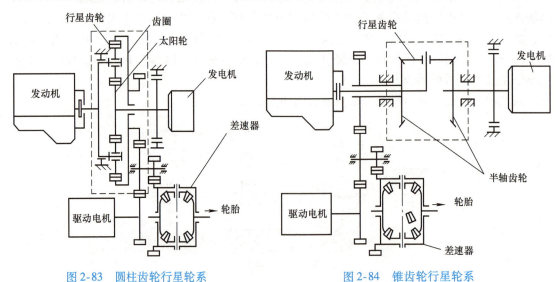

图 2-83　圆柱齿轮行星轮系　　　　图 2-84　锥齿轮行星轮系

（2）差速器耦合方式　差速器耦合方式是行星齿轮耦合的一种特殊情况，其耦合方式与行星齿轮耦合方式基本类似，只是两者对发动机和电机的动力性能要求不同，从而导致动力混合程度不同。差速器耦合要求发动机和电机动力参数相当，动力混合程度比较高。图 2-85 所示为差速器耦合方式。

综上所述，转速耦合方式的特点是发动机的转矩不可控，发动机的转速可以通过对电机

的转速调整而得到控制。在行驶过程中，采用转速耦合方式的混合动力电动汽车，可以通过调整电机转速来调节发动机转速，使发动机在最佳油耗曲线附近工作。即使在发动机的工作点不变的情况下，通过连续调整电动汽车电机转速，也可以使车速连续变化。因此，采用转速耦合方式的混合动力电动汽车无需无级变速器便可以实现整车的无级变速。

3. 功率耦合

功率耦合方式的输出转矩与转速分别是发动机与电机转矩和转速的线性耦合，这种耦合方式可以实现发动机的转矩和转速可控。理论上来说，这种耦合方式不需要离合器和变速器就可以实现无级变速。

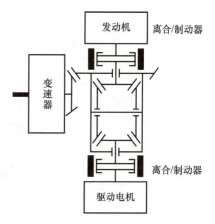

图 2-85 差速器耦合方式

在采用功率耦合方式的混合动力电动汽车中，发动机的转矩和转速都可以自由控制，不受汽车行驶工况的影响。因此，理论上，可以通过调整电机的转速和转矩使发动机始终处在最佳油耗点工作。实际上，频繁调整发动机工作点也可能会使经济性有所下降。因此，通常的做法是将发动机的工作点限定在经济区域内，并缓慢调整发动机的工作点，使发动机工作相对稳定，这样有利于发动机的经济性。

与前两种耦合系统相比，功率耦合方式无论是对发动机工作点的优化，还是在整车变速方面，都更具优越性。丰田普锐斯混合动力电动汽车采用的单/双行星排混合动力系统、雷克萨斯 RX400h 混合动力电动汽车采用的双行星排混合动力系统，都属于功率耦合方式。

4. 牵引力耦合

牵引力耦合方式是指发动机驱动前轮（后轮），电机驱动后轮（前轮），通过前后车轮驱动力将多个动力源输出的动力耦合在一起。这种耦合方式结构简单、改装方便、可实现单/双模式驱动及制动再生等多种驱动方式。但整车的驱动控制更为复杂，更适合于四轮驱动。

各种动力耦合方式的比较见表 2-11。

表 2-11 各种动力耦合方式的比较

耦合方式		混合度	平顺性	复杂性	效率	控制	能量回收	成本
转矩耦合	齿轮耦合	中	差	低	高	容易	中	低
	磁场耦合	中	好	中	高	中	容易	中
	链或带耦合	低	中	低	低	容易	中	低
转速耦合	行星齿轮耦合	中	中	低	高	中	难	低
	差速器耦合	高	中	低	高	中	难	低
功率耦合		高	好	高	中	较难	容易	高
牵引力耦合		高	好	中	高	难	中	中

2.3.3 混合动力电动汽车的工作模式

1. 串联混合动力系统

串联混合动力系统构型如图 2-86 所示，发动机、发电机与驱动电机三个部件通过串联的方式连接在一起。其中发动机和发电机构成辅助动力单元（Auxiliary Power Unit，APU），驱动电机单独驱动车辆。

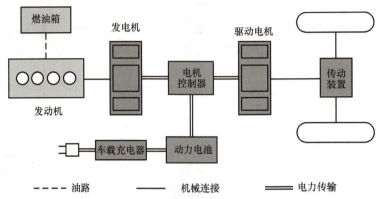

图 2-86　串联混合动力系统构型

串联混合动力系统有纯电驱动、串联驱动、混合驱动和再生制动等工作模式。

（1）纯电驱动模式　当动力电池电量充足时，发动机不起动，APU 处于关闭状态，由动力电池给驱动电机提供电能，其能量流动如图 2-87 所示。

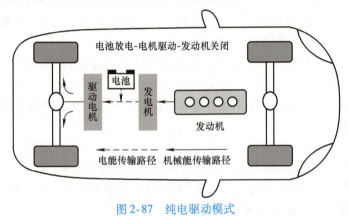

图 2-87　纯电驱动模式

（2）串联驱动模式　由发动机带动发电机发电，给驱动电机提供电能驱动车辆。当发电机输出功率大于驱动电机需求功率时，多余的电能会储存于动力电池中，其能量流动如图 2-88所示。

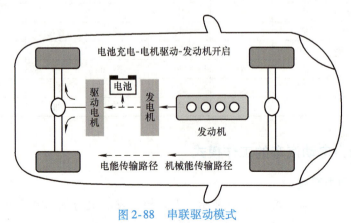

图 2-88　串联驱动模式

（3）混合驱动模式 由发动机驱动发电机发电输出电能，同时动力电池也输出电能，两者共同给驱动电机提供电能驱动车辆。其能量流动如图2-89所示。

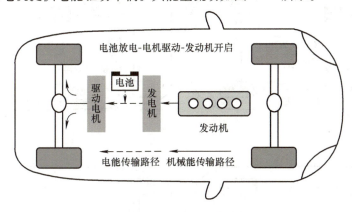

图2-89 混合驱动模式

（4）再生制动模式 驱动电机工作在发电模式，将车辆的动能转化为电能储存于动力电池中，从而实现制动能量的回收。其能量流动如图2-90所示。

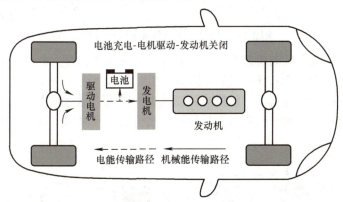

图2-90 再生制动模式

2. 并联混合动力系统

根据驱动电机与发动机、离合器及变速器的位置布置关系，并联混合动力系统构型可划分为P0、P1、P2、P2.5、P3、P4等构型，如图2-91所示。

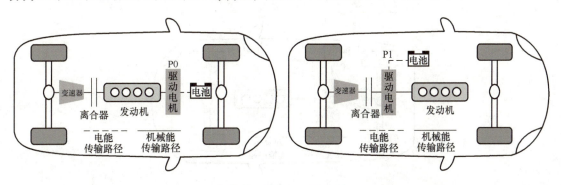

图2-91 并联混合动力系统构型

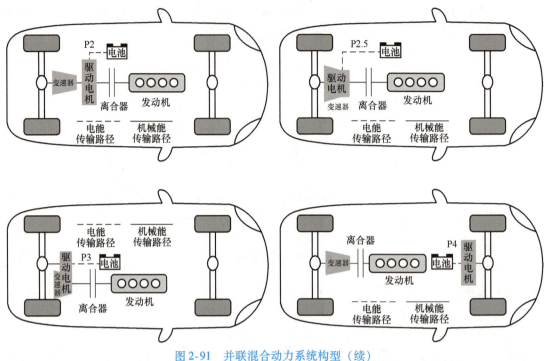

图 2-91　并联混合动力系统构型（续）

　　并联混合动力系统有发动机起停、纯电驱动、混合驱动、再生制动等工作模式。

　　（1）起停模式　对于 P0、P1、P2 等构型，如图 2-92 所示，将发动机和传动系统脱开，通过电机实现发动机的快速起动。该模式可以减少发动机的怠速状态，从而减少燃料消耗和污染物排放。通过整车控制策略可以合理控制发动机的起停时间，从而避免频繁起停影响驾驶的舒适性。

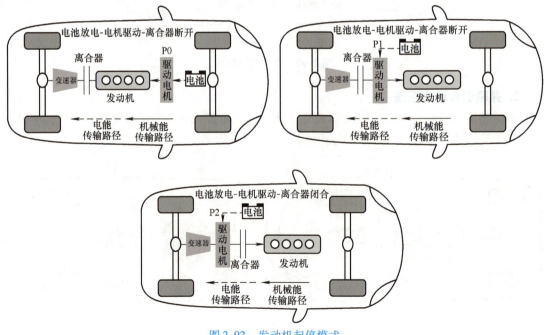

图 2-92　发动机起停模式

（2）纯电驱动模式　对于 P2、P3、P4 等构型，如图 2-93 所示，通过离合器分离断开发动机与传动系统，可实现纯电驱动模式。当动力电池 SOC 较高、车辆需求低功率运行时，离合器分离，由电机单独提供驱动力，此时动力电池放电。此模式可以避免发动机工作在小负荷、热效率不高的区域，可以提高整车的燃油经济性。

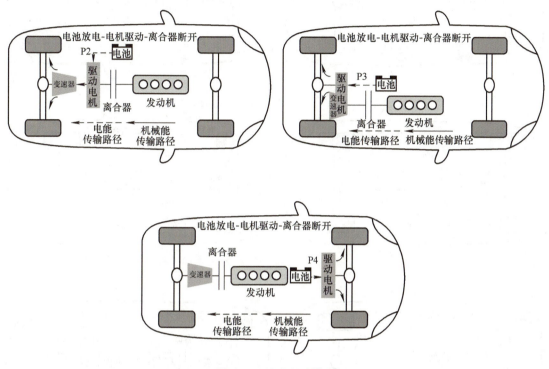

图 2-93　纯电驱动模式

（3）混合驱动模式　对于 P0、P1、P2、P2.5、P3、P4 等构型，如图 2-94 所示，在混合驱动模式下离合器均处于接合状态，发动机和电机联合工作。当车辆加速或上坡时，车辆需求功率较大，电机输出转矩，动力电池放电；当汽车中低速巡航或动力电池 SOC 较低时，电机处于发电模式，将发动机输出的一部分机械能转变为电能，为动力电池充电。整车控制策略可以通过电机工况优化发动机的工况点，使其工作在热效率较高的工作区间内，从而提升整车的经济性。

（4）再生制动模式　当车辆减速制动时，电机工作在发电模式，将车辆的机械能进行回收，并转换成电能为动力电池充电。对于 P0 和 P1 构型，可以使发动机停止喷油，使发动机工作在断油状态，从而减小燃油消耗；对于 P2、P3、P4 等构型，可以分离离合器，断开发动机与传动系统的连接，以便回收更多的制动能量，如图 2-95 所示。

3. 混联混合动力系统

混联混合动力系统综合了串联和并联两种驱动形式的优点，能最大限度地提高整车动力性和经济性，但结构和控制策略较为复杂，动力系统的布置也存在一定的困难。丰田行星齿轮混合动力系统（Toyota Hybrid System，THS）和本田智能多模式混合动力系统（Intelligent Multi-modes Drive，i-MMD）分别是代表性的功率分流混合动力系统和串并联混合动力系统。

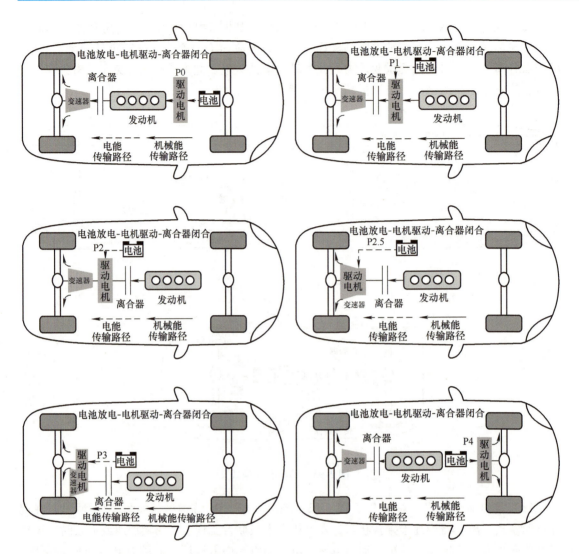

图 2-94　混合驱动模式

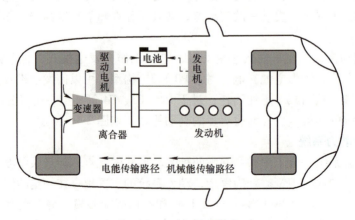

图 2-95　再生制动模式

（1）功率分流混合动力系统

1）系统构型。在功率分流混合动力系统中，动力耦合装置起着至关重要的作用。行星齿轮动力耦合装置具有体积小、质量小、结构紧凑、承载能力强等特点，是混合动力电动汽车动力耦合装置的重要发展方向。丰田 Prius 第四代混合动力系统是一种以单行星齿轮和双电机为主要特征的功率分流式混合动力系统，主要组成部分包括发动机、发电机、驱动电机和单排行星齿轮。

行星齿轮机构包括太阳轮、行星架和齿圈 3个基本构件，从而使行星齿轮结构形成一个具有三个输入（出）端口的动力耦合装置，如图 2-96所示。若固定其中任意一个构件，系统就会变成单自由度结构，一个构件的运动由另一个构件唯一控制。

行星齿轮结构的三个构件可以分别与发动机、电机和整车连接。系统动力的传递主要取决于行星齿轮的转速和转矩特性。行星齿轮的运动可以视为牵连运动和相对运动的合成。太阳轮与齿圈的相对传动比表示为

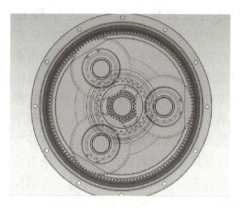

图 2-96　行星齿轮机构

$$i_{SR} = \frac{\omega_S - \omega_C}{\omega_R - \omega_C} \tag{2-19}$$

式中，i_{SR} 表示太阳轮相对齿圈的传动比；ω_S、ω_C 分别为太阳轮行星架和齿圈的绝对速度（rad/s）。i_{SR} 可以由太阳轮和齿圈的齿数或者半径求得

$$i_{SR} = -\frac{Z_R}{Z_S} = -\frac{R_R}{R_S} = -K \tag{2-20}$$

式中，Z_R 和 Z_S 分别为齿圈和太阳轮的齿数；R_R 和 R_S 为相应的半径；K 表示行星轮的特征参数。因此，太阳轮、行星架和齿圈之间的基本转速特性关系表示为

$$\omega_S + K\omega_R = (1 + K)\omega_C \tag{2-21}$$

式（2-21）作为描述行星齿轮机构基本转速特性的数学方程，阐述了行星齿轮动力耦合机构实现无级变速的原理。当三个构件均处于自由状态时，若发动机和电机与其中两个构件连接，则可以通过调节电机的转速实现对发动机转速的调节。

为了准确反映系统工作时的动力学行为，行星轮的转矩特性需要考虑太阳轮、齿圈和行星架存在的惯性转矩。在建立转矩方程时，不考虑各行星轮的质量。

$$\begin{cases} \dot{\omega}_R I_R = F T_R - T_R \\ \dot{\omega}_C I_C = T_C - F R_R - F R_S \\ \dot{\omega}_S I_S = F R_S - T_S \end{cases} \tag{2-22}$$

式中，T_S、T_C 和 T_R 分别为太阳轮、行星架和齿圈受到的转矩；I_S、I_C 和 I_R 为相应的转动惯量；$\dot{\omega}_R$、$\dot{\omega}_C$ 和 $\dot{\omega}_S$ 为相应的角加速度；F 表示行星轮和其他齿轮间的内力。

若不计行星齿轮机构动力传递过程的摩擦损失，即不考虑系统的传递效率，忽略各构件的惯性转矩，则可得到转矩平衡和功率平衡表达式为

$$\begin{cases} T_S + T_R + T_C = 0 \\ T_S\omega_S + T_R\omega_R + T_C\omega_C = 0 \end{cases} \tag{2-23}$$

可得

$$\frac{T_S}{1} = \frac{T_R}{K} = \frac{T_C}{1 + K} \tag{2-24}$$

杠杆分析法是用一个简单的杠杆模型来描述行星齿轮机构的动力学特性，如图 2-97所示。太阳轮、齿圈和行星架分别由杠杆模型上的不同节点表示。若齿圈与行星架之间的等效长度表示为 l，太阳轮和行星架之间的等效长度则可以用特性参数 K 表示，各个节点的水平位移和水平作用力分别代表各构件的转速和转矩，并且各节点水平位移终点的连线始终保持为一条直线。在

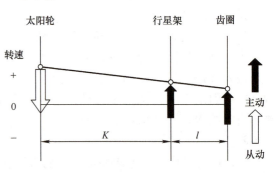

图 2-97　杠杆示意图

进行转速分析时，杠杆上任意一点的位移可由另外两个点位移的线性组合表示。在进行转矩分析时，各构件的转矩等效为相应节点的水平力，力臂则可以用不同节点间的等效距离表示，从而构造力矩平衡方程，杠杆模型中不同节点水平位移和水平力之间的关系，直观地描述了行星齿轮机构转速和转矩的关系。

2）工作模式。

① 电动模式。电动模式下的能量流动和杠杆模拟分别如图 2-98 和图 2-99 所示。

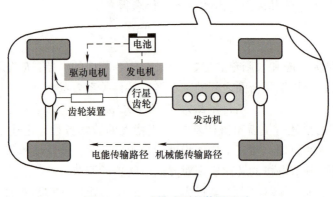

图 2-98　电动模式下的能量流动

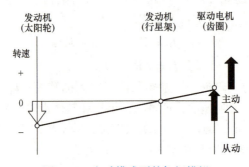

图 2-99　电动模式下的杠杆模拟

② 混合动力模式。混合动力模式下的能量流动和杠杆模拟分别如图 2-100 和图 2-101 所示。

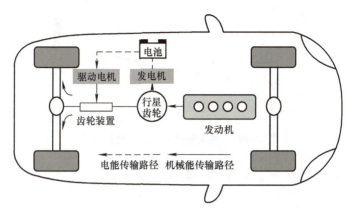

图 2-100　混动动力模式下的能量流动

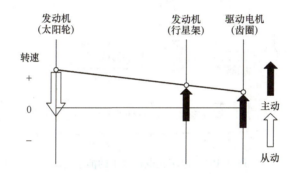

图 2-101　混动动力模式下的杠杆模拟

③ 再生制动模式。再生制动模式下的能量流动和杠杆模拟分别如图 2-102 和图 2-103 所示。

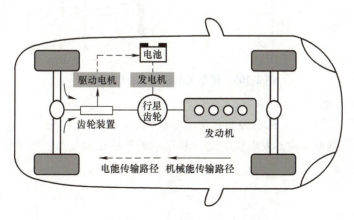

图 2-102　再生制动模式下的能量流动

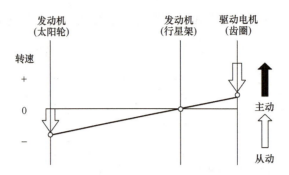

图 2-103　再生制动模式下的杠杆模拟

④ 停车充电模式。停车充电模式下的能量流动和杠杆模拟分别如图 2-104 和图 2-105 所示。

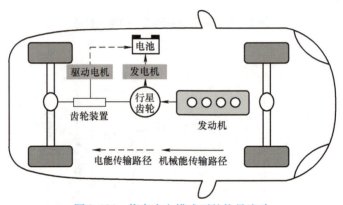

图 2-104　停车充电模式下的能量流动

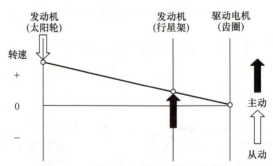

图 2-105　停车充电模式下的杠杆模拟

3）能量管理策略。

① 电动模式。当电池的 SOC 较高且驱动电机能够满足整车的驱动需求时，车辆处于电动模式，此时发动机不起动，发电机空转，驱动电机单独驱动整车。当系统稳定输出时，各部件之间的动力学关系为

$$
\begin{cases}
\omega_{\text{out}} = \dfrac{\omega_{\text{m}}}{i_{\text{g}}} \\[2mm]
T_{\text{out}} = T_{\text{m}} i_{\text{g}} \\[2mm]
T_{\text{e}} = 0, \ T_{\text{g}} = 0
\end{cases}
\tag{2-25}
$$

式中，ω_{out} 是输出轴转速（rad/s）；T_{out} 是输出转矩（N·m）；i_g 是齿轮速比；T_e、T_g 和 T_m 分别为发动机、发电机和驱动电机的转矩。

② 混合动力模式。当整车功率需求较大或动力电池的 SOC 较低时，车辆处于混合动力模式，发动机和驱动电机共同驱动整车。其中发动机的动力由行星齿轮分成两路，一路经其齿圈直接驱动车辆，另一路带动发电机发电。由该模式下的杠杆模拟图可得，系统稳定输出时，各部件之间的动力学关系为

$$\begin{cases} \omega_{out} = \dfrac{(1+K)\omega_e - \omega_g}{Ki_g} = \dfrac{\omega_m}{i_g} \\[2mm] T_{out} = \dfrac{K}{1+K}i_g T_e + T_m i_g \\[2mm] T_g = -\dfrac{1}{1+K}T_e \end{cases} \tag{2-26}$$

③ 再生制动模式。当车辆制动且动力电池的 SOC 小于控制策略设定阈值时，车辆处于再生制动模式，车轮带动驱动电机发电，给动力电池充电。由该模式下的杠杆模拟图可得，系统稳定输出时，各部件之间的动力学关系为

$$\begin{cases} \omega_{out} = \dfrac{\omega_m}{i_g} \\[2mm] T_{out} = -T_m i_g \\[2mm] T_e = 0,\ T_g = 0 \end{cases} \tag{2-27}$$

④ 停车充电模式。当车辆停车且动力电池的 SOC 小于控制策略设置阈值时，车辆进入停车充电模式，发动机通过行星齿轮带动发电机发电，给动力电池充电。由该模式下的杠杆模拟图可得，系统稳定输出时，各部件之间的动力学关系为

$$\begin{cases} \omega_g = \omega_e(1+K_p) \\[2mm] T_g = -\dfrac{T_e}{1+K_p} \end{cases} \tag{2-28}$$

（2）串并联混合动力系统

1）系统构型。串并联混合动力系统由发动机、离合器、双电机组成，形成三轴布置，如图 2-106 所示。发动机经过齿轮连接到离合器的输入端，并且通过齿轮与发电机输出轴的

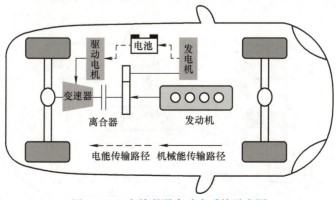

图2-106　串并联混合动力系统示意图

齿轮连接。驱动电机直接连接动力耦合装置的输入轴；在发动机输出轴和驱动电机输出轴之间有动力耦合装置的第三根轴，可以通过该轴将动力传递到车轮。

2）工作模式。电动模式如图2-107所示。在该模式下发动机不工作，离合器断开，驱动电机通过动力耦合装置直接输出转矩。

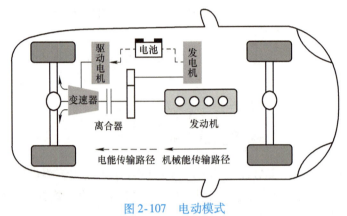

图 2-107　电动模式

串联混合动力模式如图2-108所示。在该模式下发动机驱动发电机发电，离合器断开，驱动电机通过动力耦合装置输出转矩。

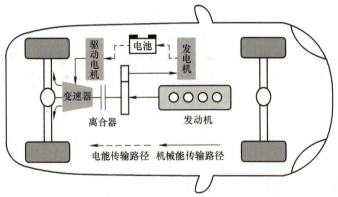

图 2-108　串联混合动力模式

并联混合动力模式如图2-109所示。在该模式下离合器接合，发动机和主电机共同输出转矩。

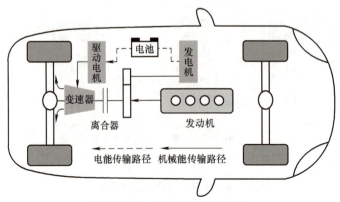

图 2-109　并联混合动力模式

再生制动模式如图 2-110 所示。在该模式下离合器断开，整车带动驱动电机发电给动力电池充电。

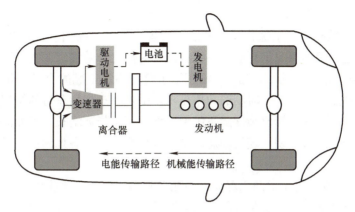

图 2-110　再生制动模式

2.3.4　混合动力系统能量管理算法

混合动力电动汽车的性能与采用的能量管理策略密切相关。能量管理策略是传统燃油车与电动汽车完美结合的纽带，是混合动力电动汽车成败的最终决定性因素。能量管理策略的控制目标是根据驾驶人的操作（如对加速踏板、制动踏板等的操作），判断驾驶人的意图，在满足汽车动力性能的前提下，最优地分配电机、发动机、动力电池等部件的输出功率，实现能量的最优分配，提高汽车的燃油经济性和排放性能。由于混合动力电动汽车中动力电池不需要外部充电，因此能量管理策略还应考虑动力电池的荷电状态平衡，以延长电池寿命，降低汽车维护成本。

1. 基于经验规则的能量管理

基于经验规则的能量管理策略主要依据工程经验，考虑各部件特性来设计规则，以确定混合动力系统的工作模式及多个动力源之间的动力与能量分配。这种管理策略直观、可靠，具有清晰的物理含义，并且可以根据实践经验的积累进行改进，因此基于规则的能量管理策略在混合动力电动汽车的实际运行中得到了广泛的应用。例如，在串联式混合动力系统中，发动机的状态与整车状态之间解耦，因此，发动机可以工作在更优的状态和工况区域。基于规则的能量管理策略分为开关式（on-off）和功率跟随式（power-following）。

2. 基于优化算法的能量管理

（1）优化管理算法

1）全局优化。全局优化能量管理算法根据既定的驾驶循环对目标函数进行优化。这种优化方法包含系统状态动态变化信息，在整个循环工况对含约束条件的目标函数求取全局最优解。但全局优化算法的计算量比较大，不能直接用于实时控制，只能将优化结果制成控制参数 MAP 图，通过实时查表方式获取实时控制参数。

2）局部优化。局部优化是采用分区域优化以逼近全局最优的方法，即不完全按照完整的驾驶循环进行整体优化，而是仅在一个按照时间从前往后进行移动的局部域内进行优化，其在不过多损害优化效果的前提下能够大幅降低计算量，是一种可行的优化方法。

3）瞬时优化。瞬时优化是将局部优化域宽度减为1的优化方法，主要根据瞬时目标函数进行优化，目标函数主要有两种：一是基于等效功率损失的目标函数；二是基于等效燃料消耗的目标函数。

（2）实时控制策略　基于优化算法的能量管理一般通过实时控制实现其优化效果，在优化算法的基础上，根据路况信息或者系统状态，对优化参数加以调整，以适应实际工况。

1）随机动态规划。随机动态规划方法用于求解非固定工况的全局优化问题，根据当前功率需求和车辆速度，预测下一时刻的功率需求。随机动态规划获得的控制规则不依赖于循环，可以直接应用，但其计算复杂度随系统维度增加而呈指数增长，因而只能应用于状态变量很少的动态系统。结果表明，随机动态规划算法比确定性动态规划算法具备更强的工况适应性。

2）道路工况识别。基于道路工况识别的能量管理策略是一种实时控制方法。首先根据工况特点选定若干代表不同路况条件的典型驾驶循环，而后计算各个典型驾驶循环的子优化策略。

3）自适应调节。面对任意工况需求，一般都要求能量管理策略有一定的自适应调节能力，其基本思想是以稳态控制或固定工况控制为基础，加上动态过程或实际过程的修正，从而实现对任意工况的自适应调节。针对不同应用对象，自适应调节的具体调节对象和方法也不同。

2.3.5　混合动力系统能量管理策略

1. 串联混合动力系统

由于串联式混合动力电动汽车的发动机与汽车行驶工况没有直接联系，因此其能量管理策略的主要目标是使发动机在最佳效率区和排放区工作。为了优化能量、分配整体效率，还应考虑传动系统的动力电池、发动机、电机和发电机等部件。以下介绍串联式混合动力电动汽车的3种基本能量管理策略。

（1）恒温器策略　当动力电池SOC值低于设定的低门限值时，起动发动机，在最低油耗或排放点按恒功率模式输出，其中一部分功率用于满足车轮驱动功率要求，另一部分功率给动力电池充电。而当动力电池SOC值上升到所设定的高门限值时，发动机关闭，由驱动电机驱动汽车。该策略的优点是发动机效率高、排放低，缺点是动力电池充放电频繁，加上发动机开关时的动态损耗，使得系统总体的损失功率变大，能量转换效率较低。

（2）功率跟踪式策略　由发动机全程跟踪汽车功率需求，只有当动力电池的SOC值大于设定上限，并且仅由动力电池提供的功率能满足汽车需求时，发动机才停机或急速运行。由于动力电池容量小，动力电池充放电次数减少而使得系统内部损失减少。但是发动机必须在从低到高的较大负荷区内运行，使得发动机的效率和排放不如恒温器策略下发动机的效率和排放。

（3）基本规则型策略　基本规则型策略综合了恒温器策略与功率跟踪式策略两者的优点，根据发动机负荷特性图设定了高效率工作区，根据动力电池的充放电特性设定了动力电池高效率的荷电状态范围。并设定一组控制规则，根据需求功率和SOC值进行控制，以充分利用发动机和动力电池的高效率区，使其整体效率达到最高。

2. 并联混合动力系统

并联式混合动力电动汽车的能量管理策略基本属于基于转矩的控制。目前主要有以下4类。

（1）静态逻辑门限策略　静态逻辑门限策略通过设置车速、动力电池 SOC 值上下限、发动机工作转矩等门限参数，限定动力系统各部件的工作区域，并根据汽车实时参数及预先设定的规则，调整动力系统各部件的工作状态，以提高汽车整体性能。其实现简单，目前实际应用较广泛。但由于主要依靠工程经验设置门限参数，静态逻辑门限策略无法保证汽车燃油经济性最优，而且这些静态参数不能适应工况的动态变化，无法使整车系统达到最大效率。

（2）瞬时优化能量管理策略　针对静态逻辑门限策略的上述缺点，一些学者提出了瞬时优化能量管理策略。瞬时优化能量管理策略一般采用等效燃油消耗最少法或功率损失最小法，二者原理类似（这里仅说明等效燃油消耗最少法）。等效燃油消耗最少法是将驱动电机的等效燃油消耗与发动机的实际燃油消耗之和定义为名义燃油消耗，将驱动电机的能量消耗转换为等效的发动机燃油消耗，得到一张类似于发动机万有特性图的驱动电机等效燃油消耗图。在某一个工况瞬时，从保证系统在每个工作时刻的名义燃油消耗最小出发，确定驱动电机的工作范围（用电机转矩表示），同时确定发动机的工作点，对每一对工作点计算发动机的实际燃油消耗及驱动电机的等效燃油消耗，最后选名义燃油消耗最小的点作为当前的工作点，实现对发动机、驱动电机输出转矩的合理控制。为了将排放一同考虑，该策略还可采用多目标优化技术，采用一组权值来协调排放和燃油，同时优化存在的矛盾。等效燃油消耗最少法在每一步长内是最优的，但无法保证在整个运行区间内最优，而且需要大量的浮点运算和比较精确的汽车模型，因此采用该方法的计算量大，实现较困难。

（3）全局最优能量管理策略　全局最优能量管理策略是应用最优化方法和最优化控制理论开发出来的混合动力系统能量分配策略，目前主要有基于多目标数学规划方法的能量管理策略、基于古典变分法的能量管理策略和基于 Bellman 动态规划理论的能量管理策略这3种。

研究最成熟的是基于 Bellman 动态规划理论的能量管理策略。该策略先建立空间状态方程，然后计算在约束条件下满足性能指标的最优解。为了满足电池荷电状态平衡下的约束条件，采用拉格朗日乘子法推导出的性能指标，除了包含燃油消耗，还包括荷电状态变化量。采用迭代方法计算其拉格朗日系数，可以得到满足荷电状态平衡的约束条件最优解。该策略只适用于特定的驾驶循环，即必须预先精确知道汽车的需求功率，因而不能用于在线控制。

全局优化模式实现了真正意义上的最优化，但实现这种策略的算法往往都比较复杂，计算量也很大，在实际汽车的实时控制中很难得到应用。通常的做法是把应用全局优化算法得到的能量管理策略作为参考，以帮助总结和提炼出能用于在线控制的能量管理策略，如与逻辑门限策略等相结合，在保证可靠性和实际可能性的前提下进行优化控制。

（4）模糊能量管理策略　模糊能量管理策略是基于模糊控制方法来决策混合动力系统的工作模式和功率分配，其将"专家"的知识以规则的形式输入模糊控制器中，模糊控制器将车速、电池 SOC 值、需求功率/转矩等输入量模糊化，基于设定的控制规则来完成决策，以实现对混合动力系统的合理控制，从而提高汽车整体性能。基于模糊逻辑的策略可以表达难以精确定量表达的规则；可以方便地实现不同影响因素（功率需求、SOC 值、电机效率等）的折中；鲁棒性好。但是模糊控制器的建立主要依靠经验，无法获得全局最优。

吉林大学曾小华团队基于瞬时优化能量管理策略提出了回归分析-极小值原理能量管理方法（RA-PMP 策略），针对商用车典型的上坡速度工况，基于 Matlab/Simulink 平台对比分析了 RA-PMP 策略以及全局最优策略（DP 策略）的效果，如图 2-111 所示。根据车速跟随情况可以看到，RA-PMP 可以实现较好的目标车速跟随效果。从电池 SOC 变化来看，RA-PMP 与 DP 的变化趋势相似，均属于先上升后下降，最终回到初始 SOC 数值，说明全局最优与 RA-PMP 策略均实现了较好的电量维持。RA-PMP 转矩分配结果与 DP 相似，均维持发动机转矩 500～800N·m 之间，尽量保证发动机工作点在高效工作区。电机在平路阶段输出转矩较小，主要在爬坡以及爬坡前的提前加速过程中提供动力，以协助发动机驱动车辆。

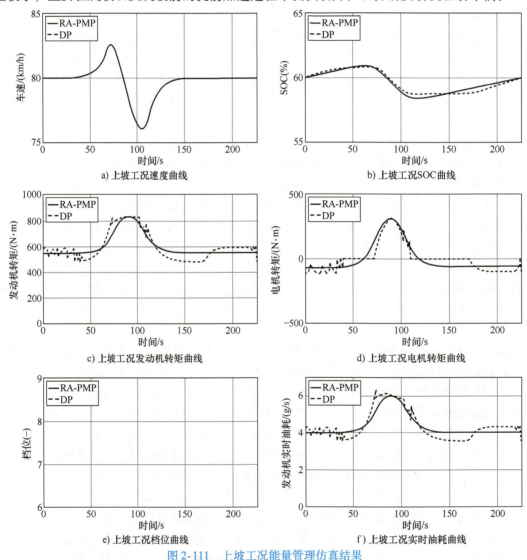

a) 上坡工况速度曲线

b) 上坡工况SOC曲线

c) 上坡工况发动机转矩曲线

d) 上坡工况电机转矩曲线

e) 上坡工况档位曲线

f) 上坡工况实时油耗曲线

图 2-111　上坡工况能量管理仿真结果

3. 混联混合动力系统

混联式混合动力电动汽车由于其特有的传动系统结构（如采用行星齿轮传动），除了采用瞬时优化能量管理策略、全局优化能量管理策略和模糊能量管理策略（与并联式混合动力电动汽车能量管理策略原理类似）以外，还有一些特有的能量管理策略，即发动机恒定工作点策略和发动机最优工作曲线策略。

（1）发动机恒定工作点策略　由于采用了行星齿轮机构，发动机转速可以独立于车速变化，这样可使发动机工作在最优工作点，提供恒定的转矩输出，而剩余的转矩则由驱动电机提供。驱动电机负责动态部分，避免了发动机动态调节带来的损失，而且与发动机相比，驱动电机的控制也更灵敏，易于实现。

（2）发动机最优工作曲线策略　发动机工作在万有特性图中最佳油耗线上，只有当发电机电流需求超出电池的接受能力或者当驱动电机驱动电流需求超出驱动电机或动力电池的允许限制时，才调整发动机的工作点。

4. 插电混合动力系统

插电混合动力电动汽车（PHEV）具有动力电池容量大的特点，单独依靠电池能够行驶较长的距离，控制策略一般分为两段式和混合策略。

（1）两段式策略　PHEV 先以电量消耗电动模式运行，到 SOC 值低于临界值时，发动机起动，PHEV 以电量维持模式运行。此种策略下的 SOC 先单调下降，继而维持平衡，如图 2-112 所示。

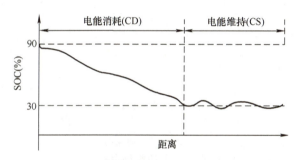

图 2-112　插电混合动力系统的两段式策略

（2）混合策略　SOC 会均匀下降，并尽量在行程的最后下降到最低允许值。其中还包括 3 种子策略，如图 2-113 所示。

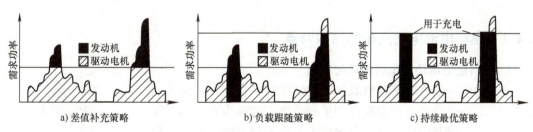

图 2-113　插电混合动力系统的三种混合策略

1）差值补充策略：当功率需求超过临界值时，发动机起动，发动机提供的功率等于需求功率减去临界功率。

2）负载跟随策略：当功率需求超过临界值时，发动机起动，发动机提供全部功率需求，如果发动机的最大功率不足以提供全部功率需求，则驱动电机会补充该功率需求差值。

3）持续最优策略：当功率需求超过临界值时，发动机起动，发动机输出其最高效率对应的最优功率，超出需求功率的部分用于给动力电池充电。不足的部分由驱动电机补充功率需求差值。

5. 混合动力系统能量管理策略对比

混合动力系统存在两个或两个以上的动力源，动力系统形式多样，具体的能量管理策略只适用于特定构型的混合动力系统。不同构型混合动力系统能量管理策略对比分析见表2-12。

表2-12 不同构型混合动力系统能量管理策略对比分析

构型分类	能量管理策略	优点	缺点
串联	最大荷电状态控制策略，又称为功率跟随式控制策略	动力电池充放电次数、相应的功率损失减少	发动机经常性起动或停机，增加了污染物的排放
	恒温控制策略，又称为发动机开关控制策略	发动机在最低油耗点工况运行，低油耗、低排放	电流波动大，动力电池充放电次数多，降低动力电池的使用寿命
并联	基于规则的控制策略	控制算法简单，易于实现	依赖于人工经验，控制精度不高
	基于瞬时优化的控制策略	瞬时工况下实时最优控制，满足驾驶人的功率需求	计算量大，实现难度大，应用成本高，无法保证整个行驶工况最优
	基于全局优化的控制策略	理论上，全局最优是一种最佳的控制策略	需要依赖已知的形式工况，实时性较差，计算量大
	基于智能算法的控制策略	鲁棒性强，实时性好	计算量大，控制系统的软、硬件要求高
混联	基于发动机恒定工作点的控制策略	发动机工作在最优工况点，燃料消耗和污染物排放达到最优，控制策略简单	需要频繁地调节发动机和驱动电机的输出功率，对驱动电机和动力电池的性能要求高
	基于发动机最优工作曲线的控制策略	充分考虑发动机、驱动电机、发电机和动力电池的各方面特性，是一种更有效的控制方法	控制策略相对复杂

2.4 燃料电池电动汽车的节能技术

2.4.1 燃料电池电动汽车的结构特点

1. 燃料电池电动汽车的组成与原理

燃料电池电动汽车是利用氢气和空气中的氧在催化剂的作用下，在燃料电池中经电化学反应产生的电能，并作为主要动力源驱动的汽车。燃料电池电动汽车实质上是电动汽车的一种，主要区别在于动力电池的工作原理不同。

微课视频：燃料电池结构

一般来说，燃料电池是通过电化学反应将化学能转化为电能，电化学反应所需的还原剂一般采用氢气，氧化剂则是通过引入空气，应用空气中的氧气，以完成化学反应过程。一般的燃料电池电动汽车多是直接采用纯氢燃料，氢气的储存可采用液化氢、压缩氢气或金属氢化物储氢等形式。燃料电池电动汽车的组成如图2-114所示。

图 2-114　燃料电池电动汽车的组成

燃料电池电动汽车的核心部件是燃料电池系统，燃料电池系统将氢气与氧气反应产生的电能通过总线传给驱动电机，驱动电机将电能转化为机械能再传给传动系统，从而驱动汽车行驶。

燃料电池是燃料电池电动汽车发展的关键技术。车用燃料电池系统的核心是燃料电池堆。燃料电池堆技术发展趋势可用耐久性、低温起动温度、净输出比功率以及制造成本 4 个要素来评判。燃料电池堆研究正在向高性能、高效率和更高耐久性方向发展。

2. 燃料电池动力系统

燃料电池动力系统本质是一个电驱动力系统，但由于采用氢能在线转化为电能的燃料电池装置，使得燃料电池动力系统的复杂性超过配备驱动电机和动力电池的电动汽车动力系统。此外，由于质子交换膜燃料电池（PEMFC）在功率输出动态响应等方面难以满足车辆行驶要求，有时也采用高功率密度电池或超级电容等辅助动力源来补充和改善车辆的动态功率输出。

燃料电池动力系统的动力源只有燃料电池，不能实现制动能量回收，且必须承受车辆起步和加减速带来的动态负荷冲击，燃料电池的耐久性受到影响，导致使用燃料电池动力系统的汽车越来越少。目前的燃料电池电动汽车大多采用燃料电池混合动力系统。燃料电池混合动力系统主要采用"燃料电池 + 蓄电池"方案，部分采用"燃料电池 + 超级电容"方案。其中燃料电池提供动力系统所需要的主要功率，蓄能部件（如蓄电池或超级电容）提供峰值功率或动态过渡过程所需功率，同时可以储存电能并回收制动能量。

图 2-115 所示为两种典型的燃料电池客车混合动力构型示意图。第一种构型的 DC/DC 变换器布置在燃料电池电力输出端，称为燃料电池间接连接构型，如图 2-115a 所示，也称为"能量混合构型"。此构型中燃料电池的额定功率较小，只负责提供持续均匀负载的能量输出。当驱动电机功率需求大于额定功率时，必须依靠蓄电池放电进行功率补偿，要求蓄电池的容量较高。第二种构型的 DC/DC 变换器布置在蓄电池电力输出端，称为燃料电池直接连接构型，如图 2-115b 所示，也称为"功率混合构型"。此构型中燃料电池的额定功率较大，蓄电池的最大放电功率较小，仅在特殊工况下相对间断性地放电，用于保护燃料电池和改善整车动力。"能量混合构型"燃料电池动力系统的耐久性较好、成本较低，是一种常见的燃料电池混合动力构型。

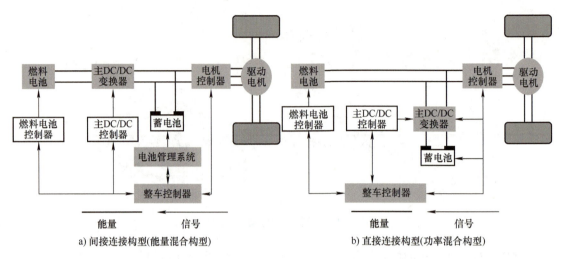

a) 间接连接构型(能量混合构型)　　　　b) 直接连接构型(功率混合构型)

图 2-115　典型的燃料电池客车混合动力构型示意图

3. 燃料电池电动汽车的特点

燃料电池电动汽车与传统燃油车、电动汽车相比,具有以下特点:

1)效率高。燃料电池的工作过程是化学能转化为电能的过程,与常规燃料发动机相比,不受各种热力循环的限制,能量转换效率较高。

2)续驶里程长。采用燃料电池系统作为驱动电机的电力来源,克服了电动汽车续驶里程短的缺点,以氢气为燃料的燃料电池电动汽车,长途行驶能力及动力性已经接近于传统燃油车。

3)绿色环保。燃料电池没有燃烧过程,以纯氢作为燃料,生成物只有水,属于零排放。采用其他富氢有机化合物用车载重整器制氢作为燃料电池的燃料,经过与质子交换膜的涂层发生化学反应,除了会生成水和少量的 CO_2 以外,其他有害物的排放接近为零。

4)过载能力强。燃料电池除了在较宽的工作范围内具有较高的工作效率外,其短时过载能力可达额定功率的200%或更大。

5)低噪声。燃料电池属于静态能量转换装置,除了空气压缩机和冷却系统以外,无其他运动部件,运行过程中振动比较小。

2.4.2　质子交换膜燃料电池工作的影响因素及效率

1. 影响因素

燃料电池电压会受温度、压力、湿度、电堆结构、反应物气体成分等因素的影响。

(1)温度　燃料电池温度对性能有显著影响。随着温度升高,能斯特电压升高、交换电流密度变大、活化过电位降低、相同水含量下质子交换膜电导率升高。尤其是水的饱和蒸气压会随温度指数上升。温度越高,饱和蒸气压越高,燃料电池内部液态水的含量越少。液态水含量的减少,将极大地降低大电流密度下的浓差极化,如图 2-116a 所示。水的饱和蒸气压 p_{sat}(单位:atm,$1atm = 101kPa$)和温度 T(单位:K)的关系可按式(2-29)拟合计算。

$$p_{sat}(T) = 10^{\sum_{k=0}^{3} c_i(T-T_0)^k} \qquad (2\text{-}29)$$

式中，$c_0 = -2.1794$，$c_1 = 0.02953$，$c_2 = -9.1837 \times 10^{-5}$，$c_3 = 1.4454 \times 10^{-7}$，$T_0 = 273.15K$。

综合上述因素，一般情况下温度越高，燃料电池性能越好，如图2-116b所示。由图可知，燃料电池低温工作特性很差，当到达正常工作温度后，输出电压有几倍的增长。

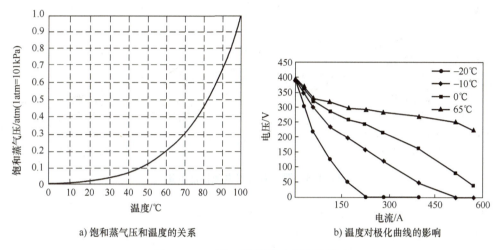

a) 饱和蒸气压和温度的关系　　　b) 温度对极化曲线的影响

图2-116　温度对燃料电池性能的影响

（2）压力　随着反应气体压力的增大，燃料电池的能斯特电压也增大。压力增大会导致交换电流密度增大，进一步引起活化过电位下降、输出电压增大。

压力增大也有利于排水，降低大电流密度工况下的浓差极化。随着反应气体压力的增大，燃料电池在相同电流密度下的电压和功率均升高、最大电流/最大功率也升高。图2-117所示为某质子交换膜燃料电池运行特性。上部曲线为低压工况（绝对压力0.16MPa，65℃，阴极、阳极30%增湿），下部曲线为高压工况（绝对压力0.3MPa，65℃，阴极、阳极30%增湿）。

（3）湿度　燃料电池的相对湿度（Relnrive Humidity，RH）对性能影响规律较为复杂。在小电流工况下，提升阴极、阳极的入口湿度有助于提升质子交

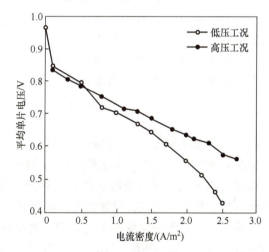

图2-117　燃料电池运行压力对极化曲线的影响

换膜的含水量，并提高电导率，降低离子阻抗。在大电流工况下，湿度的增加对降低离子阻抗的效果降低。同时，湿度的增加会导致电堆内部产生大量液态水，引起局部水淹，从而使电压迅速下降。图2-118a所示为某燃料电池性能随湿度的变化规律。针对该燃料电池，100%增湿条件下电堆没有发生严重水淹，因此性能随湿度的增加而变好。图2-118b所示为湿度对离子阻抗的影响。由图2-118b可知，随着湿度的增加，离子阻抗不断降低。

（4）电堆结构　燃料电池内部设计参数对电堆性能有决定性的影响。以某燃料电池为

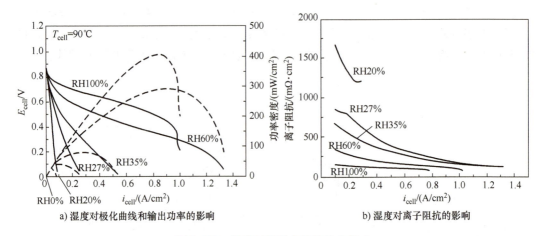

a) 湿度对极化曲线和输出功率的影响　　　　　　b) 湿度对离子阻抗的影响

图 2-118　湿度对燃料电池性能的影响

例，如图 2-119 所示，随着铂（Pt）载量从 $0.022mg/cm^2$ 增加到 $0.138mg/cm^2$，燃料电池的性能不断变好。但当铂载量继续增加到 $0.332mg/cm^2$ 时，燃料电池的性能变差。决定燃料电池性能的是铂的有效催化面积与铂颗粒的形状和微观结构。在电化学反应过程中，真正起作用的是附在碳（C）载体上的铂颗粒的表面。铂载量的增加，并不能保证微观层面有效催化面积的增加，需要与膜电极结构、生产工艺等联合优化、协同设计。

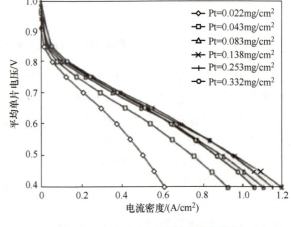

图 2-119　催化剂对极化曲线的影响

（5）反应物气体成分　反应物气体成分也会对燃料电池性能产生重要影响。为降低使用成本，通常情况下燃料电池阴极采用空气。如果换成纯氧，则性能可获得大幅提升，如图 2-120a 所示。当然，在纯氧条件下，电堆内部水分、热量的生成将更加迅速，需要对流道、水热管理系统重新优化。

在质子交换膜燃料电池使用过程中，对反应气的纯度要求很高（如要求氢气纯度达到 99.999%）。如果氢气中混入 H_2S 等杂质，只要超过 $5×10^{-6}$，燃料电池性能就会迅速下降，如图 2-120b 所示。如果空气中混入的 SO_2、NO_2 浓度超过一定界限，也将引起燃料电池性能下降，如图 2-120c、图 2-120d 所示。

2. 效率

燃料电池效率（η_{fc}）为通过电化学反应输出的电能 W_{el} 和消耗的氢气能量 W_{H_2} 之比，即

$$\eta_{fc} = \frac{W_{el}}{W_{H_2}} \tag{2-30}$$

若某燃料电池单体工作电压为 V，电流为 I，则其效率可推导为

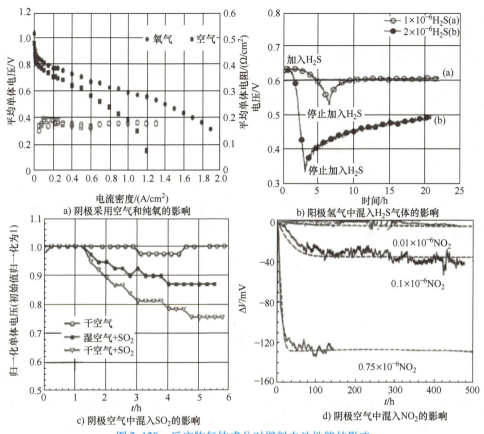

a) 阴极采用空气和纯氧的影响
b) 阳极氢气中混入H₂S气体的影响
c) 阴极空气中混入SO₂的影响
d) 阴极空气中混入NO₂的影响

图2-120　反应物气体成分对燃料电池性能的影响

$$\eta_{\mathrm{fc}} = \frac{W_{\mathrm{el}}}{W_{\mathrm{H_2}}} = \frac{VIt}{-\Delta H^0 m_{\mathrm{H_2}}} = \frac{-\Delta G^0}{-\Delta H^0} \frac{V}{\dfrac{-\Delta G^0}{2F}} \frac{It}{2m_{\mathrm{H_2}}F\mu_{\mathrm{f}}}\mu_{\mathrm{f}} \tag{2-31}$$

式中，t 为工作时间；ΔH^0 为氢气热值，或者标准状态下化学反应过程的焓变（J/mol）；$m_{\mathrm{H_2}}$ 为反应过程消耗的氢气摩尔数；μ_{f} 为燃料利用率。式（2-31）又可进一步改写为

$$\begin{cases} \eta_{\mathrm{fc}} = \eta_{\mathrm{T_0}}\eta_{\mathrm{V}}\eta_{\mathrm{I}}\mu_{\mathrm{f}} \\[2mm] \eta_{\mathrm{T_0}} = \dfrac{\Delta G^0}{-\Delta H^0} = \dfrac{E_{\mathrm{N}}^0}{E_{\mathrm{H}}^0} \\[2mm] \eta_{\mathrm{V}} = \dfrac{V}{\dfrac{-\Delta G^0}{2F}} = \dfrac{V}{E_{\mathrm{N}}^0} \\[2mm] \eta_{\mathrm{I}} = \dfrac{It}{2m_{\mathrm{H_2}}F\mu_{\mathrm{f}}} = \dfrac{I}{I+I_{\mathrm{loss}}} \\[2mm] \mu_{\mathrm{f}} = \dfrac{(I+I_{\mathrm{loss}})t}{2m_{\mathrm{H_2}}F} \end{cases} \tag{2-32}$$

式中，$\eta_{\mathrm{T_0}}$ 为标准状态燃料电池的热力学效率，或者标准状态极限效率，是标准状态下燃料电池能达到的理论最大效率；η_{V} 是燃料电池的电压效率，等于实际输出电压和标准状态可

逆开路电压（能斯特电压）之比；η_I 是电流效率，是指输出电流和总电流（等于输出电流和内部电流之和）之比，该值一般非常接近于 1；μ_f 是燃料利用率，是电化学反应消耗的总反应气（包括总电流和内部电流对应的反应气）与外界供给的总气量之比；E_H^0 是标准状态燃料电池热力学平衡电势，E_N^0 是标准状态燃料电池可逆电动势（能斯特电压），两者都与燃料电池反应的产物有关。如果燃料电池产物为气体，则 ΔE^0 取低热值，$E_H^0 = 1.253V$，$E_N^0 = 1.185V$，$\eta_{T_0} = 0.9457$。如果燃料电池产物为液体，则 ΔH^0 取高热值，$E_H^0 = 1.482V$，$E_N^0 = 1.229V$，$\eta_{T_0} = 0.8293$。两种假设都可以，高热值假设更符合物理意义，但在行业中大多基于低热值假设，这样计算出来的效率略高。

注意到 $(I + I_{loss})$ 在式（2-32）中只是两个中间变量，如果强制 $\eta_I = 1$，则 $\mu_f = It/(2m_{H_2}F)$，并不影响最终 η_{fc} 的计算。式（2-32）可以改写为式（2-33）。燃料电池电堆效率一般随电流增加而递减。

$$
\begin{cases}
\eta_{fc} = \eta_{T_0}\eta_V\mu_f \\[2mm]
\eta_{T_0} = \dfrac{E_N^0}{E_H^0} \\[2mm]
\eta_V = \dfrac{V}{E_N^0} \\[2mm]
\mu_f = \dfrac{It}{2m_{H_2}F}
\end{cases}
\tag{2-33}
$$

燃料电池的极限效率，即燃料电池的热力学效率 η_T 是指燃料电池的理论输出最大电能，即吉布斯自由能（Gibbs Free Energy）与燃料的热值之比。

$$
\eta_T = \frac{E_N}{E_H^0}
\tag{2-34}
$$

图 2-121 给出了在标准压力下质子交换膜燃料电池的极限效率（按高热值计算）与卡诺循环（环境温度 300K）极限效率曲线对比。由图可知，在 500℃（773.15K）以内，质子交换膜燃料电池的极限效率远高于卡诺循环极限效率。

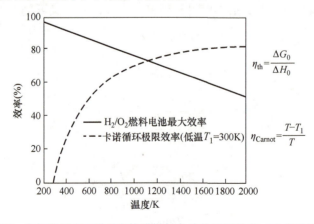

图 2-121　在标准压力下质子交换膜燃料电池的极限效率（按高热值计算）
与卡诺循环极限效率曲线对比

2.4.3 燃料电池能源利用效率分析

燃料电池是一种能够将化学能直接转化为电能的设备。在燃料电池中，化学反应在阳极和阴极之间进行，通过动力学过程将氢气（或其他化学物质）的化学能转化为电能，同时产生水和热能作为副产品。燃料电池的能源利用率是指其对输入燃料中的化学能的转化效率，通常以百分比表示。

燃料电池的能源利用率受多个因素的影响，其中关键因素如下：

1）电化学反应效率：燃料电池的能源利用率主要受电化学反应效率的影响。电化学反应包括氧化还原过程，其中燃料在阳极与氧化剂（通常为氧气）反应，产生电子和离子。反应速率和反应动力学将直接影响能源转化效率。

2）燃料纯度：燃料的纯度对燃料电池的效率会产生重要影响。杂质、残留物或有害物质的存在会降低电化学反应效率并损害催化剂的活性。因此，需要对燃料进行有效的预处理和净化，以满足燃料电池的要求。

3）催化剂活性：燃料电池中可以使用催化剂来促进电化学反应。催化剂的活性和效率对能源利用率具有重要影响。开发高效的催化剂可以提高燃料电池的效率并降低能源损耗。

4）温度控制：温度是影响燃料电池效率的重要因素之一。适当的工作温度可以提高反应速率和离子传输效率，从而提高能源利用率。因此，需要对燃料电池进行温度控制以优化效率。

5）氧气供应：燃料电池中的氧气供应对能源利用率至关重要。氧气的有效供应可以确保正常的电化学反应进行，并提高能源利用率。

6）燃料电池组件设计：燃料电池组件的设计也对能源利用率有影响。例如，优化氢气流量、电解质膜的选择和设计、阳极和阴极结构等方面的改进都可以提高燃料电池的效率。

为了提高燃料电池的能源利用率，需要在各个方面进行综合考虑和优化，包括材料选择、催化剂设计、燃料的供应、温度控制和系统集成等。随着燃料电池技术的不断发展和改进，能源利用率的提高将有助于提高燃料电池的经济性和可持续性，促进其在能源领域的广泛应用。

2.4.4 燃料电池能量控制策略

燃料电池电动汽车动力系统的能量控制策略随着动力系统的结构形式不同而有所不同，但总的能量控制策略有三大基本控制目标，即提高汽车动力性、汽车经济性和汽车续驶里程。

在拥有燃料电池系统与动力电池的混合动力电动汽车行驶过程中，动力系统控制器根据汽车的功率需求及电池管理系统所提供的动力电池 SOC 值，决定燃料电池系统和动力电池的能量分配，以满足汽车行驶的需求。通常需要根据加速踏板、制动踏板及档位信息等计算出需求转矩和需求功率，由控制系统进行能量的优化分配，将燃料电池系统和动力电池的输出能量转化为驱动电机的功率输出，驱动汽车行驶，以达到降低能量消耗的目的。

燃料电池混合动力系统的控制策略主要有 On/Off 控制策略、功率跟随控制策略、瞬时优化最佳能耗控制策略等。

1. On/Off 控制策略

On/Off 控制策略的核心是汽车在行驶过程中，燃料电池系统始终工作在其高效区，从而保证汽车有较长的续驶里程。为了满足这一既定目标，需要对动力电池的 SOC 值进行设定。假定燃料电池混合动力电动汽车在行驶过程中，其动力电池荷电状态的最大值为 SOC_{max}，最小值为 SOC_{min}。当动力电池的 SOC 值在最大值与最小值之间时，其等效内阻相对较小。因此，在这一区间工作时，动力电池的效率比较高。

On/Off 控制策略的执行情况如下：

1）当 $SOC \leqslant SOC_{min}$ 时，动力电池处于低荷电状态，燃料电池系统需要开启并持续工作在高效区，为驱动电机提供主动力源。当驱动电机的需求功率 P_m 小于此时燃料电池系统的输出功率 P_{ro} 时，电力控制系统需要将燃料电池系统多余的功率提供给动力电池充电，直至动力电池的 $SOC > SOC_{max}$ 或者 $P_{ro} < P_m$。

2）当 $SOC_{min} < SOC \leqslant SOC_{max}$ 时，动力电池荷电状态适宜，此时动力电池能够提供的最大功率为 P_{xm}。当 $P_{xm} \geqslant P_m$ 时，动力电池作为主动力源，燃料电池系统处于关闭状态；当 $P_{xm} < P_m$ 时，动力电池的最大功率已不能满足汽车的行驶需求，此时燃料电池系统开启，以弥补驱动功率的不足。

3）当 $SOC > SOC_{max}$ 时，动力电池处于高荷电状态，在能够满足驱动电机需求功率的前提下，燃料电池系统关闭，动力电池单独提供驱动电机的功率需求，直至动力电池的 $SOC < SOC_{min}$ 或者 $P_{xm} < P_m$。

2. 功率跟随控制策略

功率跟随控制策略以动力电池的荷电状态为核心，即保持动力电池始终工作在最佳的 SOC 范围内，燃料电池系统除了供给驱动电机一部分功率以外，还需要额外承担一部分动力电池的功率消耗。燃料电池系统的开启与关闭不是简单地以动力电池的 SOC 上下阈值为参考，而是由驱动电机功率需求及电池 SOC 值共同控制的。因此，功率跟随控制策略可以在一定程度上解决 On/Off 控制策略不能满足燃料电池电动汽车行驶的动力性要求，同时可以改善燃料电池系统和动力电池系统，使主动力源与辅助动力源尽可能达到最优控制。

功率跟随控制策略的执行情况如下：

1）当汽车停止时，燃料电池系统和动力电池均不向驱动电机输出功率。

2）当汽车起动时，燃料电池系统关闭，动力电池单独工作，向驱动电机输出起动功率 P_m，动力电池的输出功率 $P_{xm} = P_m$，当燃料电池系统经预热后达到起动温度之后，再根据功率需求决定燃料电池系统是否起动，即当驱动电机功率需求 $P_{req} < P_{xm}$ 时，动力电池仍单独向驱动电机输出功率，直至 $P_{req} \geqslant P_{xm}$ 时为止。

3）当汽车处于怠速状态时，系统需求功率 $P_{req} = 0$，燃料电池系统和动力电池均不向驱动电机输出功率，但此时燃料电池系统需要根据动力电池的 SOC 值来判断是否向动力电池充电。通常设定动力电池的目标荷电状态为 $SOC_{aim} = (SOC_{min} + SOC_{max})/2$，控制系统根据当前动力电池 SOC 与 SOC_{aim} 之间的关系决定燃料电池系统的输出功率，即

$$P_{ro} = \frac{2(SOC_{min} - SOC)}{SOC_{max} - SOC_{min}} \times P_{ch} \tag{2-35}$$

式中，P_{ch} 为 $SOC = SOC_{min}$ 时控制系统的额外功率。当 $SOC < SOC_{aim}$ 时，燃料电池系统向动

力电池充电，反之则不向动力电池输出功率。

4）当汽车正常行驶时，需要根据当前驱动电机的需求功率与燃料电池系统所能提供的功率进行判断。

① 当 $P_{req} > P_{ro\_max}$ 时，如汽车加速或者上坡时，燃料电池系统输出的最大功率小于驱动电机的需求功率，此时动力电池也需要开启向驱动电机输出功率，燃料电池系统输出额定功率，动力电池的输出功率为需求功率与燃料电池额定功率的差值，即

$$P_{\lambda m} = P_{rep} - P_{ro} \tag{2-36}$$

② 当 $P_{ro\_min} < P_{req} \leqslant P_{ro\_max}$ 时，燃料电池系统的输出功率除了满足驱动电机的功率需求之外，还需要根据动力电池的 SOC 值来决定是否向动力电池输出功率。此时燃料电池系统的输出功率为

$$P_{ro} = \frac{2(SOC_{min} - SOC)}{SOC_{max} - SOC_{min}} \times P_{ch} + P_m \tag{2-37}$$

③ 当动力电池 $SOC > SOC_{aim}$ 时，燃料电池系统无需向动力电池充电，此时驱动电机的需求功率可由燃料电池系统和动力电池同时提供，当动力电池 $SOC < SOC_{aim}$ 时，燃料电池系统同时为驱动电机和动力电池输出功率。当驱动电机的需求功率和动力电池的充电功率之和小于燃料电池系统的最小输出功率 P_{ro_min} 时，为避免燃料电池系统在低效率区工作，燃料电池系统以 P_{ro_min} 工作。

④ 当 $P_{req} = P_{ro\_min}$ 时，驱动电机的需求功率较小。若动力电池 $SOC < SOC_{aim}$，则燃料电池系统工作在高效区，同时为驱动电机和动力电池输出功率，直至 $SOC > SOC_{min}$ 时为止；若动力电池荷电状态已处于 SOC_{max}，并且能满足驱动电机的功率需求，则动力电池单独为系统提供功率输出，直至 $SOC < SOC_{min}$，同时，为了避免燃料电池系统频繁起停影响燃料电池系统的寿命，需要根据当前动力电池的 SOC 值来做适当的调整。

当汽车处于制动状态时，$P_m < 0$，燃料电池系统与动力电池均不向驱动电机输出功率，可根据当前动力电池的 SOC 值来对制动能量进行回收，给动力电池充电，同时燃料电池系统也需要根据当前动力电池的 SOC 值决定是否向动力电池充电。

与 On/Off 控制策略相比，功率跟随控制策略不是单纯地以动力电池的 SOC 值来决定燃料电池系统的开启与关闭，而是将燃料电池系统的合适工作区间（P_{ro_min}，P_{ro_max}）与动力电池的 SOC_{min} 相结合，以驱动电机的功率需求为依据，综合考虑来实现系统的功率分配。在这一过程中，功率跟随控制策略可以避免 On/Off 控制策略中燃料电池系统频繁起停和动力电池频繁深度充放电的影响，从而在一定程度上延长燃料电池电动汽车的寿命，实现系统能量分配的优化，从而实现节能。

3. 瞬时优化最佳能耗控制策略

瞬时优化最佳能耗控制策略的核心是建立动力系统燃料消耗等价函数，根据等价函数来确定一个周期内驱动电机的需求功率如何在燃料电池和动力电池之间分配，从而使动力系统瞬时燃料消耗量最小。

瞬时优化最佳能耗控制策略以功率跟随控制策略为基础，其核心是在每个控制周期内对系统的能量分配进行瞬时优化，即决定驱动电机的需求功率如何在燃料电池系统和动力电池之间分配，尽可能地提高汽车的经济性。

当燃料电池电动汽车工作时，控制系统需要根据当前时刻动力电池的 SOC 值，来确定下一时刻燃料电池系统是否向动力电池充电。等价氢气消耗函数建立的理论基础是，在当前时刻，动力电池处于放电状态时，燃料电池系统和动力电池同时向驱动电机输出功率，为了保证动力电池荷电状态在 SOC_{aim} 附近，需要在未来向动力电池充电；与之相反在当前时刻，动力电池处于充电状态时，燃料电池系统向动力电池和驱动电机同时输出功率，动力电池需要在未来时刻放电，从而使荷电状态回到 SOC_{aim} 附近。

瞬时优化最佳能耗控制策略是在保证整车动力性能的前提下，结合燃料消耗等价函数，在每个周期内决定驱动电机的需求功率如何在燃料电池系统和动力电池中分配，从而实现经济性能的改善。其具体控制策略规则如下：

1）停车及怠速阶段。根据动力电池的 SOC 值来判断燃料电池系统是否需要向动力电池充电。

2）起动阶段。动力电池向燃料电池系统输出功率，直至达到燃料电池暖机起动温度，再根据驱动电机的需求功率决定燃料电池系统是否输出功率。

3）正常行驶阶段。此阶段可分为四种情况：①动力电池输出功率，燃料电池以小功率输出；②燃料电池系统和动力电池混合驱动，功率分配比根据瞬时优化函数决定；③燃料电池系统输出功率满足驱动电机功率需求，同时给动力电池充电；④燃料电池系统单独工作，动力电池处于较稳定的荷电状态，燃料电池系统处于最佳工况点。

4）制动阶段。动力电池和燃料电池系统均不向驱动电机输出功率，此时可根据当前动力电池的 SOC 值对驱动电机的制动能量进行回收。

4. 三种能量控制策略对比

三种能量控制策略的比较见表 2-13。

表 2-13　三种能量控制策略比较

控制策略	控制目标	优点	缺点
On/Off 控制策略	燃料电池系统处于最高效率点功率	燃料电池系统工作在高效区，经济性好，控制方法简单	没有考虑动力电池的工作状态，容易导致过充电、过放电；系统动力性不能得到保障
功率跟随控制策略	动力电池荷电状态在 SOC_{min} 附近	动力电池处于浅循环工作状态，对电池寿命损耗较小，且系统动力性较好	燃料电池系统要在一个范围内实时改变，对燃料电池系统的要求较高，增加了系统的控制难度
瞬时优化最佳能耗控制策略	等效氢气消耗函数	经济性和动力性俱佳	控制算法比较复杂，对控制系统要求高

除此之外，学者们在功率跟随控制策略的基础之上，根据不同的燃料电池电动汽车，结合模糊控制、遗传算法、神经网络算法等先进算法，提出了许多新的控制策略，读者可自行学习，本书不做介绍。

─────── 思 考 题 ───────

1. 新能源汽车动力系统有哪几种类型？不同的动力系统有何特点？
2. 发动机节能可以从哪几个方面实现？

3. 发动机新型高效燃烧技术有哪些？如何实现新能源汽车的节能？

4. 发动机的替代燃料有哪些？各有什么优缺点？

5. 驱动电机的机械特性是什么？效率如果评价？

6. 混合动力的工作模式有哪些？对比分析各种能量管理策略的优缺点。

7. 质子交换膜燃料电池工作的影响因素有哪些？如何提高工作效率和能源利用效率？

第3章 新能源汽车底盘的节能技术

3.1 新能源汽车底盘的功用

新能源汽车底盘由传动系、行驶系、转向系和制动系四部分组成。底盘的作用是支撑、安装汽车各部件、总成，形成汽车的整体造型，传递动力，保证车辆正常行驶。汽车的动力、制动、操控、平顺程度、安全性、舒适性、耐久性等都和底盘密切相关。新能源汽车底盘的功用主要包括以下几个方面：

1）支撑车辆结构：底盘是整个车辆的支撑结构，承载着车身、车厢、电池组、电机以及其他车辆组件的重量。因此，底盘必须有足够的强度和刚度，确保车辆在行驶过程中的稳定性和安全性。

2）连接传动系统：底盘连接着车辆的传动系统，包括发动机、电机、变速器等组件。底盘要能够承受传动系统产生的转矩和冲击力，并将其有效地传递到车轮上，以实现车辆的动力传递和行驶功能。

3）确保行驶稳定性与安全性：底盘还承载着车辆的转向和悬架系统，包括转向器、悬架、减振器等部件。底盘需要保证车辆在不同路面条件下都能维持良好的操控性和稳定性，还需要提供对动力电池的保护，防止发生碰撞、漏电等意外情况。

4）提高能效与续驶里程：使用轻质材料有助于提升车辆的能源效率并延长续驶里程，底盘也需要考虑降低空气阻力，提高车辆的行驶稳定性。

相比于传统燃油车的底盘，电动汽车采用电力能源，基本结构分为主能源系统、电力驱动系统和能量管理系统。电动汽车的能量传输是通过柔性的电线，底盘布局上有很大的灵活性。并且电池包在底盘上的布置很容易实现前后配重 50:50，有助于提升汽车的操控性能。此外，电动汽车的底盘需要整合各种电子辅助系统［如防抱死制动系统（Anti-lock Braking System，ABS）、牵引力控制系统（Traction Control System，TCS）、车身电子稳定系统（Electronic Stability Program，ESP）、自适应巡航控制系统（Adaptive Crusie Control，ACC）等］，因此电动汽车对底盘的要求更加严格。

3.2 电动汽车传动系统的布置形式

电动汽车传动系统通常由单速比或多速比变速器、主减速器、差速器和传动轴组成。为了使电动汽车整车适应各种工况和路面条件，传动系统一般应满足以下 7 项主要功能要求：

1）驻车安全：传动系统需要提供可靠的驻车机构，确保车辆在停放时稳定，防止溜车，以保障车辆与人员安全。

2）倒车功能：通常由传动系统前进档结合驱动电机反向驱动实现，无需设置专门的倒档机构。

3）平稳起步：传动系统需要保证电动汽车从静止状态平稳起步，克服外界阻力，并具备蠕行功能和坡道自适应起步能力，避免溜坡。

4）加速、爬坡：由传动系统前进档结合驱动电机正向驱动实现。

5）减速与制动能量回收：在减速或制动时，传动系统应支持电机进入制动能量回馈模式，即发电模式，通过双向传递转矩的功能，回收制动过程中的能量，提高能源利用效率。

6）转向：转向时要求内外侧的车轮角速度不同，集中式驱动的电动汽车通常由机械式差速器实现，分布式驱动的电动汽车省略了差速器，主要取决于驱动电机控制系统的优劣。

7）空档：切断驱动电机至驱动轮的动力传输，最好能切断二者之间的机械连接，提高拖车时的安全性。

另外，电动汽车整车还有动力性、燃油经济性、舒适性、污染物排放、安全性、环境适应性、可靠性、耐久性、适装性、轻量化、维修方便性和成本等方面的要求。电动汽车传动系统基本技术指标见表 3-1。

表 3-1 电动汽车传动系统基本技术指标

技术指标	技术指标
布置形式	换档时间（变速器）
前进档位数	噪声级
最大输入/输出转矩	润滑油种类及注入量
机械传动效率	寿命（年数或里程数）
各前进档传动比	尺寸
主减速比	重量
是否带驻车档	工作温度

电动汽车传动系统布置形式是指驱动轮数量、位置以及驱动电机系统的布置形式。驱动系统是电动汽车的核心部分，其性能决定着电动汽车行驶性能的好坏。与传统燃油车不同，电动汽车的动力源可以超过一个，布置形式更加灵活多样。通常，电动汽车的驱动形式可以分为集中式、分布式、集中式与分布式结合 3 种。

3.2.1 集中式驱动布置形式

集中式驱动传动系统结构与发动机汽车的结构相似，仍然保留了变速器（结构更简单，一两个档位）、传动轴、主减速器和差速器等结构。集中式驱动可以采用一台或两台驱动电机，每台驱动电机都有一台变速器（或减速器）配合工作，并通过差速器将动力传递到两侧车轮。图 3-1 是单电机或双电机与变速器（或减速器）构成的集中式电驱动系统的典型布置形式。

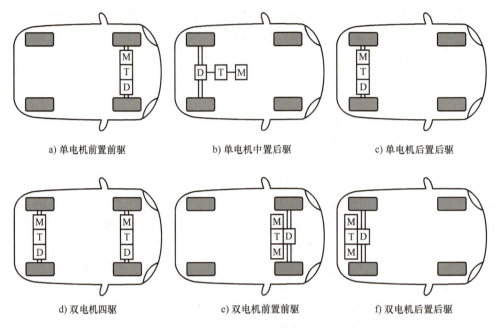

a) 单电机前置前驱　　　　b) 单电机中置后驱　　　　c) 单电机后置后驱

d) 双电机四驱　　　　e) 双电机前置前驱　　　　f) 双电机后置后驱

图 3-1　集中式电驱动系统的典型布置形式

M—驱动电机　T—变速器（减速器）　D—差速器

1. 单电机-驱动桥组合式构型

单电机-驱动桥组合式构型是目前大部分电动汽车普遍采用的技术方案，其结构原理如图 3-2 所示。这一构型省去了离合器和变速器，采用固定速比的减速器，简化了动力传动系统，提高了传动效率。

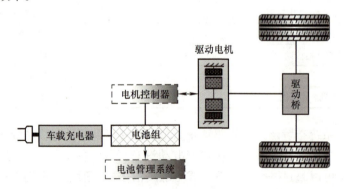

图 3-2　单电机-驱动桥组合式构型图

单电机-驱动桥组合式构型结构简单、质量和体积小、整车布置方便、可靠性高。但这种构型用在高速电动汽车上，对电机和控制器的性能要求较高，一般采用高转速永磁同步电机，成本较高。为了提高整车动力性，一般会选择峰值功率较大的电机，导致正常工况下电机负荷率低，即大马拉小车，使得电机效率下降，汽车续驶里程缩短。目前，一些电动汽车企业为了解决此问题，一是提高电机及其控制器效率，二是采用自动变速器，比如长安新能源公司的 CS75PHEV 车型，后桥是电动驱动，采用了舍弗勒的两档自动变速器。

2. 双轴独立驱动构型

双轴独立驱动构型的结构与发动机汽车差异较大，这一构型易于实现电子集中控制和四轮驱动，方便实现汽车网络化和自动化控制。特斯拉电动汽车公司的 Model S 车型采用了双电机双轴独立驱动构型，前后轴各有一台电机，可以实现电池和电机功率的良好匹配，动力性非常优越，其结构原理如图 3-3 所示。在正常工况行驶时，单电机工作，总功率基本和动力电池额定功率持平。当载荷较小时，前电机工作；当载荷较大时，后电机工作。在加速工况时，双电机同时工作，总电机功率提高，让电机的峰值功率和动力电池的峰值功率匹配。这样双电机一直工作在高效区间，动力电池的峰值能力也能完全释放，在一定程度上改善了车辆加速性能，并提高了续驶里程。

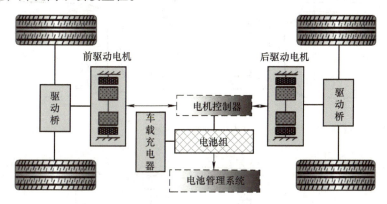

图 3-3 双电机双轴独立驱动构型图

3.2.2 分布式驱动布置形式

根据驱动电机布置的位置不同，分布式驱动可以分为轮毂电机驱动和轮边电机驱动两类。

轮毂电机驱动的动力、传动和制动装置均集成于轮毂，结构紧凑。由于驱动电机的转速和车轮转速相等，车速控制完全取决于驱动电机的转速控制，传动效率高且响应速度快。驱动电机一般采用低速大转矩的外转子电机。

轮边电机输出轴通过固定速比减速器与车轮相连，相比轮毂电机，传动效率较低且需要占用汽车底盘空间，但成本较低。轮边电机的驱动电机一般选用质量小、体积小和成本低的高速内转子电机。

无论是轮毂电机还是轮边电机，通常都采用两台或四台驱动电机与纵轴线呈对称布置。图 3-4 所示为分布式电驱动系统的典型布置形式。

1. 轮边电机整体式构型

轮边电机整体式构型结构原理如图 3-5 所示。轮边电机整体式构型的传动链较短、传动效率高，整车的机械部分大大简化。

轮边电机整体式构型存在以下问题：

1）多电机驱动时增加了成本，而且使非簧载质量明显增大，影响系统的动态特性。

2）驱动电机在实际工作中，励磁磁场在空间的分布不完全为正弦，感应电动势的波形会发生畸变，因此存在谐波转矩，会产生转矩脉动。

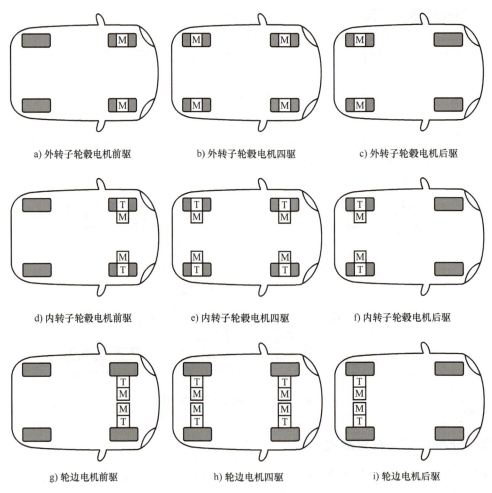

a) 外转子轮毂电机前驱　　　　b) 外转子轮毂电机四驱　　　　c) 外转子轮毂电机后驱

d) 内转子轮毂电机前驱　　　　e) 内转子轮毂电机四驱　　　　f) 内转子轮毂电机后驱

g) 轮边电机前驱　　　　　　h) 轮边电机四驱　　　　　　i) 轮边电机后驱

图 3-4　分布式电驱动系统的典型布置形式

M—驱动电机　T—变速器（减速器）

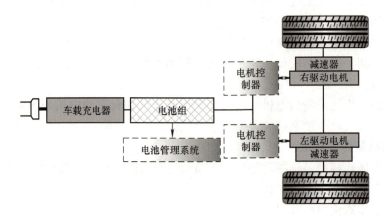

图 3-5　轮边电机整体式构型图

3）由于电驱动系统接近地面，因此其涉水性、密封、冷却、润滑及可靠性等问题需要进一步优化。

比亚迪公司的 K9 电动客车就采用了轮边电机整体式构型，能够实现后桥两侧电机驱动、轮边减速功能。

2. 轮毂电机分散式构型

轮毂电机分散式构型把驱动电机安装在车轮的轮毂中，驱动电机输出转矩直接驱动车轮旋转，结构原理如图 3-6 所示。这种构型取消了传动轴，把传统电动汽车的动力传动系统所占空间释放出来，更易于空间布置，结构更为简洁、紧凑。同时，它还可以对每台驱动电机进行独立控制，有利于提高车辆的转向灵活性和主动安全性，可以充分利用路面的附着力。

轮毂电机分散式构型也存在不足，主要体现在：

1）驱动电机需要集成到车辆的轮毂内，对驱动电机的功率密度、散热、可靠性等性能提出了更高的设计要求。

2）轮毂电机增大了簧下质量和轮毂的转动惯量，对车辆的操控性有较大的影响，需要其他控制技术进行弥补。

3）轮毂电机采用电机制动，但制动性能有限，影响行车安全，而且维持制动系统运行需要消耗不少电能。

4）轮毂电机的工作环境恶劣，面临水、灰尘等多方面影响，对密封方面也有较高的要求。

电动汽车轮毂电机分散式构型是目前的一大研究热点，早在 20 世纪初，保时捷汽车公司就研制了装备两个轮毂电机的前驱双座电动汽车。目前，日产的 FEY、福特的 Ecostar 都采用了轮毂电机分散式的布置方式。

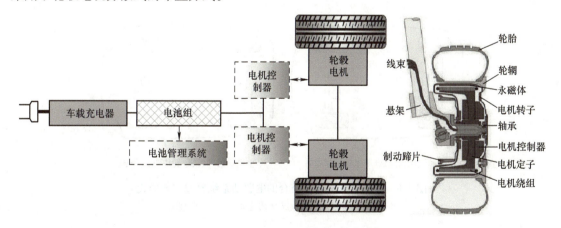

图 3-6　轮毂电机分散式构型图

3. 双电机耦合构型

双电机耦合驱动传动系统的构型是将两个驱动电机的动力通过特定的耦合装置进行合成或分解，之后再传递到传动轴上，从而驱动车辆行驶，如图 3-7 所示。这一构型的电动汽车动力源一般采用两个较小功率的电机，通过控制专门设计的耦合机构实现多种工作模式。根据车辆运行工况，整车控制器工作在合适的工作模式，通过提高电机在不同工况下的负荷率，以达到提高驱动系统综合效率的目的。因此，双电机耦合驱动传动系统构型具备更佳的节能潜力，能够极大地提高电动汽车的续驶里程。在电动汽车领域，国内外针对双电机耦合驱动传动系统的研究近几年开始增多，主要围绕耦合机构的设计及结构优化、耦合机构的控制、整车的能量管理策略等方面展开研究，但目前汽车市场上几乎没有该构型成熟的产品。

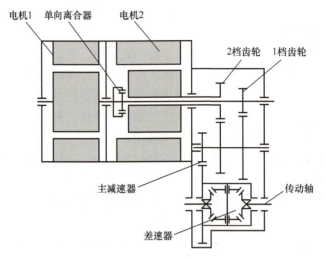

图 3-7 双电机耦合构型图

3.2.3 集中式和分布式结合的驱动布置形式

除了上述两种典型的驱动形式之外，还有将两种驱动形式结合起来的三电机四驱驱动布置形式。图 3-8 所示为集中式和分布式结合的电驱动系统典型布置形式。

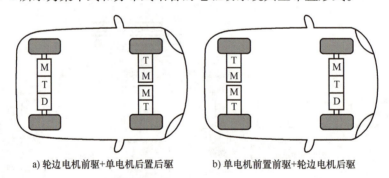

a) 轮边电机前驱+单电机后置后驱　　　　b) 单电机前置前驱+轮边电机后驱

图 3-8 集中式和分布式结合的电驱动系统典型布置形式
M—驱动电机　T—变速器（减速器）　D—差速器

3.2.4 传动系统布置形式对节能的影响

1. 传动链长度和传动效率

（1）集中式驱动　电机通常安装在车辆主要动力系统的位置，电机与传动系统的连接较为直接，传动链长度适中，传动效率受到传统变速器的影响。

（2）分布式驱动　可以更快地响应驱动力的变化，有助于提高车辆的动态响应和稳定性，传动链长度较短，传动效率较高。

2. 结构布局与轻量化

（1）集中式驱动　集中式驱动的电机与变速器等部件集中在一个位置，结构简单，可以更好地控制成本和质量，可以实现轻量化。集中式驱动通常可以共享一些冷却系统和其他附属部件，进一步降低了成本和质量。

（2）分布式驱动　分布式驱动通常需要更多的部件（如制动系统、悬架结构以及与车轮连接等）和材料，成本较高且质量较大。然而，这些布局可以更灵活地优化性能和更好地利用空间，尤其对于四轮驱动或者独立轮驱动系统来说具有一定的优势。

3. 有无差速器

（1）集中式驱动　集中式驱动通常需要机械式差速器实现左右车轮间的差速，由于存在转动部件和摩擦，因此会带来一定的能量损失。

（2）分布式驱动　分布式驱动的每个车轮都由独立的驱动电机驱动，通常不需要机械式差速器。理论上来讲，轮边电机和轮毂电机布局具有更好的节能性能。但需要注意的是，差速器的能量损失在整个车辆行驶中所占比例并不是很大，因此在实际应用中，节能性能可能并不会因为有无差速器而产生非常明显的差异。

3.2.5　传动系统的控制策略

1. 电动汽车稳定性控制策略

随着电动汽车分布式驱动构型的发展，稳定性控制策略成为电动汽车研发的重要课题，主要是通过对车辆驱动和制动力矩的控制来对车辆的运行姿态进行调节。

目前，分布式驱动电动汽车常用的控制模式为分层控制，上层进行直接横摆力矩和期望驱动力矩的计算，中层基于轮胎稳定裕度的最优控制进行各轮转矩的初步分配，下层基于电子差速控制对各轮转矩进一步修正，其结构原理示意图如图3-9所示。

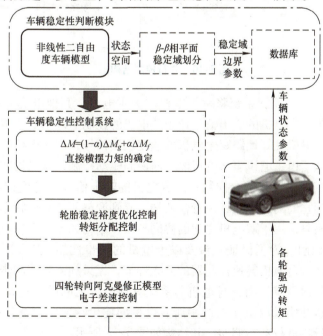

图3-9　分布式驱动电动汽车稳定性分层控制策略示意图

直接横摆力矩控制是目前一种广泛应用的稳定性控制方法，它是通过相应的控制算法计算出电动汽车调整姿态所需要施加的附加横摆力矩；驱动转矩分配控制器的作用就是将附加横摆力矩和驱动力矩通过合理的算法分配到分布式驱动电机上，从而保证车辆以期望车速稳定行驶；电子差速控制依据转向模型计算车辆在转向行驶时各转向轮的理想转速，并基于此计算各驱动电机的驱动转矩，可以合理分配内外侧车轮的驱动转矩，从而防止轮胎滑转。

由于分布式驱动电动汽车取消了机械传动结构，无法通过机械式差速器来实现差速控制，因此需要通过调节各轮驱动转矩来实现电子差速。目前实现分布式驱动电动汽车差速控制的方案主要分两类：①设计具有自适应差速功能的特殊电机驱动系统；②设计相应的电子差速控制策略来实时调节电机转速或驱动转矩，使其满足电子差速的需求。设计具有自适应差速功能的特殊电机驱动系统对电机的性能要求较高，目前尚未得到广泛应用。

2. 协同控制策略

对于分布式驱动布置形式的电动汽车，由于驱动电机增多，保证各驱动电机之间的同步性也是电动汽车的关键技术之一。目前常用的协同控制有并行控制、主从控制、交叉耦合控制、偏差耦合控制、虚拟主轴控制等。

（1）并行控制　并行控制系统属于开环控制，往往具有较好的启动以及停止性能。然而，由于并行控制系统各单元彼此独立，其协同精度取决于控制器、驱动器以及电机性能的一致性。此外，复杂的系统信号传输带来的时延、内外复杂扰动带来的不确定性，会引起较大的协同控制误差，从而降低协同控制性能，其结构如图 3-10 所示。

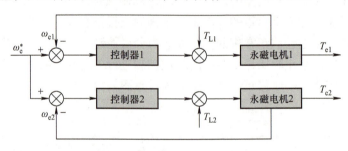

图 3-10　并行控制结构图

（2）主从控制　主从控制系统将一个电机作为主电机，其他电机为从电机，系统控制指令只输入给主电机，主电机的输出信号作为从电机的控制输入指令。主从同步结构虽能在很大程度上能保障从电机良好地跟踪主电机的速度反馈信号，但从电机的状态难以反馈到主电机系统，仅仅实现了由主电机至从电机的单向协同驱动控制，其结构如图 3-11 所示。

（3）交叉耦合控制　交叉耦合控制将两台电机的输出信号（速度或者位置）之差作为附加补偿信号前馈到它们的速度或者位置输入端，起到调整两者运行状态以实现快速同步的作用，但该控制策略只适用于双电机之间的协同控制，结构如图 3-12 所示。

（4）偏差耦合控制　为了保证三台及以上电机的同步性能，F. J. Perez- Pinal 等提出偏差耦合控制结构，在每台电机转速控制器的输入环节，通过加入转速同步补偿器改善系统的同步性能。补偿器的数学模型由自身电机与系统其他电机之间的转速差与耦合系数相乘得到。其中，同步转速补偿量取决于系统中所有电机的输出转速。根据各电机的转速变化情况，同步转速补偿量将进行动态调整，其结构如图 3-13 所示。

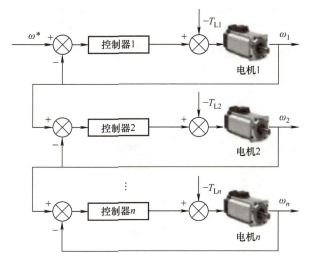

图 3-11　主从控制结构图

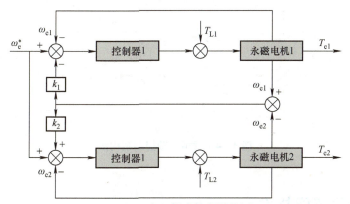

图 3-12　交叉耦合控制结构图

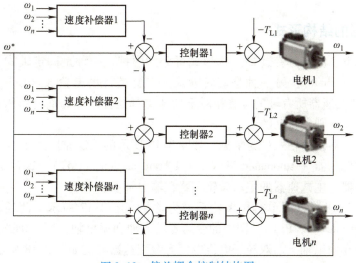

图 3-13　偏差耦合控制结构图

（5）虚拟主轴控制　虚拟主轴控制通过模拟机械主轴的拖动特点，将多电机的实际运行转矩反馈到虚拟的主轴上，主轴对反馈的转矩进行输出调整，从而带动多电机恢复到同步的状态。该方法成功地用电信号复制了机械主轴的特性，但也存在着给定信号时延和虚拟主轴惯量难以确定等问题，其结构如图3-14所示。

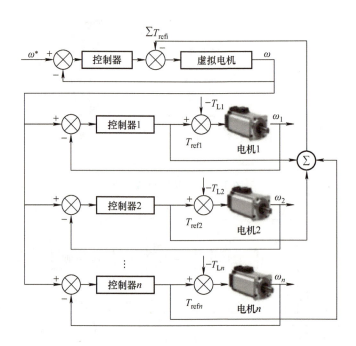

图3-14　虚拟主轴控制结构图

3.3　变速器的节能技术

3.3.1　变速器的结构形式

一般而言，电动汽车的变速器结构形式可分为两种，一种是固定轴式，又称平行轴式（Layshaft或Countershaft）；另一种是旋转轴式，主要是行星齿轮式（Epicyclic或Planetary Gear）。平行轴式变速器所有轴的位置相对于变速器都是固定的，而行星齿轮式变速器的行星轮轴相对于变速器则是转动的。

平行轴式变速器以两轴式最为常见，如图3-15所示的固定速比减速器和图3-16所示的两档机械式自动变速器（Automated Mechanical Transmission，AMT）。这种结构包括输入轴、输出轴及主减速器，主减速器的主动齿轮布置在输出轴上。

行星齿轮式变速器以简单行星齿轮系最为常见，图3-17所示为两档动力换档变速器（Power Shift Transmission，PST）。图中的变速器输入轴和输出轴在同一轴线上，且主减速器的主动齿轮布置在输出轴上。双转子电机电气无级变速器实例如图3-18所示。

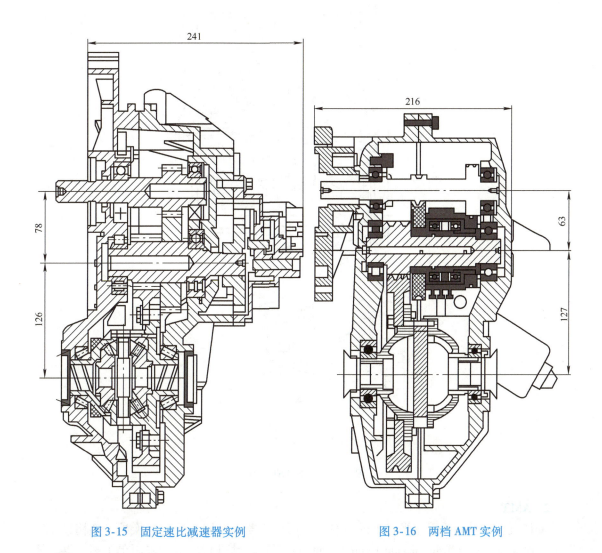

图 3-15 固定速比减速器实例   图 3-16 两档 AMT 实例

3.3.2 变速器的布置形式

电动汽车常见的传动形式包括固定速比减速器、电控机械式多档位变速器和电气无级变速器（Electric Continuously Variable Transmission，EVT）。混合动力电动汽车存在多个动力源，变速器主要是电气无级变速器、机械式自动变速器、机电耦合装置等。除了固定速比减速器，有级变速器包括机械式自动变速器（AMT）、双离合自动变速器（Dual Clutch Transmission，DCT）和行星齿轮式动力换档变速器（PST）等。

1. 减速器

减速器的主要特点是采用平行轴齿轮或行星齿轮系实现减速增矩，传动比固定不变。3 种减速器的典型结构形式如图 3-19 所示。

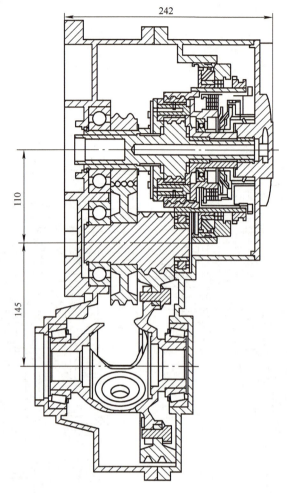

图 3-17　两档 PST 实例

2. AMT

AMT 的主要特点是采用平行轴式齿轮副，用离合器配合同步器进行换档，换档过程完全由变速器控制器（Transmission Control Unit，TCU）自动进行。由于采用单个离合器，换档过程存在动力中断现象。在电动汽车应用中，由于驱动电机的转速控制比传统燃油发动机的转速控制响应更快、精度更高，通常不设置离合器，仅以驱动电机配合同步器进行换档。一种典型的两档机械式自动变速器结构如图 3-20 所示。

3. DCT

DCT 的主要特点是采用平行轴式齿轮副，通过双离合器将动力传递到双输入轴，配合同步器进行换档，换档过程完全由变速器控制器（TCU）自动进行。由于采用双离合器，换档过程不存在动力中断。在电动汽车应用中，若是仅两个前进档位，有时会省去同步器，这相当于传统燃油车双离合自动变速器的预选档位，即只要切换离合器就可以实现换档，不仅可以缩短换档时间，还可以简化结构，并降低成本。典型的两档双离合自动变速器的结构如图 3-21 所示。

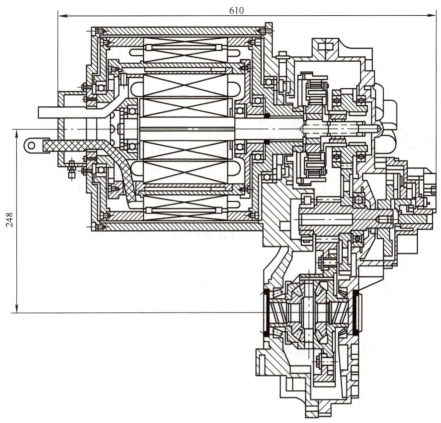

图 3-18　双转子电机电气无级变速器实例

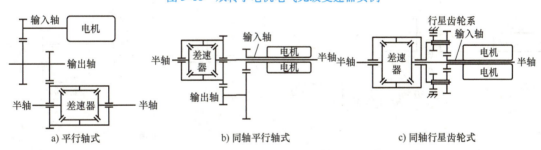

a) 平行轴式　　　　　　　　b) 同轴平行轴式　　　　　　　　c) 同轴行星齿轮式

图 3-19　采用平行轴式或行星齿轮式的减速器示意图

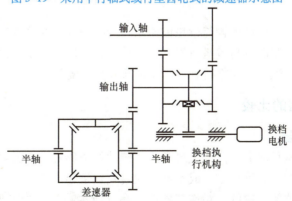

图 3-20　一种两档机械式自动变速器结构示意图

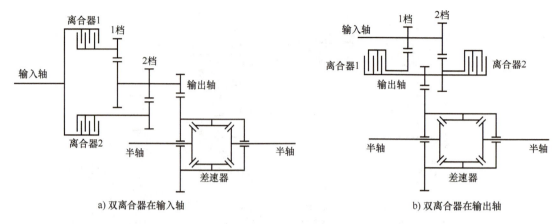

a) 双离合器在输入轴   b) 双离合器在输出轴

图3-21　两档双离合自动变速器结构示意图

4. 行星齿轮式 PST

行星齿轮式 PST 的主要特点，是采用行星齿轮系配合离合器或制动器等锁止装置进行换档。由于行星齿轮系传动的功率密度高，当传递一定转矩时，其结构较平行轴式更加紧凑，体积和质量都较小。换档过程完全由变速器控制器（TCU）自动进行，且不需要选档，换档原理与液力变矩器式自动变速器相同，其过程不存在动力中断。两种典型的两档行星齿轮式动力换档变速器结构如图3-22 所示。

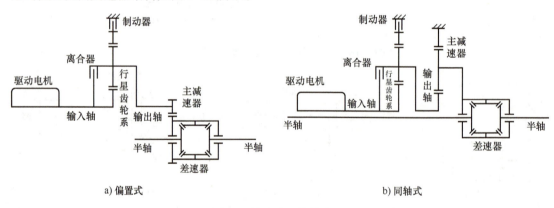

a) 偏置式   b) 同轴式

图3-22　两档行星齿轮式动力换档变速器结构示意图

还有一些变速器将平行轴齿轮与行星齿轮系结合在一起，这些变速器有的采用同步器换档，有的采用离合器、制动器与行星齿轮配合换档，有的还采用单向离合器对传递的动力方向进行选择，其换档原理与上述平行轴或行星齿轮式变速器类似。

3.3.3　各种减速器的比较

1. 固定速比减速器

固定速比减速器是目前电动汽车上最常见的传动系统形式。它的主要优点是机械传动效率高、结构简单、体积小、质量小、成本低，主要缺点是起步转矩小、无法使电驱动系统经常在高效区工作、爬坡能力较低、对逆变器要求高、成本高等。为了保证整车的最高车速，减速器的速比往往选择得较小，驱动电机经常处于高转矩大电流的工作状态，使得驱动电机效率较低，动力电池能量浪费较多，使续驶里程减小，而且对动力电池的放电倍率要求较高，影响动力电池的使用寿命。

2. 多档位变速器

电动汽车采用多档位变速器可以提高起步、加速、爬坡、最高车速等性能，并能提高整车的能量经济性。然而，提高的幅度受到许多影响因素的限制。

一方面，多档位变速器对起步、爬坡、最高车速的影响较为确定，这是因为与固定速比减速器相比，多档位变速器通常有较大的 1 档速比，从而提高了起步、爬坡性能；另一方面，多档位变速器通常有更小的最高档速比，从而提高了能够达到的最高车速。

多档位变速器对加速的影响则比较复杂。以两档变速器为例，假定该变速器的 1 档速比大于减速器的固定速比，而其 2 档速比小于减速器的固定速比。那么对于该两档变速器来说，整车从静止加速到电机恒转矩区最高转速点所对应的车速时，所需的加速时间较减速器的情况更短，这是由于在电机的恒转矩区，经 1 档传动比增矩后的车轮转矩较减速器更大，然而一旦电机进入恒功率区，无论两档变速器处于哪个档位，其车轮转矩基本相同，并且与减速器的车轮转矩相差无几，这是因为均受限于电机的峰值功率。换言之，只要电机在恒功率区工作，那么采用两档变速器和减速器对加速的影响不大。另外，有些变速器换档时存在动力中断或动力减弱现象（因降低驱动电机转矩造成）。因此，若两档变速器与电机配合在恒转矩区加速相比减速器所省的时间不足以弥补动力中断或动力减弱所损失的时间，则可能导致从静止到 100km/h 的加速时间比减速器更长。需要指出的是，只要两档变速器设计合理且换档时间控制在合理范围内，加速时间一般都会比减速器的加速时间短。

多档位变速器对整车能量经济性的影响则更加复杂。影响因素一般包括驱动电机的转矩和效率特性、变速器和传动系统的传动比以及效率、换档规律、整车几何与质量参数、行驶工况等。

表 3-2 给出了两档变速器对电动汽车性能的影响。可以看出采用两档自动变速器时，整车加速和爬坡能力均有不同程度的提高，最高车速提高了 10% ~ 20%，在各种工况循环下的能量经济性提升幅度不等，在 NEDC 下甚至可提高 10% 以上。由于电驱传动系统效率提高使单位里程的平均能耗降低，从而使续驶里程相应增加。

表 3-2　两档自动变速器对整车性能及能量经济性的影响（与固定速比减速器相比）

变速器类型	0—50km/h 加速提高（%）	0—100km/h 加速提高（%）	爬坡能力提高（%）	最高车速提高（%）	整车能耗降低（%）	工况循环
AMT	13.27	4.05	14.60	22.04	5.36	EUDC
1-AMT	8.30	19.60	—	31.10	11.40	NEDC
调速电驱动变速器（SED）	7.70	3.50	37.40	11.90	10.10	NEDC

3. 电气无级变速器（EVT）的结构形式

电气无级变速器是一种全新的电驱动系统，常是机械结构和电气部件高度集成的电驱动系统，以满足整车布置所需的紧凑性要求。电气无级变速器的传动比可以在一定的范围内连续调节变化，不会有换档冲击。

（1）电气无级变速器的分类　根据应用车型的不同，电气无级变速器可以分为混合动力电气无级变速器和电动电气无级变速器两大类。

混合动力电气无级变速器一般有两个机械端口，一个用于从发动机获得机械能，另一个用于输出动力至主减速器和车轮。它可以不设电气端口，这种情况下发动机的机械能是驱动车辆的唯一能量源。随着增程式和插电式混合动力电动汽车的发展，变速器增加了一套功率变换装置，用于在两个机械端口之间以电能形式实现能量交换。

电动电气无级变速器仅有一个机械端口和一个电气端口，机械端口用于输出动力至主减速器和车轮，电气端口用于与储能系统交换能量。

混合动力和电动电气无级变速器结构特点的比较见表3-3。

表3-3　混合动力和电动电气无级变速器结构特点的比较

结构特点	混合动力电气无级变速器	电动电气无级变速器
耦合机制	电气	电气+机械
机械端口个数	2	1
行星齿轮机构	无	有

（2）混合动力电气无级变速器的结构形式　混合动力电气无级变速器是用于混合动力电动汽车的一种无级变速驱动装置，它将发动机、驱动电机等动力源发出的驱动力耦合起来，并根据整车工况的要求、车速以及驾驶人意图提供合适的转矩驱动车辆运行，一般还兼有发电以及起动发动机等功能。

典型的混合动力电气无级变速器由一个定子和两个转子同心布置而成，结构如图3-23所示。机械连接包括：发动机曲轴通过主轴连接到内转子，外转子通过副轴连接到输出端的传动装置（例如差速器），从而将动力传递到车轮。电气连接包括：内转子到电源，电源到定子。发动机的机械能经主轴传递给内转子，由内转子与定子构成的电机系统转化为电能。其中一部分能量通过集流环、电刷、主变频器给电源充电，或者通过副变频器再进入定子，然后在外转子中转化为机械能输出；另一部分能量可以通过定子到外转子之间的电磁场耦合，再转变为机械能，并通过副轴的机械连接直接输出。

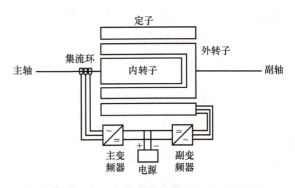

图3-23　典型的混合动力电气无级变速器结构

除了可以采用图3-23所示的径向磁场结构外，根据不同的需求，电气无级变速器还可采用轴向磁场结构和混合磁场结构。

（3）电动电气无级变速器的结构形式　电动电气无级变速器是主要用于电动汽车的一种无级变速驱动装置。它将双转子电机的两个动力源发出的驱动力用行星齿轮装置耦合起来，并根据整车工况的要求、车速以及驾驶人意图，在一定范围内提供可连续变化的最佳传动比驱动。在制动能量回馈工况下，它还可进入发电模式工作。与主减速器相结合，电动电气无级变速器不仅具有变速增矩作用，还是一套高集成度的电驱动总成。

典型的电动电气无级变速器由一个双转子电机与一个行星齿轮耦合器组成,如图3-24所示。其中,定子和内外转子呈同心布置,内转子与太阳轮相连,外转子与齿圈相连,行星架与减速器和差速器总成连接,然后再连接到驱动轮。实际上,定子不仅可以布置在内外转子之间,而且可以布置在外转子的外侧。当定子中间采用绝磁材料时,与内外转子作用的磁场之间可以解耦;当不采用绝磁材料时,与内外转子作用的磁场之间存在耦合关系。定子上分布有三相绕组,内外转子上均装有永磁体。

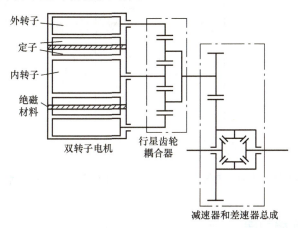

图3-24　典型的电动电气无级变速器结构

内外转子的机械能分别通过太阳轮和齿圈输入,在行星架上耦合后,通过减速器和差速器总成驱动整车。在制动能量回馈工况下,整车的机械能通过减速器和差速器总成在行星齿轮耦合器中分流,分别通过内外转子与定子构成的电机系统转化为电能。

双转子电机电气无级变速系统的主要特点包括:①在任一时刻,系统都可以在动力性优先和经济性优先所对应的不同传动比之间连续切换,这种无级变速功能可以避免有级变速器的换档冲击,从而提高了驾乘舒适性。②通过选择内外两个电机分系统的工作点,可让系统在最佳综合效率或最大输出动力等不同策略下运行,有助于提高整车的经济性和动力性,提高整车的续驶里程、加速及爬坡性能。③可轻易解决单电机和轮毂电机等传统电驱系统的某些难以实现的工况,例如坡上保持工况,即在松开制动踏板、踩下加速踏板时在坡上保持静止,不受电机堵转的时间限制。

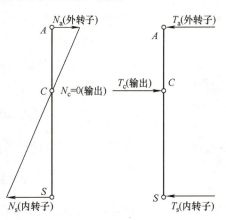

图3-25　EVT坡上保持的工作原理

EVT坡上保持的工作原理如图3-25所示。在这种工况下,一般电机需要输出堵转转矩以平衡下坡力造成的转矩,而电机堵转时间非常有限,通常仅数十秒。④当内外转子分别连接到太阳轮、行星架而通过齿圈输出时,该系统还可以实现一些传统电驱系统不具备的功能,例如超速传动和正向倒车传动。EVT超速传动的工作原理如图3-26所示,系统输出转速高于各个转子的转速。因此电机的最高转速不必太高就可以获得很高的车速,可以降低对电机的技术要求，有助于提高电机的可靠性和寿命。EVT 正向倒车的工作原理如图 3-27 所示，正向倒车传动时电机的内外转子均以正向转动，而输出轴却可以逆向转动，从而实现倒车工况。这意味着采用此方法可以用两象限运行的电机驱动车辆以实现车辆的全部工况要求。

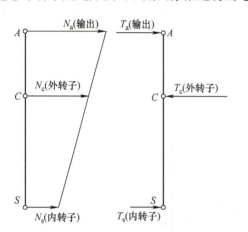

图 3-26　EVT 超速传动的工作原理

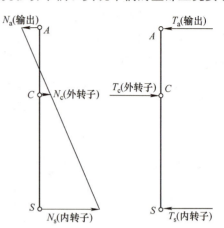

图 3-27　EVT 正向倒车的工作原理

3.3.4　变速器的换档规律

变速器换档有最佳动力性换档规律、最佳经济性换档规律、组合型换档控制策略三种。

1. 最佳动力性换档规律

汽车的动力性包括最大爬坡度、最高车速、加速性能。一般来说，变速器的最低档位速比决定了汽车的最大爬坡度，变速器的最高档位或者次高档位决定了汽车的最高车速，变速器的换档控制策略决定了汽车的加速性能。汽车的最佳动力性换档就是通过选择合适的换档时机，使汽车保持最大的加速度。

变速器在不同档位时，旋转质量换算系数不同，这对汽车的加速度会有一定的影响。汽车的瞬时加速度计算式为

$$\alpha = \frac{dv}{dt} = \frac{1}{\delta M}\left[F_t - (F_M + F_W) \right] = \frac{1}{\delta M}\left[\frac{Ti_g i_o \eta_T}{r} - \left(Gf + \frac{C_d A v^2}{21.25} \right) \right] \tag{3-1}$$

式中，δ 为旋转质量换算系数。δ 的计算式为

$$\delta = 1 + (\delta_1 + \delta_2 i_k^2)\frac{G_a}{G_x} \tag{3-2}$$

式中，δ_1 和 δ_2 为计算常数，对于乘用车，δ_1 取 0.03 ~ 0.05，δ_2 取 0.05 ~ 0.07；i_k 为当前档位速比；G_a 为当前整车质量（kg）；G_x 为汽车满载质量（kg）。

电动汽车和传统燃油车的动力性换档规律类似，都是使汽车有最大的加速度，所以同一加速踏板开度下，画出相邻档位的车轮端输出转矩曲线，曲线的交点即为换档点。这里采用作图法制定换档曲线。

1）画出不同加速踏板开度下的电机牵引特性曲线，如图 3-28 所示。

2）作出在不同加速踏板开度下，两个档位的输出转矩，分别标记出同一加速踏板开度下两个档位加速度的交点。将这些交点连起来，就是变速器的升档曲线，如图 3-29 所示。

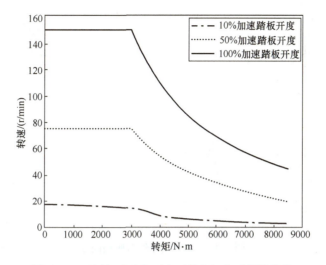

图 3-28　不同加速踏板开度下的电机牵引特性曲线

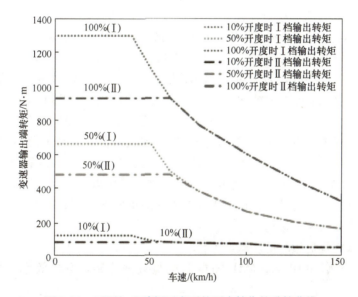

图 3-29　不同加速踏板开度下的两个档位的升档曲线

3）确定升档曲线后，需要基于升档曲线制定降档曲线，降档曲线的制定有等延迟型、发散型、收敛型、综合型，这里的降档曲线采用等延迟型，如图 3-30 所示。

2. 最佳经济性换档规律

电动汽车的经济性指标主要有续驶里程、单位里程能耗、单位能耗行驶里程等。在汽车的行驶过程中，动力电池放电，电流经过分线盒，一部分电能用于辅助设备，另一部分电能通过逆变器驱动电机，然后将电能转化为动能传递给变速器，最后传递到车轮。能量的消耗主要来源于三个方面：一是机械传动部件的能量损失，例如变速器的传动效率，传动轴的传动效率等；二是电机、超级电容及电池组等在能量转换和传递过程中会有一部分能量耗散掉；三是辅助设备的用电会消耗一部分能量。

用于驱动车辆的能量计算式为

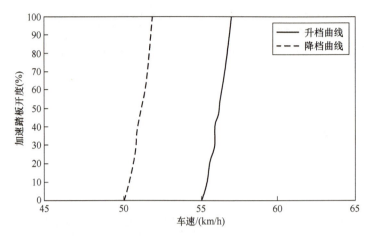

图 3-30 动力性等延迟换档曲线

$$E_D = \eta_B \eta_M \eta_C (E - E_A) \tag{3-3}$$

式中，η_B 为动力电池的放电效率；η_M 为电机的效率；η_C 为传动系统的传动效率；E_D 为驱动车辆的能量；E 为动力电池能释放的能量；E_A 为驱动辅助设备的能量。

电动汽车的经济性与动力电池、逆变器、电机、传动系统、辅助设备等有关。辅助设备和汽车运行状况有关，不可人为预知。当温度低于 40℃ 时，电池放电效率随温度升高，在 40℃ 以上时，动力电池放电效率变化不大。考虑到汽车稳定行驶时电池温度高于 40℃，所以 η_B 的变化很小，可以取为默认值。电动汽车传动系统的效率损失主要包括齿轮啮合功率损失、内部油雾造成的风阻损失、搅油损失、轴承损失等，有关理论尚不完善。试验证明，传动效率在很小的偏差内，因此 η_C 取为默认值。从式（3-3）中可以看出，汽车行驶过程中，当 η_B 和 η_C 为默认值时，只有 η_M 是可以人为控制的。所以这里主要以电机效率作为控制依据，制定经济性换档控制策略，这就需要在不同的车速下，使变速器处于合适的档位，才能保证电机在较高的效率下运行。

建立经济性换档控制策略的步骤如下：

1）绘制电机效率 MAP 图，MAP 图根据试验数据绘制。电机效率 MAP 图如图 3-31 所示。

2）电机等高线图的纵坐标为电机转矩，横坐标为电机转速，在图中可查得任意转速、转矩对应的电机效率。

3）绘制不同加速踏板开度下的电机效率曲线，在某一个加速踏板开度下选取一系列点，根据这些点的转矩和转速确定这个点处的电机效率。然后将电机转速分别换算成一档和二档的车速，以车速为横坐标，电机效率为纵坐标，画出同一电机转速下，电机效率和车速的曲线，两条曲线的交点就是换档点。

4）通过插值绘制所求出的换档点，即为最佳经济性升档曲线，需要基于升档曲线制定降档曲线，降档曲线的制定有等延迟型、发散型、收敛型、综合型，这里的降档曲线采用等延迟型，如图 3-32 所示。

3. 组合型换档控制策略

在汽车行驶过程中，中低负荷希望有较好的经济性，中高负荷希望有较好的动力性。为

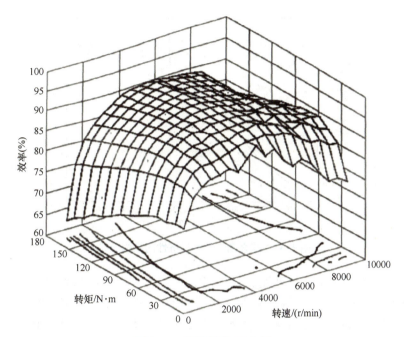

图 3-31　电机效率 MAP 图

了兼顾汽车的动力性和经济性，采用综合型换档控制策略，即设置阈值。当加速踏板开度小于阈值时，采用经济性换档控制策略；当加速踏板开度大于阈值时，采用动力性换档控制策略，如图 3-33 所示。

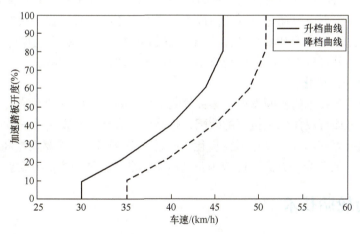

图 3-32　经济性等延迟换档曲线

3.3.5　自动变速器技术

当前电动汽车普遍搭载单档减速器，随着汽车技术的不断发展，新能源汽车变速器主要向高速化、多档化和集成化方向发展。

1. 变速器高速化

在 2016 年中国汽车工程学会发布的《节能与新能源汽车技术路线图》中，汽车制造技

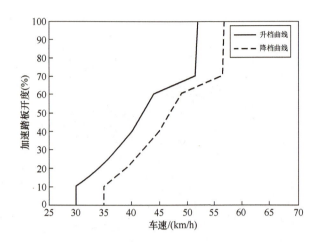

图 3-33　综合动力性和经济性的换档曲线

术总体路线图明确提出了对减、变速器制造技术的要求，以逐步实现 2030 年减、变速器转速达到 16000r/min 的高转速目标。目前，欧洲的 AVL 公司已经发布了电机最高转速达到 30000r/min 的工程样机和工程样车。特斯拉和比亚迪量产车的驱动电机最高转速已经高于 16000r/min。

2. 变速器多档化

目前，大部分电动乘用车采用单档减速器，没有进行速比的变换。单档减速器很难兼顾高速、低速、加速、坡道、制动能量回收等各种工况的最优性能。新能源汽车配装 2 档或 3 档的自动变速器，可以更好地发挥驱动电机的特性，降低驱动电机的转矩需求，减小驱动电机的体积和质量，降低电驱动总成的整体成本，提升汽车的续驶里程。虽然电动汽车起步加速性能很好，但当车速在 100km/h 左右的中高速段再加速时，响应速度很慢。如果匹配 2 档或 3 档变速器，就可以大大改善电动汽车在中高速阶段的加速性能。

3. 电驱动系统集成化

随着新能源汽车技术的不断发展，零部件集成化也是今后电驱动系统发展的趋势。通过集成化设计，一方面可以简化主机厂的装配，提高产品合格率和安装维护效率；另一方面还可以减少连接线束等零部件，以达到轻量化、降低成本等目的。"驱动电机 + 减/变速器 + 驱动电机控制器"的三合一方案，已成为当前电驱动系统研发的主流方案。

3.4　低阻力轮胎技术

3.4.1　轮胎滚动阻力的基本概念

1. 汽车行驶阻力

汽车在水平道路上等速行驶时，必须克服来自地面的滚动阻力（F_f）和来自大气的空气阻力（F_w）；汽车在坡道上爬坡行驶时，还必须克服坡道阻力（F_i）；汽车在加速行驶时，还需要克服加速阻力（F_j）。因此汽车行驶中的总阻力为

$$\sum F = F_f + F_w + F_i + F_j \tag{3-4}$$

上述阻力中，滚动阻力和空气阻力在任何行驶条件下都会产生。所以，减小汽车行驶中的滚动阻力和空气阻力，对于减少汽车能量损失很有意义。

2. 滚动阻力的定义和产生机理

在汽车行驶时，由于轮胎与路面的接触区产生法向和切向的相互作用力，以及相应的轮胎和支承路面的变形，使轮胎在接触区产生弹性物质内部摩擦现象，引起轮胎与支承路面之间的摩擦阻力。这种摩擦阻力称为滚动阻力。轮胎的滚动损失是由于轮胎材料的黏弹滞后性能引起的。

如图 3-34 所示，当轮胎不转时，地面对车轮的法向反作用力分布是前后对称的。当轮胎滚动时，在法线 nn' 前后相对应点 d 和 d' 的变形相同，但受力不同。由于橡胶的弹性迟滞现象，d 点的受力为 CF，d' 点的受力为 DF，而 CF 大于 DF，这样使地面反作用力的分布前后不对称，它们的合力为 R_Z，向前移动距离为 a，该距离随弹性迟滞损失的增大而变大。合力 R_Z 与法向载荷 P_Z 大小相等，方向相反，如图 3-35 所示。

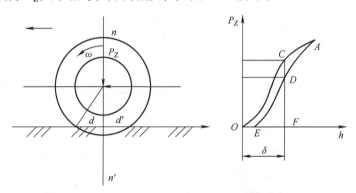

图 3-34　轮胎在路面上的滚动

对于从动轮，根据力的平衡原理有

$$P_Z = R_Z \quad F_R = T \qquad (3-5)$$

式中，F_R 为轮胎滚动阻力。将滚动阻力的计算公式变形为

$$F_R = \frac{\alpha R_Z}{r} = \frac{\alpha R_Z \times 2\pi}{r \times 2\pi} = \frac{E_{loss}}{C} \qquad (3-6)$$

从式（3-6）可以看出，轮胎的滚动阻力等于轮胎滚动一周的能量损耗除以其滚动一周的距离，因而可以将滚动阻力定义为单位距离轮胎所消耗的能量，单位为 J/m。

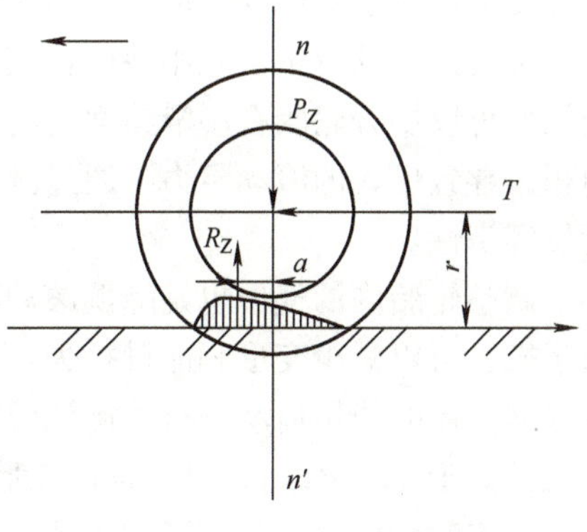

3. 能量损耗 E_{loss}

当轮胎滚动时，由于滞后损失的能量损耗 E_{loss} 为

$$E_{loss} = \sum_i Q_i V_i \qquad (3-7)$$

式中，Q_i 为轮胎微小部位 i 的迟滞矢量；V_i 为轮胎微小部分 i 的体积。根据黏弹性理论，Q_i 可表示为

图 3-35　地面法向作用力的分布

$$Q_i = \sigma_i \varepsilon_i \tan\delta_i \tag{3-8}$$

式中，σ_i 为轮胎微小部位 i 的应力；ε_i 为轮胎微小部位 i 的应变；$\tan\delta_i$ 为轮胎微小部位的损耗角正切。

由式（3-7）和式（3-8）可知轮胎滚动的能量损失为

$$E_{\text{loss}} = \int_V \sigma\varepsilon\tan\delta\mathrm{d}V \tag{3-9}$$

3.4.2　降低轮胎滚动阻力的措施

影响汽车滚动阻力的因素有轮胎的结构、材料、体积，以及路面的平整程度和汽车的车速等。

1. 减少轮胎结构变形损失

轮胎结构对滚动阻力系数的影响很大。子午线轮胎的滚动阻力系数要比斜交轮胎的小，滚动阻力一般比斜交轮胎低 20%～25%，如图 3-36 所示。子午线轮胎广泛采用钢丝帘线，其弹性模量比普通的人造丝、尼龙等大得多，可以减少轮胎的径向变形，减少轮胎滚动时的迟滞损失，从而使滚动阻力系数降低。

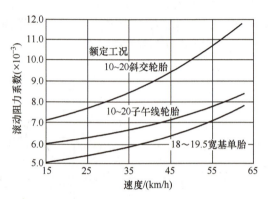

图 3-36　滚动阻力系数的比较

增加胎侧刚度、减小胎面花纹沟的深度、提高轮胎内气压等措施都能降低滚动阻力。胎侧刚度指的是轮胎侧壁的硬度和抗变形能力。增加胎侧刚度可以减少轮胎在车辆运动过程中的侧向变形，这有助于减少能量损失和滚动阻力。通常来说，较高的胎侧刚度意味着在一定程度上牺牲了舒适性，但对于需要追求效率和性能的应用（比如赛车或高效率车辆），这是一种可接受的折中。减小胎面花纹沟的深度也是减少滚动阻力的重要手段之一。深的花纹沟虽然可以提升轮胎在湿滑路面上的抓地力，但在普通路面上，会增加轮胎与路面接触的表面积，导致更大的滚动阻力。通过减小花纹沟的深度，可以有效降低这种阻力，提高车辆的能量经济性。

调整轮胎内的气压也是降低滚动阻力的关键因素。适当提高轮胎内的气压可以使轮胎更加坚挺，可以减少变形和能量损失。然而，过高的气压可能会影响舒适性和操控性，因此需要根据具体的使用情境进行平衡调节。图 3-37 所示为气压对一个普通轮胎滚动阻力的影响。当气压高于 380kPa 时，继续提高轮胎内气压对降低滚动阻力的效果不明显。图 3-38 所示为气压一定时轮胎载荷与变形的关系。另一方面，提高气压会使轮胎的回正力矩减小，促使操纵性能降低。图 3-39 所示为气压与回正力矩的关系。

2. 改善轮胎用材料

轮胎材料的滞后损失是指在轮胎与路面接触时，由于材料本身的内部结构和分子级别的摩擦导致的能量损失。这种损失是造成滚动阻力的主要因素之一。

轮胎材料通常由多种橡胶、增强剂和其他添加剂组成。这些组分在轮胎与路面接触时会发生变形和挤压，在这些过程中发生的分子间摩擦会导致能量转化为热能，从而造成损失。

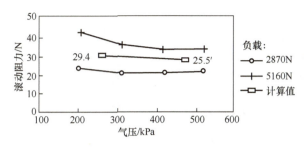

图 3-37　轮胎内气压对滚动阻力的影响

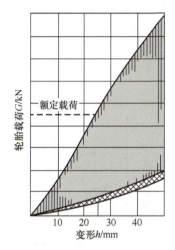

图 3-38　在一定气压下的轮胎载荷与变形的关系　　图 3-39　气压与回正力矩的关系

橡胶等弹性材料具有一定的恢复性，但在实际使用中，由于内部结构的变形以及材料分子之间的相互作用，部分能量不会完全恢复，而是以热能的形式被耗散掉，这就是滞后损失的基本机制。

轮胎材料的滞后损失还与频率有关。在高频率下（如高速行驶时），轮胎材料的分子摩擦引起的能量损失更为显著。这是因为材料分子在快速变形时来不及重新排列，使得更多的机械能转化为热能而不是恢复形变时的弹性能量。较高的滞后损失意味着更多的机械能被转化为不可逆的热能，因此在车辆行驶时需要更多的能量来克服这种损失，从而增加了滚动阻力。

通过改变轮胎橡胶的配方，使其在高温下具有低迟滞性而降低滚动阻力，在低温下具有高迟滞性而提高抗湿滑能力，如图 3-40 所示。国外多采用苯乙烯含量低、乙烯基含量高、相对分子质量分布窄的 SBR 胶料，还可以加氢通过氢化作用改变 SBR 胶料单元结构，或者添加硅化合物，以降低轮胎的滚动阻力，提高轮胎的防湿滑能力。

3. 使轮胎轻量化

减小轮胎体积指数是降低滚动阻力的有效手段，如图 3-41 所示。

从节省资源的观点考虑，减小轮胎质量也是极为有利的，减小轮胎质量即降低了燃料消耗量。图 3-42 所示为轮胎质量对滚动阻力的影响。

如图 3-43 所示，汽车轮胎的质量在逐年减小。但为了进一步实现轮胎轻量化，有必要

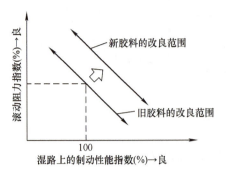

图 3-40　新胶料的开发方向

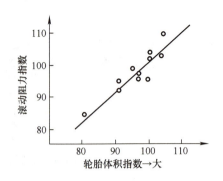

图 3-41　轮胎体积指数与滚动阻力指数的关系

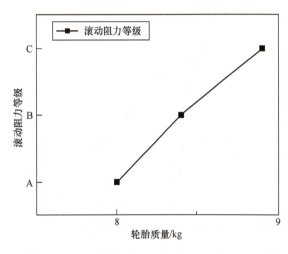

图 3-42　轮胎质量对滚动阻力的影响

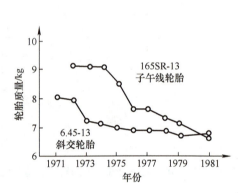

图 3-43　乘用车轮胎轻量化

进一步开发新的技术。目前减轻轮胎质量的方法有：

1）用芳纶（Aramid）材料代替钢。

2）降低胎面花纹的深度和宽度。

3）采用扁平轮胎，减小轮胎外径。

4）胎侧部尽量做得薄一些。

5）减少帘布层数。

6）减少胎圈部的质量。

上述减少轮胎滚动阻力、降低燃料消耗的方法，可以通过减小轮胎质量、提高轮胎气压、采用子午线轮胎或无内胎轮胎、减小花纹沟的深度、提高胎面冠部橡胶的回弹性能等，这些措施都能有效降低汽车的能量消耗。但每一项措施都有可能会影响车辆平顺性、操纵稳定性等性能，所以设计时需要综合考虑。

4. 行驶车速

行驶车速对轮胎滚动阻力的影响很大。如图 3-44 所示，货车及轿车轮胎在车速 100km/h 以下时，滚动阻力系数逐渐增加但变化不大；轿车轮胎在 140km/h 以上时增长较快；车速达到某一临界车速如 200km/h 左右时，滚动阻力迅速增大，此时轮胎发生驻波现象，轮胎周缘不再是圆形而呈明显的波浪状，从而使滚动阻力显著增加。所以从经济性的角度出发，在使用汽车时，载货汽车的车速最好控制在100km/h 以下，轿车的车速最好控制在140km/h 以下。

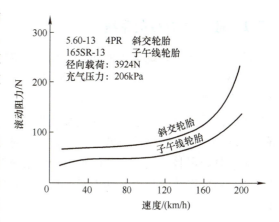

图 3-44　汽车行驶速度对轮胎滚动阻力的影响

5. 路面状况

当路面不平时，路面与轮胎的接触面积减小，单位压力增大，滚动阻力系数会增加。同时，路面不平还会使轮胎承受动载荷而产生附加的能量损失，也会使滚动阻力系数增加。路面状况会对汽车滚动阻力产生影响，滚动阻力为

$$F_f = Gf \tag{3-10}$$

式中，G 是汽车的重力（N）；f 是滚动阻力系数。

从式（3-10）可以看出，在汽车重力一定的情况下，汽车行驶的滚动阻力主要取决于滚动阻力系数。不同路面的滚动阻力系数相差很大，见表 3-4。

表 3-4　不同路面的滚动阻力系数值

路面类型	滚动阻力系数	路面类型	滚动阻力系数
良好的沥青或混凝土路面	0.010 ~ 0.018	压紧的雪道	0.030 ~ 0.050
一般的沥青或混凝土路面	0.018 ~ 0.020	压紧土路：干燥	0.025 ~ 0.035
结冰路面	0.015 ~ 0.030	压紧土路：雨后	0.050 ~ 0.150
碎石路面	0.020 ~ 0.025	湿砂	0.060 ~ 0.150
良好的卵石路面	0.025 ~ 0.030	干砂	0.100 ~ 0.300
坑洼的卵石路面	0.035 ~ 0.050	泥泞土路（雨季或解冻期）	0.100 ~ 0.250

3.5　动力转向技术

在汽车技术的持续进步中，转向系统的发展不仅关乎驾驶的舒适性和安全性，也直接影响到车辆的能效性能。汽车的转向系统中，机械转向系统完全依靠人力克服转向阻力，不需要消耗额外的动力。因此，从单纯节能的角度考虑，机械转向系统是最佳选择，但其无法满足转向轻便性的要求。随着对新能源汽车能量经济性和操控性需求的日益增加，汽车动力转向技术也在不断地创新和优化。目前汽车上应用的动力转向系统主要包括液压动力转向系统（Hydraulic Power Steering System，HPS）、电控液压动力转向系统（Electric Hydraulic Power Steering System，EHPS）和电动助力转向系统（Electric Power Steering，EPS）。这些技术通过减少能量损失和优化能量利用，为汽车节能提供了重要的支持和贡献。

微课视频：液压转向助力

3.5.1 液压动力转向系统

液压动力转向系统是一种通过液压力来辅助驾驶人进行转向操作的汽车转向技术，于20世纪30年代应用在重型车辆上。它主要由液压泵、助力缸、液压管路和液压油等组成。当驾驶人转动转向盘时，液压泵会通过发动机驱动，将压力传输到助力缸的液压油中，从而产生额外的转向助力。这种系统能够显著减小驾驶人在转向时所需的力量，从而提升驾驶的舒适性和操控性，特别是在低速行驶和停车时更为明显。

随着材料科技的进步，液压动力转向系统的组件和材料得到了优化，使得系统更加轻量化。减轻转向系统的质量有助于降低整车的总体质量，进而减少能量消耗，并提升车辆的能效性能。

3.5.2 电控液压动力转向系统

当车辆采用液压动力转向系统时，车辆的轻便性与路感的协调会比较困难。当车辆低速转向力设计得较小时，车辆高速行驶的转向力往往过轻、路感差，甚至会感觉汽车发"飘"，从而影响操纵稳定性。而按高速性能要求设计转向系统时，车辆低速行驶时的转向力往往过大。并且，即使在车辆不转向时，油泵也会一直运转，从而增加了能量消耗。另外，车辆采用液压动力转向系统还存在渗油与维护的问题，从而提高了维修成本。

为了克服上述液压动力转向系统存在的不足，在液压动力转向系统中增加电子控制和执行元件，将车速（也有采用车速和转向盘转角）引入到转向系统中，从而实现车速感应型液压动力转向助力，该系统就称为电控液压动力转向系统。电控液压动力转向系统的种类很多，见表3-5。但是其原理基本上都是通过在油泵或转向器上加装电子执行机构或辅助装置，根据车速（也有采用车速和转向盘转角）控制液压系统的流量或压力。

表3-5　电控液压动力转向系统的种类

名称	控制对象
流量控制式	向动力转向供给的流量
动力缸分流控制式	动力缸有效工作压力
油压反馈控制式	作用于油压反馈机构的压力
阀特性控制式	动力转向中控制阀的压力

现代液压动力转向系统具备智能调节功能，可以根据车速和转向角度自动调节助力大小。在车辆高速行驶时，系统能够降低助力以减少能量消耗；在车辆低速行驶或停车时，系统能够提供更大的助力以提升操控性和驾驶便利性。图3-45所示为目前使用较多的电控液压动力转向。该系统采用直流电机代替发动机驱动油泵，电机由动力电池供电。控制器根据车速信号、转向盘转角信号控制电机转速从而控制油泵的流量，以达到调节助力转向的目的。

3.5.3 电动助力转向系统

电动助力转向系统通过电机或电动助力装置来提供转向助力，它们取代了传统液压动力转向系统中的液压泵。电动助力转向系统利用电力来辅助转向操作，而不再依赖发动机的机械传动或液压压力，其系统框图如图3-46所示。EPS的工作原理：转向力矩传感器与转向

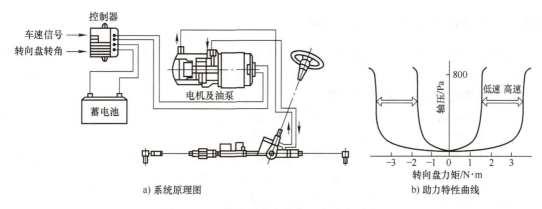

a) 系统原理图   b) 助力特性曲线

图 3-45 电控液压动力转向（电动油泵式）

轴（小齿轮轴）连接在一起，当转向轴转动时，转向力矩传感器开始工作，把输入轴和输出轴在扭杆作用下产生的相对转动角位移变成电信号传给 ECU，ECU 根据车速传感器和转向力矩传感器的信号决定电机的旋转方向和助力电流的大小，从而实时控制助力转向。因此，EPS 助力特性的设置具有较高的自由度。

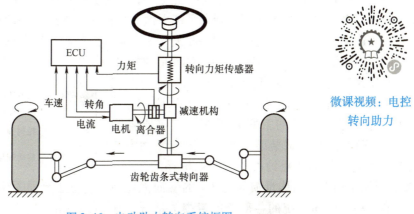

微课视频：电控
转向助力

图 3-46 电动助力转向系统框图

与传统液压动力转向相比，EPS 具有以下优点：

1）EPS 系统通常集成了各种传感器，能够实时监测车辆的速度、转向角度、路面状况等信息，并根据这些数据精确地感知和调整驾驶人的转向需求，通过电子控制单元（ECU）监测驾驶条件和转向动作，以提供更灵敏和稳定的操控感，并能提供最佳的驾驶体验和安全性。

2）EPS 取消了油泵、传动带、带轮、液压软管、控制阀、液压油及密封件等零部件，增加了电机、减速机构、离合器、传感器及电子控制单元等，零部件的数量相比 HPS 减少了许多，而且质量更小，结构更紧凑，在安装位置选择方面也更容易，并且能降低噪声。

3）EPS 只在需要时运转，并且不消耗发动机的功率，因而能减少能量消耗。

4）EPS 没有液压回路，不存在渗漏问题，环境污染小。

5）EPS 比 HPS 更易调整和检测，装配自动化程度更高，因而能缩短生产和开发周期。

6）电机和减速机构安装在转向柱或转向助力缸外，所占空间小，零部件结构简单，安装方便，维护费用低。

3.5.4 动力转向系统能耗对比分析

全球能源危机日益严重，因此对动力转向系统也提出了节能要求。下面将具体分析各类动力转向系统的能耗途径，探讨它们对整车能量经济性的影响，并指出 EPS 的节能优势。

1. 传统液压动力转向系统的能耗

液压动力转向系统是通过带传动将发动机与泵相连，此时泵的转速与发动机转速成正比。传统液压动力转向系统存在以下 3 个方面的能量损失：

（1）转向泵的能量损失　转向泵的排量是根据发动机在怠速时能使转向助力系统产生足够的转向速度所需要的供油量来确定的。由于转向泵的流量与发动机的转速成正比，当车辆高速行驶时，这一流量会成倍地增长，通常是通过附加一个旁通流量阀，使多余的流量溢流来保证发动机转速增大时提供转向系统的流量不变，这样就造成了能量损失。

（2）转向机构输出与负载不匹配产生的能量损失　当车辆在低速行驶时转向，受静摩擦力的影响，需要较大的转向力矩。目前的转向系统正是以此工况来确定系统的输出流量和压力。但当车辆高速行驶时，转向所需力矩减小，而这时供给转向阀的流量仍然不变甚至增大，并造成转向泵出口压力升高，因此存在与车速有关的能量损失。

（3）与转向器工作特点有关的能量损失　研究表明：转向系统的工作周期只占车辆行驶时间的 20%，即 80% 的时间里转向系统不做有效操作，而此时系统由于其特点仍在向转向阀提供连续的供油。为了克服系统的背压（由流量控制阀、转向助力阀及进油、回油管道引起），供油必须保持一定的压力，从而造成能量的损失。

有研究者对此做过两组对比试验，一辆为大型后轮驱动的家庭乘用车，整车质量为 1500kg；另一辆为中小型前轮驱动的家庭乘用车，整车质量为 1100kg。两辆汽车路试结果表明，一般液压动力转向系统引起的燃油消耗约占整车燃油消耗的 3% ~ 5%，以液压动力转向能量损失为 3% 的燃油消耗为例，液压动力转向系统的各部分能量损失情况，如图 3-47 所示。

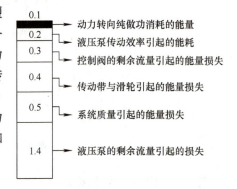

图 3-47　液压动力转向系统增加 3% 燃油消耗时能量损失的构成

2. 电控液压动力转向系统的能耗

电控液压动力转向系统的能源来自于动力电池。电机负责进行调速控制，可以根据系统不同的需要，随时调节转向泵的转速。

由于采用电控液压动力转向系统，可以选择排量较小的液压泵，通过提高电机的转速来满足流量的要求，因此可以大大地减少与液压泵有关的能量损失。通过改变电机的转速来满足不同工况下的流量和压力的要求，可以有效地减少转向机构输出与负载不匹配产生的能量损失，但是不能完全消除与转向系统工作特点有关的能量损失，只能通过降低非转向工况下电机的转速来降低流量，从而减少部分能量损失。

3. 电动助力转向系统的能耗

在电动助力转向系统中，提供助力的电机仅在汽车转向时才工作，并消耗动力电池的能量。相对于液压动力转向的液压泵长期处于工作状态，以及内泄漏等原因消耗较多的能量，电动助力转向系统有效避免了此类能量损失。

在电动助力转向系统中，助力特性可以通过软件设置和修改，能快速与车型匹配，不存在由于转向机构输出与负载不匹配而产生的能量损失。装有 EPS 的汽车在低速行驶时转向轻便；在高速行驶时路感好、操纵稳定性好。

综上所述，电动助力转向系统几乎不存在传统液压动力转向及电控液压动力转向的各种能量损耗，其能耗只是由于自身的结构及性能特点所产生的。其能量消耗率仅为液压动力转向的 16%~20% 。图 3-48 所示为各种转向系统的平均功率消耗。

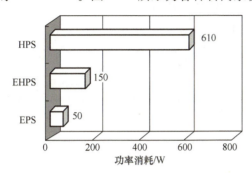

图 3-48　各种转向系统的平均功率消耗

微课视频：小轿车风洞模拟流线

微课视频：小型货车风洞模拟流线

3.6　低风阻车身设计

汽车低风阻设计是现代汽车工程中的重要技术领域，旨在减少车辆在行驶时由空气阻力引起的能量损耗。研究表明，当车速为 100km/h 时，发动机汽车的气动阻力占能源消耗的 13%，电动汽车的气动阻力占能源消耗比高达 59%，是传统燃油车的 4 倍。通过优化车身外形和减少气动阻力系数，能够有效降低车辆的能量消耗，并延长续驶里程，还能改善驾驶稳定性和乘坐舒适性。

3.6.1　汽车车身气动六分力

降低汽车风阻需要对汽车车身空气动力学特性有全面的认识。良好的车身空气动力学特性并不意味着片面地追求降低空气阻力，气动升力和侧向力对汽车的动态稳定性同样具有重要影响，不适合的车身低风阻设计方案会对汽车的稳定性造成不利影响。

1. 车身周围气流及压力分布

汽车始终处于空气介质之中，当汽车运动时，车身周围会产生空气的流动，进而与车身之间产生相互的作用力。这种车身周围空气流动及与空气动力有关的车身各种特性称为空气动力特性。

车身周围的空气流动随车身形状不同而异，但大体上如图 3-49 所示。

由于车体各处的流速因车身表面凹凸不平而发生变化，造成了作用于车身各表面处的空气压力不同。车身表面的压力一般用压力系数 C_p 来表示，其计算关系式为

$$C_p = (p - p_0) / \left(\frac{1}{2}\rho v^2 \right) \tag{3-11}$$

图 3-49　车身周围速度流场分布云图

式中，p 为车身表面压力（Pa）；p_0 为标准压力（Pa）；v 为速度（m/s）；ρ 为空气的密度（kg/m³）。

　　某车型车身表面压力沿纵向中心线的分布情况如图 3-50 所示。由图 3-50 可以看出，由于车身各处的形状不同，无论是车身顶面压力分布还是侧面压力分布，各处的压力系数都存在很大的区别，这也反映了车身周围的空气流动具有很强的非线性。

2. 车身气动六分力

　　汽车在道路行驶过程中，车身与空气相互作用产生的力就是气动力。汽车受到的力可以沿着 X、Y、Z 3 个方向分解为气动阻力、气动升力与气动侧向力，3 个分力绕质心又分别产生 3 个力矩，如图 3-51 所示。这 3 个力与 3 个力矩总称为车身气动六分力。

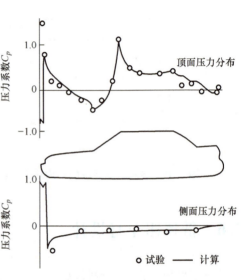

图 3-50　车身表面压力分布

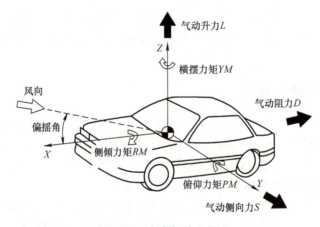

图 3-51　车身气动六分力

　　6 分力的大小与车身前面的投影面积、汽车的车速（相对地面的速度）与风速（大气速度）间相对速度的二次方成正比，所以将六分力用车身前面的投影面积、速度的二次方等进行无因次化所得到的参数叫作气动力系数。6 个分力中，气动阻力与动力性能、能量经济性有关，而另 5 个分力主要与整车的操纵稳定性有关。

　　影响气动力大小的因素主要有 3 个：车速的二次方、汽车正迎风面积、无量纲气动力系数。在图 3-51 所示的坐标系下，各气动力系数的计算公式见表 3-6。

表 3-6　各气动力系数计算公式

气动力与力矩	系数
气动阻力 D	$C_D = D/\left(\dfrac{1}{2}\rho v^2 A\right)$
气动升力 L	$C_L = L/\left(\dfrac{1}{2}\rho v^2 A\right)$
气动侧向力 S	$C_S = S/\left(\dfrac{1}{2}\rho v^2 A\right)$
侧倾力矩 RM	$C_{RM} = RM/\left(\dfrac{1}{2}\rho v^2 Al\right)$
俯仰力矩 PM	$C_{PM} = PM/\left(\dfrac{1}{2}\rho v^2 Al\right)$
横摆力矩 YM	$C_{YM} = YM/\left(\dfrac{1}{2}\rho v^2 Al\right)$

式中，D 为气动阻力（N）；L 为气动升力（N）；S 为气动侧向力（N）；RM 为侧倾力矩（N·m）；PM 为俯仰力矩（N·m）；YM 为横摆力矩（N·m）；A 为汽车正面投影面积（m）；l 为汽车的特征长度，可取轴距（m）。

3.6.2　车身气动阻力

汽车气动阻力的构成是一个多元化的体系，它不仅与车身形状、车辆速度、表面凸起物和内部通风等因素密切相关，还受到诸多设计与运行条件的影响。随着汽车工业的不断发展，人们对于低风阻车身设计的追求也将不断增强，未来汽车将更加注重气动阻力的优化，以实现更高的能源效率和更好的驾驶体验。

1. 气动阻力的概念

汽车的气动阻力顾名思义就是阻止汽车运动的力，阻力对于车辆的能量消耗影响巨大，是影响电动汽车续驶里程的一个重要因素。

由气动阻力系数的计算公式可知，气动阻力与速度的二次方成正比，汽车行驶速度越高，气动阻力在行驶阻力中所占的比例越大。随着车辆行驶速度的增加，气动阻力也逐渐成为最主要的行驶阻力。研究表明，当汽车行驶速度达到 60km/h 时，有 30%~40% 的能量用来克服气动阻力；当速度为 80km/h 时，气动阻力的占比达到 60%；当速度达到 200km/h 时，气动阻力的占比达到 85% 以上。车速与气动阻力的关系如图 3-52 所示。同等速度下，汽车气动阻力系数每降低 10%，电动汽车续驶里程将提升 3%。对于传统燃油车，风阻系数通常在 0.25~0.35 之间；对于节能要求较高的车辆，如混合动力电动汽车或纯电动汽车，风阻系数可能会达到 0.20 或更低。

2. 气动阻力的构成

气动阻力主要分为外部阻力和内部阻力，其中外部阻力又是气动阻力的主要组成部分。一般将气动阻力分成 5 种分力，包括形状阻力、摩擦阻力、诱导阻力、衍生阻力和内部阻力。

1）形状阻力。随着汽车向前运动，汽车周围的空气对整个车身表面施加压力，且压力是变化的，如图 3-53a 所示。以汽车某一局部表面积为例，沿着汽车行驶轴线作用的分力（即阻力）取决于空气压力的大小、空气压力作用的面积、表面的倾斜角，如图 3-53b 所示。

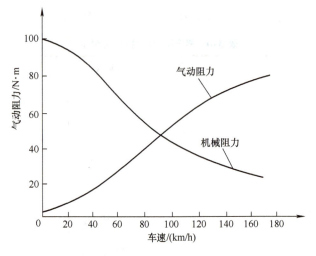

图 3-52　车速与气动阻力的关系

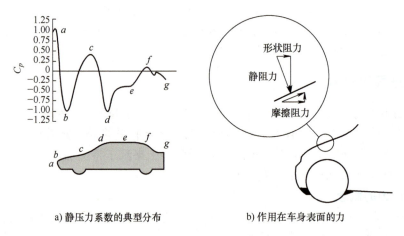

a) 静压力系数的典型分布　　　　b) 作用在车身表面的力

图 3-53　气动形状阻力

2）摩擦阻力（表面阻力）。由于空气具有黏性，当空气流经汽车表面时会产生摩擦力。如果认为空气的黏度几乎不变，则在车身表面任意点的摩擦力取决于边界层所产生的剪应力。边界层是紧贴汽车表面的流体层，空气速度为从汽车表面的零速度到距表面某处的局部最高速度。最高空气速度本身在汽车表面也发生变化，与局部压力直接相关。空气的局部速度和边界层的厚度及特性主要取决于汽车的大小、形状和速度。

3）诱导阻力。在气动阻力的作用下，车身会产生具有垂直分量的力，不论是正（向上）还是负（向下），都会诱导流动特性的变化，即产生了诱导阻力。

4）衍生阻力。由于各种分力作用于汽车光滑表面，会产生吸收旋涡和湍流的能量。产生这种阻力的主要部件有车轮和车轮罩、车门后视镜、门把手、引水槽和风窗玻璃刮水器片等。

5）内部阻力。制动器等其他机械部件的冷却气流和驾驶舱通风气流所产生的气动阻力被称为内部阻力。这些内部阻力源产生的阻力总和一般占全部气动阻力的 10% 左右。

3. 气动阻力的影响因素

气动阻力的主要影响因素包括车身形状、车身外部附件等。其中，车身形状的影响因素占到80%以上，下面主要介绍车身形状的影响。

一般在有一定厚度的物体上，前面的压力上升小，不会产生剥离，直到物体的后部与流线型成基本一致的形状，即越接近流线型C_D越小。后方剥离区为较钝的物体时，由于剥离区处的负压阻力，C_D变大，剥离区的大小、结构对C_D有较大的影响。

为了不产生局部剥离，在确定车身外形时，选择车身长且宽、高度低，将有利于降低C_D值。图3-54所示为乘用车总长和总高的比与C_D的关系。从图3-54可以看出，总高与总长的比越小，C_D值越小。为确保室内空间，总高越高，总长越长，其C_D越小；相反，总高相同，总长越短，其C_D值会呈增加趋势。

（1）车身前部的形状　在车身前部，气流上下、左右有很大的弯曲，所以前部的流动曲率和有无剥离对C_D值有很大的影响。因此，特别是对车头部、发动机舱盖与前挡泥板前的形状，必须考虑不产生剥离的形状。图3-55所示为通过改进车头部形状与车前端曲率使得C_D降低的情况，这与从基本形状向流线一致的理想形状变更效果几乎相同，做法是增大车头前部的曲率，使前端部不产生剥离。

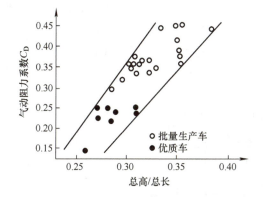

图3-54　乘用车长高比与气动阻力系数的关系　　图3-55　车头部形状对气动阻力系数的影响

另外，前风窗玻璃的倾斜要缓，顶盖的前端与前端立柱的断面形状要无凹凸，圆滑的形状对降低C_D值更有利。

（2）车身后部的形状　车身尾流形成复杂的涡流，且因厢式、仓背式、掀背式及折背式等形状的不同而变。厢式车的尾流为拟轴对称的流动，而掀背式车是在后车窗处形成伴随涡流的复杂剥离流动。这种流动的不同是由于沿车身上面与侧面流动的流速差而引起的。对厢式车而言，车顶与侧面后端的流速基本相等，但掀背式从顶部流向后窗的流动比侧面要快，所以从侧面向后车窗卷入涡流，从而产生伴随涡流。在产生涡流的部分，因会产生大的负压，所以有、无伴随涡流时C_D、C_L有很大的不同。

图3-56所示为后车窗倾斜角与C_D、C_L之间的关系：仓背式、折背式车都是后窗倾斜角在30°附近时C_D、C_L为最大。仓背式车超过30°时，C_D、C_L急速减小。这是因为随着后窗的倾斜角变大，伴随涡流变强而使负压变大，但若超过30°，从顶部向后窗的流动不能沿着后窗流动，在顶部后端近处产生剥离，所以不能形成伴随涡流。另外，折背式车的行李舱盖越高，伴随涡流就越弱，且负压区变窄，所以C_D减小。另一方面，由上面的流动容易流向行李舱，因而C_L也减小。因此，为了使C_D降低，对于后窗倾角较缓的掀背式车是15°左右为最佳倾斜角，而仓背式车设定在30°以上或者调整顶部终端角，并且要抑制伴随涡流。另

一方面，后车窗为立式的厢式车，将顶部终端变圆滑，使尾流区变小，C_D 值也能减小。

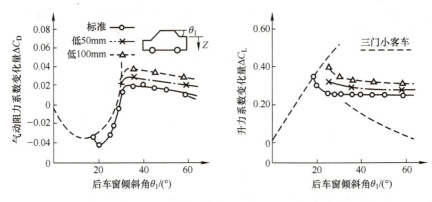

图 3-56　乘用车后车窗倾斜角与气动阻力系数、升力系数的关系

（3）车身底部的形状　与比较圆滑的车身上部不同，车身底部的凹凸体导致气动阻力增大。一般乘用车底部凹凸会导致 C_D 增加 0.05 左右，对升力也有影响，所以通常将底部圆滑化，例如给凹凸处加罩来降低 C_D 值。但应注意的是，车身底部的整体形状，特别是后部形状若能与车身上部以圆滑形状相连，控制尾流区，则可大大减小 C_D 值。图 3-57 所示为车底后部底板的倾斜角与 C_D 的关系。

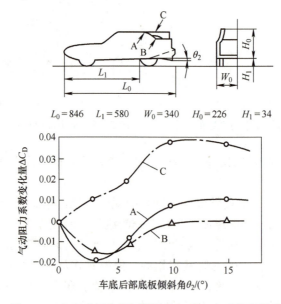

图 3-57　车底后部底板倾斜角与气动阻力系数的关系

在提高空气动力特性的附件中，具有代表性的是气流稳定器与后扰流板，在它们本身形状阻力不大的情况下能减小 C_D，图 3-58 和图 3-59 所示为其效果。气流稳定器对于前部车身底部不够平滑的情况效果特别显著。对于图 3-58 中所示条件，气流稳定器的高度低于约 200mm 时，因前部车身底部凹凸部分埋入气流稳定器的尾流内，所以 C_D 减小；但当气流稳定器的高度在 200mm 以上时，气流稳定器本身形状阻力的增加超过车身底部的减小，所以反而会导致 C_D 增加。此外，当后扰流板高度在 60mm 以下时，由于伴随涡流较弱，所以 C_D

减小；当后扰流板高度超过 60mm 时，形状阻力就变得过大。

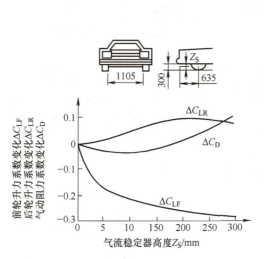

图 3-58　气流稳定器高度与
气动阻力系数、升力系数的关系

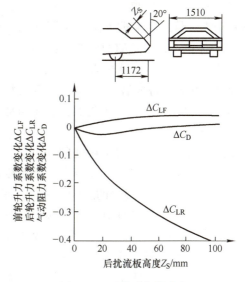

图 3-59　后扰流板高度与
气动阻力系数、升力系数的关系

4. 气动阻力的降低措施

在降低气动阻力方面，设计人员不仅要关注气动阻力本身的大小，还要关注一些重要的和气动阻力直接相关的问题，如风噪对气动阻力的影响。空气噪声与气动阻力产生的机理紧密相关，通常产生在气流与车身表面脱离处。气流分离最有可能发生在尖角周围，如后视镜的后面、乘用车的 A 柱周围等。由于阻力和噪声的产生密切相关，因此减小气动阻力也会降低风噪。圆润造型已成为现代汽车低阻力设计的一个典型特征，但圆形结构对横向风特别敏感，会增大侧向力和横摆力矩。在典型的环境风条件下，车辆的稳定性问题也与升力和这些力的变化相关。

汽车的外形从箱形、甲壳虫形、船形、鱼形到楔形，经历了五个发展时期。为了减小气动阻力，并提高车辆的行驶稳定性，进而降低汽车的能耗，必须改善汽车车身的空气动力学性能。为了减小气动阻力，轿车的外形最好是在楔形的基础上不断改进的良好的流线型。而货车及各类厢式车辆，尤其是大型牵引挂车，为了实用的目的，其巨大的车身一般均为非流线型，要想降低其气动阻力，解决的办法就是广泛使用各种局部的减阻装置。

（1）外形设计的局部优化　车头部棱角圆角化可以防止气流分离并降低 C_D 值。图 3-60 所示为美国福特汽车公司对 3:8 比例的汽车模型进行风洞试验的结果。

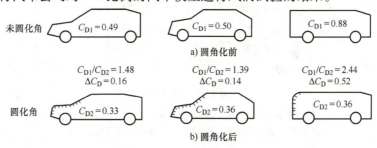

图 3-60　车体头部圆角化前后对气动阻力系数的影响

试验表明，当圆角半径取 40mm 时，即可防止气流在转角处的分离。轿车模型可使阻力减小 40%~50%；厢式客车模型阻力下降更大。端面带圆角的物体比不带圆角的物体的 C_D 值小得多。只要有较小的圆角半径 r，就可以使 C_D 值大幅度下降。从图 3-61 可知，将大客车车头整体流线型化的作用并不大，只需将其车头边角倒圆，即可收到相当理想的效果。

设在风窗玻璃与侧窗交接处的前风窗立柱（又称 A 立柱），正好处在前方气流向两侧流动的拐角处，它的设计对 C_D 有显著的影响。另外，车身后部形状以及车身表面粗糙度对 C_D 的影响也很大。为了有效地降低 C_D 值，通常采用各种气动附加装置，如前部扰流器、导流罩和隔离装置等。

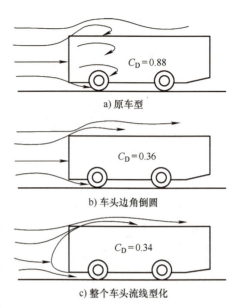

图 3-61　大客车车头边角倒圆和流线型化对气动阻力系数的影响

（2）外形设计的整体优化　局部优化和气动附加装置都可以适当地改进空气动力特性，并且已取得良好的效果。但要使空气动力性能有较大的改变，则应进行外形设计的整体优化，也就是将汽车空气动力学的各项研究成果及改进经验，系统地应用到整车外形的设计中。例如，奥迪 100 型轿车经过了 17 项最优化设计研究，使 C_D 值从 0.45 降到 0.30。

（3）采用各种形式的减阻导流罩　导流罩是汽车四大节油装置之一，已在许多国家广泛应用。

1）凸缘型减少空气阻力装置。这种装置装在厢式车身的前部，并包覆其顶边及两侧。安装这种装置后，气动阻力系数可减少 3%~5%。

2）空气动力筛眼屏板。空气动力筛眼屏板通常装在驾驶室顶上。安装这种屏板后，气动阻力系数可减少 3% 以上。

3）导流罩。导流罩也称导流板或导风罩，多为顶装式，即安装在驾驶室顶上。安装导流罩后，气动阻力系数可减少 3%~6%。导流罩如图 3-62 所示。

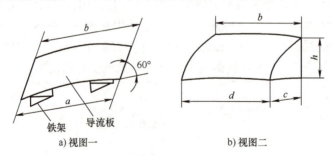

a）视图一　　　　　　　　b）视图二

图 3-62　导流罩

a—驾驶室预宽　b—货厢前顶部宽　c—驾驶室顶长度
d—驾驶室顶前段宽　h—驾驶室顶与货厢前顶高度之差

4）间隔风罩。间隔风罩装在驾驶室和车厢之间，由驾驶室后端延至车厢前端如图 3-63 所示，其作用是将驾驶室和车厢间的空隙密封。风罩由柔软的膜布制成，多与其他减少空气阻力的装置共用。车辆安装间隔风罩后可节约燃油 12% 左右。

5）导流器。轿车的车速较高，容易在汽车尾部形成吸气涡流。为了避免这种情况发生，可以在轿车的尾部加装空气导流器，安装部位如图 3-64 所示，安装空气导流器后车辆的节油效果明显提升。

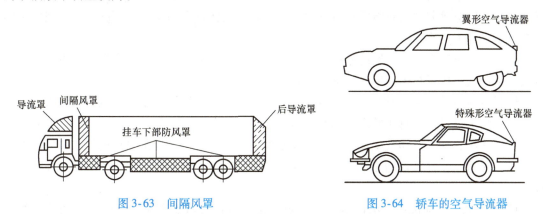

图 3-63　间隔风罩　　　　　　　　　　图 3-64　轿车的空气导流器

导流罩通常做成流线型，常用铝合金或其他板材制作而成，结构简单，制造容易，安全可靠。厢式半挂车车厢往往比驾驶室高出 0.6~0.9m，由于这一高度差，当汽车行驶时，车厢前壁会造成紊流和使气流剥离而增大汽车的气动阻力。在驾驶室顶部设置导流罩，能使空气保持层流并防止剥离，从而降低气动阻力。

试验表明，加装导流罩平均可节油 2%~7%，尤其是在高速行驶时效果更为突出。在车身上加装空气导流罩，应符合《道路运输车辆安全标准》的有关规定，不可随意加装影响车辆外观和有碍交通的高凸起导流装置。载货汽车的篷布及其支架，不用时应该放下或拆除，这对减少行驶阻力，提高汽车的燃油经济性比较有利。

3.6.3　车身气动减阻节能技术

在汽车整车设计过程中，通过汽车风洞试验并结合计算机仿真与评价（CFD）进行汽车气动减阻节能设计可节省大量能量，能够带来巨大的经济效益和社会效益。对于混合动力电动汽车和纯电动汽车来说，成熟的气动减阻节能技术可以直接应用到该类车型上。

目前，在整车减阻节能方面，有车身外形的气动优化、气动减阻附件的优化以及附件与整车的协调优化。下面分别针对乘用车、客车及货车，介绍每种气动减阻节能技术的节能潜力。

1. 乘用车气动减阻节能技术

（1）车身外形的气动优化　乘用车车身外形的气动优化分为前部外形、客舱外形、尾部外形以及底部造型的气动优化。乘用车车身前部外形的优化可使气动阻力系数下降 12%~16%，发动机舱盖与水平面的夹角优化可使气动阻力系数降低约 25%，前风窗玻璃倾斜的优化可使气动阻力系数降低 8%~10%；客舱外形优化可使气动阻力系数下降 5%~20%；尾部外形优化可使气动阻力系数下降 10%~20%；底部造型优化可使气动阻力系数下降 10%~20%。

（2）前、后扰流器的气动优化　乘用车前、后扰流器的气动优化一般分为前扰流器、后扰流器以及车底盖板的气动优化。前扰流器的优化与匹配可使气动阻力系数下降约4%；后扰流器的优化与匹配可使气动阻力系数下降约8%；车底盖板的优化与匹配可使气动阻力系数下降10%～20%。

（3）进气口的气动优化　传统燃油车的前脸上通常会设置进气口，主要用于散热器的通风降温和发动机的进气。大面积进气口的散热和进气效果无疑更好，但是也会产生更大的气动阻力。以电机驱动的新能源汽车在这方面的需求与传统燃油车有所不同，因此造成了两者在造型设计上的不同。

纯电动汽车通常不采用风冷系统，所需的进气口面积很小，所以通常设计成没有中央主进气口或进气口位置封闭的形式，减小格栅面积有利于减小气动阻力。

燃料电池电动汽车也没有风冷系统，所需的进气口面积同样很小，可以没有中央主进气口或采用将进气口位置封闭的形式以减小气动阻力。

串联式混合动力电动汽车使用发动机驱动发电机进行发电，但是采用的发动机的功率通常较小，对散热和进气的需求相对较小，需要的冷却面积也就较小，因此进气口可以做得较小。

（4）轮辋的气动优化　从根本上讲，新能源汽车的轮辋结构与传统燃油车的轮辋结构区别不大，但是通常新能源汽车会采用制动能量回收系统，这使得制动系统不再需要冷却进风量，因此可以缩减轮辋的镂空面积。一些采用轮毂电机的新能源汽车的轮辋也会做比较特别的设计，这使得新能源汽车与传统燃油车轮辋的设计有所不同。关于汽车轮辋的设计正向着更平面、更立体、多材质、多色彩等方向发展。

2. 客车气动减阻节能技术

对客车而言，车身外形的气动优化分为车头气动优化、后车体外形的气动优化以及车身外形整体的气动优化。

车头带有直棱边的车体，$C_D = 0.86$；将长方体头部棱边倒圆优化后，C_D减小至0.38；如果设计成大弧面并优化呈流线型，C_D将进一步减小到0.35。

后车体上边角倒圆并优化，可使气动阻力系数下降4%～8%；如将后车体上缘和前缘倾斜角度进行优化，可使气动阻力系数下降6%～20%；如在此基础上，倒圆倾斜面的上边角并优化，可使气动阻力系数下降9%～22%；如将后车体制成长滑背，则可使气动阻力系数下降14%～35%，但这种方法很难在大客车上采用，因为它会使后悬增长并严重影响内部空间利用。

大客车基本外形是长方体，非流线型。从整车外形的角度来看，乘用车具有更大的施展空间。而大客车车身尺寸由于受制约条件较多，其整车外形的变化空间相对较小，因此客车气动优化工作更多地侧重于边角倒圆的优化及车头和后部车身外形的优化，也可以加装空气动力学附加装置。

目前，欧美等国的轻型客车和公共汽车的气动阻力系数$C_D = 0.4～0.8$。对于一般客车而言，气动减阻节能技术具有很大的潜力，通过优化气动减阻节能技术可使气动阻力系数降低0.4左右。我国部分客车的气动阻力系数可能大于以上范围的上限。因此，对于我国自主研发的客车，特别是长途大客车，进行气动减阻节能技术优化具有重要的意义。

3. 货车气动减阻节能技术

在公路运输中，集装箱车和厢式货车为主要车型。据统计，货车在正常行驶速度下，36% ~55%的功率用于克服气动阻力，如果能使气动阻力减小1%，节省的能量将是乘用车的10~15倍，因此货车在气动减阻节能方面具有巨大潜力。

（1）车身外形的气动优化　对货车而言，车身外形的气动优化分为驾驶室外形的气动优化、车厢外形（高度）的气动优化、驾驶室与车厢间隙的气动优化。

1）驾驶室外形的气动优化。对于单独的驾驶室，对其边缘圆角化可使气动阻力系数 C_D 从1.15以上减小至0.6左右。气动阻力系数每降低0.02，可改善燃油经济性1%。对于40t铰接式货车，以80km/h匀速行驶时，该技术可节能30%。图3-65所示为英国汽车工业协会（MIRA）给出的驾驶室外形的气动优化与车厢高度的匹配优化的气动特性图。

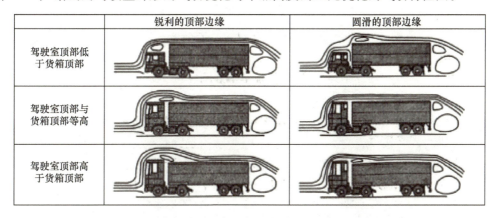

图 3-65　驾驶室外形的气动优化与车厢高度的匹配优化关系

2）车厢外形（高度）的气动优化（驾驶室与车厢间高度差的气动优化）。若只将车厢前两侧棱角倒圆并优化，可使气动阻力系数 C_D 值下降22%，可节能约8%。

3）驾驶室与车厢间隙的气动优化。气动阻力系数随间距增加略有增加，其中车厢占气动阻力的主要部分。通过间隙的气动优化，可降低气动阻力系数0.02~0.2。

（2）气动减阻附件的优化　货车的气动减阻附件主要有导流装置、侧风稳定装置以及涡流稳定器。导流装置又分为导流片、导流板、导流罩和侧裙板。侧风稳定装置分为间隙密封板、间隙密封罩以及侧裙板。安装气动减阻附件对货车气动阻力的降低是非常有效的措施。同时，要想取得最佳的气动减阻效果，应对车身外形与气动减阻附件进行优化组合、匹配使用。

目前，欧美等国家货车的气动阻力系数 $C_D = 0.55 \sim 1.1$，对于一般货车，通过气动减阻节能优化技术可使气动阻力系数降低0.6左右，可以改善燃油经济性，节省燃油约30%。我国部分货车的气动阻力系数多数还大于以上范围的上限。因此，对于我国自主研发的货车，特别是重型商用货车，进行气动减阻节能技术优化具有重要的意义。

1. 新能源汽车传动系统的主要布置形式有哪些？各有什么特点？
2. 新能源汽车变速器的特点是什么？如何实现经济性换档？

3. 变速器的新技术有哪些？

4. 新能源汽车轮胎节能的措施有哪些？

5. 新能源汽车动力转向的形式有哪些？各种形式的能耗有什么特点？

6. 汽车行驶的气动阻力是如何形成的？有哪些影响因素？如何降低汽车的气动阻力？

第4章 新能源汽车的能量回收技术

随着人们环保意识的增强与可持续发展目标的深化，新能源汽车已成为全球汽车行业的发展趋势。尽管新能源汽车在减少排放等方面展现出了巨大的潜力，但其续驶里程、能量利用效率等问题仍然需要解决。能量回收技术作为一种重要的技术手段，它可以通过高效回收制动、下坡等过程中的能量，并转化为电能储存，从而有效降低新能源汽车的能耗、延长动力电池的使用寿命、减少空气污染等，所以针对能量回收系统进行研究对于新能源汽车的可持续发展具有重要的意义。

4.1　新能源汽车能量回收的基本原理和方法

4.1.1　能量回收系统的定义和基本原理

1. 定义

新能源汽车能量回收系统是指在汽车行驶和制动过程中，将车辆的惯性能量、制动能量或者振动能量转化为电能存储在动力电池中，以提高车辆的能量利用效率和续驶里程。

根据回收能量的不同，能量回收系统可以分为动能回收系统、热能回收系统和振动能量回收系统3种。动能回收是将车辆行驶过程中的惯性能量转化为电能并存储在动力电池中；振动能量回收是将车辆行驶时产生的振动转化成电能并存储在动力电池中；热能回收则是将车辆制动时产生的热能转化为电能并存储在动力电池中。

2. 基本原理

新能源汽车动能能量回收的基本原理是利用车辆在减速或制动时产生的动能，通过控制驱动电机的工作状态，将动能转化为电能并储存起来，这种技术称为再生制动。动能能量回收过程包括以下几个关键步骤：

1）能量转换：当车辆减速或制动时，车辆的动能通过传动系统传递给驱动电机。此时，通过控制电路使驱动电机转变为发电机工作模式，利用电磁感应原理将动能转化为电能。

2）电能储存：转化得到的电能经过逆变器等电力电子设备的处理，被储存到动力电池中。这样，原本可能因制动而浪费的能量就被有效地回收并储存起来。

3）能量再利用：在车辆需要加速、爬坡或行驶在复杂路况时，储存在动力电池中的电能就可以被释放出来，通过驱动电机转化为机械能，从而驱动车辆行驶。

振动能量回收系统的基本原理是利用压电效应，通过压电发电和馈能式减振器对振动能量进行回收，将电荷转化为可用的电能储存在动力电池中。由于路面总是存在不平整的现象，使得车辆在行驶过程中会出现振动，采用这项技术，可以将车辆的振动能量转换为电能。

热能回收系统的基本原理是通过热能回收装置将制动器产生的热能转化为电能，进而储存在动力电池中。热能回收装置通常采用热电偶或热交换器等技术，将制动器产生的热能转化为电能，并将电能送入动力电池中进行储存。这种方式不仅可以提高能量利用效率，还可以减少制动器的磨损和热量排放，具有很好的经济和环保效益。

总之，能量回收系统的基本原理是将车辆惯性能量、制动能量或者振动能量转化为电能并存储在动力电池中，以提高车辆的能量利用效率，延长车辆续驶里程。不同的能量回收系统具有不同的实现方式和应用场景，需要根据实际情况进行选择。

4.1.2　新能源汽车能量回收的方法

1. 动能能量回收（惯性能量回收）

利用车辆在行驶过程中由于惯性而保持的速度对能量进行回收。当车辆减速或下坡时，其动能可以通过辅助电机转化为电能并储存起来。这种技术不仅减少了能量的浪费，还为车辆提供了额外的动力来源。比亚迪的某些车型就配备了先进的动能回收系统，能够在车辆行驶过程中自动捕捉并回收惯性能量，进一步提高了能量利用效率。

特斯拉、比亚迪和宇通公司均采用了先进的动能回收系统，该系统能高效地将车辆行驶中的惯性能量和制动能量转化为电能并储存于动力电池中。这一技术不仅显著提升了车辆的能量利用效率，减少了能量浪费，还为车辆提供了额外的动力来源，有助于降低能耗和排放。

2. 再生制动（制动能量回收）

再生制动技术是最常见的能量回收方式之一。当驾驶人踩下制动踏板时，车辆开始减速并释放出大量动能。再生制动技术会将这些动能转化为电能并储存到动力电池中。例如，特斯拉的 Model S 和 Model 3 车型均配备了高效的再生制动系统，能够在制动过程中回收大量能量，显著提升了能量利用效率，并通过减少制动时的能量浪费，提高了车辆的燃油经济性。

3. 振动能量回收

振动能量回收技术是一种将振动能量转换为电能的技术，利用车辆行驶时轮胎与路面接触产生的微小振动，将其转换为可用的电能。一些新能源汽车采用了路面振动能量回收技术，利用车辆行驶时产生的振动来生成电能。这些系统通常通过安装压电材料或其他振动转换器，在车辆底部或轮胎内部将机械能转换为电能。在振动能量回收过程中，共振频率也是一个重要的因素。当振动能量采集器的共振频率与被测物体的振源频率匹配时，其能量转移效率会大大提高，从而能够更好地收集振动能量。与传统的机械能转化为电能的技术相比，振动能量回收技术能够减少动力电池的使用，具有适用范围广、结构简单、降低能源消耗和环境友好等优点。

4. 热能回收

热能回收是指将原本废弃的热量进行回收利用。这种技术通过捕捉和利用生产过程中产生的废热，实现能源的高效利用并减少能源消耗。它利用热交换器或热回收装置，将废气、废水或其他介质中的热量传递给需要加热的介质，从而实现能量的转移和回收。一些汽车制造商已经在新能源客车中采用了热能回收系统，例如日产汽车公司和比亚迪公司。这些系统可以将制动器产生的热能转化为电能，从而提高车辆的能量利用效率，降低能耗并减少 CO_2 的排放。

在新能源汽车中，能量的回收主要是制动能量回收和振动能量回收，接下来主要介绍这两种能量回收技术。

4.2　制动能量回收技术

近年来，随着新能源汽车的普及，制动能量回收技术逐渐受到关注。为克服传统燃油车在制动过程中由于摩擦力的作用会将部分动能转化为热能散失到环境中，造成能源的浪费，新能源汽车通过制动能量回收技术，将这部分散失的能量转化为电能储存起来，以提高整车的能量利用效率。

制动能量回收技术的核心在于通过电机的逆变器将制动过程中产生的机械能转化为电能，然后存储到动力电池中。这种技术的优势主要体现在以下 3 个方面：

1）减少对传统能源的依赖，降低运行成本。

2）延长动力电池的使用寿命，提高车辆的经济性和环保性。

3）在制动过程中，电机可以提供更大的制动力，缩短制动距离，提高车辆的安全性。

然而，制动能量回收技术也面临着一些挑战。首先，制动能量回收技术需要具备高效的能量转换和储存能力，以实现尽可能高的回收率。其次，制动能量回收技术需要与车辆的其他系统进行协调配合，以确保整车性能的稳定和可靠。此外，制动能量回收技术还需要解决动力电池容量的限制问题，以及如何合理利用回收的能量等问题。本节将介绍新能源汽车制动能量回收技术。

4.2.1　制动能量回收对新能源汽车节能的作用

传统燃油车的制动是通过制动盘与制动钳或制动鼓与制动蹄之间的摩擦力来实现汽车的减速。在此过程中，整车动能或势能通过摩擦以热量的形式消耗，造成了大量的能量浪费。

以摩擦原理工作的车辆制动装置，存在以下缺点：

1）在制动过程中，不能将车辆行驶所具有的能量回收，而是将这部分动能通过摩擦转换成热能而消耗，降低了车辆的能量利用率。

2）车辆频繁制动或连续较长时间制动时，制动副表面会产生大量热量，导致制动效果降低甚至失效，降低制动时的安全性。

3）在车辆行驶中频繁制动，会加剧车轮和摩擦片的磨损，因此需要更换车轮和摩擦片，从而增加了车辆的维修保养费用。

汽车制动时的行驶阻力包括车轮与地面之间的制动力、空气阻力和滚动阻力。在城市循环工况中，车速较低，空气阻力和轮胎滚动阻力对车辆制动的作用较小，车辆制动主要依靠制动器产生的制动力来实现停车或减速作用。

图 4-1 给出了各种制动因素消耗的惯性能量的比例关系。可以看出：在制动过程中，制

动器消耗的惯性能量约占91%，轮胎和空气因素只占9%。其中消耗在制动器上的惯性能量是可以进行回收的。

图4-2所示为几种典型的城市循环工况，UDDS是美国城市动态驱动工况，ECE + EUDC为欧洲城市低速 + 城郊高速工况。日本10/15是日本道路工况。如图4-2所示，在典型城市循环工况下，由于交通拥挤，车速不高且经常变化，需要车辆频繁起动和制动，从而造成大部分驱动能量在制动过程中以摩擦生热的形式被消耗掉，使得汽车能量利用效率降低，还会加速制动器的磨损。

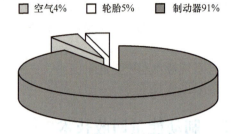

图4-1　各种制动因素消耗惯性能量的比例关系

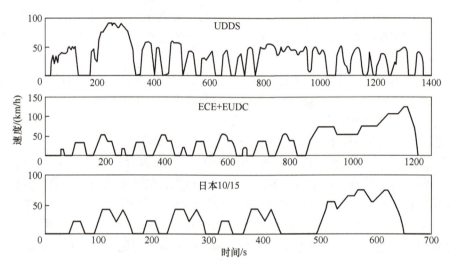

图4-2　几种典型的城市循环工况

表4-1展示了3种不同工况下制动能量与总能量的对比关系。在典型的城市循环工况下，制动能量占总驱动能量的30% ~ 50%。如果能通过再生制动回收一部分被摩擦制动消耗的制动能量，将提高整车的能量利用效率。

表4-1　各种工况下制动能量与总能量的对比关系

工况	UDDS	ECE + EUDC	10/15
制动能量/kJ	23310	15590	82110
驱动能量/kJ	46840	43600	16050
制动能量所占百分比（%）	49.8	35.8	51.2

汽车能量再生制动系统是指汽车制动时，将车辆的部分动能转换为其他形式的能量（旋转动能、液压能、化学能等），并储存在能量存储装置中，同时产生一定的负荷阻力，使汽车减速制动。当汽车再次起动或加速时，再生系统又将储存在储能器中的能量转换为汽车行驶所需的驱动力。此技术即为再生制动（Regenerative Braking），也称反馈制动。能量再生制动系统可以实现能量再生利用，从而提高了汽车能量的综合利用率。

由于电动汽车装有可以处于发电模式的驱动电机控制系统，因此可以实现再生制动。特别是在城市循环工况下，车辆需要频繁起动和制动，制动过程消耗的能量占整车牵引过程中产生的有效能量的 30% ~60%。

各国政府为了推动新能源汽车的发展，纷纷出台相关政策支持制动能量回收技术的研发和应用。在这些政策中，不仅提供了资金和资源上的支持，还为制动能量回收技术的发展创造了良好的市场环境和机遇。

制动能量回收对新能源汽车节能的作用：

1）提高能量利用率：制动能量回收系统可以将原本被浪费掉的能量合理地利用起来，以延长汽车的续驶里程。

2）改善动力性能：制动能量回收技术不仅可以提高能量利用率，还可以改善车辆在起步时动力较弱的问题。

3）减少磨损和热量：通过减少基础制动系统的消耗磨损和制动热量，可以降低噪声，缓解热衰退，从而优化汽车的制动性能，提高制动稳定性，增加制动器的使用寿命。

4）环保减排：制动能量回收可以降低油耗并减少二氧化碳的排放，有利于节能和环保。

5）降低运营成本：通过减少动力电池充电频率和延长动力电池使用寿命，可以降低新能源汽车的运营成本。

随着技术的不断进步，制动能量回收系统的效率和性能也在不断提升。目前，这部分能量通过电气系统由驱动轮至动力电池的转化效率可高达 68%，制动能量回收一般可延长电动汽车续驶里程的 15% ~20%，是决定电动汽车能效水平的关键。总的来说，制动能量回收技术对新能源汽车节能作用十分显著。

4.2.2 制动能量回收的形式

制动能量回收是新能源汽车领域中的一项关键技术，其实现方式主要包括飞轮蓄能、液压蓄能以及动力电池蓄能 3 大类。飞轮蓄能技术以其高速旋转的飞轮作为能量存储介质，展现了高能量密度、大容量储能及快速响应等显著优势。然而，其高昂的成本仍是当前应用推广中的一大障碍。尽管如此，该技术已在部分高端电动汽车中得到应用，显著提升了能量利用效率与车辆行驶性能。液压蓄能技术是通过将制动过程中产生的车身动能转化为液压能储存于液压缸内，随后通过复杂的液压系统实现能量的再转化与利用。该技术同样具备高能量密度和大容量蓄能的优点，但其系统的复杂性以及维护成本，限制了其更广泛的应用。动力电池蓄能技术作为当前最常见的制动能量回收方式，凭借其技术成熟度高、成本相对较低及高可靠性的特点，在新能源汽车市场中占据了重要地位。该技术通过将制动时车身动能转化为电能储存于动力电池中，再通过电池管理系统对动力电池进行管理和控制，实现了能量的高效回收与利用。然而，蓄能容量的限制及充电速度的挑战，仍是该领域亟待解决的技术难题。

1. 飞轮蓄能

飞轮蓄能是机械蓄能的一种形式，它以惯性能（动能）的方式，将能量储存在高速旋转的飞轮中。如图 4-3 所示，当车辆制动时，飞轮蓄能系统带动飞轮加速，将车身的惯性动能转化为飞轮的旋转动能；当车辆起动或加速时，飞轮减速，释放其旋转动能给车身。

按构成材料的不同，飞轮主要分为金属制飞轮与超级飞轮。金属制飞轮以钢制飞轮为

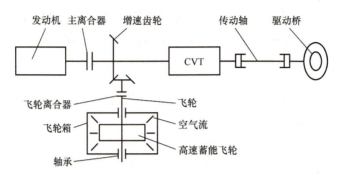

图 4-3　飞轮蓄能再生制动系统示意图

主，能量密度（单位飞轮质量储存的最大能量）较低，但其价格实惠，易于加工，在传动系统中易于连接，因此应用广泛。超级飞轮的比强度（抗拉强度/密度）比金属制飞轮高 10 倍，转速非常快，目前最高转速可达 78000r/min，但其成本较高。

飞轮蓄能技术控制的关键是对换流器的控制，即在充电时，通过对电机侧换流器的控制使电机转速升高，并使得电能转化为飞轮的动能；在放电时，通过换流器将飞轮的动能转化为电能，从而获得给定的电压电流。目前，在这方面的前沿研究是飞轮轴承采用的高温超导磁悬浮技术，该技术是利用永磁铁的磁通被超导体阻挡所产生的排斥力使飞轮处于悬浮状态。设计飞轮时，既要考虑飞轮本身强度，又要注意系统的共振及稳定性。飞轮蓄能技术难度大，节油效果不如液压蓄能。

2. 液压蓄能

液压蓄能以液压能的方式储存能量。如图 4-4 所示，系统由一个具有可逆作用的液压泵/液压马达来实现蓄能器中液压能与车辆动能之间的转换。即在车辆制动时，蓄能系统由高压蓄能器、液压泵/液压马达和低压油箱组成的液压蓄能制动能量回收系统，在车辆制动减速过程中吸收制动动能，在起步加速过程中利用所储存的液压能驱动车辆达到一定的速度之后，再起动驱动电机，从而避免动力电池大电流及大电流波动工况的出现，以延长动力电池的使用寿命，并降低整车寿命范围内的使用成本。

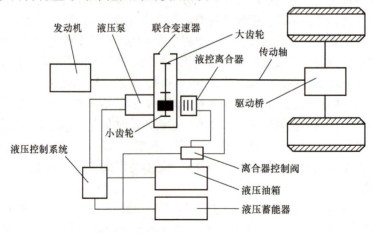

图 4-4　液压蓄能系统示意图

　　蓄能器是在钢制的压力容器内装有气体和油，中间以某种材料隔开，按隔离方式分为活塞式和皮囊式两种，都是利用密封气体的可压缩性原理而制成。液压蓄能的能量密度比飞轮蓄能与动力电池蓄能都小，但拥有最大的功率密度，能在车辆起步和加速时提供给车辆所需要的大转矩。同时，液压蓄能系统可较长时间蓄能，各个部件技术成熟，工作可靠，整个系统实现技术难度小，便于实际商业化应用。

3. 动力电池蓄能

　　动力电池蓄能技术作为电动汽车能量管理的核心，通过电化学反应实现能量的储存与转换，在电动汽车中发挥着至关重要的作用。系统以具有可逆作用的电机来实现动力电池中电能和车辆动能之间的转化。动力电池以电能的形式储存能量，这一过程基于电化学原理，即通过在正负极之间发生的氧化还原反应，将化学能转化为电能储存起来。当电动汽车需要能量时，这些储存的电能又能通过逆向的电化学反应，转化为可供车辆使用的电能。如图 4-5 所示，在车辆制动时，电机以发电机状态工作，车辆行驶的动能带动发电机发电，将车辆动能转化为电能并储存在动力电池中。在车辆起动或加速时，电机以电动机状态工作，将储存在动力电池中的电能转化为机械能来驱动车辆行驶。

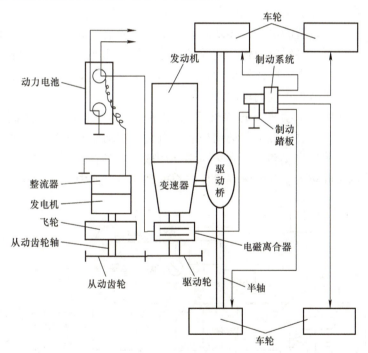

图 4-5　动力电池蓄能系统示意图

　　综上所述，飞轮蓄能虽然结构相对简单，但在实际应用中面临着实现大量蓄能和高效蓄能的挑战。为了增加蓄能量，需要增加飞轮的质量或提高转速，这不仅会导致成本的显著增加，还会使实现的难度大幅上升。同时，为了实现高效蓄能，还需要将飞轮置于真空环境中，这需要增加许多额外的设备，进一步增加了实现的复杂性。相比之下，动力电池蓄能再生制动系统因其结构紧凑、控制灵活准确、可实现多种功能等优点，在再生制动领域展现出了巨大的潜力。该系统不仅能够有效地储存和释放能量，还能够提高整个系统的效率和可靠性，因此被视为再生制动的未来趋势，具有更大的发展前景。

4.2.3　制动能量回收系统

制动能量回收系统通常由电机、动力电池和电池管理系统等组成。

当车辆制动或惯性滑行时，电机将车辆多余的动能转化为电能，并将其储存在动力电池中。这个过程是可逆的，既实现了能量的有效转化和储存，还提高了能源的利用率。在车辆需要加速或起动时，储存在动力电池中的电能就可以被释放出来，通过电机转化为机械能，从而驱动车辆前进。

汽车在制动或滑行过程中，控制器会根据驾驶人的制动意图计算出汽车需要的总制动力。然后，根据一定的制动力分配控制策略，确定电机应该提供的再生制动力的大小。电机控制器会进一步计算出实现这一制动力所需的电机电枢中的制动电流，并通过控制方法使电机跟踪这一电流值，较准确地提供所需的再生制动力矩。同时，在电机的电枢中产生的电流并不会直接浪费掉，而是会经过 AC/DC 转换器进行整流，将交流电转换为直流电。随后，这些直流电再经过 DC/DC 变换器进行电压调整，最终反向充电到储能装置（如动力电池）中保存起来。这样，就完成了从动能到电能再到储能装置中的能量转化和储存过程。

作为系统能量转换装置的电机是实现制动能量回收的最关键部件之一。由于开关磁阻电机的结构简单、成本低、容错能力强、起动性能好、没有电流冲击、效率高、调速范围宽、具有良好的四象限工作状态，因此被认为是纯电动汽车及混合动力电动汽车中的一种最具潜力的驱动方式之一，可获得更高的动静态性能。

与传统燃油车相同，电动汽车的 ABS 及其控制阀的作用是产生最大制动力。如图 4-6 所示，在制动过程中，驾驶人踩下制动踏板后，电泵使制动液增压产生制动力，制动控制与电机控制协同工作，确定电动汽车上的再生制动力矩和前后轮上的液压制动力。再生制动时，再生制动控制回收再生制动能量，且反向充电到动力电池中。

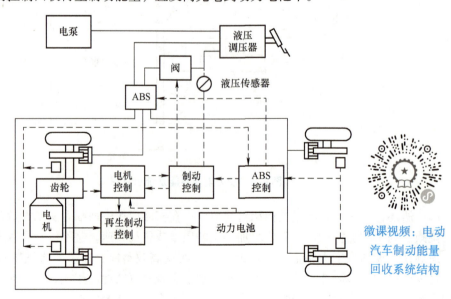

微课视频：电动汽车制动能量回收系统结构

图 4-6　电动汽车制动能量回收系统

4.2.4　制动能量回收的控制策略

再生制动控制策略的研究是制动能量回收技术研究领域的核心，以提高整车经济性为目标，解决电机制动力与液压制动力的分配问题。再生制动系统的优劣很大程度上取决于控制策略的优劣。再生制动控制策略的研究要兼顾制动过程的安全性、制动能量回收效果、制动协调兼容性等重要方面。在充分保证制动安全的基础上，从车辆硬件参数（电机、动力电池以及功率变换器的控制）、传动装置布置形式、驾驶人制动意图、车辆运行状态以及能量回收效率等方面考虑。现有的再生制动控制策略有早期基于规则的制动控制分配研究，在制动安全法规限制下，结合电机、动力电池性能、车辆状态等参数对机电制动力进行分配与优化；又有后续研究者利用优化算法对机电制动力的最佳分配方式进行研究。

目前对于再生制动控制策略的研究主要基于以下两个方面：一是关键部件的控制策略，寻求电机绕组电流的最优控制，以实现电流充分回收，例如最大再生回馈功率制动、最大再生回馈效率制动、恒值电流制动等；二是制动时的整车控制，即在保证良好的整车制动稳定性和平顺性的前提下，合理地增加再生制动力矩在整车制动力矩中的比例，以提高能量回收效率。

汽车制动力由前、后轮制动器提供的制动力和电机提供的再生制动力三部分组成，其中再生制动力只作用在驱动轮上，其采用三种制动力分配控制策略，即并行再生制动控制策略、理想制动力回收控制策略、最大制动能量回收控制策略。

1. 并行再生制动控制策略

并行再生制动控制策略是指在不改变传统燃油车制动系统的基础上，加入一个制动电机，电动汽车的驱动电机，以此来作为制动力矩的来源，通过反拖电机发电来进行制动能量回收。

并行再生制动系统的驱动轴在制动时，采用机械制动系统与再生制动系统联合制动，非驱动轴仅采用传统的机械制动。

微课视频：电动汽车制动能量回收工作原理

图 4-7 所示为并行再生制动控制策略，其控制策略简述如下：

1）当制动强度 $z < 0.1$ 时，机械制动系统不工作，由电机制动单独工作，前后轴制动力分配如图 4-7 中线段 OA 所示。

2）当制动强度 $0.1 < z < 0.7$ 时，电机制动和机械制动系统联合制动，前后轴制动力分配如图 4-7 中线段 ABC 所示。

3）当制动强度 $z > 0.7$ 时，属于紧急制动，此时只有机械制动系统工作，前后轴制动力分配如图 4-7 中线段 CD 所示。

2. 理想制动力回收控制策略

制动能量回收的理想制动力回收控制策略是一种通过精确控制前后轮制动力，以实现最优能量回收和制动性能的控制策略。理想制动力回收控制策略如图 4-8 所示。其控制目标是在保证车辆具有最佳前后制动力分配（最佳制动性能）的前提下尽可能多地回收制动能量。

当制动强度 $z < 0.1$ 时，只有再生制动系统工作，前后轴制动力分配如图 4-8 中线段 OA 所示。当制动强度 $z > 0.1$ 时，前后轴制动力被控制在 I 曲线上，前后轴制动力分配如图 4-8 中曲线 BC 所示。控制系统根据电机特性和车载电池的 SOC 值，决定驱动轴制动力是由再生制动系统单独提供还是由机械制动系统和再生制动系统联合提供。

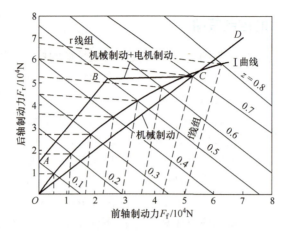

图 4-7　并行再生制动控制策略

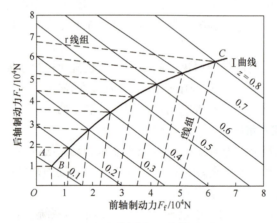

图 4-8　理想制动力回收控制策略

通过优化电机制动和机械制动的最佳关系，根据整车控制器给出最大可执行的回馈力矩、车辆减速度以及制动踏板的位置，动态控制整车控制器调整回馈力矩大小，以提高制动能量回馈率。

当车速低于 10km/h 时，以液压制动为主，电机不参与制动；当车速低于 80km/h，且制动强度小于 $1.2m/s^2$ 时，优先使用电机制动，最大制动力取决于车速、制动踏板的开度、电池 SOC 和电机状态。如果电机最大制动力大于所需制动力，则车辆制动力全部由电机提供；如果电机最大制动力小于所需制动力，则需要液压制动力进行补偿。

采用这种控制策略的优点是能充分利用地面附着条件，制动距离较短，制动时汽车方向稳定性好，同时能够回收较多的制动能量。然而，这种控制策略需要精确检测前后轮法向载荷以及需要一个智能化程度较高的控制器，因此控制系统较复杂。

目前，即使是最先进的传统燃油车都未能实现前后轮制动力的最优控制和分配，更何况又增加了额外的电机制动力，这使得协调控制难度增加。但随着传感技术及 ABS 控制技术的不断进步，未来该策略可能会得到实际应用。

3. 最大制动能量回收控制策略

最大制动能量回收控制策略的核心思想是在制动过程中，尽可能多地回收制动能量。这种策略主要适用于纯电动汽车和混合动力电动汽车等能够利用再生制动的车型。最大制动能量回收控制策略如图4-9所示。在不同路面条件下的控制策略如下：

1）当制动强度小于路面附着系数时，即 $z < \varphi$（假设 $\varphi = 0.8$，$z = 0.6$），前后轴制动力可以在一定范围内变动，并且它们的总和满足制动请求且车轮不抱死。下面以图4-9中线段 AB 为例，说明在不同情况下如何分配制动力。

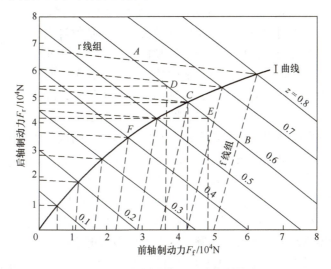

图4-9 最大制动能量回收控制策略

当后轴提供的电机再生制动力在 I 曲线上方时，如图4-9中 D 点，后轴制动力全部由再生制动系统提供，后轴机械制动力为零，前轴机械制动力控制在 D 点对应的前轴制动力，前后轴制动力分配控制在 D 点，此时汽车可得到 $z = 0.6$ 的制动强度。

当后轴提供的电机再生制动力在 I 曲线下方时，如图4-9中 E 点，控制后轴电机再生制动力工作在最大值，同时后轴机械制动系统提供一部分制动力，为了将整车制动力控制在 I 曲线上，前后轴制动力分配控制在 C 点，此时汽车可得到 $z = 0.6$ 的制动强度。

2）当制动强度需求大于路面附着系数时，即 $z > \varphi$（假设 $\varphi = 0.4$，$z = 0.6$），汽车实际可获得的最大制动强度被限制在0.4。为了尽量满足制动强度要求，缩短制动距离，制动力将被控制在 I 曲线上，如图4-9中 F 点。后轴再生制动力与机械制动力的分配取决于再生制动力的最大值与需要的后轴制动力之间的关系。当再生制动力可以单独满足需求时，尽量利用再生制动系统。当再生制动力不满足需求时，机械制动系统辅助提供额外的制动力。

具体来说，该控制策略通过精确控制前后轮制动力，可以实现最优能量回收和制动性能。在车辆制动时，系统会优先使用电机制动力，当电机制动力不足以满足制动需求时，液压制动力会进行补偿。同时，系统会动态调整回馈力矩大小，以提高制动能量回馈率。最大制动能量回收控制策略还需要考虑制动法规和安全性等因素。例如，在紧急制动等情况下，系统需要迅速切换到液压制动系统，以确保制动效果和安全性。此外，还需要考虑动力电池的充电状态、电机的状态等因素对制动能量回收的影响。

总的来说，最大制动能量回收控制策略是一种理论上可以最大限度回收制动能量的策略，但实际应用中需要考虑多种因素，并进行精确控制。

4.2.5　制动能量回收的主要影响因素

新能源汽车能够回收的制动能量受到车辆自身结构和部件的硬性约束，如驱动系统布置形式、动力电池 SOC 状态、蓄能装置、电机性能等。此外，还受能量传递过程中的制动控制策略以及汽车行驶工况等多种因素的影响。其中主要的影响因素如下：

（1）驱动系统布置形式　在混合动力电动汽车和纯电动汽车上，只有驱动轴能够进行能量回收，非驱动轮上的制动只能通过摩擦制动实现，这是因为能量回收要依赖于驱动电机的反转。因此，驱动系统的布置形式会影响制动能量的回收。根据驱动系统布置结构差异，四轮驱动的电动汽车能回收最多的能量，前驱式电动汽车其次，而后驱式电动汽车由于后轴容易抱死的特点，为了保证制动安全性，后轴制动力分配较少，因此制动能量回收量最少。

（2）动力电池 SOC 状态　在既定的条件下，动力电池的充电能力成为制约能量回收的主要因素，即电机的发电功率不能超出电池的充电功率，否则过大的充电电压将会导致储能装置损坏，进而引发危险事故的发生。当动力电池的 SOC 很高时，意味着动力电池已经充满电或接近充满电的状态。如果再进行能量回收，可能会导致动力电池过度充电，从而损害动力电池的性能和寿命。为了保护动力电池，当 SOC 达到某个预设的高阈值时，系统会停止制动能量回收。当动力电池的 SOC 较高时，车辆可以进行制动能量回收，但是为了防止动力电池过热、损坏或发生其他安全问题，回收时的最大电流值也会受到限制。

（3）蓄能装置　蓄能装置为电动汽车最重要的工作部件之一，影响着电动汽车的续驶能力以及车辆的安全性。车辆采用的蓄能装置类型及蓄能装置充电能力影响制动能量回收量。电动汽车常配置动力电池、超级电容、超高速飞轮等蓄能装置。随着技术的进步以及实际使用需求，对提高车辆续驶里程提出了更高的要求，所以出现了各种类型的复合能源系统，如以超级电容与锂电池混合组成的蓄能系统，能够保证大功率状态下的制动能量回收率。

（4）电机性能　电机具备功能上的可逆性，直流电机和交流电机都具备发电功能，但是各类型电机的发电效率随电机性能不同而呈现巨大差异。由电机外特性曲线可知，电机转矩受到电机转速和电机功率的影响，额定功率越大的电机，在高转速区域才能给出更大的电机转矩。受电机发电能力的限制，电机制动产生的最大制动力矩不能超过当时转速和功率下电机的发电能力。当电机反转在进行再生制动时，其发电能力受到其当前的转速和功率的限制。如果制动需求超过了电机在当前状态下的发电能力，那么电机就不能满足全部的制动需求。在这种情况下，摩擦制动系统需要介入以提供额外的制动力。此外电机工作效率对能量回收量也有影响，在相同转速状态下，工作效率高的电机损耗的能量更少，回收的能量也更多。

（5）控制策略　在车辆自身结构部件、传递过程线路损耗不能改变的情况下，再生制动控制策略对制动能量回收量影响最大。目前提高制动能量回收效率的控制策略分为两种，第一种为从电机特性角度出发，优化提高不同转速下电机的有效发电效率，再构建电机利用效率最高的转矩分配模型；第二种为根据不同制动强度，分配前后轴制动力比例以及分配驱动轴最优的电机制动力比例。在实际应用过程中，因第二种方式相比第一种方式实施更加简单，且成本较低，绝大部分控制策略基于第二种方式进行改进与优化。

（6）行驶工况　汽车制动能量回收受汽车制动频率与制动时长的影响，不同道路工况对汽车加减速的次数与制动时长有不同的要求。在高速道路工况，汽车制动需求少且多为紧急制动，汽车可回收能量少；在城市道路工况，因其复杂多变的道路交通情况，促使汽车有频繁制动的需求且通常制动时间长，故汽车可回收能量多。

4.2.6　制动能量回收系统的发展

再生制动系统的发展面临多个关键挑战，包括与汽车其他系统的匹配协调、能量回收效率、技术融合以及底盘集成控制等。为确保系统高效稳定运行，需要推动行业标准的制定与统一，采用如 CAN 总线等先进通信技术来提高通信效率与可靠性。

（1）制动力控制　由于在制动过程中制动力的控制涉及多种因素，如车辆的质量、速度、道路条件等，因此要准确控制制动力是非常困难的。传统的制动系统通常通过机械方式实现制动力控制，而制动能量回收系统则需要通过电机的反转来产生制动力。因此，要实现精确的制动力控制，需要采用先进的控制策略和技术，例如模糊控制、神经网络控制等。

（2）制动稳定性　由于制动能量回收系统是通过电机的反转来产生制动力的，因此其制动的稳定性受到电机性能和动力电池状态等因素的影响。在某些情况下，由于电机或动力电池的问题，可能会导致制动力不足或制动稳定性下降。因此，要提高再生制动系统的制动稳定性，需要采用先进的电池管理和电机控制技术，例如电池温度管理、电机故障诊断等。

（3）能量回收效率　虽然制动能量回收系统可以回收一部分车辆动能并转化为电能储存到动力电池中，但是其能量回收效率受到多种因素的影响，如车辆速度、道路条件、电池容量等。在某些情况下，由于能量回收效率较低，可能会导致动力电池电量不足或无法满足驾驶人的制动需求。因此，要提高制动能量回收系统的能量回收效率，需要采用先进的动力电池技术和电机控制策略，如优化电池管理算法、提高电机发电效率等。

（4）与汽车其他系统匹配协调　目前汽车的电控单元越来越多，加入再生制动电控单元后，如何与其他单元更和谐地工作，特别是与 ABS、传统制动系统、汽车减振系统以及电机控制系统的匹配问题。底盘集成控制是将车辆的底盘系统（包括制动系统、转向系统、悬架系统等）进行综合控制，以提高车辆的操控性、稳定性和安全性。随着汽车技术的发展，底盘集成控制的重要性日益凸显，将再生制动系统与底盘集成控制进行整合，将再生制动系统的制动感觉、制动力矩等参数与底盘系统的其他参数进行协同调整，以确保车辆在制动过程中的稳定性和操控性，可以实现更高效、更稳定的能量回收和车辆控制。

1）通信与接口问题：再生制动系统需要与车辆的其他系统进行通信，以实现协同工作。这涉及接口的标准化和兼容性问题。不同汽车制造商可能使用不同的通信协议和接口标准，导致再生制动系统与其他系统的集成变得复杂。推动行业标准的制定和统一，确保不同系统之间的通信接口兼容；采用先进的通信技术，如 CAN 总线、LIN 总线等，以提高通信效率和可靠性。

2）动力系统匹配问题：再生制动系统需要与车辆的动力系统进行匹配，以确保在制动过程中不会对动力系统造成过大的冲击。如果再生制动系统的制动力矩与动力系统的输出不匹配，可能导致发动机熄火、变速器过载等问题。通过精确控制再生制动系统的制动力矩，使其与动力系统的输出相匹配；优化动力系统的控制策略，以适应再生制动系统的制动力矩变化。

3）转向系统协同问题：再生制动系统在制动过程中可能会对车辆的转向性能产生影

响。如果再生制动系统的制动力矩过大或过小，可能导致车辆的转向稳定性下降。通过精确控制再生制动系统的制动力矩，确保其在制动过程中不会对车辆的转向性能产生不利影响；优化转向系统的控制策略，以适应再生制动系统的制动力矩变化。

4）与底盘集成控制结合：通过综合控制底盘各系统（制动、转向、悬架等），提升车辆操控性、稳定性和安全性。这一整合过程需解决通信协议兼容、控制策略协调等挑战，采用先进的控制算法与优化策略，确保各系统参数实时监测与调整。

5）安全问题：再生制动系统的发展需要确保安全性。如果再生制动系统的控制策略或硬件出现故障，可能导致车辆在制动过程中出现不稳定或危险情况。加强再生制动系统的安全性和可靠性设计，采用冗余控制策略、故障诊断技术等，确保在出现故障时能够及时采取措施，以避免危险情况发生。

4.3 振动能量回收技术

新能源汽车中，振动能量回收系统主要依赖于先进的悬架系统来实现。传统的悬架系统通常将机械振动能量转化为热能并消耗掉，而具有能量回收功能的悬架系统则能够捕获并利用这部分能量。这种回收系统不仅可以提高能量利用率，还能改善车辆的振动衰减性能。例如，市面上常见的主动式和半主动式悬架系统，可以通过 ECU 和执行器实时调节悬架的性能，从而适应不同的驾驶条件和路况。

目前，新能源汽车振动能量回收主要通过压电发电和馈能式减振器进行振动能量的回收。压电发电机利用压电材料的压电效应来进行机械能与电能之间的转换。压电片比较脆，直接产生的位移有限，常把压电片贴在某种金属片上组成压电振子，这样产生的位移大，响应快。馈能式减振器不是将车身与车轮之间的振动能量直接转化为热能耗散掉，而是转换为其他形式的能量进行利用。

4.3.1 压电与馈能式能量回收

1. 压电式振动能量回收

自 1880 年压电效应被首次发现以来，人类在压电研究方面已取得了显著的进展。1995 年，美国新泽西州普林斯顿海洋动力技术公司的科学家们成功试制出了 1～10kW 的海浪压电发电系统。该系统利用浮体随海浪上下浮动时，锚链内的压电聚合物不断被拉伸和放松的原理，产生低频高压电。该系统的发电成本仅为每度电 1～3 美分，且使用寿命长达 20 年。

1996 年，英国科学家 Williams 和 Yates 提出了一个创新方案，即在振动环境中嵌入压电陶瓷以进行能量采集。这一装置在 70Hz 的振动频率下能产生 $1\mu W$ 的能量，而在 330Hz 的振动频率下则能产生 0.1mW 的能量。通过进一步提高转化效率，有望将更多能量转化为电能。

1998 年，美国麻省理工学院的科学家 Ky-missis 研究了将压电式自供能装置置入鞋垫内的可行性。测试结果显示，压电式冲击机构能产生高达 80mW 的峰值电能，而聚偏氟乙烯（PVDF）材料的峰值电能则能达到 20mW。

2008 年 1 月，东日本铁路公司在东京站八重洲北口进行了"发电地板"的试验。这种白色地板铺设在两台检票机之间，利用乘客走过检票口时产生的振动进行发电。该"发电地板"在车站的铺设面积约为 $90m^2$，一个人通过时产生的电量足以使 100W 灯泡发光 0.01s，一天的电量大约可以点亮灯泡 80min。

我国对压电材料的研究始于 20 世纪 60 年代末。中国科学院上海硅酸盐所与上海精密医疗器材厂合作，成功研发出压电手提式 X 光机电源，能够提供 $U=60kV$，$I=3mA$ 的直流高压电。2007 年，吉林大学的科学家们将压电振子放置在轮胎中，利用振动产生的能量为监测系统供电，实现了系统工作的无源化。

压电材料的振动能量发电主要有 3 种方式：电磁转换、静电转换以及压电转换。依据法拉第电磁感应定律，当闭合回路的磁通量发生变化时，会产生感应电流。然而，由于电感和磁铁通常体积较大，不利于设备的小型化，使振动能量发电的应用受到限制。

随着极板间间距的变化，电容的大小也随之变化，这就是静电转换的原理。电容器的一个极板通过拾取振动并改变上下极板间的距离，将振动的能量转化为静电势能。然而，由于每次工作前都需要进行预充电，且工艺复杂、能量密度较小，因此静电转换的应用也有许多限制。

2. 馈能式减振器振动能量回收

在馈能式减振器研究方面，1990 年，日产公司最早开发出一种新型蓄能式减振器来抑制振动。该减振器的性能与半主动悬架接近，采用压力控制阀与小型蓄能器和液压缸相结合，路面不平导致的振动能量被蓄能器吸收，车身隔振由液力系统的主动阻尼和被动阻尼共同完成。1999 年，Nakano 提出了一种自供电式主动控制，由底盘前悬架上的电机执行器回收振动能量并储存于动力电池内，供给座舱后悬架电机执行器，从而实现主动控制。为了简化系统，2003 年，Nakano 又提出单个直线电机的自供电式主动隔振控制系统，将电机高速运动时的再生能量驱动低速运动时的电机。研究表明，车辆在高速道路上以 96km/h 行驶时，平均每个车轮可以回收 100W 的振动能量。

4.3.2　汽车减振器消耗的能量

由于路面的不平激励，汽车在行驶中车身相对于车轮或车轴产生持续的相对运动。悬架中的弹簧起缓冲作用，是储能元件。为了衰减这种振动，汽车悬架中需要安装减振器，减振器起衰减振动的作用，是阻尼元件，消耗振动能量并转换为热能释放到空气中。实际上，悬架中各杆系的连接球铰或橡胶衬套都具有一定的阻尼作用，但与减振器的阻尼作用相比可以忽略，因此常通过减振器进行振动能量回收。

能量既不能凭空产生，也不会凭空消失。减振器是将车身和车轮相对振动的机械能转换为自身的动能和热能，因此减振器是一个能量转换装置，热能转换的多少反映了减振器阻尼的大小。常见的减振器消耗能量的基本原理可以是摩擦生热，也可以是流体的小孔节流原理。前者对应的就是摩擦减振器，该减振器并不适用于汽车；后者包括常见的液压减振器，其结构简单、性能可控，应用较广；另外还有空气减振器，目前处于研究试用阶段。

传统的液压减振器通过小孔节流作用，衰减车身和车轮的振动能量。在恶劣的路面条件下，比如越野车辆，减振器需要衰减较多的振动机械能，其温度可以达到 100℃ 以上。过高的温度将使密封件失效，造成减振液泄漏，甚至缩短减振器的寿命。过高的温度还会使油液的黏度发生较大的变化，导致减振器的外特性畸变、产生冲击和噪声。

减振器的结构简图如图 4-10 所示，减振器衰减振动能量主要通过伸张阀和压缩阀的小孔节流作用，即油液分子与小孔的孔壁及油液分子之间产生的摩擦力形成减振器的阻尼，这种节流方式会造成减振器发热。补偿阀在复原行程打开进行补偿，预防外特性畸变。油液补偿主要通过上、下腔的压差进行，当油液缸内存在一定的气体后，会产生空程现象。

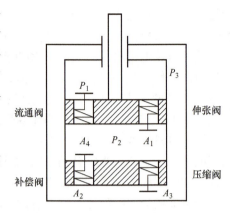

图 4-10　减振器的结构简图

下面以汽车最常用的双筒式液压减振器为例，进行振动能耗计算。由于流通阀和补偿阀的弹簧相对较软，计算中只分析压缩阀和伸张阀的能量消耗。

振动能量的计算过程分为伸张和压缩两部分。设活塞杆的面积为 A_g，活塞面积为 A_h，伸张阀常通孔的面积为 A_{s0}，底阀上压缩阀的常通孔面积为 A_{y0}，伸张阀、补偿阀、压缩阀及流通阀各阀片挠曲变形产生的环形间隙面积为 A_1、A_2、A_3、A_4，$A_i = 2\pi a\omega_i$，$i = 1$，2，3，4，ω_i 为运用大挠曲变形理论求得的各阀片外边缘的挠曲变形，a 为阀片外径。

当车轮相对于车身以速度 v 向下运动时，减振器处于伸张行程，油液由活塞上腔进入下腔的流量 Q_{11}、由补偿阀进入下腔的流量 Q_{12} 及伸张时的阻尼力 F_s 之间有如下关系：

$$\begin{cases} Q_{11} = (A_h - A_g)v \\ Q_{12} = A_g v \\ F_s = p_1(A_h - A_g) - p_2 A_g \end{cases} \tag{4-1}$$

式中，p_1、p_2 分别为上、下腔的压力。

减振器在伸张过程中，伸张阀和补偿阀动作，阀的工作可以分为 3 个阶段：开阀前、阀部分打开和阀全开。

伸张阀未打开时，液流通过伸张阀的常通孔，属于薄壁小孔节流，其流量为

$$Q_{11} = C_d A_{s0} \sqrt{\frac{2(p_1 - p_2)}{\rho}} \tag{4-2}$$

油液通过补偿阀进入活塞下腔的流量为

$$Q_{12} = C_d A_2 \sqrt{\frac{2(p_3 - p_2)}{\rho}} \tag{4-3}$$

式中，p_3 为补偿阀的压力。

将以上公式联立可解得

$$F_{s1} = \left[\frac{(A_h - A_g)}{C_d A_{s0}}\right]^2 \frac{\rho}{2}(A_h - A_g) + \left[\frac{A_g v}{C_d A_2}\right]^2 \frac{\rho}{2} A_g - p_0 A_g \tag{4-4}$$

式中，p_0 为大气压；ρ 为密度；C_d 为流量系数。

当伸张阀部分开启后，多个阀片变形形成环形间隙，油液受到伸张阀的常通孔与环形间隙共同产生阻尼力。为简化计算，阀片变形的节流按照小孔节流计算。

$$Q_{11} = C_d(A_{s0} + A_1) \sqrt{\frac{2(p_1 - p_2)}{\rho}} \tag{4-5}$$

所以有

$$F_{s2} = \left[\frac{(A_h - A_g)v}{C_d(A_{s0} + A_1)} \right]^2 \frac{\rho}{2}(A_h - A_g) + \left[\frac{A_g v}{C_d A_2} \right]^2 \frac{\rho}{2}A_g - p_0 A_g \tag{4-6}$$

当伸张阀开启到最大时，设阀片的变形量为 l_s，形成的环形面积为 $A_1 = \pi d l_s$，d 为伸张阀的直径。与上述的过程类似，计算结果为

$$F_{s3} = \left[\frac{(A_h - A_g)v}{C_d(A_{s0} + \pi d l_s)} \right]^2 \frac{\rho}{2}(A_h - A_g) + \left[\frac{A_g v}{C_d A_2} \right]^2 \frac{\rho}{2}A_g - p_0 A_g \tag{4-7}$$

当汽车车身相对于车轮向下运动时，减振器开始压缩行程。根据流量连续性原理，活塞上腔增加的油液量 Q_{21} 和补偿阀增加的油液量 Q_{22} 等于活塞下腔减少的流量。故有

$$\begin{cases} Q_{21} = (A_h - A_g)v \\ Q_{22} = A_g v \end{cases} \tag{4-8}$$

压缩行程的阻尼力关系为

$$F_y = p_2 A_h - p_1(A_h - A_g) \tag{4-9}$$

与伸张过程类似，压缩过程可以分为压缩阀关闭、部分开启和全开启 3 个过程。压缩阀未开时，液流低速运动，此时压缩阀的常通孔和流通阀的挠曲变形共同节流产生阻尼力，按薄壁小孔节流处理。Q_{21} 和 Q_{22} 分别满足如下关系：

$$\begin{cases} Q_{21} = C_d A_4 \sqrt{\dfrac{2(p_2 - p_1)}{\rho}} \\ Q_{22} = C_d A_{y0} \sqrt{\dfrac{2(p_2 - p_3)}{\rho}} \end{cases} \tag{4-10}$$

将以上公式联立可以求得

$$F_{y1} = \left[\frac{(A_h - A_g)v}{C_d A_4} \right]^2 \frac{\rho}{2}(A_h - A_g) + \left[\frac{A_g v}{C_d A_{y0}} \right]^2 \frac{\rho}{2}A_g + p_0 A_g \tag{4-11}$$

当压缩阀部分开启后，行程与阻尼力满足的关系式为

$$F_{y2} = \left[\frac{(A_h - A_g)v}{C_d A_4} \right]^2 \frac{\rho}{2}(A_h - A_g) + \left[\frac{A_g v}{C_d(A_{y0} + A_3)} \right]^2 \frac{\rho}{2}A_g + p_0 A_g \tag{4-12}$$

当压缩阀开启到最大，设节流阀边缘的最大变形为 l_s，产生的最大环形面积为 $A_3 = \pi d l_y$，d 为压缩阀阀片直径，则减振器的行程与阻尼力满足

$$F_{y3} = \left[\frac{(A_h - A_g)v}{C_d A_4} \right]^2 \frac{\rho}{2}(A_h - A_g) + \left[\frac{A_g v}{C_d(A_{y0} + \pi d l_y)} \right]^2 \frac{\rho}{2}A_g + p_0 A_g \tag{4-13}$$

减振器在运动中，其瞬时速度表示为 $\dot{z}$，则减振器功率为 $P = F\dot{z}$。减振器在一个工作行程中所做的功为

$$W = W_1 + W_2 + W_3 + W_4 + W_5 + W_6 \tag{4-14}$$

其中，

$$W_1 = \int_0^{t_{s1}} \left\{ \left[\frac{(A_h - A_g)\dot{z}}{C_d A_{s0}} \right]^2 \frac{\rho}{2}(A_h - A_g) + \left[\frac{A_g \dot{z}}{C_d A_2} \right]^2 \frac{\rho}{2}A_g - p_0 A_s \right\} \dot{z}\, dt$$

$$W_2 = \int_0^{t_{s2}} \left\{ \left[\frac{(A_h - A_g)\dot{z}}{C_d(A_{s0} + A_1)} \right]^2 \frac{\rho}{2}(A_h - A_g) + \left[\frac{A_g \dot{z}}{C_d A_2} \right]^2 \frac{\rho}{2}A_g - p_0 A_s \right\} \dot{z}\, dt$$

$$W_3 = \int_0^{t_{s3}} \left\{ \left[\frac{(A_h - A_g)\dot{z}}{C_d(A_{s0} + \pi dl_s)} \right]^2 \frac{\rho}{2}(A_h - A_g) + \left[\frac{A_g \dot{z}}{C_d A_2} \right]^2 \frac{\rho}{2} A_g - p_0 A_s \right\} \dot{z} dt$$

$$W_4 = \int_0^{t_{y1}} \left\{ \left[\frac{(A_h - A_g)\dot{z}}{C_d A_4} \right]^2 \frac{\rho}{2}(A_h - A_g) + \left[\frac{A_g \dot{z}}{C_d A_{y0}} \right]^2 \frac{\rho}{2} A_g + p_0 A_s \right\} \dot{z} dt$$

$$W_5 = \int_0^{t_{y2}} \left\{ \left[\frac{(A_h - A_g)\dot{z}}{C_d A_4} \right]^2 \frac{\rho}{2}(A_h - A_g) + \left[\frac{A_g \dot{z}}{C_d(A_{y0} + A_3)} \right]^2 \frac{\rho}{2} A_g + p_0 A_s \right\} \dot{z} dt$$

$$W_6 = \int_0^{t_{y3}} \left\{ \left[\frac{(A_h - A_g)\dot{z}}{C_d A_4} \right]^2 \frac{\rho}{2}(A_h - A_g) + \left[\frac{A_g \dot{z}}{C_d(A_{y0} + \pi dl_y)} \right]^2 \frac{\rho}{2} A_g + p_0 A_s \right\} \dot{z} dt$$

式中，z 为活塞位移，相当于汽车整车模型中的悬架动行程。通过建立整车模型计算出相对动行程及其导数，并将减振器的相关参数代入上式，便可以计算出减振器的阻尼功耗。如果将此能量转化为其他形式的能量并加以利用，减振器可以获得相同大小的阻尼效果，但系统不再发热。尽管振动能量的回收研究始于 20 世纪 90 年代，但尚无真正具有实用价值的解决方案，目前国内外的学者已经越来越关注振动能量的收集。

4.3.3　馈能式减振器系统

汽车在行驶过程中会受到各种外界激励，如道路不平度、制动力以及弯曲道路上的离心力等都会影响车辆的行驶姿态。馈能悬架系统是通过引入馈能单元，在衰减车辆振动的同时可回收由路面冲击引起的车辆振动能量，将其储存并利用，是一种能够回收车辆振动能耗的悬架系统。

根据能量转换形式的不同，馈能悬架可以分为电磁式和液电式两种，其中电磁式又可以根据电机结构的区别分为直线电机和旋转电机两类。直线电机馈能悬架不需要额外的转化机构，旋转电机一般需要通过齿轮齿条或杠杆结构将直线运动转化为旋转运动，它们都具有较高的馈能效率。

2005 年，Bose 公司就推出了产品级的电磁式馈能悬架减振系统，利用电磁力和直线电机抵消道路冲击的同时回收部分能量。在这项技术中，直线电机取代了减振器，线圈通电后可使悬架根据车身的振动不断伸张和收缩。当悬架总成收缩时，直线电机以发电机状态工作，将产生的能量回送给功率放大器，如图 4-11a 所示。但由于安装成本较高，这款产品并未得到大范围推广。近年来，随着电机制造成本的下降，经由 Clear Motion 公司改进，该产品已经开始在货车座椅悬架上得到应用，如图 4-11b 所示。此外，Clear Motion 还推出了基于旋转电机的车用减振器，如图 4-11c 所示。2018 年，Audi 推出了基于旋转电机的馈能悬架减振系统，通过杠杆结构将往复运动转化为旋转运动，从而实现电机馈能，如图 4-11d 所示。

相对于电磁式馈能悬架，液电式馈能悬架的商用产品较少。美国 Levant 公司于 2009 年推出了一款名为 GenShock 的液电式馈能减振器，将液压作动器、液压马达等部件进行了集成设计，使得整个减振器的体积大大减小，如图 4-12a 所示。GenShock 可将商用货车的燃油公里数提高 2%~5%，军车提高 6%，而混合动力电动汽车可将 GenShock 发的电储存起来，最高可节能 10%。武汉理工大学设计了一款名为 HESA 的集成液电式馈能悬架原型机，在 HESA 中集成了两个稳压蓄能器，从而使得流经液压马达的油液更加均匀，并提高了电机工作的连续性，如图 4-12b 所示。

a) Bose基于直线电机的馈能悬架减振器

b) Clear Motion座椅悬架减振器

c) Clear Motion基于旋转电机的馈能悬架减振器

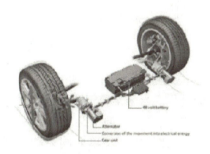

d) Audi基于旋转电机的馈能悬架减振器

图 4-11　电磁式馈能悬架

a) GenShock

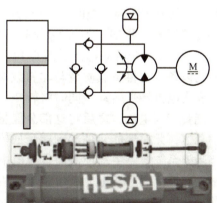

b) HESA

图 4-12　液电式馈能悬架

江苏大学的陈士安、何仁和陆森林等人提出了图4-13所示的能量回收方案。m_1、m_2 为车轴质量与簧载质量，k_1、k_2 为轮胎的等效刚度和弹性元件刚度，z_1、z_2 为车轴位移与簧载质量位移，q 为路面激励，1、2、3、4、5 为单向阀。以液压缸的上腔馈能为例，该馈能悬架装置回收能量包括两个过程：

1）进油过程。当悬架处于伸张过程中，液压油在增压包的作用下从液压油箱经单向阀

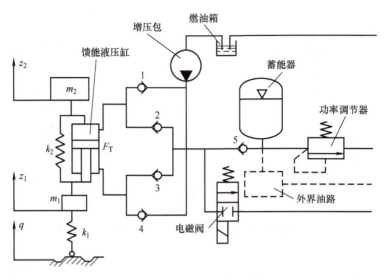

图 4-13　静液式馈能悬架工作原理

1 和相关油管进入到馈能液压缸的上腔，以完成进油过程。

2）馈能过程。当悬架处于压缩过程中，馈能液压缸中的活塞相对于簧载质量有向上运动的趋势，使得上腔产生一定的压力。当此压力能使单向阀 2 和 5 开启时，该压力油经过单向阀 2 和 5 进入液压蓄能器，以完成馈能过程；同时馈能装置向簧载质量提供馈能阻尼力 F_f，蓄能器中积蓄的液压能就可以供汽车上如液压动力转向器等液压耗能元件使用。液压缸中下腔馈能的工作原理与上腔馈能相同，该回收装置的仿真结果表明设计的系统是可行的。

吉林大学的王伟华等人提出了图 4-14 所示的馈能悬架方案。齿轮齿条机构将簧载质量与非簧载质量间的相对直线运动转变为电机转子转动，同时将转矩变为作用力，电机将机械能转变为电能，之后将这部分能量传递给充电电路及动力总线，此时馈能元件起到能量回收和可控阻尼的作用。当悬架系统需要主动控制时，充电电路及动力总线向电机放电，电机输出转矩，经齿轮齿条机构传动将转矩转变为作用在簧载质量与非簧载质量间的垂直作用力，此时馈能元件起执行器的作用。

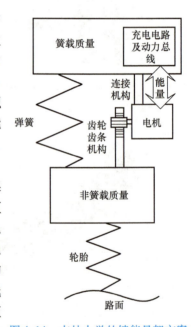

图 4-14　吉林大学的馈能悬架方案

思 考 题

1. 简述新能源汽车能量回收的意义及基本工作原理。
2. 新能源汽车制动能量回收的策略有哪几种？各有什么特点？
3. 新能源汽车制动能量回收系统发展面临的主要问题有哪些？可以从哪些方面进行解决？
4. 简述振动能量回收的形式和特点。

第5章 新能源汽车整车结构及轻量化节能技术

汽车轻量化是指汽车在保持原有的行驶安全性、耐撞性、抗振性以及舒适性等性能不降低，且汽车本身造价合理的前提下，有目标地降低汽车整备质量。对于新能源汽车，持续降低能耗是政策要求也是市场诉求，整车减重能有效提升能量经济性。

新能源汽车主要使用了电池、电机、电控三电系统，三者共同构成了新能源汽车的动力和控制中枢。三电系统的重量较大，对新能源汽车的动力、制动、安全性、续驶能力以及电池消耗能力等产生影响。数据研究表明，新能源汽车自身质量降低20%，能够有效增加5%~10%的续驶能力、节省15%~120%的电池成本，也能够有效降低新能源汽车在日常使用过程中的损耗。在当前环保和节能需求日益迫切的背景下，新能源汽车轻量化已成为全球汽车工业发展的一大趋势。

新能源汽车轻量化节能技术主要有三大途径，即轻量化材料应用、结构优化设计和先进制造工艺。新能源汽车轻量化是设计、材料和先进的加工制造技术的优势集成。轻量化技术不仅可以降低整车质量、减少能耗、延长新能源汽车续驶里程，还可以降低制造成本，推动新能源汽车产业的可持续发展。这一章节将详细介绍新能源汽车轻量化节能技术的作用、研究现状，并介绍新能源汽车轻量化的关键技术、相关实例及其应用前景。

5.1 新能源汽车轻量化的特点与目标

新能源汽车可以通过降低汽车名义密度实现轻量化目标。汽车名义密度是衡量汽车轻量化水平的一个通用指标，反映了同体积大小汽车的质量。汽车名义密度具体计算公式为

$$D = m/V \tag{5-1}$$

式中，D 为名义密度（kg/m^3）；m 为整车质量（kg）；V 为汽车名义体积（m^3）。

名义体积 V 是由车身长、宽、高以及最小离地间隙决定的，其计算公式为

$$V = LB(H + G) \tag{5-2}$$

式中，L 是车身长度（m）；B 是车身宽度（m）；H 是车身高度（m）；G 是最小离地间隙（m）。

新能源汽车的名义密度越大，相同体积状态下的质量也就越大。如果短时间内降低过多的电池能量密度，就无法保证新能源汽车的续驶里程、安全性和电能应用。新能源汽车轻量化可有效提升续驶里程、提升车辆操控性能、降低成本。

5.1.1 新能源汽车轻量化的特点

1. 提升续驶里程

有关统计表明：电动汽车每行驶 1km 需要动力电池质量 1kg。也就是说汽车行驶里程要达到 200km，仅汽车动力电池的质量就高达 200kg。图 5-1 所示为我国新能源汽车与传统燃油车的名义密度对比。由图 5-1 可以看出，新能源汽车产品的名义密度明显偏大，因此更需要通过轻量化技术来平衡使用动力电池带来的质量增加。

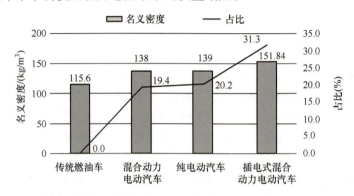

图 5-1　我国新能源汽车与传统燃油车的名义密度对比（紧凑型车）

2. 提升车辆操控性能

物体的惯性与质量直接相关。在汽车领域内，轻量化可以减小车辆的质量，进而减小惯性，使得车辆的运动状态更易改变。无论是加速、制动，还是其他操控，都是改变车辆的运动状态。这意味着在驾驶过程中，轻量化汽车的加速性能、制动性能以及操控性能均会有所提升。

一般来说整车质量越小，操纵性能越好，特别是簧下质量对整车的操控影响更加明显。簧下质量主要包括轮胎（包括轮毂）、制动钳、减振器、弹簧、悬架摆臂、传动半轴、稳定杆等零部件。俗话说"簧下一公斤，簧上十公斤"，即簧下质量减少 1kg，对整车操控等性能的提升，相当于簧上质量减少 10kg。以加速性能为例，加速是通过快速带动轮胎的高速旋转来实现的。例如，Lotus Elise Cup 250 车型就得益于轻量化技术，该车型拥有出色的整备质量和卓越的加速能力。

3. 降低成本

相较于传统燃油车，新能源汽车轻量化具有更大的成本优势。这是因为新能源汽车轻量化可使整车能耗下降，减少动力电池的使用量，而动力电池是新能源汽车成本的重要组成部分，所以轻量化可以显著降低动力电池的成本。

（1）轻量化可使动力电池的电量减小　轻量化有利于降低新能源汽车能耗、降低成本、减少能量损失。新能源汽车尤其是纯电动汽车中动力电池自重大，导致整车质量高于同级别传统燃油车。以特斯拉 Model 3 为例，续驶里程为 556km，整车整备质量 1761kg，其中 60kW·h 的动力电池质量达到 480kg，假设动力电池每 kW·h 的成本为 800 元，则动力电池成本达到 4.8 万元。轻量化可以使能耗下降，达到相同续驶里程所需动力电池的能量更低，动力电池的质量、成本可以进一步降低。整车质量与 NEDC 工况续驶里程、能量消耗率的关系如图 5-2 所示。从图 5-2 中可以看出，减小整车质量，能有效减小整车能量消耗、增加续驶里程。研究表明，只有当每千克轻量化材料的成本高于 16.5 元时，新能源汽车的成本才会增加。

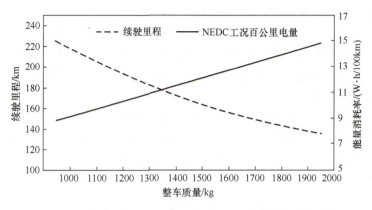

图 5-2　整车质量与 NEDC 工况续驶里程、能量消耗率的关系

（2）轻量化可减少电池包的数量　目前，增加电池包的数量是提升新能源汽车续驶里程最常用的措施，但是整车成本也会随之线性增加。新能源汽车尤其是纯电动汽车中电池包的质量大，导致整车质量高于同级别传统燃油车，如图 5-3 所示。轻量化可以有效解决这一矛盾，从而实现提升续驶里程的目标。汽车达到相同的续驶里程，需要的电池包能量更低，因此电池包的质量、成本可以进一步降低。

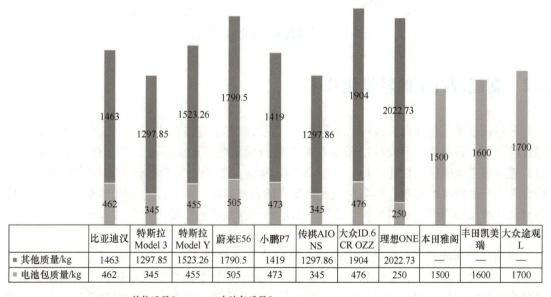

	比亚迪汉	特斯拉 Model 3	特斯拉 Model Y	蔚来E56	小鹏P7	传祺AIO NS	大众ID.6 CR OZZ	理想ONE	本田雅阁	丰田凯美瑞	大众途观L
■ 其他质量/kg	1463	1297.85	1523.26	1790.5	1419	1297.86	1904	2022.73	—	—	—
■ 电池包质量/kg	462	345	455	505	473	345	476	250	1500	1600	1700

■ 其他质量/kg　■ 电池包质量/kg

图 5-3　新能源汽车中电池包质量及占其他质量的比例

（3）轻量化在新能源汽车全生命周期均有效　增加电池包的数量会增加动力电池的容量，但动力电池的容量会随着使用时间的增加而逐渐衰减，汽车的续驶里程提升效果也会慢

慢降低。轻量化提升续驶里程的效果在新能源汽车的全生命周期均有效。

5.1.2 新能源汽车轻量化的目标

理论上来讲，汽车质量越小，惯性就越小。当汽车以相同的初速度制动时，制动器要消耗的能量就越小，制动减速度就越大，制动距离就越短，汽车主动安全性就越好。在汽车发生碰撞时，冲击能量与汽车的质量成正比。所以在同等条件下，汽车质量越小，碰撞时冲击能量就越小，车身结构的变形、侵入量和乘员受到的冲击加速度也就越小，汽车对乘员的保护性能也会越好、越安全。

事实证明，在各种新的设计理念、新技术、新材料和新工艺的集成应用下，完全可以实现安全性、轻量化水平的共同提升。而在采用轻量化技术的同时，许多安全技术也被用在汽车制造中，两者相辅相成，使得现在汽车安全性和轻量化技术快速进步。新能源汽车轻量化的主要目标如图 5-4 所示。

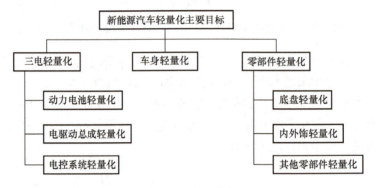

图 5-4　新能源汽车轻量化的主要目标

5.2　新能源汽车的轻量化技术

轻量化技术是包括材料技术、工艺技术、设计技术、连接技术、评价技术等系统集成的综合性工程。轻量化的开发核心是要在整车整备质量的基础上，进行子系统质量指标的分解，进而要考虑整体的性能指标，包括 NVH、加速、制动、安全等方面的综合因素，最后综合考虑产品成本的控制，以实现轻量化技术的合理应用。基于纯电动汽车各系统质量占比和轻量化技术应用可行性的分析，车身、三电和底盘系统的质量占整车的 75%~85%，如图 5-5 所示。

目前对于新能源汽车轻量化的研究主要集中在 4 个方面：车身轻量化、动力电池轻量化、电驱动及传动总成轻量化和其他零部件轻量化。而针对新能源汽车轻量化的措施主要可以分为采用汽车轻量化材料、优化汽车结构设计和优化汽车制造工艺，本节将从这 3 个方面对新能源汽车轻量化技术进行介绍。

5.2.1 材料轻量化技术

车身采用轻量化材料是实现汽车轻量化的重要手段。与传统的材料相比，轻量化材料在

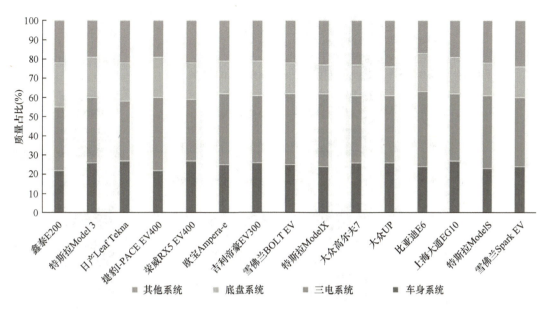

图5-5　纯电动汽车各系统质量占比

物理化学特性等诸方面存在着显著差异，导致在实际应用中，难以完全照搬原有的设计理念和传统的制造技术。因此，新材料的应用绝不是对原有材料的简单替代，而是一个涉及技术、经济、安全和环境等诸多方面复杂的系统工程，需要解决从材料到零部件直至使用维修和回收全过程中所出现的各种问题。

新材料的应用是汽车实现轻量化的关键。轻量化材料的应用能够大幅度减小整车及关键零部件的质量，从而实现汽车节能减排的目标。为实现轻量化，世界各大汽车生产商和材料生产厂家一直致力于轻量化材料的研发，轻量化材料应用的多少已经成为衡量汽车生产技术和新材料开发水平的重要标准之一。其中，常见的汽车轻量化材料有轻质金属材料、纤维增强树脂基复合材料、多孔材料等。现阶段，高强度钢、铝合金、镁合金等轻质金属已在较多车型中规模化应用。而纤维增强树脂基复合材料由于其过于高昂的成本，仅在部分车型中小规模应用，但主流车企以及零部件供应商正在以前瞻性技术储备的方式加大对复合材料汽车零部件研发的投入。此外，多孔材料由于其稳定的变形吸能能力及独特的轻量化效果，被逐渐引入到新一代车身薄壁填充结构及动力电池壳体的设计和开发中。上述轻量化材料在汽车零部件中的典型应用如图5-6所示。表5-1是几种常见车用合金材料力学性能对比。

1. 金属材料

（1）高强度钢　随着材料科学的发展、成形与连接工艺的完善，高强度钢与轻质合金在车身结构上的应用正在逐渐增多，并在一些量产车型上得到大规模应用，部分轻量化金属材料的实车应用如图5-7所示。根据国际钢铁协会的定义，通常将屈服强度介于340～500MPa之间的钢称为高强度钢，其是现阶段实现轻量化的首选材料。目前，高强度钢材料主要用在车身的加强件上，如侧围的AB柱、地板边梁、车门防撞杆等特殊的重要部位。其减重机理是充分利用自身超高强度来减薄钢板的厚度，在实现车身减重的同时，提高车辆的安全性能。高强度钢按照冶金学特征的不同，可分为普通高强度钢和先进高强度钢。相比于传统低合金钢，先进高强度钢具有更大的屈服强度，故通常应用于车身中的承力结构，能够

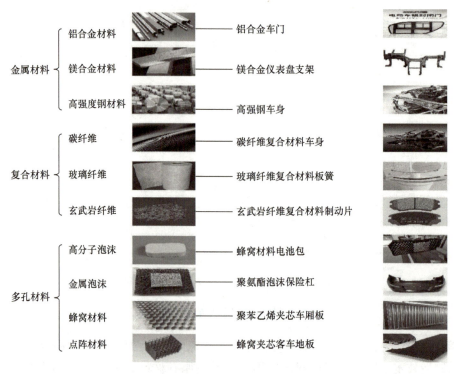

图 5-6　轻量化材料在汽车零部件中的典型应用

表 5-1　几种常见车用合金材料力学性能对比

材料类型	钢	高强度钢	热成形钢	压铸铝合金	压铸镁合金	碳纤维
型号/牌号	Q235	DP590	22MnB5	YL113	AZ91D	T300
密度/(g/cm³)	7.85～8			2.6～2.8	1.82	1.6～2
弹性模量/GPa	200～210			70	45	230
抗拉强度/MPa	370～500	≥590	1400～1600	≥230	≥250	3000
屈服强度/MPa	≥235	340～500	1000～1200	≥170	≥110	≥1600
伸长率（%）	26	22	20	1	3	≥1.5

a) 传祺GS5高强度钢车身　　　　　b) 捷豹XFL全铝车身　　　　　c) 前途K50镁合金仪表盘支架

图 5-7　轻量化金属材料在部分量产车型中的应用

显著减少附加支撑及零部件厚度。然而，随着钢板强度的提升，延伸率显著下降，使其在冲压成形过程中容易发生破裂失效。此外，过低的延伸率还会导致相关结构在碰撞过程中过早发生断裂进而严重降低其承载能力，最终导致整车碰撞安全性能降低。随着屈服强度的提升，高强度钢在复杂几何形状零件成形过程中容易产生严重的回弹现象，从而导致产品的尺寸精度问题。因此，如何平衡先进高强度钢的强度和韧性、提升先进高强度钢的成形质量以及改善碰撞过程中的变形模式，是车身零部件轻量化设计及制造过程中亟待解决的关键问题之一。另外，随着钢板强度的提升，高强度钢的焊接性能变差，焊接工艺参数与普通低碳钢存在较大差异。为了应对上述挑战，国内外钢铁公司致力于开发新一代应变硬化率和延伸率更高的先进高强度钢材料。近年来，随着我国自主品牌的崛起，高强度钢在某些国产车型的应用占比已经达到70%以上，显著提升了整车的轻量化水平。

高强度钢与车身轻量化的关系最为密切，是车身轻量化后保证碰撞安全的最主要的材料，高强度钢的用量直接决定着车身轻量化的水平。高强度钢的使用不仅可以有效减小车身质量，还可以提高车身结构的强度、刚度和被动安全性，并能节省原材料消耗。使用高强度钢的具体优点如下：

1）加工硬化（或应变硬化率）比普通钢板高，可以吸收更多的冲击能量，因此用于底盘的前后纵梁等处和要求高强度、耐久性部位，可以提高汽车的安全性。

2）可减小零件的质量。一些资料表明，若钢板的强度提高40~50MPa，车身外板制件的板厚可减小10%~15%，车身内部制件的板厚可减小20%左右。

3）用于车身外部件，除了可减薄零件的厚度外，由于具有烘烤硬化性，在经过油漆烘烤后，还可以增强零件表面硬度，提高外表面制件的抗凹陷性能。

（2）铝合金　与传统钢材相比，铝合金具有质量小、耐蚀性好、易于加工等优势。纯铝有很好的防腐性能，但力学性能太低。当加入少量的其他合金元素后，铝的物理性能就会大大提高，加入的主要合金元素是铜、钛、锰、硅、镁和锌。铝合金的密度是钢的1/3，比吸能是钢的2倍，碰撞时对能量的吸收效果更好，且易于加工成形。铝合金的比强度、比刚度高，耐蚀性、耐磨性好，且铝制品回收的再利用率高达90%。随着汽车轻量化水平的不断提升，铝合金在汽车零部件中的应用占比逐年上升。铝合金汽车零部件的制造技术主要包括铸造、轧制、挤压和锻造4大类。其中，铝合金铸件和轧制件占比最大。目前，国内外的中高级轿车，如捷豹XJ、奥迪A8、奥迪Q7、特斯拉Model S、蔚来ES6等均采用全铝车身。然而，相比于普通钢材，铝合金的材料成本依然较高、成型及焊接难度也较大、修复技术仍不成熟，制约了铝合金在汽车工业的进一步大规模应用。采用钢/铝混合材料开展汽车轻量化设计能够更好地平衡成本、工艺与性能之间的关系，如特斯拉Model 3、奥迪A6、凯迪拉克CT6等均采用钢-铝混合车身结构。相比于传统钢制汽车零部件，铝合金铸件可显著减少零件的数量及生产工序，从而提高生产效率。并且结合真空高压压铸技术，产品内部气孔缺陷明显降低，综合性能较优，已逐渐推广应用至中高端汽车的减振塔、前纵梁、A柱、后纵梁、后轮罩等。此外，特斯拉开发出免热处理一体式真空高压压铸工艺，并成功应用在Model Y的后地板上，实现了后地板总成的集成化设计，可大幅减少零部件和焊点数量。

随着铝合金压铸件的集成化程度不断提高，新型压铸合金的开发应朝着提升强度和（或）韧性，具有良好的流动性和铸造性能的方向发展。铝制产品在车身应用减重率可达到50%左右，在满足车身性能条件下，可以大大减小车身质量，实现车身轻量化。

铝合金根据合金元素的含量和加工工艺性能特征的不同，一般分为铸造铝合金和变形铝合金。

铸造铝合金是直接用铸造方法浇注或压铸成零件或毛坯的铝合金，合金元素的质量分数在 8%~25% 。铸造铝合金主要用于制造离合器壳体、变速器壳体、后桥壳体、转向器壳体、摇臂盖、正时齿轮壳体等壳体类零件和发动机部件以及保险杠、轮辋、发动机框架、转向节液压泵体、制动钳、制动油缸及制动盘等非发动机结构件。

变形铝合金是经熔炼铸成铸锭后，再经过挤压加工形成各种型材、棒材、管材和板材。变形铝合金中合金元素含量比较低，常用的变形铝合金中合金元素总量小于 5%，但在高强度变形铝合金中可达 8%~14%。变形铝合金在汽车上主要用于制造保险杠、发动机罩、车门、行李舱盖等车身面板，以及车轮的轮辐、轮毂罩、车轮外饰罩、制动器总成的保护罩、消声罩、防抱死制动系统、热交换器、车身框架、座椅骨架、车厢底板等结构件和仪表板等装饰件。变形铝合金可以根据其所含的合金元素进行分类。世界铝业协会采用 4 位数字定义变形铝合金系列，其中第一个数字表示主要的合金元素或其他合金元素，见表 5-2。

表 5-2 变形铝合金系列

变形铝合金系列	主要合金元素	种类
1000 系	无（99% 以上的纯铝）	非热处理型合金可变形硬化
3000 系	锰（Al-Mn 合金）	
4000 系	硅（Al-Si 合金）	
5000 系	镁（Al-Cu-Mn 合金）	
2000 系	铜（Al-Cu-Mg 合金）	热处理型合金
6000 系	镁和硅（Al-Mg-Si 合金）	
7000 系	锌（Al-Zn-Mg 合金）	

作为新型轻量化材料，铝合金在汽车制造领域得到了广泛应用，从车轮等零部件逐渐扩展到车身、车门和车盖。奥迪 A8、捷豹 XJ 等车型已经实现了全铝车身，其框架为立体结构，外覆盖件为铝板冲压，与同类的钢制车身对比，车身质量减小了 30%~50%，油耗降低了 8%~15%。

铝合金虽然具有质量小的优点，但是要想在大量生产的车身结构中应用，还需要很好地解决如下问题：

1）由于铝材抗拉强度、屈服强度和弹性极限都比钢材低，应考虑能否满足相当于钢制车身的安全性、耐久性和 NVH 性能。

2）由于铝材的伸长率大大低于钢材，应考虑零件能否采用冲压成形的加工方法。

3）由于铝材的导电性、导热性比钢材高很多，应考虑能否采用高速连接的电焊加工方法。

4）铝的成本是钢的 5~6 倍，应考虑能否做到将车辆的成本控制在一个合理的范围内。

（3）镁合金　镁合金是以镁为基础加入其他元素组成的合金。镁合金是密度最小的一种金属材料，约为铝合金的 2/3，其比强度和比刚度都高于铝合金和钢。比强度约为铝的 1.8 倍，有较高的稳定性，稳定的断面收缩率，铸件和加工件尺寸精度高，具有良好的阻尼系数，良好的减振降噪性能；电磁屏蔽性好，尤其适用于电磁干扰严重的电动汽车；与塑料相比，可回收性能好；切削加工性能极好；铸造成型性能好，镁合金铸件最小壁厚可达 0.6mm，而铝合金为 1.2~1.5mm。镁合金大部分以压铸件的形式在汽车上应用，镁压铸件的生产效率比铝高 30%~50% 。

镁合金可以分为铸造镁合金和变形镁合金。

镁合金因其较高的比强度、比刚度，被认为是当今最具潜力的汽车轻量化金属材料之一。随着国内外相关研究计划的开展和技术攻关，镁合金在汽车零部件的应用占比逐年提升，已被广泛应用于转向盘骨架、变速器箱体、仪表板及支架、座椅骨架等零部件，其中绝大多数零部件采用压铸成型工艺。变形镁合金的研究开发严重滞后，不能适应不同应用场合的要求。汽车用镁合金材料目前以铸造镁合金为主，占汽车用镁量的90%以上。目前汽车用铸造镁合金主要有4大系列，分别是AM（Mg-Al）系、AZ（Mg-Al-Zn）系、AS（Mg-Al-Si）系、AE（Mg-Re）系，其力学性能见表5-3。铸造镁合金在汽车上的应用大致可分为两大类：一是无须承受大的载荷的非结构件，如变速器壳体、进气歧管和油底壳等壳体类零件；另一类是需要承载的结构件，如转向盘、仪表板、座椅框架、座椅等。与压铸镁合金相比，采用轧制或挤压方式制备的变形镁合金具有更高的屈服强度和延伸率，且生产效率较高，展现出广泛的应用前景。然而，与传统钢材和铝合金相比，变形镁合金具有明显的拉压非对称性，且力学性能具有较为明显的各向异性，这对变形镁合金构件的结构设计带来了巨大的挑战。

表5-3　铸造镁合金的力学性能

牌号	抗拉强度 /MPa	屈服强度 /MPa	延伸率 （%）	疲劳强度 /MPa	布氏硬度 /HB	弹性模量 /GPa	减振系数 （%）
AZ91D	240	160	3	50～70	70	45	25
AM60B	225	130	8	50～70	65	43	45
AM50A	210	125	10	—	60	45	—
AS41A	215	140	6	50～70	60	45	—
AS21	172	110	4	—	63	45	60
AE42	230	145	10	—	60	45	—

变形镁合金包括型材、板材等延性镁合金，主要有 Mg-Al-Zn 系合金和 Mg-Mn-Zr 系合金两大类，以 AZ31 为主。变形镁合金主要用于车身组件的外板、车门窗框架、座椅框架、底盘框架、车身框架等。变形镁合金在车身上的应用有很大的潜力。

镁合金因其显著的减重效果、良好的铸造和尺寸稳定性、优良的抗振性及可回收再生等特性，已成为汽车制造业最具潜力的结构材料。特别是大力提倡发展低碳经济的今天，镁合金是汽车轻量化中取代钢铁及部分铝合金的首选材料，各国也把单车镁合金用量作为汽车先进性的标志之一。

（4）钛合金　钛合金是以钛为基础加入其他元素组成的合金。钛的密度为 $4.5 g/cm^3$，具有比强度高、高温强度高和耐腐蚀等优点。用 $α+β$ 系钛合金制造的发动机连杆，强度相当于 45 钢调质的水平，而质量可以降低30%；$β$ 系钛合金经强冷加工和时效处理，强度可达 2000MPa，可用来制造悬架弹簧、气门弹簧和气门等，与抗拉强度为 2100MPa 的高强度钢相比，钛弹簧可降重20%。由于钛的价格昂贵，只在赛车和个别豪华车上有少量应用。

2. 纤维增强复合材料

由于纤维增强复合材料具有良好的力学性能、抗疲劳与耐腐蚀特性以及优异的减重效果，因此其被视为新一代汽车轻量化材料。纤维增强树脂基复合材料（FRP）是以纤维为增强体，热塑性或热固性树脂作为基体的复合材料。按照增强体长度可将 FRP 分为短纤复合材料（平均纤维长度短于 10mm）、长纤复合材料（平均纤维长度大于 10mm）及连续纤维复合材料（单向纤维或织物）。常用于汽车零部件制造的 FRP 主要包括碳纤维复合材料（CFRP）、玻璃纤维复合材料（GFRP）、玄武岩纤维复合材料（BFRP）、天然纤维复合材料（NFRP）等。

碳纤维复合材料（CFRP）是一种高强度、高模量的先进轻量化材料，其薄壁构件还具有出色的抗冲击及能量吸收特性，碰撞吸能效率可达铝合金构件的 2 倍以上。它的强度比钢大，密度比铝小，具有极好的电学、热学和力学性能。碳纤维和碳纤维增强复合材料作为 21 世纪的新材料，具有强度高、质量小、耐腐蚀等优势，多年前就已应用于赛车领域，目前已开始逐步应用到新能源汽车领域。在众多车企中，宝马公司是将 CFRP 应用于车身轻量化设计的先行者，I3 和 I8 车身结构均大量使用了 CFRP，其中 I3 的整备质量仅有 1224kg，实现减重近 300kg；奥迪 A8 采用 CFRP 设计了车身后围结构，减重达到 50%。近年来，我国车企如奇瑞、蔚来和小鹏等也纷纷加入 CFRP 车身构件的设计和研发中，小鹏 P7 安装了 CFRP 尾翼，蔚来 ES6 研发了 CFRP 座椅底板总成。尽管 CFRP 已逐渐应用于汽车零部件设计及开发中，但依然存在韧性差、材料成本高等问题，故目前尚无法完全替代金属车身构件。为弥补上述不足，宝马 7 系将 CFRP 与低成本、高韧性的金属材料相结合组成金属/CFRP 混合材料，比上一代车型减重 230kg，从而更好地实现了性能、成本、轻量化三重平衡设计。由于碳纤维增强复合材料有足够的强度和刚度，因此其是制造汽车车身和底盘等主要结构件最轻的材料。预计碳纤维复合材料的应用可使汽车车身、底盘减小质量 40%～60%，相当于钢结构质量的 1/6～1/3。未来，兰博基尼几乎所有的新车型车身都将使用碳纤维材料，以大幅降低车身质量。

相比于 CFRP，GFRP 的强度、模量与减重效果稍逊一筹，但其比刚度、比强度仍优于传统金属材料，而且具有成本更低、韧性较高及加工性能良好等优点，在汽车零部件轻量化设计中显示出广阔前景。短玻纤复合材料（GMT）和长玻纤复合材料（LFT）是 2 种应用较为广泛的 GFRP，相比于连续玻纤热塑性复合材料（CoGFRP），GMT 和 LFT 纤维长度较短，成型灵活度大，可通过模压或注塑工艺制备具有复杂形状的汽车零部件。GMT 的基体通常为热塑性树脂，如 PP、PET、PA、PC 等。GMT 被广泛用于座椅骨架、保险杠、仪表盘、发动机舱盖、电池托架、行李托架、车顶棚等。马自达 3 和福特 C-Max 车型均成功开发了 GMT 仪表板框架，在不额外增加成本的前提下，取得了显著的减重效果。LFT 丰富了 GFRP 的应用范围，捷豹研制了长玻纤热塑性复合材料门板，减重的同时显著提升了抗冲击性能。福特在前端模块中使用了长玻纤增强聚丙烯，实现了结构减重和成本降低的双重目标。

玄武岩纤维是以天然矿石为原料，经高温熔制、拉丝、络纱、织布等工艺制造而成，其力学性能与玻璃纤维接近，玄武岩纤维在隔热隔声方面性能更为优越。此外，玄武岩纤维在生产过程中产生的废弃物较少，对环境污染小，废品也可自动降解，上述优异特性促进了其在汽车工业的快速发展。德国 EDAG 车厂曾推出一款 Light Car 概念车，该车使用 BFRP 进行车身设计，其质量比 GFRP 车身减少了 30%，而且可以实现 100% 回收利用；俄罗斯 Yo-motor 公司推出的城市电动汽车，其车身材料为 BFRP，质量只有 700kg；红旗汽车首次将 BFRP 应用于汽车螺旋弹簧，实现减重 49%。值得注意的是，BFRP 与 GFRP 的密度均相对较大，其力学性能与轻量化效果较 CFRP 而言相对较差。另外，BFRP 的抗老化性能差，其构件耐久性不强，这也限制了其规模化应用。

以麻纤维、竹纤维为代表的天然纤维具有可回收、易降解的特点，与热塑性聚合物结合所制成的天然纤维复合材料（NFRP），具有密度小、成本低及可回收等优点，其产品在全生命周期内碳排放量非常少，符合"低碳环保"的时代要求，是汽车轻量化的理想材料。NFRP 已在欧美国家广泛应用数十年，奔驰 E 级轿车与宝马 5 系列轿车车门板均采用了NFRP；福特首款全电动汽车 Focus electric 采用了 NFRP 制备了行李舱承重底板。目前 NFRP在汽车上的应用包括车门内板、车厢内衬板、车顶棚、仪表板等。天然纤维的强度和模量等力学性能通常比碳纤维和玻璃纤维差，而且更为蓬松柔软，成型过程中容易出现气孔和起皱等缺陷，另外，天然纤维的表面与大多数热塑性聚合物界面难以融合，这也对 NFRP 车身零部件的制备带来了极大的困难。

尽管纤维增强复合材料（FRP）展现出了极大的轻量化潜力，但其在应用过程中仍面临着材料成本过高、成形周期较长、连接技术不成熟以及传统优化方法难以适用等挑战，严重阻碍了其在汽车工业中的大规模应用。因此，需要从以下几个方面进一步突破制约其大规模应用的技术壁垒：①开发低成本、高强度、环境友好的新型复合材料及其配套的高效制造工艺；②通过降低成本、高韧性的金属或纤维材料与碳纤维材料混杂使用来弥补碳纤维的不足，利用不同材料间的混杂效应进一步提升构件的承载性能；③开展复合工艺（如"模压-注塑""模压-3D 打印"一体化成形）及其制造装备研究，通过在复合材料汽车零部件表面增加加强筋等复杂特征，进一步提升其承载性能；④探索纤维增强复合材料的多尺度、一体化设计方法，充分挖掘并发挥其优异的力学性能和减重潜力，进一步提升其汽车零部件的轻量化设计水平。2019—2022 年，美国福特公司联合美国西北大学围绕汽车轻量化用碳纤维复合材料（包括短切碳纤维、单向碳纤维和机织碳纤维）的力学性能、本构模型、成形工艺、连接技术及结构性能等进行了系统研究，提出了复合材料开发集成计算材料工程技术（Integrated Computational Materials Engineering，ICME），形成了纤维增强复合材料车身零部件的"材料-结构"一体化、"工艺-性能"全耦合设计方法，极大地提升了碳纤维复合材料汽车零部件的设计水平，为汽车行业开展复合材料零部件研发及应用提供了宝贵的借鉴意义。

3. 塑料和复合材料

为满足轻量化、防腐、美观性等要求，应用于车身轻量化的非金属材料主要有工程塑料和复合材料两类。工程塑料主要包括聚乙烯（PE）、聚氯乙烯（PVC）、聚酰胺（PA，俗称尼龙）等，具有密度低、防腐、防振效果好、成形优良等特点，通过气辅成形（GAM）、水辅成形（WAM）、双组分注塑成形（DAM）等成形技术的加工制造，广泛用于保险杠、翼子板及整车内外饰等汽车零部件；复合材料由两种或两种以上的材料组合，通常由基体和增强体两部分构成，增强材料主要包括纤维类和高分子类材料。复合材料具有低密度、高强度和较好的耐高温、耐蚀性等特点，主要用于汽车悬架、车架等车身构件中。

根据《节能与新能源汽车技术路线图 2.0》，我国近期以完善高强度钢应用为体系重点，中期以形成轻质合金应用体系为方向，远期形成多材料混合应用体系为目标，不同于传统技术路线把整车整备质量和轻质材料应用作为衡量标准，而是将整车轻量化系数、载质量利用系数、挂牵比等作为衡量整车轻量化水平的依据。到 2035 年，预计电动乘用车整车轻量化系数降低35%。

5.2.2 结构轻量化技术

结构优化设计是一门新兴的学科，其研究内容是把数学规划与力学分析方法结合起来，以计算机为工具，建立一套科学、系统、可靠而又高效的方法。传统设计方法多采用经验、类比、许多假设和简化推导的计算公式。利用有限元分析方法，结构优化设计克服了传统设计方法的局限，使得结构设计由校验设计变为主动改善设计，提高了设计的快速性和精准性。结构优化设计已经在车身设计方面得到了广泛的应用。从研究层面上看，结构优化设计已经从简单的桁架设计发展到了梁、板、壳等多种复杂形式的结构设计；设计变量有连续的，也有离散的；目标函数从单目标发展到多目标；约束变量从最初的应力、位移等发展到稳定性、动态特性等。

汽车结构轻量化技术是利用CAD、CAE技术，通过集成化设计，对汽车结构进行拓扑、形貌和尺寸优化来减小汽车的质量。拓扑优化也称为结构布局优化，是在设计空间中寻找最佳的结构形式或最优的传力路径，以提高材料的利用率，达到优化性能和减小质量的效果。形貌优化既可改变结构的尺寸，也可改变结构的形状，在满足设计要求的前提下优化结构的边界形状，从而改善性能和减小质量。尺寸优化设计是在给定结构的类型、材料、拓扑结构的情况下，优化结构截面尺寸，使结构质量最小、体积最小。

车身结构轻量化设计涉及多个性能指标，如模态、刚度、碰撞安全和性能等，在车身结构设计中，每项性能又涉及多个相互矛盾的考察指标。如在耐撞性优化设计中，有效总吸能和比吸能应尽可能大，在减小碰撞过程中乘员伤害的同时，平均压溃载荷和最大压溃载荷应该尽可能小。因为过高的压溃载荷必然导致过大的减速度，从而带来乘员的伤害。汽车车身结构正面碰撞性能，既要求车身结构，尤其是保险杆横梁、前纵梁等发生预期的变形，吸收尽可能多的碰撞动能，又要求传至乘员舱的碰撞力和加速度波形处于理想的范围之内，以保持乘员舱的完整性，减少乘员的伤害风险，同时又要求结构设计轻量化、制造成本较低。因此车身结构轻量化设计和优化也是一个多目标优化问题，如图5-8所示。

结构优化可以按设计变量的类型划分成4个层次，即尺寸优化、形状优化、拓扑优化和多学科优化。

1. 尺寸优化

尺寸优化是指在给定结构的类型、材料、布局和外形几何的前提下，优化各个组成构件的截面尺寸，使结构质量最小或制造成本最经济。例如，对节点位置已定的桁架结构，求各梁的最优截面尺寸；对几何形状已定的平面板结构，求各部位的最佳厚度等，如图5-9所示。

尺寸优化是最早发展起来、最容易实现的优化技术，目前比较成熟。很多商业有限元软件都有该模块，使用起来比较方便，可进行静力学（如质量、应力、变形等）及动力学问题（如固有频率及振型）优化。

2. 形状优化

形状优化是指在结构的类型、材料、布局已定的前提下，对结构的几何形状进行优化。例如，对布局已定的桁架的节点位置进行优化、对连续体的边界形状进行优化、对实体结构内部开孔的尺寸及形状进行优化等，如图5-10所示。

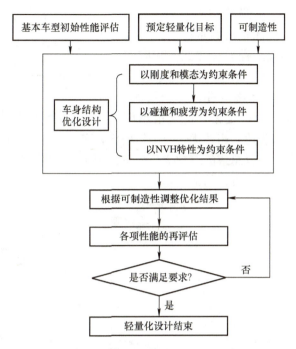

图 5-8　汽车车身结构轻量化设计流程

形貌优化是形状优化的一种特例,一般指在板形结构中寻找最优的加强肋分布,用于设计薄壁结构的强化压痕,在减小结构质量的同时,能满足强度、频率等要求。形貌优化不删除材料,而是在可设计区域中根据节点的扰动生成加强肋。

3. 拓扑优化

尺寸优化、形状优化和形貌优化都是在结构布局已经决定的情况下进行的,优化设计能产生的效果也限定在布局之内,并不能改变结构的拓扑形式。因此,应该在结构设计的概念设计阶段引入结构优化,即拓扑优化。

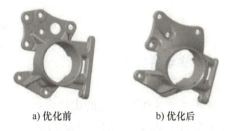

a) 优化前　　　　b) 优化后

图 5-9　尺寸优化设计实例

优化前　　　优化后　　　优化前　　　优化后

图 5-10　形状优化设计实例

拓扑优化方法是在一个给定的空间区域内,依据已知的外载荷及支承等约束条件,寻找承受单载荷或多载荷的物体的最佳结构材料分配方案,从而使结构的刚度达到最大或使输出位移、应力等达到规定要求的一种结构设计方法,是有限元分析和优化方法有机结合的新方法,如图 5-11 所示。由于拓扑优化设计自由度大,所以通常用于车身设计初期和概念设计阶段。

拓扑优化可以获得一个最佳结构布局——最佳的载荷路径，在这个最优布局的基础上，可以按照真实的设计需求形成工程设计方案，并应用更精确的尺寸优化和形状优化工具来优化这个设计方案。拓扑优化比形状优化更进了一个层次，其难度也大大增加，主要原因是拓扑优化很难用

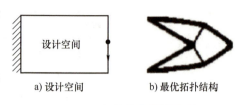

a) 设计空间　　b) 最优拓扑结构

图 5-11　拓扑优化设计原理

通用且准确的解析方式来表达。拓扑优化技术目前已在车身部件的结构设计中得到了广泛的应用，同时在整车及车架等分总成的结构优化中也得到了初步的应用。图 5-12 所示为 Altair 公司对悬架横臂进行拓扑优化设计的案例。

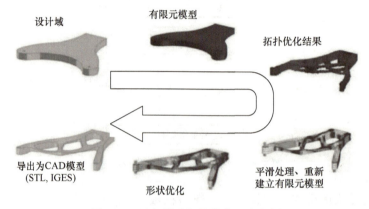

图 5-12　悬架横臂拓扑优化设计案例

4. 多学科优化

汽车轻量化设计是一个涉及材料、工艺、结构及性能等多个学科的优化过程，各个零部件、子系统及整车质量的优化设计贯穿整车研制的全过程。传统的串行优化设计方法难以兼顾多个模块或系统之间的复杂耦合作用问题，通过多学科优化（Multidisciplinary Design Optimization，MDO）方法可以更全面地对汽车零部件和整车系统进行轻量化设计。为更好地应对汽车轻量化发展所面临的成本、工艺和性能约束及不同系统的复杂耦合作用等挑战，未来多学科设计优化仍需不断改进优化算法，使其求解速度更快、结果更为可靠。同时，可通过将多学科设计优化方法与传统的尺寸、形状及拓扑优化方法融合，充分挖掘产品的性能潜力并进一步提升其轻量化效果。

当前，拓扑优化、尺寸和形状优化以及多学科优化设计方法在车身轻量化设计过程中发挥了巨大的作用。基于自然界中生物结构的启发及上述多样优化设计方法的支撑，不断产生了大量的先进结构（如多胞薄壁结构、仿生螺旋结构等）。以往由于受到材料特性和制造工艺等因素的制约，出现了许多先进结构仅仅停留在仿真预测层面，但在实际生产中无法准确制备的尴尬处境，使得优化效果大打折扣。伴随着先进轻量化材料（铝合金、复合材料等）和新型制造技术（压铸一体化技术、增材制造技术等）的不断涌现，使得优化设计方法不再是纸上谈兵，使快速实现具有复杂特征的汽车零部件的精确制备逐渐成为可能。例如，特斯拉采用压铸工艺一体化成型制造了铝合金车身后地板，将原来 70 个零部件化整为零，缩减至一个零部件，极大地简化了工艺流程、节约了制造成本。而且车身后地板中出现了大量

的多胞结构和加强筋特征，在实现减重的同时还显著提升了其整体的力学性能。另外，对于拓扑优化，我国当前的研究成果主要是基于欧洲和美国所开发的优化软件，尚缺乏自主研发的优化软件，导致我国的拓扑优化工作仍受制于人，未来仍需加强对国产自主优化软件研发的投入。

5.2.3 工艺轻量化技术

制造工艺是轻质材料和先进结构的基石，确保了各类轻质材料和结构可以在汽车上应用，促进了汽车行业的发展。轻量化制造技术指的是以车身轻量化设计为基础，在综合考虑所采用轻量化材料的特性和产品控制成本要求的前提下而采用的制造技术。近年来，汽车制造工艺不断涌现，并获得了极大的发展，汽车制造工艺可分为成形工艺和连接工艺，如图 5-13 所示。

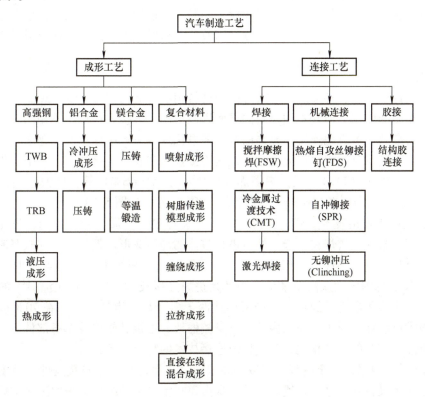

图 5-13 汽车制造工艺

1. 成形工艺

（1）液压成形技术　液压成形技术主要用来加工管件，使之成为具有异型截面的构件，以代替实心构件。在不提高材料成本的前提下，液压成形技术既可减小质量又可充分利用材料的强度和刚度。目前，应用液压成形技术的汽车零部件主要有发动机系统零件，如进气歧管、排气歧管、发动机托架、涡轮增压系统元件等；悬吊系统零件，如发动机支承架、传动轴元件等；车身结构件，如底盘、车顶支架、侧门横梁等；其他类，如座椅框架及散热器支架等。据统计，液压成形件比冲压件平均成本可降低 15% ~ 20%、模具费用降低 20% ~ 30%，成形后的零件可减重 30%。

（2）三维辊压成形　三维辊压成形是以轻量化和一体化为特征的一种三维空心变截面轻体构件的新型辊压成形技术。采用高强度钢辊压成形技术加工出的变截面车身零部件，如各种形状复杂的轴杆、阀门芯和特殊紧固件等产品，可大幅度提高承载能力，充分发挥材料的利用率，减小结构质量，降低零件生产成本，提高生产效率。

（3）电磁成形技术　电磁成形是利用电流通过线圈所产生的磁场，在磁力作用下，使坯料产生塑性变形的一种成型方法。电磁成形属于一种快速成形技术，成形时间约 $100\mu s$。电磁成形适用于铝、镁、钢等材料，具有如下优点：工装简单；易于成形；加工质量好，工件回弹很小，表面粗糙度低，重复性好；加工成本低，可将成形、翻边、拉深、冲孔等工序复合为单一工序；可实现无接触加工，不需要润滑和后续的清理工序；生产效率高；易于实现加工过程的机械化与自动化。

（4）其他成形技术　其他成形工艺包括半固态成形、高真空压铸、等温挤压、等温锻造、不等厚度轧制工艺、复合材料注射成形工艺等。通过计算机仿真设计，极大地改善了轻合金的精确高效成形性能，可实现高精度、高效率的精确成形制造，从而获得预期的材料组织性能与成形质量。

2. 连接工艺

轻量化设计中存在一种理念——将合适的材料用在合适的位置，这一理念促进了多种轻质材料在整车中的应用。但是不同材料的界面属性不同，连接方法也各不相同，如何将不同轻质材料进行高效、可靠地连接仍是当前汽车轻量化发展过程中面临的难题之一。汽车连接技术根据原理不同可分为焊接连接技术、机械连接技术和胶接连接技术。其中，焊接连接技术主要包括激光焊接（LW）、搅拌摩擦焊（FSW）、点焊（SW）等；机械连接包括自冲铆接（SPR）、无铆冲压连接、热熔自攻丝铆接（FDS）等，如图 5-14 所示。

（1）激光拼焊连接技术　激光拼焊（TWB）将厚度、材质、冲压性能、强度和表面处理等状况不同的板坯先拼焊在一起，然后进行整体的冲压成形。据统计，在汽车制造中采用激光拼焊板材后，可使零件质量相对减小 24%、零件数量减少 19%、焊点减少 49%、生产效率提高 21%。德国的大众汽车最早采用激光拼焊连接技术，宝钢是亚洲最大的激光拼焊公司，拥有二十余条激光拼焊线，年产板坯达两千多万片，市场占有率在 70% 以上。激光拼焊连接技术已经被广泛用于车门内板、车身侧框架、地板和轮罩等车身部件。

与传统点焊工艺的产品相比，激光拼焊连接技术的特点如下：

1）减少零件数量。由于拼焊板可以一体成形，从而提高了车身覆盖件的精度，并减少了大量冲压加工设备和工序。一辆汽车的车身由 300 多种零件组成，采用激光拼焊连接技术可使零件数量减少 66%，因此大大减少了模具数量，提高了材料的利用率。

2）减小结构件的质量。由于将不同厚度的板料焊接在一起，一次冲压成型，不再需要焊接加强板，因此可以降低钢材消耗，减小结构质量。

3）改进车身结构的安全性能和耐久性。激光拼焊连接技术目前可以广泛应用于车门内板、前纵梁、地板、侧围总成及侧围部件（如 B 柱）等处。

（2）机械连接技术　热熔自攻丝铆接（FDS）可连接超高强度钢、铝镁合金、复合材料和异种材料。其工艺原理是通过高速旋转的螺钉软化、挤压并旋入待连接板，形成板材与螺钉之间的螺纹连接。自冲铆接（SPR）是通过铆钉在穿过第一层材料和中间材料后，在底层材料中流动和延展并形成塑性变形的铆钉连接过程。由于 SPR 具有能耗低、不破坏涂

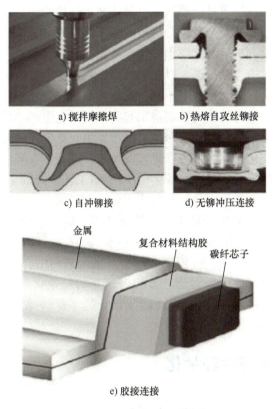

a) 搅拌摩擦焊　　　　　　　b) 热熔自攻丝铆接

c) 自冲铆接　　　　　　　　d) 无铆冲压连接

e) 胶接连接

图 5-14　典型薄板连接技术

层、冲铆一次完成的优点，可实现同种材料和异种材料（高强度钢、铝镁合金、复合材料）之间的双层或多层连接。无铆冲压连接是一种多材料机械连接技术，其原理是通过板材的塑性变形使得板材镶嵌在一起，主要用于难以焊接的轻质材料的连接，如钢铝、镁合金、钛合金和复合材料等。

（3）胶接连接技术　胶接连接技术是利用界面间机械结合力、物理吸附力和化学键合力来实现连接，不仅可以实现异种或多层材料、不同厚度材料连接，还可以降低连接处的应力集中，减少异种金属界面电化学腐蚀，在汽车制造中获得了广泛应用。但需要注意的是，结构型胶接起到承载部件的连接作用，如 B 柱、发动机舱盖和顶棚板等零部件之间的连接，非结构型胶接则主要用于非结构承载部件的密封或减振，如内饰、风窗玻璃等。对于混杂材料车身结构而言，将不可避免地涉及复合材料与复合材料、复合材料与金属材料等异种材料的连接，结构型胶接连接技术能够更好地保证材料的完整性，而且具有质量小、应力分布均匀等优点，但其连接强度和韧性仍需进一步提高。

本节介绍了新能源汽车实现轻量化的 3 种途径：应用新型轻量化材料、采用结构优化方法、采用先进成型和连接工艺。轻量化材料是支撑汽车轻量化技术的基石。近年来，随着各类轻质金属材料及先进复合材料的不断涌现，有利地支撑了汽车轻量化过程的持续推进。结构优化方法是指导汽车轻量化设计的依据，如何在满足性能需求、成本及制造约束的前提下，充分利用轻量化材料/结构的减重优势，并挖掘其优异的力学性能，至今仍是全世界的研究前沿。随着人工智能技术的日益完善，将其与传统优化方法融合，可极大地促进汽车轻量化技术的发展。先进制造技术是推动汽车轻量化技术前进的动力，节能减排的压力令汽车行业对高强度钢、铝合金、镁合金及复合材料的需求日益增加，迫使传统成型工艺及连接技术必须加以改进，以适应汽车轻量化技术的快速发展。

随着汽车轻量化技术的持续推进，以往采用单一材料进行轻量化设计的固有模式已经难以满足行业发展的需求。面对众多成本不同、性能各异的先进轻量化材料，如何将其合理地分配至车身不同的位置、如何选取高效制造工艺实现批量化生产、采用何种连接技术能将其紧密配合，从而实现整车最佳轻量化效果依然困难重重，更多轻量化材料的涌入势必对传统成型工艺、连接技术和优化设计方法带来更大的挑战。据此，在轻量化材料方面，需要进一步研究多材料混合结构的设计理论及相关产品的成型工艺，开展多材料一体化设计方法研究，实现产品选材与功能的最优组合。在结构优化方面，需进一步开展汽车结构的多学科、多目标高效优化设计方法的研究，基于数据挖掘技术，进一步提升群体智能优化算法的效率，突破汽车结构优化设计变量多的难题。在制造工艺方面，单一成型工艺难以充分地发挥先进轻量化材料优异的力学性能，将传统工艺与新型工艺相结合（如模压＋注塑一体化成型和增材制造＋模压复合成型等）可进一步提升汽车的轻量化效果。另外，应充分发挥不同轻量化手段的优势，开展考虑"工艺-性能"耦合的"材料-结构"协同优化设计方法的研究，以实现轻量化技术的系统化和集成化。

5.3 新能源汽车零部件轻量化

新能源汽车三电系统是指电池、电驱动（电机）、电控，如图 5-15 所示。三电系统是电动汽车整车质量最大的系统。三电技术不仅是新能源汽车的核心技术，也是基础性技术。本节将从这三个方面对新能源汽车轻量化技术进行详细分析。

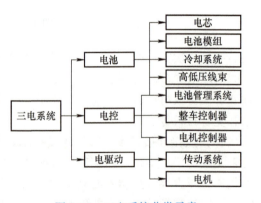

图 5-15 三电系统分类示意

5.3.1 电池系统的应用现状及轻量化

电池系统是新能源汽车的能量源，给新能源汽车提供驱动电能，是新能源汽车的关键核心部分。电池系统主要由电芯、模组、电池管理系统、箱体以及辅助的电子元器件、线束等构成。电池系统的功率密度、能量密度、使用寿命决定了新能源汽车的成本和续驶里程，这两个方面正是新能源汽车与传统燃油车竞争的关键。然而，与传统燃油车相比，新能源汽车目前所使用的动力电池的比能量远低于传统燃油车的比能量，且动力电池的引入大幅增加了汽车的整车质量，这使得新能源汽车的续驶里程比传统燃油车小很多，因此电池系统的轻量化显得十分迫切。

电池系统轻量化可以从电芯轻量化、动力电池箱体轻量化以及不同类型的电池容器轻量化等方面进行研究。

1. 电芯的轻量化

在保证电芯安全性不变的前提下，增大电芯能量密度和减小电芯质量是电芯轻量化的主要手段。新能源汽车应用的动力电池电芯，即单体电池，按照材料分为 3 种：铅酸蓄电池、锂离子电池（磷酸铁锂电池、三元锂电池、锰酸锂电池和钛酸锂电池）和燃料电池。

铅酸蓄电池的安全性高、自放电速度慢、低温性能优良，但比能量低，可作为起动用电池和低速车的动力电池。铅酸蓄电池作为动力电池的应用只限于 A00 级的电动乘用车。铅酸蓄电池的能量密度较低，见表 5-4。而且铅对环境有污染，因此铅酸蓄电池逐渐被其他电池替代。

表 5-4　各动力电池单体的能量密度

电池种类	能量密度/（W·h/kg）
铅酸蓄电池	50
三元锂电池	100～150
磷酸铁锂电池	150～200

在新能源汽车的动力电池中，锂离子电池能量密度约是铅酸蓄电池的 3～4 倍，是实现新能源汽车动力电池轻量化的重要选择。据统计，2022 年，全球锂离子电池市场规模同比增长 24.2%，达到 1868.7 亿元。其中，我国市场规模达到 1370.5 亿元，在全球动力电池装车量前十名的企业中，我国动力电池企业占据了 6 个席位，这 6 家动力电池企业的总市场占有率达到了 63.5%。2023 年，在我国动力电池累计装车量中，锂离子电池占比达到 99.9%，其中三元锂电池装机量为 126.2GW·h，占比 32.6%；磷酸铁锂电池装机量为 261GW·h，占比 67.3%，如图 5-16 所示。新能源汽车常见的动力电池中不仅包含锂离子电池，还包括电池管理单元、电芯监控单元、电池包上盖、热管理系统等结构单元，如图 5-17 所示，这些结构单元虽然拉低了整个动力电池的能量密度，但提升了动力电池的安全性。

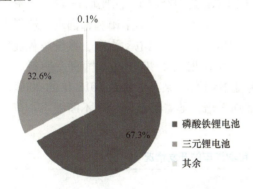

图 5-16　2023 年我国不同种类
锂离子电池装机量所占比例

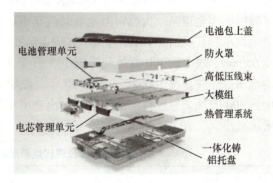

图 5-17　常见新能源汽车锂离子电池的组成结构

目前，三元锂电池和磷酸铁锂电池是新能源汽车中最常用的锂离子电池类型。三元锂电池在新能源汽车中主要用于乘用车型。在早期的市场中，三元锂电池的能量密度高、低温性能好、寿命长，因此具有较高的市场占有率。随着新能源汽车市场的快速发展和技术进步，三元锂电池的应用情况和市场占有率也在发生变化。一方面，由于三元锂电池的原材料钴、镍等价格的上涨以及电池回收利用等问题，三元锂电池的成本逐渐上升，影响了其在市场中的竞争力。另一方面，随着磷酸铁锂电池技术的不断进步和成本的降低，磷酸铁锂电池在新能源汽车市场中的份额逐渐上升。目前，我国的新能源汽车市场中，三元锂电池的市场份额已经下降到30%左右。随着技术的进步和政策的不断调整，三元锂电池的应用情况和市场占有率仍将发生变化。

相比其他电池，燃料电池（Fuel Cells，FC）具有高效率和低污染的特点，燃料电池是将化学能转换为电能的电化学装置，且燃料电池加氢时间短，在新能源汽车领域具有较大的市场潜力。燃料电池按其电解质类型不同，可以分为碱性燃料电池（AFC）、磷酸燃料电池（PAFC）、熔融燃料电池（MCFC）、质子交换膜燃料电池（PEMFC）和固体氧化物燃料电池（SOFC）5大类。目前汽车上应用的燃料电池主要有碱性燃料电池、质子交换膜燃料电池和固体氧化物燃料电池3类，见表5-5。其中质子交换膜燃料电池因能量转换效率高、工作温度低、功率密度高等特点，适用于电动汽车的动力源，当前燃料电池电动汽车的主要市场在公共交通和商业运输领域，如公交车、出租车和货车等。

表5-5 燃料电池的类型与特征

类型	电解质	阳极	阴极	工作温度/℃	电化学效率（%）	燃料	输出功率/kW
AFC	氢氧化钾溶液	Pt/Ni	Pt/Ag	50～200	60～70	氢气	50
PEMFC	质子交换膜	Pt/C	Pt/C	60～80	40～60	氢气、天然气等	100～150
SOFC	导电陶瓷	Ni/YSZ	LSM	800～1000	60～65	氢气、天然气等	150～200

注：YSZ—加入钇稳定剂的氧化锆；LSM—锰酸锶镧。

我国、日本和韩国是全球燃料电池电动汽车市场的主要推动者，其中日本是全球最早发展燃料电池电动汽车的国家之一，而我国和韩国也在近年来加快了燃料电池电动汽车的研发和推广。据统计，2023年，我国燃料电池电动汽车销量超过5000辆，同比增长72%，首次超过韩国成为全球第一大燃料电池电动汽车市场。表5-6展示了日本丰田和韩国现代燃料电池电动汽车的开发情况。其中，丰田2014年推出的Mirai燃料电池电动汽车，续驶里程能够达到650km，成本从100万美元降到了5万美元。日本计划至2040年在本国普及燃料电池电动汽车，续驶里程1000km，到2040年，燃料电池电动汽车保有量将由2018年的2000辆增加到300万辆。氢燃料电池的单位输出功率将增加3倍，随着储氢罐尺寸不断缩小，车身质量将减小。

表5-6 丰田和现代燃料电池电动汽车的开发情况

企业	主要车型	开发情况
丰田	Mirai	2014年，丰田推出Mirai车型，续驶里程可达650km，2020年末正式上市。Mirai凭借其出色的性能和可靠性，在全球范围内拥有较高的销量和市场份额
现代	NEXO	2018年，现代推出NEXO车型，并迅速在全球市场上取得成功，NEXO的全球销量已经接近丰田Mirai，续驶里程可达609km

电池的能量密度是指电池的能量与其体积或质量之比。提高电池的能量密度有助于增加电池释放的能量，从而提升新能源汽车的续驶里程，减少充电次数和时间，提高使用的便利

性，这是新能源汽车技术的一个重要发展方向。通过提高电池的能量密度来实现电池轻量化的方式有很多，如提高正负极材料的比容量、提升电解质性能等，具体方案如下：

（1）提升正极材料的性能　目前新能源乘用车使用的锂离子电池主要为三元锂电池（三元镍钴锰）、磷酸铁锂电池、锰酸锂电池等，表5-7为各锂离子电池正极材料的性能参数。从表中可以看出，三元镍钴锰材料的比能量最高，高镍的 NCM811（镍、钴、锰三种元素的比例为8:1:1）材料实际比容量可达 200mA·h/g，高镍的 NCA 材料实际比容量达到了190mA·h/g。在三元镍钴锰正极材料发展初期，镍钴锰三种元素的比例为 1:1:1，随着对高能量密度及轻量化的需求，比容量大的镍元素所占百分比在不断上升（经历了 5:2:3 和 6:2:2 的比例），直到当前大多数动力电池公司已开始研发高镍的 NCM811 材料。据报道，宁德时代以 NCM811 材料为正极材料研发的动力电池实际比容量可达 304mA·h/g，NCM811 材料已实现商业化应用。因为钴资源较为稀缺且价格较高，且钴和镍的含量存在此消彼长的关系，三元锂电池的正极材料中钴的含量未来可能要降为0。在特斯拉 Model 3 目前使用的三元锂电池的正极材料中，钴的含量已低于3%，未来可能会降为0。

表 5-7　各锂离子电池正极材料的性能参数

名称	锰酸锂	磷酸铁锂	三元镍钴锰
化学式	$LiMn_2O_4$	$LiFePO_4$	$LiNi_xCo_yMn_{1-x-y}O_2$
理论比容量/(mA·h/g)	148	170	273~285
实际比容量/(mA·h/g)	100~120	130~140	155~220
电芯比能量/(W·h/kg)	130~180	130~160	180~240
电压范围/V	3.0~4.3	3.2~3.7	2.5~4.6
平台电压/V	3.8	3.2	3.7
循环性/次	500~2000	2000~6000	800~2000
安全性	良好	好	良好
适用温度/℃	>50 快速衰退	-20~75	-20~55

（2）提升负极材料的性能　在动力电池的负极材料方面，目前大多数锂离子电池负极材料为石墨材料，比容量仅有 372mA·h/g，因此，大比容量负极材料的研发成为很多电池公司的主要研究方向。硅基材料、金属锂、硅碳材料、N 掺杂石墨类材料成为电池轻量化方向的首选，引起了广泛的关注。硅的理论比容量可达 4300mA·h/g，被认为是下一代高能量密度锂离子电池负极材料，但是硅的膨胀严重、循环性能差，因此要通过纳米化、与碳复合、合金化等改性手段提高其循环性能。硅氧化合物与碳的复合材料（硅碳材料）虽然比容量较小（1500mA·h/g），但循环性能优异，目前硅碳负极已逐步实现商业化。另外，金属锂负极理论比容量为 3860mA·h/g，导电性好、电势低，通过利用固态电解质抑制锂枝晶的生长和锂金属的体积膨胀可改善其安全性，并提高循环稳定性，金属锂有望成为推动动力电池轻量化的下一代负极材料。

（3）提升电解质的性能　从电解质角度出发，控制电解液的注入量也是提高电池能量密度的一种方法。在电池中，电解液是非消耗物，作用是保证离子在正负极之间扩散。但电解液易分解，在锂离子正常扩散的前提下，通过对电解液进行改性，以提高其稳定性，减少电解液的分解，可降低电解液的用量。

此外，发展半固态、固态电解质的电池技术也可以提高电池的能量密度，从而达到轻量化的目的，原因有以下几点：

1）半固态、固态电解质膜替代了隔膜和电解液，且电解质膜厚度可以至十几微米，大大减小了单体电池的质量。

2）使用耐高压固态电解质，可提高电池的工作电压，进而提高电池的能量密度。

3）半固态、固态电池在组装电池模组时可以内部串联，不需要接外部串联的导线，因此可降低电池模组的质量。

（4）提升电芯结构及工艺技术　在电池制造工艺、封装路线方面，对比能量的提升也有不同的贡献。在动力电池领域，按照电芯结构形式的不同，主要分为3种类型：圆柱形电池、方形电池、软包电池，如图5-18所示。2023年，我国第一季度方形电池装机量为54.95GW·h，占比达到93.2%；软包电池装机量为1.72GW·h，占比为2.9%；圆柱形电池装机量为2.27GW·h，占比为3.9%。这表明方形电池在商业化电芯结构中占据主导地位，其高占比反映了方形电池在技术成熟度、成本效益以及市场接受度方面的优势。

a) 圆柱形电池　　　　b) 方形电池　　　　c) 软包电池

图5-18　商业化电池电芯结构主要类型

软包电池的能量密度相对突出，但生产工艺尚不成熟、标准化程度较低、主要原材料铝塑膜依赖进口，导致电芯成本相对较高。在轻量化需求带动下，这些发展瓶颈未来都有望通过生产规模化、自动化、开发高质量铝塑膜等来实现突破。

对于方形电池，增大尺寸和使用质量较小的材料是提升能量密度的有效方法。方形电池的钢制与铝制外壳具备一定的结构刚性，排列紧密，在受到冲击时不容易变形，这使得方形电池在安全性、空间利用率以及成本效益方面都具有明显的优势。方形电池的铝壳目前在向高硬度和小质量的技术上发展，这将为汽车的轻量化提供更优越的产品。

对于圆柱形电池，轻量化的主要方法是做大单个电芯（单芯）容量。例如，特斯拉已在Model 3中用21700电芯替代以往电动汽车所用的18650电芯，如图5-19所示。21700电芯质量能量密度比18650电芯质量能量密度提高了5%左右，同质量能量下电芯数量减少了1/3，从Model S的7104颗降低到Model 3的4416颗，电池单个电芯质量减小20g左右，在降低电池系统管理难度的同时，可以减少10%的电池包金属结构件及导电连接件等配件数量，从而使电池包的总质量减小，提升电池整体的能量密度。加上电池包的质量在内，Model 3的总质量与传统燃油车相当。

（5）模组的轻量化　动力电池模组由多个电芯串并联并且加上保护线路板和外壳后组

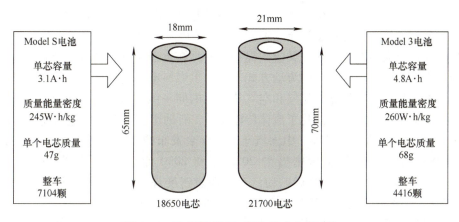

图 5-19　Model S 和 Model 3 单个电芯比较

合而成，包括电芯、固定框架、电连接装置等结构，多个模组串联后再并联，配以热管理系统、电池管理系统、插接件等，组成整个动力电池系统。目前，圆柱形电池的模组外壳是聚合物，方形电池的模组外壳是铝型材，较原来的钣金焊接结构和钣金冲压结构质量小得多，安装也变得非常简单和标准化。特斯拉 Model 3 模组结构也实现了轻量化，Model S 的电池包有 14 个模组，Model 3 长续航版的电池包则只有 4 个模组。更少的模组意味着更少的电池包内部隔断、BMS、线束和散热管路接口。

（6）热管理系统轻量化　电动汽车动力电池热管理系统分为冷却系统和加热系统。冷却系统的冷却方式可分为风冷、液冷和相变冷却。对于体型较小的 A00 和 A0 级车，使用风冷方式散热可满足动力电池的散热需求，不需要加装液冷系统，因此减小了动力电池的总质量。对于较大型车的冷却系统，加装的液冷板在设计过程中一般采用铝基板埋铜管，铝的使用起到了减重的效果。目前常用的风琴管和冲压钎焊工艺液冷板较传统的挤压型材液冷板减重较明显。特斯拉 Model S P100D 通过减短、减薄模组内的两条冷却回路来减小冷却系统的质量。电动汽车在北方的冬季使用时，需要安装加热系统，主要在充电和冷起动情况下使用，目前通常安装加热膜进行加热。特斯拉通过去掉外置电池组加热器，而只使用汽车动力总成提供的热量加热来减轻热管理系统的总质量。在这种情况下，即使汽车停了下来，也能为动力电池加热。未来更轻便的热泵系统可能会大规模用在电动汽车上，在冬天使用热泵加热，电池包中的电芯数量可比原来减少 25%。

（7）氢燃料电池轻量化　氢燃料电池的轻量化方式主要有两种：一种是通过提高电能的转化效率来实现轻量化；另一种是通过提升储氢技术减小储氢罐的质量来实现轻量化。

氢能转化效率提升的第一个途径是提升关键材料的性能，主要包括催化剂、质子交换膜和双极板，具体如下：

1）提升催化剂活性。传统氢燃料电池使用的催化剂是以活性炭、炭黑以及石墨碳材料为载体的铂催化剂，而通过采用碳纳米管为载体的铂催化剂可以增加催化活性。

2）提升质子交换膜的传导能力。加拿大 Ballard 公司开发的 BAM 3G 膜代替传统的 Nafion117 膜和 DOW 膜，具有更突出的交换容量和含水率。

3）提升双极板的导电性。采用金属合金材料在双极板两侧镀上防护层代替传统的石墨双极板，既能提升导电性，又能解决反应过程中的腐蚀问题。

氢能转化效率提升的第二个途径是改进氢燃料电池的结构。在膜电极组件中，气体进入电极平面主要有顺流、逆流和交叉流 3 种方式。顺流因其简单性而适用于小型电池，逆流因高效利用率而适合大型系统，而交叉流则提供了一种在复杂条件下优化性能的方法。此外，在实际应用中，还可以结合不同的流动方式来优化氢燃料电池的性能。例如，丰田 Mirai 燃料电池电动汽车采用顺流设计，氢气和空气从电池的同一侧流入，沿着电极平面平行流动，最终从同一侧流出。这种设计简化了流体传输路径，有助于提高电池反应的效率和稳定性。

（8）电芯轻量化的发展趋势　中国汽车工程学会发布的《节能与新能源汽车技术路线图》中提出电动汽车电芯能量密度到 2025 年和 2030 年应分别达到 400W·h/kg 和 500W·h/kg。日本部分汽车厂商对电动汽车的能量密度规划是 2030 年达到 500W·h/kg。德国力争 2025 年系统能量密度达到 280 ~ 300W·h/kg。

电芯的能量密度受制于电池的正负极。未来动力电池发展路线将会是正极减少钴到无钴、负极增加硅、电解质减少有机溶剂，逐步向全固态电池的方向发展。近年来，新研发的富锂材料的电池容量可达到 200mA·h/g，甚至 300mA·h/g，其有较好的应用前景。对于未来动力电池的发展趋势，业内共识为近期（2 年内）以高镍三元材料为正极、硅碳材料为负极，目标是实现电芯能量密度 300W·h/kg；中期（5 ~ 6 年）的动力电池基于富锂锰基正极材料/高容量硅碳负极，目标是实现电芯能量密度 400W·h/kg；远期则开发以金属锂为负极的锂硫、锂空气电池，电解质为固态电解质，目标是实现电芯能量密度 500W·h/kg。

电芯的轻量化主要是倾向于锂离子电池材料的开发，通过提升电芯的能量密度，实现在相同续驶里程的情况下，采用更少的电池电芯，从而减小整车质量。氢燃料电池技术复杂，提高关键材料性能、简化结构是其轻量化的重点方向。近几年，欧、美、日等在氢燃料电池电动汽车研发方面均取得了一定的成就。通用、丰田等企业纷纷布局，燃料电池电动汽车的发展初见端倪。根据《新成长战略》规划，日本政府提出环保车市场份额将从 2013 年的约 23% 提升至 2030 年的 50% ~ 70%。同时，为氢燃料电池电动汽车提供补贴（2025 年使其售价与混合动力电动汽车持平），统一标准与国际接轨，以促进其海外销售等举措被列为重点实施项目。

然而，轻量化电池技术的发展也面临着一些挑战。例如，轻量化电池的强度和稳定性会受到影响，为确保电池的安全性能和使用寿命，必须在减小电池质量的同时，不影响电池的强度。此外，轻量化电池的制造成本也需进一步降低，以使其更具市场竞争力，保证轻量化电池在行业未来发展中得到更广泛的应用。

2. 动力电池箱体轻量化

动力电池箱体结构设计是新能源汽车动力电池安全、稳定及轻量化的重要环节。动力电池箱体作为动力电池的承载体，对动力电池的安全和防护起着关键作用，主要用于防止动力电池在受到外界碰撞和挤压时损坏，而产生汽车性能及安全问题。新能源汽车电池包质量占整车总质量的 20% ~ 30%，动力电池箱体质量占电池包总质量的 10% ~ 20%，所以电池包壳体自然成为轻量化的重点关注对象。

动力电池箱体一般由上箱体和下箱体两部分组成，如图 5-20 所示。

上箱体主要起防护和密封的作用，受力较小，一般采用一体成形技术。在制造过程中，会通过工装严格控制上箱体上表面的平面度。下箱体主要起固定电池组并承受载荷的作用，一般采用框架结构，即底框和边框使用型材焊接，同时在型材外面进行单面或双面蒙皮焊接，从而保证动力电池箱体的承载能力。动力电池箱体因为需要承载电池模块，所以箱体内部需要设计合适的嵌槽和挡板等结构来限制电池模块的自由移动，避免其对侧壁和上箱体造成冲击，从而影响动力电池箱体的使用寿命。此外，在动力电池箱体内部设计电池信息采集板的固定座以及维修开关的固定架也是极其重要的，这样可以确保在复杂的工况下各部件牢固可靠，防止部件发生松动对整个电路造成威胁。

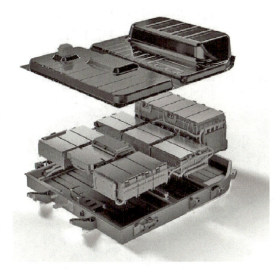

传统动力电池箱体的材料一般采用钢板冲压而成。钢制动力电池箱体具有强度高和刚度高等优点，但是它也存在一定的缺点，如质量大、加工工艺复杂、热导率低、密封

图5-20　动力电池箱体结构

性差和防腐能力差，所以钢制动力电池箱体一般都需要进行表面防腐处理，使其在长期高温条件下仍具有较好的防腐效果。

随着制造材料的发展，为了提高新能源汽车的动力电池箱体轻量化效果，高强度钢、铝合金材料、复合材料（玻璃纤维复合材料、碳纤维复合材料等）受到整车企业和电池厂家的关注。特别是铝合金材料，由于其轻量化效果突出，性能较好，且价格远低于碳纤维复合材料等，是目前动力电池箱体轻量化的主要材料。中国汽车工程学会牵头编撰了《节能与新能源汽车轻量化技术路线2.0》，技术路线指出未来15年内动力电池箱体材料的发展规划：2020—2025年，下壳体以超高强度钢、挤出铝型材为主，部分采用碳纤维复合材料，上壳体普遍采用复合材料；2025—2030年，下壳体以挤压铝合金和超高强度钢为主，部分采用碳纤维复合材料，探索性应用泡沫铝合金，上壳体以复合材料为主；2030—2035年，下壳体以挤出铝型材为主，部分采用碳纤维复合材料和泡沫铝合金，上壳体以复合材料为主。

（1）铝合金电池箱体　铝合金在质量方面较钢材优势明显，密度仅为钢的1/3。并且由于铝合金具有易加工成形、高温耐腐蚀、良好的传热性和导电性等特点，因此它已成为一种理想的动力电池箱体材料。国外高端电动汽车的动力电池箱体，主要采用铝合金材料（或铝合金与复合材料的混合结构），如宝马i3、特斯拉Model S等电动汽车。近几年，随着轻量化技术的发展，我国北汽、奇瑞、蔚来等车企也开发了铝合金材料或铝合金与复合材料混合结构的动力电池箱体。

目前常用的铝合金动力电池箱体主要分为压铸铝动力电池箱体和挤压铝动力电池箱体。压铸铝动力电池箱体无需拼焊，可以一体成形，但平面度和精度会受到一定影响，特别是针对安装界面的密封性要求，可能需要后期加工处理。由于一体成形需要大吨位压铸机，因此箱体尺寸不能太大。图5-21所示为某车型的压铸铝动力电池下箱体，材料为AiSi7Mg。

虽然压铸工艺可以一体成形，零件尺寸稳定，可以实现铝制动力电池箱体结构多样化，但其模具昂贵，目前我国的铝制动力电池箱体主要采用挤压铝材焊接而成。挤压铝电池箱体成本低、工艺简单，且可以制作较大尺寸的箱体。此外，挤压铝板可以比压铸铝材壁厚做得更薄，因此还可以实现轻量化。图 5-22 所示为某车型设计方案时尝试的挤压铝动力电池下箱体结构，经评估能较钢材减重 11kg。在进一步减重研究中，采用挤压铝型材结构，铝型材本身具有更好的比强度和比刚度，且其优越的弯曲性能可得到充分体现。经分析，采用挤压铝型材的减重效果比压铸铝更好，能进一步减重 8kg 左右。

图 5-21　压铸铝动力电池下箱体　　　　　图 5-22　某车型挤压铝动力电池下箱体

（2）复合材料动力电池箱体　采用复合材料制作动力电池箱体可以提高动力电池的绝缘安全性能，同时能起到缓冲吸振的作用。另外，复合材料的保温效果更好，有利于动力电池热管理的有效性，使动力电池温度一致性得到控制。动力电池下箱体承载了整个电池组的质量，是主要的结构件，而上箱体仅作为覆盖件，为动力电池提供防护和密封，对强度和刚度的要求低。目前整车企业主要采用复合材料替换金属上箱体以实现动力电池箱体轻量化。SMC 电池上箱体因其轻量化、高比强度、耐蚀性好等特性，在新能源汽车动力电池上箱体中广泛应用。

目前许多车企均已使用 SMC 电池箱上盖，如吉利、长安、北汽、广汽等。北汽 C30 车型的动力电池上箱体，原来使用了金属材料，其重 25.5kg，通过使用 SMC 替代金属材料后，减重约 50%，质量减小了 12.5kg。广汽新能源对传祺 GE3 530 车型的动力电池包的上壳体采用了 SMC 轻量化复合材料，不仅使该部件减重约 15%，还能提供更高强度的内部保护。

长纤维增强热塑性材料（Long Fiber Reinforced Thermoplastics-Direct，LFT-D）是以长玻璃纤维为增强材料，以热塑性树脂为基体的复合材料。LFT-D 技术通过使用较长的纤维增强热塑性塑料，不仅提高了材料的力学性能，同时也为电池包壳体的轻量化提供了有效途径。它的加工工艺和 SMC 类似，LFT-D 是冷片材加热后在模具中冷压，SMC 是冷片材放入模具后热压成形。LFT-D 工艺属于绿色制造工艺，无污染、可回收，可提高整车回收率。LFT-D 适用于大批量部件生产，其生产效率高、成本低、综合性能优越，正逐渐在动力电池上箱体的应用中展现出显著的优势。吉利帝豪 EV450、广汽新能源传祺 GE3 530 以及长安第二代逸动 EV 都采用了 LFT-D 技术。

（3）动力电池箱体轻量化的发展趋势　表 5-8 展示了动力电池箱体目前的主要用材及成形工艺。由表 5-8 可知，就目前发展来看，采用铝合金下箱体和复合材料上箱体的轻量化方案具有较好的应用前景。下箱体采用挤压铝型材，综合应用成本低，性能满足要求，且可实现水冷电池循环水道的集成；上箱体采用复合材料，主要采用 PP/GF + LFT-D 模压工艺，可以提高生产效率，并且可以满足火焰燃烧和密封性能的要求，同时具有模具成本较低的优势。

表5-8　动力电池箱体主要材料及成形工艺

材料	工艺	应用
钢	冲压焊接	上/下箱体
铝合金	冲压焊接/挤压型材	上/下箱体
SMC（热固）	模压	上箱体
LFT-D	注塑/模压	上箱体
玻璃纤维/碳纤维混合复合材料	模压	上/下箱体

随着技术的不断进步以及生产规模化，碳纤维复合材料动力电池箱体的成本有望降低，并得到广泛应用。碳纤维复合材料具有优异的性能，如比模量高、对酸碱盐等化学物质的耐腐蚀能力较强、抗冲击吸振能力好、遇到撞击时的能量吸收率是钢的 3～5 倍，因此其安全性更高。而且碳纤维复合材料比强度高，其密度只有 $1.7g/cm^3$，是钢的五分之一，抗拉强度却在 1700MPa 以上，能达到钢的数倍，与铝合金相比也能减重达 20% 以上。近年来，泡沫铝轻质材料在动力电池箱体上的研发与应用也逐步开展，国外还出现了由铝板、泡沫铝芯和环形纤维增强热缩层构成的动力电池箱体。

在电池包箱体方面，轻量化材料以及总成的结构优化是轻量化聚焦的方向。电池包箱体的低密度材料选择、电池包箱体结构的拓扑优化以及模组的排布结构优化，都能提高电池系统的能量密度，最终实现电池包箱体的轻量化。未来，在国家对铝合金的补贴减少或取消后，铝合金的全部成本将由电池供应商和整车企业承担。在成本压力作用下，低成本钢材的竞争力会凸显出来，钢材很有可能成为中端以下的新能源汽车电池包的重要材料。但对于中高端车型而言，铝制电池包的成本并不算高，钢材短期内可能依旧难以撼动铝材的地位。但超高强度钢可能会占有一定的市场份额，甚至还有其他更轻、更具竞争力的材料。总之，未来随着新能源汽车产销量的增加，更具规模效益的电池包壳体解决方案也会出现，无论是铝合金、钢板还是复合材料，都将被企业重新纳入考量，而轻量化、成本、安全性都是核心问题。

3. 储氢容器应用现状及轻量化

（1）储氢容器的国内外应用现状　氢燃料电池电动汽车发展的主要技术之一就是车载储氢技术。在氢燃料电池系统中，氢气的安全储存是最为关键的技术，储氢容器也是存在安全隐患最大的装置。常见的可用于移动式储氢的方法有高压储氢、液化储氢、金属氢化物储氢和吸附储氢 4 种。从技术条件和目前的发展现状来看，高压储氢、液化储氢和金属氢化物储氢 3 种方式更适用于商用化要求。

高压储氢技术成熟、方便、成本低、产业化基础好，是目前应用最广泛的一种储氢方式。高压储氢方式的氢气压力高达 35～70MPa，这就要求储氢容器有较高的耐压能力。为了提高质量储氢密度，美国通用汽车、日本汽车研究所（JARI）FCEV 中心、日本丰田等国外公司或机构已经开发并掌握了储存 70MPa 压力的高压储氢瓶技术。丰田汽车于 2015 年推出的 Mirai 续驶里程可达 502.1km，其车内的两个储氢瓶可承受 70MPa 的压强。此外本田 Clarity Fue Cell、现代 ix35 FCEV、荣威 950 等汽车均采用了高压储氢技术。我国 70MPa 储氢瓶也已开发成功，并在小范围内应用。液化储氢的质量最小，储氢罐体积也比高压储氢容器小得多。从质量和体积上考虑，液化储氢是一种较为理想的储氢方式。美国通用、福特和德国宝马等汽车公司都已推出使用车载液氢储罐的燃料电池概念车，但由于氢气液化成本高、耗能大以及液氢的蒸发安全问题，液化储氢技术实现商品化还有很大难度。金属氢化物储氢因较高的体积储氢密度和较高的安全性成为近年来研究的重点，但是由于储氢容器质量大且金属氢化物对杂质较为敏感、氢气吸脱附困难等问题，限制了其在汽车上的应用。3 种储氢技术的质量储氢密度及优缺点对比见表 5-9。

表 5-9　3 种储氢技术对比

储氢技术	质量储氢密度（%）	优点	缺点	应用
高压储氢	4.0 ~ 5.7	操作简便、成本低、充放氢速度快	储氢密度低，随着压力增加，安全隐患如泄漏和爆炸的风险增加	短期和小规模储存
液化储氢	>5.7	储存密度很高	液氢沸点极低，对储存容器的绝热性能要求极高，液化过程能耗大，成本高	大规模和远距离的氢气运输
金属氢化物储氢	2 ~ 4.5	高体积密度、操作简便、运输方便、成本低、安全性好	成本高，质量效率较低	燃料电池电动汽车

（2）储氢容器的轻量化　衡量储氢技术性能的主要参数是体积储氢密度、质量储氢密度、充放的可逆性、充放氢速率、可循环使用寿命及安全性等。高压储氢是目前较为成熟的车载储氢技术，目前已经成为氢能储存和运输领域的主流解决方案。但其质量储氢密度小，还需向着轻量化、高压化、低成本、质量稳定的方向发展。

铝内衬高压储氢容器主要由内衬、加强层、保护层、阀座等结构组成，如图 5-23 所示。内衬、加强层及保护层 3 种结构的材料选择是储氢容器能够承受足够的内部压力及外部冲击破坏的关键因素，因此选择合适的材料以及将不同种类的材料巧妙地结合在一起，对高压储氢容器的质量及安全性起着决定性的作用。

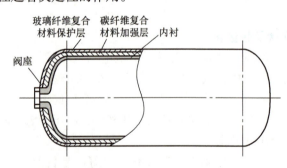

图 5-23　铝内衬高压储氢容器结构

高压储氢瓶可以依据其结构特点和材料选择进行分类。目前，高压储氢瓶主要分为 4 种类型：全金属储氢瓶（Ⅰ型）、金属内胆纤维环向缠绕储氢瓶（Ⅱ型）、金属内胆纤维全缠绕储氢瓶（Ⅲ型）和非金属内胆纤维全缠绕储氢瓶（Ⅳ型）。Ⅰ型储氢瓶通常由 Cr-Mo 钢、6061 铝合金或 316L 等材料制成，密度较高，导致储氢密度相对较低，大约在 1% ~ 1.5% 之间。由于氢气分子小，容易渗透通过金属容器壁，造成氢脆现象，从而影响储氢瓶使用寿命和安全性。Ⅱ型储氢瓶是在金属内胆外层环向缠绕复合材料，可以提升工作压力和部分性能，但质量储氢密度仍与Ⅰ型储氢瓶相当。由于其缠绕方式并未显著减小储氢瓶质量，应用场景相对有限。因此，Ⅰ型和Ⅱ型储氢瓶用于车载供氢系统并不理想。Ⅲ型储氢瓶内胆通常采用铝合金材质，外部采用碳纤维全缠绕的方式，大大提高了储氢瓶的承压能力和质量储氢密度。Ⅲ型储氢瓶适用于车载储氢系统，是当前氢燃料电池电动汽车常用的储氢方式之一。Ⅳ型储氢瓶内衬材料为塑料，通常是高密度聚乙烯（HDPE）或聚酰胺（PA），中间层采用碳纤维增强复合材料进行全缠绕，最外层是玻璃纤维增强复合材料。由于其质量小、耐疲劳且具有良好的阻隔功能，因此成为全球研究和应用的热点。目前，大多数车载储氢瓶使用Ⅲ型和Ⅳ型。Ⅲ型储氢瓶使用压力主要有 35MPa 和 70MPa 两种。我国车载储氢瓶主要使用 35MPa 的Ⅲ型储氢瓶。美国 Quantum 公司、Hexagon Lincoln 公司、通用汽车，日本丰田汽车等国外企业，已成功研制出多种规格的高压储氢瓶，其高压储氢瓶设计制造技术处于世界领先水平，如Ⅳ型储氢瓶使用压力主要为 70MPa。

高压储氢瓶的内衬与氢气直接接触，主要起储存氢气及密封的作用，因此内衬材料必须对氢气有很好的抗渗透性。又由于储氢瓶在使用过程中要不断地充放气，导致储氢瓶内部压力循环变化，这就要求内衬材料要有很好的抗疲劳性能。因为同时受到内压及外部纤维张力的作用，内衬只承担很小一部分来自内部的压力载荷，但在纤维缠绕成形时承担了成形过程中产生的纤维挤压力，同时出于减重考虑，一般选择铝合金作为内衬材料。

碳纤维复合材料加强层由多层不同铺设角度的单向纤维复合材料组成，覆盖在内衬外侧，主要作用为保证容器在较高的内压作用下具有足够的强度、刚度和稳定性。碳纤维复合材料具有较高的比强度和比模量，又具有低密度、高强度、耐疲劳等特点，是目前储氢容器加强层应用最多的材料。保护层盖在加强层外表面用来抵抗外部冲击保护储氢容器，保护层材料要有比加强层材料更高的耐冲击性，主要采用玻璃纤维或芳纶纤维作为增强材料通过缠绕成形工艺覆盖在加强层外表面。

高压储氢瓶的轻量化主要是内衬的轻量化。铝合金材料因具有低密度、高比强度、与氢气有良好的相容性和抗腐蚀性能好等优势，已成为目前储氢瓶内衬的普遍用材。为了减小储氢瓶的质量，浙江大学成功研制了 70MPa 轻质铝内衬纤维缠绕储氢瓶，解决了高抗疲劳性能的缠绕线形匹配、0.5mm 超薄铝内胆成形等关键技术，其质量储氢密度达到 5.7%，实现了铝内衬纤维缠绕储氢瓶的轻量化。日本丰田开发出了尼龙等塑料内衬，并已实现了量产，进一步减小了储氢瓶的质量。

（3）储氢容器轻量化的发展趋势 车载储氢技术是氢燃料电池电动汽车走向规模化的关键。如何提高单位体积储氢密度、减小储氢容器的质量和体积，是储氢技术开发的难点和重点。开发新型轻量化内衬材料及高强度加强层用纤维材料，是减小高压储氢容器整体质量和提高其安全性的有效途径。

5.3.2 电驱动系统的轻量化

新能源汽车驱动的核心是用驱动电机替代发动机实现动力驱动。本节主要讲述新能源汽车核心系统之一的电驱动系统的轻量化，下面从驱动电机、电机控制器以及系统集成设计 3 个方面进行介绍。

1. 驱动电机轻量化设计

驱动电机是电驱动系统的核心，驱动电机的性能、效率直接影响电动汽车的性能，而驱动电机的尺寸、质量会影响汽车的整体效率。电机的驱动特性决定了汽车行驶的主要性能，若电驱动系统质量偏大将带来较大的非簧载质量，从而恶化汽车的行驶平顺性和操纵稳定性。选用轻质小型的高效电机，结构上可以减少整车布置空间，增加单体电池的数量，相当于提高了电池包的整体容量，对电动汽车续驶里程的提升尤为重要。因此，小型轻量化是当今新能源汽车驱动电机的发展趋势，这需要驱动电机向高功率和小尺寸方向发展。

目前，新能源汽车使用的驱动电机主要是交流感应电机和永磁同步电机，两者特点对比如图 5-24 所示。永磁同步电机具有功率密度大、能量转换效率高（90%～95%）、能耗较低等优势，但是需要使用昂贵的永磁材料；交流感应电机的成本较低，其缺点主要是转速区间小、效率低、需要性能更高的调速器匹配。

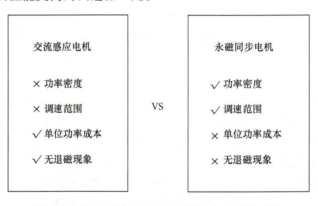

图 5-24　交流感应电机与永磁同步电机特点比较

日韩车系目前多采用永磁同步电机，欧美车系则多采用交流感应电机。特斯拉 Model S 和 Model X 上均采用的是自行设计的交流感应电机，但在全新车型 Model 3 上已经改用了永磁同步电机。2021 年，在我国新能源汽车中，永磁同步电机的装车量占比高达 94%。且在 2022 年、2023 年，我国新能源汽车电机装机车辆中，永磁同步电机的装机占比仍然保持了绝对的主导地位。我国永磁同步电机的广泛应用得益于稀土资源方面的优势，以及电机本身的尺寸小、质量小、结构多样化及应用范围广等特性，这些因素共同推动了永磁同步电机在我国新能源汽车市场中的装机占比持续提升。

永磁电机的轻量化可以体现为在相同工况下减小电机体积和质量，也可以表现为在相同体积和质量的情况下提升电机的性能。永磁电机的轻量化主要从以下 3 个方面实现。

1）高磁负荷永磁电机。提升功率密度需要电机具备更高的磁负荷。永磁材料性能直接决定了电机磁负荷的高低。钕铁硼永磁体的磁能积、磁感应强度均高于钐钴永磁体，在提升电机磁负荷方面具有优势。然而，钐钴永磁体的耐高温能力远超钕铁硼永磁体。因此，在高功率密度永磁电机设计时，需要根据其热负荷和运行温度选择恰当的永磁材料。

永磁电机结构简单，但其永磁体安装方式多变，恰当的永磁体排布可提升电机的磁负荷。常用的永磁体安装方式有表贴式、Halbach 式、内置式和轮辐式。Halbach 式漏磁小，轮辐式有聚磁效应，两者能更高效地利用永磁磁场。而内置式具有弱磁调速能力较好的优势，广泛应用于电动汽车领域。

2）高电负荷永磁电机。永磁电机的转矩由电枢磁场和永磁磁场相互作用产生。因此，提升电机的电负荷也是提升电机功率密度的有效途径。研发高性能导电材料是提升负荷的有效手段，以"超级铜线"和"超导绕组"为电枢的永磁电机，其功率密度能得到极大的提升。此外，研发高槽满率的绕组结构能够进一步提升电机的电负荷。值得注意的是，整数槽永磁电机常采用圆形导线，电机槽满率较低。为了提升整数槽电机的槽满率，提出了如图 5-25 所示的 Hair-Pin 式的扁线绕组。采用 Hair-Pin 绕组后电机的槽满率能提升至 0.7 左右。此外，分数槽永磁电机的定子可做成分裂的模块化结构，先绕制好绕组再拼装，可将槽满率提升至 0.9 以上。

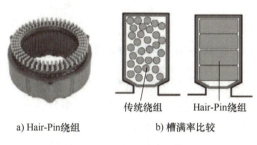

a) Hair-Pin绕组　　　　　　　b) 槽满率比较

图 5-25　Hair-Pin 式的扁线绕组

3）高速永磁电机。除了增加电磁负荷外，提高电机的转子速度，形成高速永磁电机，也是提升转矩密度的有效途径。高速永磁电机根据转子类型可分为内置式高速永磁电机和表贴式高速永磁电机，内置式高速永磁电机的整体效率优于表贴式高速永磁电机，而且内置式高速永磁电机使用的永磁体材料更少。由于转子高速旋转，表贴式高速永磁电机需要合金护套或者复合材料保护永磁体，防止永磁体脱落，而内置式高速永磁电机通常由转子铁心保护永磁体。

此外，为实现电机轻量化，还可以对电机壳体结构进行优化设计，采用轻质合金，以减小电机壳体质量；对电机转子可以采用空心轴结构；在磁路允许的情况下，以转子铁心开孔的方式减重。以某电机轻量化设计为例，主要是结合整车装配结构尺寸，对原电机的结构进行优化，包括前端盖、后端盖、机壳（接线盒）和各类盖板，在结构强度满足要求的前提下，电机质量整体减小 3.2kg。通过电机结构优化实现轻量化主要表现在以下几个方面：与原电机比较，电机本体长度缩短，对动力线的出线位置和方式进行优化，减短了动力线的长度；对电机的转轴做了相应优化缩短，转轴质量也随之减小；增加端盖加强筋的分布，减少材料的用量；接线盒与电机壳体设计在一起，可以减少零件数量和材料用量；各位置使用的盖板由钢板材调整为高强度铝合金板材，可减小零件质量，最终实现电机轻量化，如图 5-26 所示。

2. 电机控制器轻量化设计

电机控制器作为新能源汽车中连接动力电池与驱动电机的电能转换单元，是电驱动系统的核心。电机控制器主要包含两个部分，一是 IGBT 功率半导体模块及其关联电路等硬件部分，二是电机控制算法及逻辑保护等软件部分。

目前，电动汽车电机控制器多采用三相全桥电压型逆变电路拓扑，部分产品前置双向 DC/DC 变换器，以增大电机端输入交流电压，提升高转速下的输出功率，降低电机的设计与生产成本。

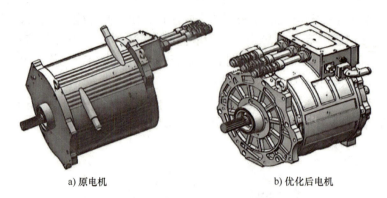

a) 原电机　　　　　　　　　　　　　b) 优化后电机

图 5-26　电机轻量化前后结构图

随着电动汽车行业的迅猛发展，对电机控制器的轻量化提出了更高的要求。基于 SiC 的解决方案可以使电动汽车电驱动系统效率更高、重量更小及结构更加紧凑，并已经开始在电动汽车领域得到应用。无论是将电机、减速箱、电机控制器 3 个部件同时安装到车轮内，还是将电机控制器安装在车体侧面，电机控制器的尺寸都比较大，因此对电机控制器小型化的需求很强烈。通过 SiC 功率半导体器件可以实现电机控制器的小型化。SiC 功率半导体器件因损耗小、发热量少等特点引起了业内广泛的关注。与现有电机控制器中使用的 Si 功率半导体器件相比，SiC 功率半导体器件的功率损耗可以显著降低到一半以下，损耗小、发热小，因此适合小型化。

目前，能够发挥 SiC 功率半导体器件优势的电机控制器的相关研究和开发正在蓬勃发展。例如，芝浦工业大学研究了电机技术与机电一体化技术，试制了用于电机控制器的小型 SiC 功率模块。在上述模块中，半桥电路由 SiC-MOSFET 与 SiC 肖特基势垒二极管（Schottky Barrier Diode，SBD）组成。国外企业（如日本）不断推出全 SiC 电力电子集成控制器产品样机，全 SiC 控制器功率密度比 Si 控制器提升了 2 倍以上。

高功率密度同样是电机控制器的重要发展方向。采用沟槽栅场终止 IGBT 与双面焊接及冷却技术，可以提升 IGBT 的功率密度，如图 5-27 所示。IGBT 应用双面水冷结构可以增强散热能力，辅助结温检测功能强化温度精确管控，增大电流通流量。母线电容受限于材料特性，薄膜电容最高耐温 105℃。随着 IGBT 散热能力的大幅改善，母线电容成为制约电机控制器整体耐温上限（125℃）的"最短板"，因此必须提升母线电容的散热能力。相应地，集成水冷结构的薄膜电容将会被广泛应用，相较于电解电容，所需薄膜电容的体积更小，有助于提升电驱动系统的功率密度。

3. 电驱动系统集成设计

电动汽车动力总成系统轻量化工作主要围绕系统化、集成化展开。通过驱动电机与减速器集成，驱动电机与控制器集成，或者驱动电机、减速器和控制器三者集成的方式，并优化结构和工艺，以实现动力总成轻量化。目前，电驱动系统的集成以三合一技术路线为主流，即将驱动电机、电机控制器与减速器集成，该技术已经较为成熟。

从系统组成角度来看，电驱动系统组成包括驱动电机本体、电机控制器、传动机构等；从动力组合角度来看，电驱动分为纯电驱动、插电式混合驱动等；从整车驱动方式角度来

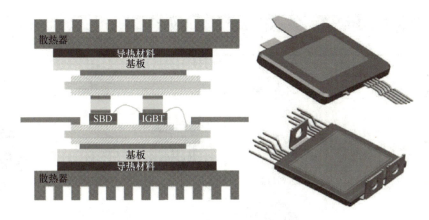

图 5-27　IGBT 与双面焊接及冷却技术

看，电驱动主要分为集中式电驱动和分布式电驱动；从驱动功能角度来看，电驱动又分为主驱和辅驱两种。

从整车驱动角度来看，不同方式对整车轻量化的影响也不同。目前，商用电动汽车驱动系统构型主要以集中式为主，驱动电机取代了原来发动机的位置，系统构型简单、易于实现，但动力从驱动电机流向车轮，需要经过减速器、差速器、传动轴等传动机构，传递功率有一定的损失，传递效率相对较低，同时整个系统集成化、模块化、轻量化的程度都比较低。受益于电气部件布置的灵活性，分布式驱动成为电驱动系统研究的热点，其由两个或多个驱动电机独立驱动各自的车轮，取消了差速机构，缩短了传动链长度，同时降低了对单个电机的功率和转矩需求，更有利于系统的集成化、轻量化和模块化设计。

图 5-28 中的轮毂电机可通过电驱动总成集成化来实现轻量化，轮毂电机将动力、传动、制动功能整合于轮毂内，使得底盘结构大幅简化，可以节省车内空间，并提高汽车空间利用率，还可以减小 30% 的自身质量。未来大功率密度轮毂电机的使用将使电驱动总成的轻量化水平大幅提高。分布式驱动的轮边/轮毂驱动电机在车桥两侧，机动性更强、效率更高，但成本、应用环境难度较大，目前仅在客车及高端车型上使用。

图 5-28　轮毂电机

从电驱动总成发展趋势来看，电驱动系统的集成在未来更倾向于多合一深度集成，整体向着 "3 + 3 + X 平台" 演进（电驱动总成三合一 + 充配电三合一 + BMS/VCU/PTC/TMM 等）。在 "六合一" 产品的基础上进一步与 BMS、VCU 等集成，形成 "七合一" 或 "八合一"，再进一步与整车热管理系统联动融合，形成 "九合一" 或 "十合一" 产品，以实现机械部件和功率部件的深度融合，共享壳体、线束等零件，从而实现集成、降本、轻量。图 5-29 所示为电驱动系统集成化发展的方向。

电驱动系统是纯电动汽车的核心，主要包含高性能驱动电机、电机控制器和减速器等部分。随着现代汽车技术的飞速发展以及集成电路和电力电子技术的大规模应用，机电一体化的电驱动系统的优越性愈发明显，其能量密度大、效率高和维护性低等特点，使得电驱动系统集成化设计在纯电动乘用车领域得到越来越多的应用。

最初的电驱动系统不存在集成化设计。图 5-30 所示为某纯电动汽车前电驱动系统，其

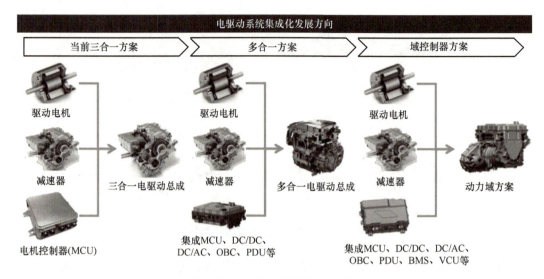

图 5-29　电驱动系统集成化发展

驱动电机、电机控制器、减速器等部件均单独布置，它们之间依靠线束等连接件进行连接，从而导致当时的电驱动系统十分复杂。随着乘用车行业的发展和相关技术的积累，集成化电驱动系统逐渐成为主流，如图 5-31 所示。比较常见的集成化设计包括取消三相线，将电机、电机控制器端子直接相连；取消水管，将电机、电机控制器水道直接相连；将驱动电机壳体和减速器壳体共用等。这些集成设计在早期因为技术壁垒或者成熟度不够的缘故无法实现，后来随着技术难点逐渐被攻克，各大车企开始将电驱动系统的深度集成化设计制造作为重要发展方向。

图 5-30　某纯电动汽车前电驱动系统

图 5-31　某纯电动汽车集成化
电驱动系统示意图

（1）二合一电驱动系统　在集成化电驱动系统发展之初，结构形式较为简单，是将永磁电机和减速器集成在一起，与车桥结合形成一体式电驱动桥，如图 5-32 所示。从图 5-32 中可以看到，虽然该系统的连接部分比较复杂，但至少实现了二合一的设计，缩短了各部件之间的距离。二合一这种简单的集成形式，也使得电驱动系统整体结构更加紧凑。电机材料选型上采用高磁能积、高矫顽力的永磁体材料；减速器材料选型上采用高强度的合金或者复合材料；

图 5-32　纯电动汽车
二合一电驱动系统

PDU、PEU 壳体采用铝合金类材料，大幅提升了电机功率密度和效率。

（2）三合一电驱动系统　随着电驱动集成技术的不断演变发展，出现了三合一电驱动系统，如图 5-33 所示。主流电驱动系统供应商多采用三合一电驱动系统，例如，将驱动电机、电机控制器和减速器集成在一起并与车桥相结合的电驱动系统；或是针对中小型轿车提供的更加轻巧的三合一电驱动系统，转速可达 21000r/min。三合一电驱动系统不仅性能优异，而且电能转化效率极为高效。某公司通过平台化设计开发出能够满足不同功率和转矩的电驱动系统，如图 5-33a 所示，从而缩短了研发周期。

a) 某主流供应商产品　　　　　　　b) 某自主品牌产品

图 5-33　纯电动汽车三合一电驱动系统

相对于国外，我国对三合一电驱动系统的研究起步较晚。表 5-10 给出了三合一集成化电驱动系统国内外对比分析表。可以看出，我国在驱动电机功率密度方面和国外产品相当，而电机控制器功率密度和国外相比有一定的差距；在最高转速方面，国外成熟电驱动产品的转速已经超过 16000r/min，我国则多数在 12000r/min 左右。随着我国新能源技术的飞速发展，自主品牌电驱动系统也已取得较大进步。例如，某三合一电驱动系统具有高效区宽、IGBT 损耗小等优势，满足了不同级别轿车对加速、爬坡等动力性能的需求；某自主品牌研发的集成式电驱动系统配备了铜转子感应电机、独特拓扑架构设计的电机控制器及大转矩齿轮箱，如图 5-33b 所示，从而实现了电驱动系统三合一。

表 5-10　三合一集成化电驱动系统国内外对比分析表

项目	驱动电机		电机控制器 功率密度/（kW/L）	减速器最高 输入转速/（r/min）	三合一系统 集成度
	功率密度/ （kW/L）	最高转速/ （r/min）			
我国	2.5 ~ 3.5	12000	15	12000	中等
国外		≥16000	20 ~ 25	≥16000	较高

（3）多合一电驱动系统　当前，不少公司针对多合一电驱动系统集成化设计，进行了不同程度的尝试。如某公司自主研发了八合一集成电驱动总成，在常规三合一模块之外，还集成了五合一电驱动模块，包括电机控制器、车载充电器、车载电源、高压配电模块以及整车控制器。整个系统结构比较小巧，水冷系统的工作效率也得到大幅提升。然而，整体结构集成后的柔性化程度有所降低，影响机舱的总布置。

相比传统的分立式部件布置方案，多合一电驱动系统通过电路和结构的集成，体积和质量降低了20%以上。

集成化设计可以有效地减小电驱动系统的体积、减小电驱动系统的总质量。电驱动系统的各个部件通过整合，使整体结构更为紧凑，安装尺寸和所占体积可以得到进一步缩减。同时，各部件之间的连接材料因为集成化设计而大幅度减少，电驱动系统质量也得到了降低。另外，采用集成化电驱动系统的机舱更加简洁，使得汽车各系统布局更加灵活。由于车辆各系统的体积减小，整车的乘坐及储物空间得到最大化利用；同时汽车质量的减小在一定程度上也降低了汽车能耗、提升了续驶里程。但在后期用车方面，电驱动系统的集成化可能对消费者产生不良影响。例如，系统的集成在一定程度上会导致各部件的可靠性降低，集成化电驱动系统各部件的品质控制显得尤为重要。例如，当电驱动系统中某个零部件出现问题时，需要维修或者更换总成，这会导致维修时间和成本的增加。

综合来看，电驱动系统集成化对于纯电动乘用车行业来说具有积极的推动作用，但是基于现阶段电动汽车供应链的技术水平，集成化过程中的设计和质量问题对于车企和供应商来说，仍然是巨大的挑战。

5.3.3 电控系统的轻量化

电控指整车控制器，但是新能源汽车的电控系统包含内容较多，还有电机控制器与电池管理系统等，这些控制器通过 CAN 网络来通信，本小节主要对整车控制器进行介绍。

整车控制器主要是采集加速、制动踏板等发出的各种信号，并作出相应判断以给出指令，在新能源汽车上还要协调各个控制器的通信。电机控制器的作用主要是接收整车控制器的转矩报文指令，进而控制电机的转速与转动方向。另外，在能量回收过程中，电机控制器还负责将电机负转矩产生的交流电进行整流回收反充给动力电池。电池管理系统的主要功能包括电池物理参数实时监测、在线诊断与预警、充放电与预充控制和热管理等。电控系统结构示意图如图 5-34 所示。

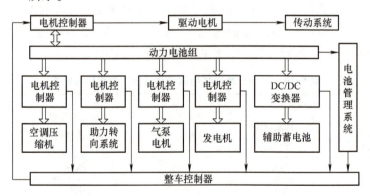

图 5-34 电控系统结构示意图

整车控制系统作为电动汽车的中央控制单元，是整个电气系统的核心。整车控制系统采集驱动电机及动力电池的状态，以及加速踏板位置信号、制动踏板位置信号、执行器信号、传感器信号，综合分析驾驶人的驾驶意图并做出相应判断，控制下层各控制单元工作，从而保证车辆正常行驶，并对制动能量回收、驱动电机和动力电池能量管理、网络管理、故障诊断及处理、车辆状态监控等进行控制，保证车辆在较好的动力性、较高的经济性及可靠性的状态下稳定地工作。可以说，整车控制系统性能的优劣直接决定了电动汽车的整车性能。

整车控制系统通常采用分层控制架构：整车控制器作为第一层，负责总体控制，协调各控制单元的工作及信息处理；其他控制单元作为第二层，包括电机控制器、电池管理系统、车载充电器、DC/DC变换器、仪表控制单元、空调控制单元、转向控制单元、制动控制单元等。整车控制器及各控制单元的输入信号由相应的传感器负责采集。

图 5-35 所示为整车控制系统的控制策略。整车控制器与各控制单元之间通过 CAN 总线进行信息交互、协同工作，以实现整车控制功能。整车控制系统利用传感器采集加速踏板信号、制动踏板信号、档位开关信号等，接收 CAN 总线上的电机控制器信号和电池管理系统信号，对接收到的数据信息进行分析判断，由此获取驾驶人的驾驶意图和车辆的行驶状态，最后利用 CAN 总线发出指令，控制各控制单元的工作。

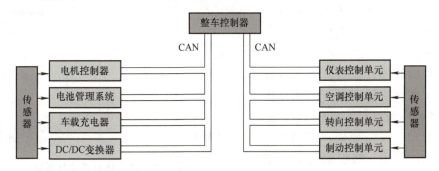

图 5-35　整车控制系统的控制策略

整车控制系统一般由各种传感器、整车控制器、CAN 总线，以及挂接在总线上的电机控制器、电池管理系统、车载充电器及其他控制单元组成，如图 5-36 所示。

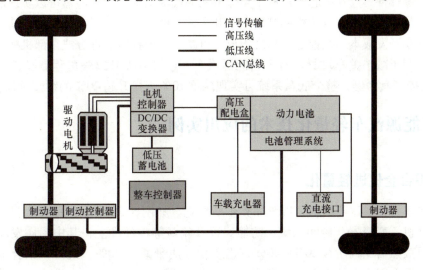

图 5-36　纯电动汽车整车控制系统的基本结构

早期的直流电机一般采用脉宽调制（PWM）斩波控制的方式进行控制，控制手段相对单一，应用也有局限性。随着感应电机和永磁电机的大量使用，电控系统的复杂程度迅速上升。随着电动乘用车的普及，人们对于电机和电控系统的集成程度要求也越来越高。可以预见的是，未来电机与电控企业的业务交叉程度将逐步提高，提供电机电控一体化动力总成产品将有助于整车企业进一步减小车的质量并降低成本，从而具有更大的竞争力。

目前，部分"多合一"的电控产品已经在电动汽车中投入应用，可以同时集成传统燃油车分离的空调压缩机、转向助力泵电机、气泵电机控制器，以及混合动力车型中采用的BSG/ISG电机等。随着微芯片在整车及动力总成控制中的应用逐渐广泛，"多合一"电控产品的成本有望进一步下降，单一控制器将逐渐被集成化"车辆中央控制器"所取代。在中国重汽福建海西汽车有限公司设计的31t充放一体8×4自卸车型中，应用了动力系统供应商提供的多重模块化方案，其中一个方案就是将变速器控制器（TCU）集成到整车控制器（VCU）中。

线控底盘也是电控系统轻量化的一种方法。图 5-37 展示了线控底盘系统的基本结构，是车辆底盘的新形态。线控底盘通过电信号取代机械或液压部件向执行机构传递信息，以减少或取消座舱与底盘执行器之间的物理连接。线控底盘一般包括 4 个子系统，分别为线控制动、线控悬架、线控转向和线控驱动。其中，线控制动的产业化进度较快，目前在我国乘用车前装市场渗透率已经突破20%。

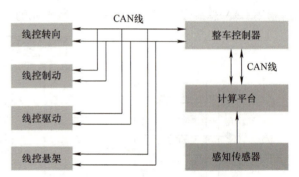

图 5-37　线控底盘系统基本结构

目前已有厂商研发出高度集成的滑板底盘，该系统将电驱动总成、动力电池、悬架、制动、转向等零部件集成在一起，形成了类似滑板的底盘结构。滑板底盘可以实现底盘与上车身的解耦，车企在固定底盘架构的基础上，开发差异性的上车身，有助于缩短新车型研发周期，降低整车开发成本。线控底盘高度集成，可减少传统执行器部分或全部机械零部件的使用，因此有利于减小整车质量。对于新能源汽车，还可以提升续驶里程。以长城咖啡智能2.0 智慧线控底盘为例，整个底盘系统可实现减重10%，提升超20%的续驶里程。

5.4　新能源汽车轻量化技术的应用实例

5.4.1　铝合金促进轻量化

汽车单车含铝量逐年增加，覆盖品类不断拓宽，如图 5-38 所示。铝合金目前主要应用在汽车发动机、变速器、传动系统、防撞梁以及轮毂等零部件上，其中铝质发动机可减重30%，铝质散热器比铜质轻20%~40%，铝质轮毂质量减少30%。此外，铝合金材料在车身、底盘等平台部件上的应用也逐渐增加，如奥迪 A8、蔚来 ES8、奇瑞小蚂蚁等车型采用了全铝车身。根据 Ducker Frontier，2020 年，北美轻型汽车平均单车含铝量为 208kg，预计到 2026 年将提升为 233kg，其中车身零部件贡献增长较多，预计发动机舱盖、车门、挡泥板、行李舱盖等车身覆盖件的铝合金渗透率将有 10% 以上的提升，如图 5-39 所示。

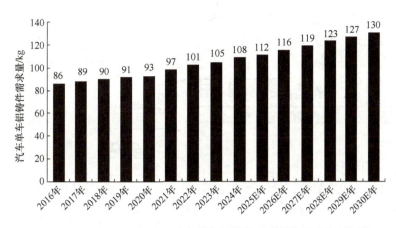

图 5-38 2016—2030 年我国汽车单车铝铸件需求量实际值与预测值

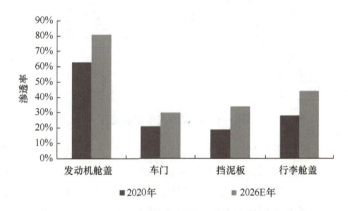

图 5-39 2020 年、2026 年车身覆盖件铝合金渗透率

纯电动汽车含铝量更高。相比于非纯电动汽车（包含传统燃油车、混合动力电动汽车、燃料电池电动汽车），纯电动汽车虽然不包含发动机和变速器等铝合金渗透率较高的零部件，但电机、电机控制器、动力电池等电气单元的封装外壳以及平台零部件对铝合金的需求更高。2020 年，纯电动汽车单车含铝量达到 292kg，比非纯电动汽车高出 42%。目前，纯电动汽车市场处于高速发展阶段，将带动单车铝需求量的增长，如图 5-40 所示。

在汽车节能减排的需求下，轻量化将成为必然趋势。铝合金作为一种有效的汽车轻量化材料，其需求量与渗透率有望不断提高。可以预见的是，铝合金在新能源汽车领域的应用前景将十分广阔。

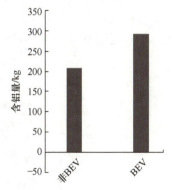

图 5-40 非 BEV 与 BEV 单车含铝量对比

5.4.2 一体化压铸技术

传统的汽车制造流程主要包含冲压、焊装、涂装、总装 4 大工艺，如图 5-41 所示。其中，冲压是对板料施加压力进行塑性或分离加工得到冲压件；焊装是将冲压件通过焊接等方

式形成车身总成（即白车身）；涂装是对白车身进行喷涂得到防腐、美观的涂层；总装将发动机等零部件装配到车身上生产出整车。

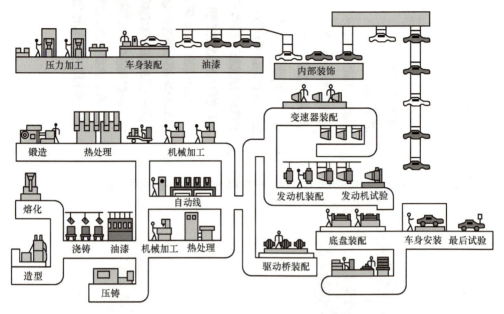

图 5-41　传统的汽车制造流程

压铸是车用铝合金部件重要的加工工艺，如图 5-42 所示。传统汽车制造工艺中冲压常用于钢材的成形，而铝合金常用的制造工艺包括钣金、铸造、挤压、锻造等，车用零部件中 60% 以上为铸造而成。在铸造工艺的各类方法中，压铸技术最先进、效率最高。压铸，即压力铸造，其工艺原理是利用高压将熔融的金属液压入并填充到铸型模具之中，并在高压下冷却成形的铸造方法，如图 5-43 所示。压铸件具有材质轻、精密、表面质量好等优点，且能够制造形状复杂、薄壁深腔的金属零件。此外，压铸件只需少量或无须机械加工即可装配使用，材料利用率为 60% ～80%，毛坯利用率可达 90%。

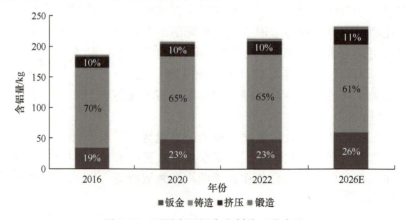

图 5-42　不同车用铝合金制造工艺占比

通常，压铸机锁模力和模具等因素限制了铝压铸零部件尺寸，铝合金车身的制造也局限于传统制造工艺，其工艺流程通常为先制造车身零部件、再进行车身连接工艺。由于铝合金

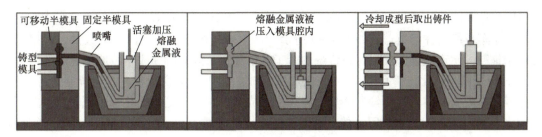

图 5-43 压铸工艺原理示意图

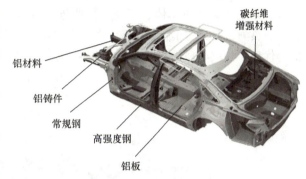

材料热导率和线膨胀系数高、电阻率和熔点低、表面易形成氧化膜等物理特性，因此铝合金难以形成高质量的焊接头，而铝合金与钢材的性能差异进一步增加了车身连接难度。以奥迪 A8（D5）为例，白车身材料中 58% 的结构是铝合金，另外还包含超高强度钢、碳纤维等，如图 5-44 所示。对此奥迪采用了十几种连接工艺来实现多种材料的连接，如图 5-45 所示。

图 5-44 奥迪 A8 白车身结构材料分布

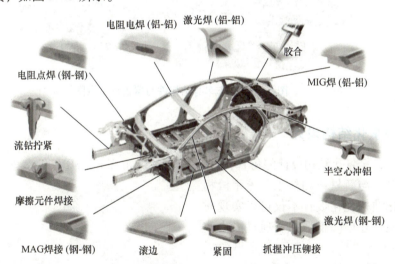

图 5-45 奥迪 A8 白车身连接工艺分布

特斯拉率先提出了一体化压铸的概念，并且先后实现了后地板、前纵梁一体化压铸件的量产。2020 年 9 月，特斯拉一体化压铸首先应用于 Model Y 后地板总成的制造。一体化压铸指的是利用大吨位压铸机将多个零部件一次压铸成形。从工艺角度来看，一体化压铸打破了传统的汽车制造工艺模式，零部件一次压铸成形，数量大幅降低，同时也避免了大量复杂的连接工艺。Model 3 的后地板需要 70 多个冲压件、挤压件和铸件，而 Model Y 仅需 2 个一体成形的部件，焊点数量由 700 ~ 800 个减少到 50 个。2022 年，特斯拉奥斯汀工厂生产的 Model Y 后地板仅需 1 个零部件，且进一步实现了车身前部前纵梁位置的一体化压铸，Model

Y 前后车身零部件数量相比 Model 3 的 171 个减少到 2 个,焊点/焊缝数量减少超过 1600 个。

汽车车身结构件与覆盖件如图 5-46 所示。从效率角度来看,零部件的数量、焊接工序的减少提高了生产效率。例如,在传统制造工艺下冲压、焊装 Model Y 后地板总成的部件需要 2h,而采用一体化压铸有望在 2min 内加工完成。从成本角度来看,在传统制造方式下,每种零部件需要其对应的模具、夹具等产线配套成本,焊接工艺的简化也降低了焊装工厂的投资成本,大型压铸机约 $100m^2$ 的占地面积也比传统产线更少,特斯拉采用大型压铸机后,工厂占地面积减少了 30%,相关自动化产线的人力成本节省了 20%,采用一体化压铸后 Model Y 后地板生产成本降低了 40%。特斯拉已实现了 Model Y 一体化压铸后地板及前纵梁,并计划实现整个下车体、车身结构件乃至整体车身的一体化压铸。特斯拉掀起了车身一体成形的热潮,新势力车企如小鹏、蔚来等也在积极布局。一体化压铸凭借其生产效率高、成本低等优势,为汽车轻量化与铝合金的应用提供了新的模式,或将颠覆传统汽车制造工艺。

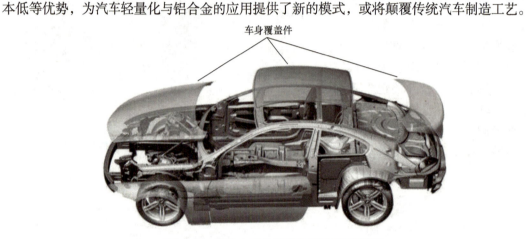

图 5-46 汽车车身结构件与覆盖件示意图

5.4.3 轻量化结构设计

近些年,轻量化结构设计的仿真优化手段较多,如 SFE、MDO 等多学科优化设计的应用逐渐增多。与新材料和新工艺等手段相比,轻量化结构优化设计不仅可以实现质量减小,往往还能降低成本。通过成本较低的仿真分析手段,实现尽可能小的质量,获得尽可能高的性能。

正向的车身结构设计在概念设计阶段需要借助拓扑优化手段,用于确定车身主体框架设计。基于拓扑优化,在输入正碰、侧碰、扭转刚度、弯曲刚度、模态等边界要求的基础上,得到车身空间结构的最佳分布,达到结构、性能和轻量化的初步平衡。福特探险者通过拓扑优化手段完成了车身的概念设计数据,如图 5-47 所

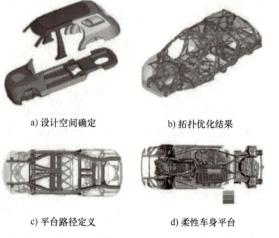

a) 设计空间确定 b) 拓扑优化结果

c) 平台路径定义 d) 柔性车身平台

图 5-47 福特探险者车身拓扑优化

示，通过拓扑优化和平台路径的设计，实现传统燃油车、燃料电池电动汽车、插电式混合动力电动汽车共用的柔性车身平台。

车身接头优化是在已有数据的基础上，对连接接头和连接件进行详细优化，以进一步实现轻量化或提升刚度性能。福特一款车型将后侧围两个支架优化为一个"Y"字形支架，如图5-48所示，使得后减振刚度提升了6%，整体扭转模态频率提升了0.4Hz。

截面优化也是车身设计过程中重要的优化手段。车身截面设计贯穿整个开发过程，从概念开发到数据冻结。通过对关键结构的截面优化，可以获得较好刚度或碰撞性能。例如，本田电动车型对后纵梁的截面进行了优化，提升了碰撞吸能效果和弯曲刚度，如图5-49所示。

a) 优化前　　　　b) 优化后

图5-48　福特一款后侧围支架优化

a) 优化前　　　　b) 优化后

图5-49　本田电动车型后纵梁截面优化

通过增加平衡杆、加强梁、连接支架、环状结构等可以提升车身整体刚度，如图5-50所示。丰田雅力士车型在后围框架设计成环状结构的基础上增加了连接支架，同时将原设计中的左、右后轮罩加强梁连接在了一起，提升了车身的整体刚度，从而使车身轻量化系数降低。

a) 后门环状设计　　　b) 左、右后轮罩加强梁设计

图5-50　丰田雅力士车身刚度提升优化设计

结构集成设计也是轻量化的重要手段，通过结构集成可以减少零件的数量，在实现轻量化的同时减少零部件之间的连接，从而提升车身整体刚度。特斯拉Model Y和Model 3使用同一平台，但Model Y的白车身做了大量的设计优化和结构集成。针对后轮罩及后底板横梁模块，2019款Model Y将原Model 3设计方案中的70多个零部件集成为左、右两个大型压铸件。2021款Model Y进一步实现集成设计，将左、右后轮罩两个压铸件集成为1个零件，在实现轻量化的同时，提升了车身装配效率和车身刚度。

车身轻量化设计除以上方法外，还可以通过结构胶的使用、形状优化、尺寸优化等手段，对车身结构进行轻量化设计，以达到减重和刚度提升的目的。

5.4.4　电池系统轻量化技术路径及策略

目前，电池材料单体能量密度提升面临技术瓶颈，对三电系统的轻量化一般从集成化设计、电池壳体轻质材料应用、电机壳体轻质材料应用等方面开展。电池包壳体从普通钢制向铝合金、非金属复合材料、多材料混合等方向发展，三电系统结构向高度集成化方向发展，最终目标是实现车身、底盘和三电系统的一体化和集成化设计，见表5-11。

表5-11　三电系统轻量化发展趋势

发展趋势		传统独立式	部分集成	高度集成	综合车身、底盘的电池包结构一体化设计
电池包壳体	上	普通钢制	PP/GF SMC/铝板材/高强度钢	碳纤维/泡沫铝/多材料混合	
	下	普通钢制	铝压铸/铝型材/高强度钢		
等级		L1	L2	L3	L4

而电池包壳体是实现电池包轻量化的关键零件，还起到保障电池包安全性的作用。电池包壳体的轻量化材料一般有3种，分别是高强度钢、铝合金、非金属复合材料。

一般对电池包下壳体的承载和碰撞性能要求较高，应用铝合金的电池包下壳体一般采用挤压成型，主要是由于挤压铝合金型材的截面设计自由度高，可以通过对下壳体框架截面结构的优化，以提升防撞性能。奥迪e-tron、捷豹I-PACE、长城欧拉好猫等车型均为挤压铝合金型材拼焊的电池包下壳体，如图5-51所示。除了铝合金电池包下壳体外，也有部分车型采用了高强度钢，如奇瑞蚂蚁、日产leaf等车型。

一般对电池包上壳体的承载和性能要求较低，轻质材料可选用铝合金板材、片状模塑料等材质，如图5-51所示，奥迪e-tron和捷豹I-PACE采用了铝合金板材上壳体，长城欧拉好猫和奇瑞蚂蚁采用了SMC上壳体。相对于钢制电池包上壳体，采用铝合金板材可以轻量化40%左右，采用SMC材质可以轻量化35%左右。SMC材质的电绝缘性能和防腐性能好，铝合金板材的强度、阻燃性能和热稳定性较优。

a) 奥迪e-tron　　　　b) 捷豹I-PACE　　　c) 长城欧拉好猫　　　　d) 奇瑞蚂蚁
铝合金电池壳体　　　铝合金电池壳体　　　上壳体/铝合金下壳体　　上壳体/高强度钢下壳体

图5-51　部分车型电池包壳体示意

无模组技术可以促进轻量化和能量密度提升。目前，在三元锂和磷酸铁锂的电池体系下，仅靠电芯提升能量密度的空间有限，而市场对能量密度提升的需求却非常迫切。车企和电池供应商将发力重点放在电池包结构优化设计，通过结构优化提升能量密度并减小质量，因此无模组电池包应时而生，宁德时代、蜂巢、比亚迪等纷纷推出了无模组电池包。通过无模组电池包的应用，可以大幅提升电池包的体积利用率，体积利用率可以提升20%~50%，另外可以减小模组壳体的质量，从而使电池包能量密度提升10%~20%。

宁德时代无模组电池包方案如图5-52所示，其多个单体直接分布于电池箱体中，取消了电芯单元的壳体，并在电芯之间增加传感器，以监控是否存在挤压。该方案的体积利用率提升了20%，零件数量减少了40%，电池能量密度提升了10%~15%，采用三元锂电池的能量密度可达200W·h/kg以上。

比亚迪推出的"刀片电池"也是采用了无模组方案，取消了电池包内部的横梁、纵梁等结构，将电芯垂直插入电池包内，类似于"刀片"形状，如图5-53所示。之所以取消内部横梁和纵梁等结构，是由于长条的电芯起到了支撑和加强的作用。通过"刀片电池"的应用，电池包的体积利用率提升了50%，采用磷酸铁锂的电池包能量密度提升到了140W·h/kg。

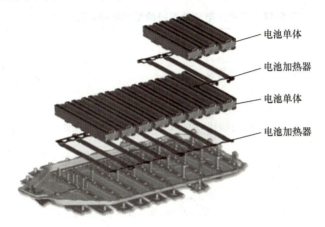

电池单体

电池加热器

电池单体

电池加热器

图 5-52　宁德时代无模组电池包方案

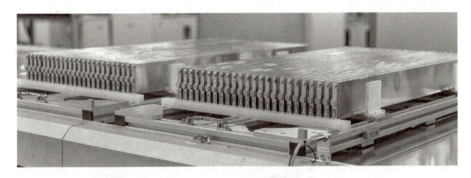

图 5-53　比亚迪"刀片电池"电池包方案

5.4.5　电驱动系统高度集成设计

随着新能源汽车对续驶里程、功率密度、能量利用效率的要求越来越高，电驱动系统正向着集成化、小型化和轻量化的方向快速发展。

电驱动系统技术迭代的主要路径是更深层次的集成。深度集成电驱动系统主要是在产品开发过程中，将电机、电机控制器和减速器的相关模块和功能部件进行集成化开发，以最大程度减少零部件的数量，减小驱动系统包络空间，同时减小系统质量。

相比于机械物理集成（把电机、电机控制器和减速器以机械连接的方式将三者的安装接口进行物理连接），深度集成系统主要是将电机、电机控制器和减速器三者的子系统之间进行结构连接，电驱动系统的力学性能、热管理、电气等部件耦合关系都较强，零部件之间的相互关联度也高。随之而来的系统生产和产线布局及生产工艺的集中度要求也更高，对各工序之间的衔接也有较高的要求，因此，生产组织和工艺规划必须按照全工艺产线的方式进行统一组织。

更深层次的集成是指从电机、电控、减速器的动力总成，到动力总成、电源总成组成的六合一总成，再进一步集成 BMS、VCU 组成八合一总成，电驱动系统功率密度和效率进一步得到提升，契合新能源汽车中高端车型对电驱动系统提出的更高要求。表 5-12 给出了一些多合一电驱动系统的集成零部件以及代表厂商。

表 5-12　多合一电驱动系统的集成零部件及代表厂商

集成程度	集成零部件	代表厂商
三合一	驱动电机、电机控制器、减速器	华为、比亚迪、上汽集团、广汽集团、吉利汽车、长安汽车
四合一	双驱动电机、电机控制器、减速器	广汽埃安
六合一	驱动电机、减速器、电机控制器、DC/DC 变换器、车载充电器、高压机电盒	江淮汽车
七合一	驱动电机、减速器、电机控制器、整车控制器、高压分线盒、DC/DC 变换器、车载充电器	长安汽车、华为
八合一	驱动电机、电机控制器、减速器、DC/DC 变换器、车载充电器、配电箱、整车控制器、电池控制器	比亚迪

电驱动系统集成的发展，第一代是分体式集成，电机、减速器、电机控制器各自独立，模块之间是通过电缆等传输方式实现连接的，如图 5-54 所示。

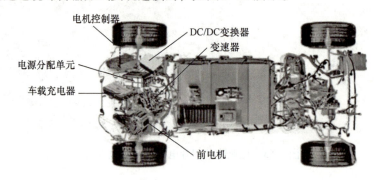

图 5-54　分体式集成

第二代为目前比较成熟的三合一集成，主要是将电机、电机控制器和减速器集成在一个模块中（俗称"大三电"），或者是将车载充电器（On Board Charge，OBC）、DC/DC 变换器和电源分配单元（Power Distribution Unit，PDU）高度集成（俗称"小三电"）。三合一集成方案提高了电驱动系统整体的功率密度，如图 5-55 所示。

第三代是目前的大趋势多合一集成，在三合一集成的基础上，各车企及供应商按各自技术路线选择性封装。有将"大三电"和"小三电"进行集成的六合一电驱动系统，也有将"大三电""小三电"、电池管理系统、整车控制器集成的多合一电驱动系统。

华为的多合一方案是"MCU + 电机 + 减速器 + OBC + DC/DC 变换器 + PDU"的深度集成，如图 5-56 所示。其电驱动系统采用了 18000r/min 高转速油冷电机，与减速器、MCU、OBC 及 DC/DC 变换器等进行一体化集成设计。这种方案和同级别"三合一"总成尺寸相当，质量却比传统的"3 + 3"方案降低了 20%。

电驱动系统集成按照集成程度的不同，可以分为独立产品、部件级整合、控制级整合、功率级整合四个阶段。

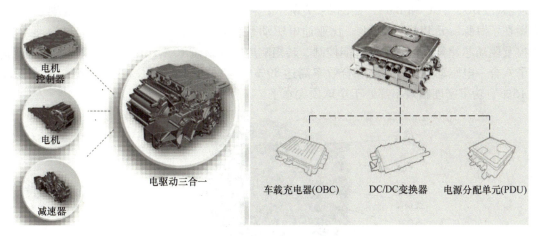

图 5-55　三合一集成

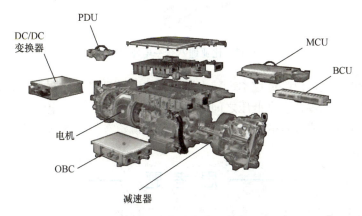

图 5-56　华为多合一方案

第一阶段和第二阶段很好理解，前文也有所提及，难点在于第三阶段的控制级整合和第四阶段的功率级整合，其是在拓扑电路层面复用部分功率器件和磁性器件，技术难度较大，行业内具备功率级整合技术并实现产业化的厂商较少。

未来多合一集成所带来的综合收益将更加明显。首先，小体积可以省去更多的车内布局空间，使得用户可以获得更大的车内空间和行李舱容积。其次，减小质量意味着相同电量可以行驶更长的续驶里程，这将大大提高用户的使用体验。此外，降低开发成本也间接降低了用户的购买成本，使得新能源汽车更加普及。

比亚迪汽车是我国汽车行业起步较早的新能源汽车企业，随着国家大力发展新能源汽车，在数年间逐渐成为我国新能源汽车领域实力雄厚的企业。凭借着 20 多年的技术积累，在电驱动系统的研发与应用方面，比亚迪汽车已经掌握了成熟的驱动电机、电机控制器等核心技术，并成功应用于其生产的新能源汽车。比亚迪汽车在电驱动系统的研发方面经历了 3 个阶段，分别是 e 平台 1.0、e 平台 2.0、e 平台 3.0。e 平台 1.0 时期是分立式电驱动系统，电机和减速器二者共用壳体。e 平台 2.0 时期是将电机控制器、电机和减速器三者集成。e 平台 3.0 时期是将电驱动系统八合一集成，包括电机控制器、电机、减速器、OBC、DC/DC

变换器、PDU、VCU和BMS，如图5-57所示，将电磁场、结构、传动等多因素耦合设计，应用在了海豚、元PLUS车型上。比亚迪电驱动系统e平台3.0具有高效能的热管理系统，主控及驱动芯片集成化，采用智能控制，转矩响应时间缩短90%。比亚迪元PLUS车型就搭载了八合一电驱动系统，系统综合效率高达89%，相同功率下体积减小了20%，质量减小了15%，功率密度和效率都处于全球顶尖水平。

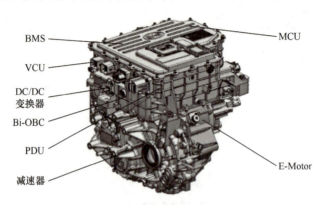

图5-57　比亚迪八合一电驱动系统

电驱动系统集成化可以降低成本、减小质量，能够满足轻量化要求，提高整车性能，但仍面临多模块之间干扰耦合、高低压之间干扰耦合以及多合一对外电气接口增多等挑战。随着新能源汽车电驱动集成技术的不断进步，我国新能源汽车的技术水平将不断提升，促进新能源汽车产业良好发展。

—————— 思 考 题 ——————

1. 简述新能源汽车轻量化的意义。与传统燃油车轻量化有何区别？
2. 新能源汽车轻量化的技术有哪些？
3. 电池的轻量化可以从哪些方面进行改进？
4. 电机的轻量化可以从哪些方面进行改进？

第6章 新能源汽车的智能化技术

6.1 智能化技术的应用背景

互联网技术的蓬勃发展不仅为汽车领域带来了技术革新，更在节能方面展现了其显著优势。智能化技术主要通过以下5个方面促进了汽车节能技术的进步：①车主能够利用卫星定位及地图服务获取最优交通路线，确保以最短时间、最经济的方式或沿着最佳行驶径路抵达目的地，极大提高了汽车的经济运行效率；②城市管理者运用互联网技术实时收集城市交通数据，精确调整和优化交通流线，有效缓解了交通压力，并降低了车辆运行中的不必要能耗；③现代汽车通过传感器、雷达和摄像头等设备准确捕捉车辆周围的信息，实现车速和方向的自动控制，有效预防驾驶人操作失误和疲劳驾驶，进一步降低能源消耗并减少排放；④互联网技术使得实时车辆诊断和远程监控成为可能，避免了车辆在行驶过程中出现故障而造成能源与时间的浪费，保障了运行效率；⑤智能充电技术为驾驶人提供了最佳的充电时间和地点选择，有效防止了过度充电和能源浪费。

微课视频：自动超车

微课视频：自动泊车

目前，互联网及大数据已经应用于汽车路线的规划，人工智能技术也将成为推动汽车节能的另一个有效方式。与传统的互联网技术相比，人工智能技术会基于现有条件提前思考使用者可能遇到的问题、采用最优计算方法尽可能完成使用者想要完成的任务，其计算量、运算速度和控制策略是人工所无法完成的。将人工智能、互联网及大数据相结合，产生的节能效果将远远超过传统的方式。

基于大数据和互联网，人工智能技术通过先进的算法寻求最佳问题解决方式，如选择最快的通行路线、选择收费最低的通行路线、自动泊车、自适应巡航控制等。随着人工智能技术逐渐成熟，将推动各种技术爆炸式发展，并渗透到新能源汽车控制、交通路线控制等各个领域和各个环节，推动新能源汽车节能技术的发展。

6.2 无人驾驶技术等级

无人驾驶汽车的体系结构一般分为感知系统、决策系统和执行系统，如图 6-1 所示。感知系统是指各种传感器，它们为决策系统提供车辆所在道路及周围的信息，为了提高环境感知的可靠性，一般采用多传感器信息的数据融合技术；决策系统利用人工智能、自动控制等理论对环境感知系统所获得的信息做出决策，并向执行系统发出控制命令，包括转向、制动或加速等操控；执行系统主要是指各种执行器，包括转向、调速、制动等执行装置。

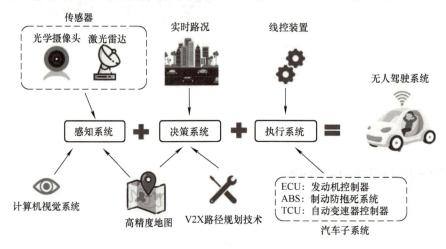

图6-1　无人驾驶汽车的体系结构

图6-2所示为某无人驾驶汽车组成示意图。激光测距仪能够及时准确地绘制车辆周边200m之内的3D地形图，并上传至车载中央系统，在车辆行驶过程中躲避障碍物并遵循交通法规。视频摄像头用于发现障碍物，识别道路标识和交通信号灯。雷达用于探测车辆周围环境及较远处的路障。GPS导航系统结合其他传感器信息，提供准确的位置信息。微型传感器用于检测车辆行驶信号，判断车辆是否偏离导航系统指定的路线。中央处理器储存了每条道路的限速标准

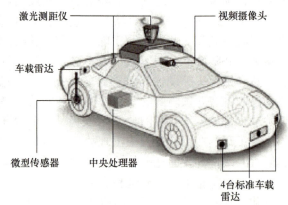

图6-2　无人驾驶汽车组成的示意图

和出入口位置，供车辆收集数据进行分析使用。在汽车行驶过程中，传感器收集的地图数据会储存于中央处理器，汽车以无线方式与数据中心通信，所以，汽车行驶里程越长，智能化水平就越高。

无人驾驶汽车的自动化程度一般可以按照SAE J3016的定义分为6个级别，每个等级代表了不同的自动化程度，具体如下：

L0 无自动化：完全由人类驾驶，所有的车辆控制都由人类操作，没有自动化辅助功能。

L1 辅助驾驶：能够在特定环境下为驾驶人提供部分驾驶辅助，如定速巡航和车道偏离预警等功能。但驾驶人仍需时刻关注道路情况并准备随时接管车辆。

L2 部分自动化：车辆能够通过驾驶环境对转向盘、加速、制动等多项操作进行部分自动化支持，但驾驶人仍需始终保持对车辆的监控，并在必要时接管控制。目前，市场上已经广泛普及了L2级别的自动驾驶技术，如ADAS，能够在特定的情况下（如高速公路）实现

相对完整的自动化驾驶。

L3 条件自动化：允许车辆在特定条件下完成所有驾驶操作。尽管如此，车内仍需配备安全驾驶人以应对可能的突发情况。在 L3 级别下，驾驶人可以在车辆自动驾驶时无须进行操作，但在系统请求接管时，驾驶人必须立即响应。

L4 高度自动化：实现了更高级别的自动化，全程无须人类驾驶人介入。车辆能够在特定道路和环境条件下独立完成所有驾驶操作、监控及支援工作。然而，该级别仍然对道路和环境条件有所限制，主要应用于无人物流、无人微公交等特定场景。

L5 完全自动化：代表了无人驾驶的最高境界。在这一级别下，车辆能够在任何道路和环境条件下完成所有驾驶操作，无须人类驾驶人的介入。这意味着车辆可以真正实现无人驾驶，从而提高道路使用效率，甚至可能彻底改变我们的交通方式。

6.3 智能化节能技术介绍

6.3.1 汽车环境感知技术

环境感知相当于无人驾驶汽车的"眼"和"耳"。无人驾驶汽车通过环境感知技术辨别周围的环境信息，为行为决策提供信息支持。环境感知包括无人驾驶汽车自身位姿感知和周围环境感知两部分。无人驾驶汽车自身位姿信息主要包括车辆自身的速度、加速度、倾角、位置等信息。这类信息测量方便，主要利用电子罗盘、倾角传感器、陀螺仪等传感器进行测量。无人驾驶汽车周围环境感知以雷达等主动型测距传感器为主，被动型测距传感器为辅，采用信息融合的方法实现。激光、毫米波、超声波等主动型测距传感器相结合，能更好地满足复杂、恶劣条件下执行任务的需要，数据处理量小、实时性好，路径规划时可以直接利用激光返回的数据进行计算，无须知道障碍物的具体信息。视觉作为环境感知的一个重要手段，目前在恶劣环境感知中存在一定问题，但是在目标识别、道路跟踪、地图创建等方面具有其他传感器所无法取代的重要性，在野外环境中的植物分类、水域和泥泞检测等方面，视觉也是必不可少的手段。

1. 超声波传感器

声波是一种能在气体、液体和固体中传播的机械波。根据声波振动频率的范围，可以分为次声波、声波、超声波和特超声波。频率高于人类听觉上限频率（约 20000Hz）的声波，称为超声波。超声波检测中常用的工作频率在 0.25 ~ 20MHz 范围内。

超声波传感器是在超声频率范围内将交变的电信号转换成声信号，或将外界声场中的声信号转换为电信号的能量转换器件。超声波传感器的种类有很多，应用最广泛的是压电式传感器。

（1）超声波传感器的特点　超声波是一种非接触检测和识别的方法，具有以下特点：

1）传播速度仅为光波的百万分之一，指向性强，能量消耗缓慢，可以直接测量较近目标的距离。

2）对色彩、光照度不敏感，适用于识别透明、半透明及漫反射差的物体。

3）对外界光线和电磁场不敏感，可用于黑暗、有灰尘或烟雾、电磁干扰强、有毒等恶劣环境中。

4）传感器结构简单、体积小、成本低、信息处理简单可靠、易于小型化与集成化，并且可以进行实时控制。

（2）超声波传感器的结构　超声波传感器典型结构如图 6-3 所示。超声波传感器采用双晶振子，在双晶振子的两面涂敷薄膜电极，上面用引线通过金属板（振动板）接到一个电极端，下面用引线直接接到另一个电极端。双晶振子为正方形，正方形的左右两边由圆弧形凸起部分支撑。这两处的支点就成为振子振动的节点。金属板的中心有圆锥形振子，发送超声波时，圆锥形振子有较强的方向性，因而能高效地发送超声波；接收超声波时，超声波的振动集中于振子的中心，所以能产生高效率的高频电压。超声波传感器采用金属或塑料外壳，其顶部有屏蔽栅。

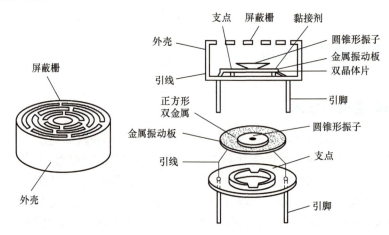

图 6-3　超声波传感器的典型结构

（3）超声波传感器的测距原理　超声波传感器有一个发射头和一个接收头，配以适当的收发电路，就可以使超声能量定向传输，并按预期接收反射波，从而实现超声测距、遥控、防盗等检测功能，如图 6-4 所示。

超声波传感器测距原理是超声波发射头发出的超声波脉冲，经媒质（空气）传到障碍物表面，反射后通过媒质（空气）传到接收头，测出超声波脉冲从发射到接收所需的时间，根据媒质中的声速，求得从探头到障碍物表面之间的距离。如图 6-5 所示。设探头到障碍物表面的距离为 L，超声波在空气中的传播速为 v，从发射到接收所需的传播时间为 t，当发射头和接收头之间的距离远小于探头到障碍物之间的距离时，则有 $L = vt/2$。

图 6-4　超声波传感器

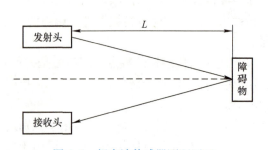

图 6-5　超声波传感器测距原理

2. 激光雷达

激光雷达是以发射激光束来探测目标位置的雷达系统，其功能包含：搜索目标和发现目标；测量其距离、速度、角位置等运动参数；测量目标反射率、散射截面和形状等特征参数。

激光雷达根据扫描机构的不同，有 2D 和 3D 两种，大部分是靠旋转的反射镜将激光发射出去，并通过测量发射光和从障碍物表面反射光之间的时间差来测距。3D 激光雷达的反射镜还附加一定范围内的俯仰，以达到面扫描的效果。

2D 激光雷达和 3D 激光雷达在无人驾驶汽车上得到了广泛应用。与 3D 激光雷达相比，2D 激光雷达只在一个平面上扫描，结构简单、测距速度快、系统稳定可靠。但对于地形复杂、路面高低不平的环境，2D 激光雷达会出现数据失真和虚报。同时，由于数据量有限，单个 2D 激光雷达也无法完成越野环境下的地形重构。

（1）激光雷达的特点　激光雷达以激光作为载波，激光的波长比微波和毫米波短得多。激光雷达具有以下特点：

1）全天候工作，不受白天和黑夜光照条件的限制。

2）激光束发散角小、能量集中，有更好的分辨率和灵敏度。

3）可以获得幅度、频率和相位等信息，且多普勒频移大，可以探测从低速到高速的目标。

4）抗干扰能力强、隐蔽性好、能穿透等离子鞘，低仰角工作时对地面的多路径效应不敏感。

5）波长短，可以在分子量级对目标探测且探测系统的结构尺寸小。

（2）激光雷达的组成　激光雷达主要由激光发射、激光接收、扫描部件、信息处理等部分组成，其简化结构如图 6-6 所示。

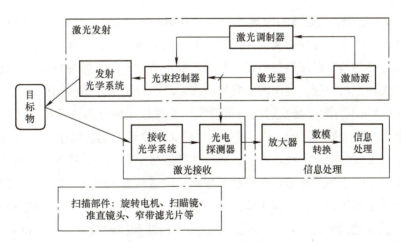

图 6-6　激光雷达系统的组成

1）激光发射：激光器是激光雷达的核心，负责发射脉冲激光束。这些激光束在遇到障碍物后反射回来，被激光雷达的探测器接收，从而测量距离。常见的激光器类型包括边发射激光器（Edge Emitting Laser，EEL）和垂直腔面发射激光器（Vertical Cavity Surface Emitting Laser，VCSEL）。

2）激光接收：感光芯片用于接收反射回来的激光束，并将其转换为电信号。这些电信号包含了反射激光束的强度、时间等信息，从而可以计算出障碍物的距离和位置。

3）扫描部件：扫描部件用于控制激光束的方向，从而实现对周围环境的扫描。根据是否有运动部件，扫描部件可以分为机械式、微机电系统（Micro Electro Mechanical System，MEMS）、光学相控阵（Optical Phased Arrays，OPA）等类型。例如，机械式扫描通过旋转镜面来改变激光束的方向，而 MEMS 扫描则利用微振镜实现激光束的精确指向。

4）信息处理：处理器对感光芯片输出的电信号进行处理，通过算法计算得到障碍物的具体位置、速度等信息。这一部分还负责控制激光雷达的工作模式、扫描频率等参数，确保激光雷达能够高效、准确地工作。

激光传感器发出的激光束碰到障碍物后反射回来被激光接收器接收，根据激光的飞行时间可以计算出障碍物的距离。

根据所发射激光信号的形式不同，测距方法主要有脉冲测距法、干涉测距法和相位测距法等。

（3）脉冲测距法的原理　激光器发出一个光脉冲，同时计数器开始计数，计数器记录的时间就是光脉冲从发射到接收所用的时间，如图 6-7 所示。

设 c 为光在空气中传播的速度，$c = 3 \times 10^8$ m/s，光脉冲从发射到接收的时间为 t，则待测距离为 $L = 1/$

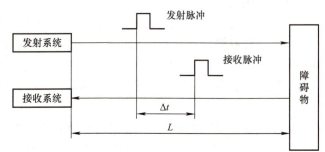

图 6-7　脉冲激光测距原理

$2(ct)$。脉冲式激光测距所测得的距离比较远，发射功率较高，一般从几瓦到几十瓦不等，最大射程可达几十千米。脉冲激光测距的关键之一是对激光飞行时间的精确测量。激光脉冲测量的精度和分辨率与发射信号带宽或处理后的脉冲宽度有关，脉冲越窄，性能越好。

（4）干涉测距法的原理　利用波的叠加原理，通过分析干涉条纹测量距离。干涉法激光测距原理如图 6-8 所示，激光器发射出一束激光，通过分光镜分为两束相干光波，两束光波各自经过反射镜 M1 和 M2 反射回来，在分光镜处又汇合到一起。由于两束光波的路程差不同，通过干涉后形成的明暗条纹也不同，所以传感器将干涉条纹转换为电信号之后，就可以实现测距功能。干涉法测距技术虽然已经很成熟，测量精度也很好，但是一般用于测量距离的变化，不能直接测量距离，所以干涉测距一般应用于干涉仪、测振仪、陀螺仪中。

（5）相位测距法的原理　相位测距法是利用发射波和接收波形成的相位差来测量距离。为了进行相位测量，需要对光波进行调制。调制是指在光波上叠加一个特定频率的信号，使得光波的某些特性（如强度或频率）随时间变化。当光波到达目标并反射回来时，与原始发射波的相位进行比较，可以确定相位延迟的总量。这个相位延迟与光波在空间中传播的时间有关，也就是与目标的距离有关。通过测量相位延迟，可以计算出光波往返的总时间，从而得到距离信息。相位法激光测距原理如图 6-9 所示。

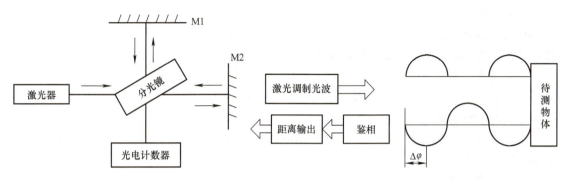

图 6-8　干涉法激光测距原理　　　　　图 6-9　相位法激光测距原理

激光从发射到接收的时间为

$$t = \frac{\Delta\varphi}{\omega} = \frac{\Delta\varphi}{2\pi f} \tag{6-1}$$

式中，t 为激光从发射到接收的时间；$\Delta\varphi$ 为发射波和接收波之间的相位差；ω 为正弦波角频率；f 为正弦波频率。

待测距离为

$$L = \frac{1}{2}ct = \frac{c\Delta\varphi}{4\pi f} \tag{6-2}$$

相位测距法由于其精度高、体积小、结构简单、昼夜可用的优点，被认为是最有发展潜力的距离测量技术。相比于其他类型的测距方法，相位法测距朝着小型化、高稳定性、方便与其他仪器集成的方向发展。

（6）激光雷达的实例　LUX4 线激光雷达是德国 IBEO 公司借助高分辨率激光测量技术推出的第一款多功能汽车智能传感器，其拥有 110° 的宽视角和 0.3 ~ 200m 的探测距离是安全的一等级激光，如图 6-10 所示。LUX4 线激光雷达容易集成到车体并能观察到任何角度，不仅可以输出原始扫描数据，还可以输出每个测量对象的数据（位置、尺寸、纵向速度、横向速度等），拥有远距离、智能分辨率、全天候等优点。

图 6-10　LUX4 线激光雷达

3. 毫米波雷达

毫米波雷达是指工作频率介于微波和光波之间，选在 30 ~ 300GHz 频域（波长为 1 ~ 10mm，即 1mm 波段）的雷达。

（1）毫米波雷达的特点　毫米波雷达的优点主要体现在以下几个方面：

1）探测性能优异。毫米波波长较短，探测不受颜色与温度的影响。由于在汽车行驶过程中的目标一般都是金属材料，因此会形成很强的电磁反射，毫米波雷达则不受影响。

2）响应速度快。毫米波的传播速度与光速一样，其调制简单，配合高速信号处理系统，可以快速地测量出目标的角度、距离、速度等信息。

3）对环境适应性强。毫米波具有很强的穿透能力，在雨、雪、大雾等恶劣天气依然可以正常工作，由于其天线属于微波天线，相比于光波天线，在大雨及轻微上霜的情况下依然可以正常工作。

4）抗低频干扰能力强。毫米波雷达一般工作在高频段，周围的噪声和干扰处于中低频段，基本上不会影响毫米波雷达的正常运行。

毫米波雷达最主要的缺点是易受天气影响、传输距离较短。空气中的氧分子和水蒸气的谐振会对毫米波频率产生选择性吸收和散射，毫米波在雨、雾等高潮湿环境中信号衰减显著，这会严重影响雷达的性能。

（2）毫米波雷达的测量原理　车载毫米波雷达根据测量原理不同，一般分为脉冲方式和调频连续波 2 种方式。

脉冲方式的毫米波雷达主要是通过发射脉冲信号并接收反射回来的信号来测量目标的距离和速度。由于需在很短的时间（一般都是微秒的数量级）内发射大功率的信号脉冲，硬件结构比较复杂，且造价较高，实际应用中很难实现。

目前，大多数车载毫米波雷达都采用调频连续波方式，其测量原理如图 6-11 所示。通过发射与接收高频电磁波，利用短波长的特性对目标进行高精度的探测与测量。当发射的连续调频信号遇到前方目标时，会产生与发射信号有一定延时的回波，再通过雷达的混频器进行混频处理，而混频后的结果与目标的相对距离和相对速度有关。

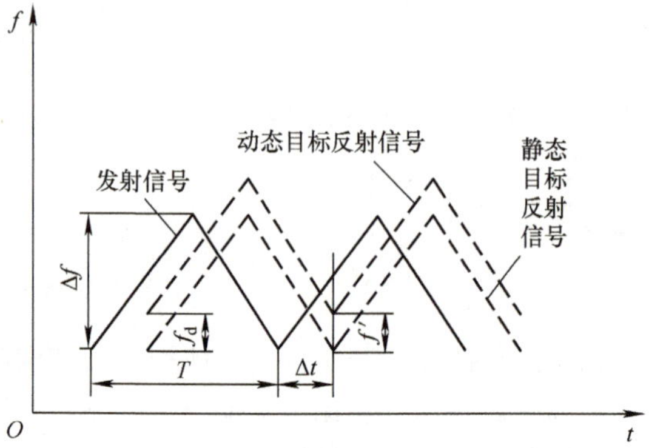

图 6-11　调频连续毫米波雷达测量原理

毫米波雷达测距和测速的计算公式为

$$s = \frac{c\Delta t}{2} = \frac{cTf'}{4\Delta f} \tag{6-3}$$

$$u = \frac{cf_a}{2f_0} \tag{6-4}$$

式中，s 为相对距离（m）；c 为光速（m/s）；T 为信号发射周期（s）；f' 为发射信号与反射信号的频率差（Hz）；Δf 为调频带宽（Hz）；f_a 为多普勒频率（Hz）；f_0 为发射信号的中心频率（Hz）；u 为相对速度（m/s）。

（3）毫米波雷达的实例　美国德尔福公司开发的 ESR 高频电子扫描毫米波雷达采用连续调制方式，应用多普勒测试原理，能够扫描最远范围 175m 以内的 64 个目标，如图 6-12 所示。

ESR 毫米波雷达能够提供目标的相对距离、角度和速度等信息。它从 CAN 总线获取所需的车速、横摆角速度、转向盘转角等信息，扫描后将目标的信息，如距离、相对速度等同样通过 CAN 总线传递给整车控制器。ESR 毫米波雷达同时具有中距离扫描和长距离扫描的功能，其性能参数见表 6-1。

图 6-12　ESR 毫米波雷达外形图

表 6-1　ESR 毫米波雷达性能参数

参数		长距离	中距离
系统特性	频段/GHz	76 ~ 77	
	尺寸/m×m×m	174×90×49	
刷新率/ms		50	
可检测的目标数		通过长距离和中距离目标的合并，总共 64 个目标	
覆盖范围	距离/m	1 ~ 175	1 ~ 60
	相对速度/(m/s)	− 100 ± 25	− 100 ± 25
	水平视角/(°)	± 10	± 45
精确度	距离/m	± 0.5	± 0.25
	相对速度/(m/s)	± 0.12	± 0.12
	角度/(°)	± 0.5	± 1

　　毫米波雷达不仅能测量距离和速度，还能进行角度测量，而且具有较强的穿透能力，能在多种环境下工作。由于硬件体积小、不受恶劣天气影响，毫米波雷达被广泛应用在汽车主动安全控制系统或无人驾驶汽车上。

4. 视觉传感器

　　广义的视觉传感器主要由光源、镜头、图像传感器、模数转换器、图像处理器、图像存储器等组成，如图 6-13 所示，其主要功能是获取足够的机器视觉系统要处理的最原始图像。把光源、摄像机、图像处理器、标准的控制与通信接口等集成为一体的视觉传感器常称为一个智能图像采集与处理单元，如图 6-14 所示，内部程序存储器可储存图像处理算法，并能使用个人计算机（Personal Computer，PC），利用专用组态软件编制各种算法下载到视觉传感器的程序存储器中，视觉传感器将 PC 的灵活性、可编程逻辑控制器（Programmable Logic Controller，PLC）的可靠性、分布式网络技术结合在一起，这样的视觉传感器和 PLC 可以更容易地构成机器视觉系统。

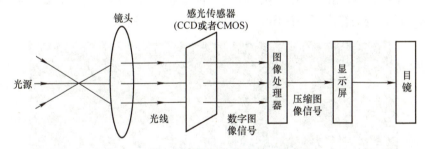

图 6-13　视觉传感器的组成

　　狭义的视觉传感器是指图像传感器，它的作用是将镜头所成的像转变为数字或模拟信号输出，是视觉检测的核心部件，主要有电荷耦合器件（Charge Coupled Device，CCD）图像传感器和互补金属氧化物半导体（Complementary Metal Oxide Semiconductor，CMOS）图像传感器。

　　（1）CCD 图像传感器　CCD 图像传感器是一种利

图 6-14　智能图像采集与处理单元

用电荷耦合器件技术的成像传感器，将光信号转换为电荷信号，并通过外部电压控制，将这些电荷进行存储和转移，最终转换为可用的电信号，包括光的吸收、电荷的产生与收集、电荷的转移以及信号的检测与输出等关键环节。CCD 图像传感器外形如图 6-15 和图 6-16 所示。

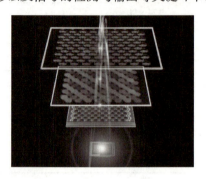

图 6-15　CCD 图像传感器（一）

图 6-16　CCD 图像传感器（二）

CCD 图像传感器是由许多个光敏像元按照一定规律排列组成的，每个像元相当于一个金属氧化物半导体（Metal Oxidation Semiccondctir, MOS）电容器，主要通过 P 型 Si 衬底表面上生长的一层 SiO_2 和蒸镀的金属层（多晶硅）构成。在外加偏置电压的作用下，这些结构能够形成用于储存信号电荷的"势阱"。当光线投射到传感器上时，光子穿过透明电极及氧化层，进入 P 型 Si 衬底并产生电子-空穴对，这些载流子在电场作用下分离，电子被存储在"势阱"中形成信号电荷。通过改变电极电压，可以实现电荷在传感器内的移动，从而完成从光信号到电信号的转换。

由于 CCD 的体积小、造价低，所以广泛应用于扫描仪、数码相机及数码摄像机中。目前大多数数码相机采用的视觉传感器都是 CCD 图像传感器。

（2）CMOS 图像传感器　CMOS 图像传感器是一种基于互补金属氧化物半导体技术的成像设备，和 CCD 的原理相同，工作原理涉及光的吸收、电荷的产生与收集、电荷到电压的转换以及信号的检测与输出等关键环节，其外形如图 6-17 所示。

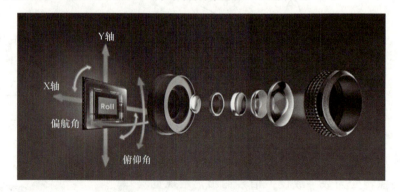

图 6-17　CMOS 图像传感器

CMOS 图像传感器在每个像素点上设置一个放大器，实现了在捕获图像的同时对信号进行放大和转换。这种设计使得 CMOS 图像传感器具有低功耗、快速读取以及随机访问等优势。CMOS 图像传感器与 CCD 图像传感器一样，可用于自动控制、自动测量、摄影摄像、视觉识别等各个领域。

（3）视觉传感器的主要参数　CCD 和 CMOS 图像传感器的主要参数有像素、靶面尺寸、感光度、电子快门、帧率和信噪比。

1）像素。图像传感器上有许多感光单元，可以将光线转换成电荷，形成对应于景物的电子图像。在传感器中，每一个感光单元都对应着一个像素。所以，像素越多，意味着它能够感测到更多的物体细节，从而图像就越清晰。

2）帧率。代表单位时间记录或者播放的图片的数量，连续播放一系列图片就会产生动画效果，根据人的视觉系统，当图片的播放速度大于 15 幅/s 的时候，人眼就基本看不出来图片的跳跃；在达到 24～30 幅/s 之间时，就已经基本觉察不到闪烁现象了。每秒的帧数或者帧率，表示图像传感器在处理图像时每秒钟能够更新的次数。高的帧率可以得到更流畅、更逼真的视觉体验。

3）靶面尺寸。图像传感器感光部分的大小，指的是图像传感器的对角线长度，一般用英寸来表示，如常见的有 1/3in（1in = 25.4mm）。靶面越大，意味着通光量越好；靶面越小，则比较容易获得更大的景深。

4）感光度。通过 CCD 或 CMOS 以及相关的电子线路感应入射光线的强弱。感光度越高，感光面对光的敏感度就越强，快门速度就越高，在夜间拍摄运动车辆时尤为重要。

5）信噪比。信号电压对于噪声电压的比值，单位为 dB。一般摄像机给出的信噪比值均是 AGC 关闭时的值，因为当 AGC 接通时，会对小信号进行提升，使得噪声电平也相应提高。信噪比的典型值为 45～55dB，信噪比越大说明对噪声的控制越好。

6）电子快门。电子快门是相对机械快门功能提出的一个术语，用来控制图像传感器的感光时间。由于图像传感器的感光值就是信号电荷的积累，感光越长，信号电荷积累时间也就越长，输出信号电流的幅值也就越大。电子快门越快，感光度越低，也就越适合在强光下拍摄。

（4）CCD 和 CMOS 图像传感器的差异

1）制造上的差异。CMOS 和 CCD 同为半导体，但 CCD 是集成在半导体单晶材料上，CMOS 是集成在金属氧化物的半导体材料上。

2）工作原理的差异。CCD 和 CMOS 图像传感器工作原理的主要区别是读取视觉数据的方法，CCD 图像传感器从阵列的一个角落开始读取数据，CMOS 图像传感器对每一个像素采用有源像素传感器及晶体管，以实现视觉数据读取。

3）视觉扫描方法的差异。CCD 图像传感器连续扫描，在最后一个数据扫描完成之后才能将信号放大；CMOS 图像传感器的每个像素都有一个将电荷转化为电子信号的放大器。

4）感光度的差异。CMOS 图像传感器的每个像素包含了模拟数字转换器，过多的额外设备压缩了单一像素感光区域的表面积，因此在相同像素下，同样大小的感光器尺寸，CMOS 图像传感器的感光度会低于 CCD 图像传感器。

5）分辨率的差异。CMOS 图像传感器每个像素的结构比 CCD 图像传感器复杂，其感光开口不及 CCD 图像传感器大，对比相同尺寸的 CCD 与 CMOS 感光器时，CCD 感光器的分辨率通常会优于 CMOS。

6）噪声的差异。CMOS 图像传感器每个感光二极管旁都搭配一个模数变换器（Analog to Digital Converter，ADC），如果以百万像素计，那么就需要百万个以上的 ADC，虽然是统一制造下的产品，但是每个 ADC 或多或少都有微小差异存在，很难达到放大同步的效果，对比单一 ADC 的 CCD 图像传感器，CMOS 图像传感器最终计算出的噪声就比较多。

7）成本的差异。CMOS 图像传感器应用半导体工业常用的 MOS 制程，可以一次整合全部周边设施于单芯片中，节省加工芯片所需负担的成本和良率的损失；CCD 图像传感器采用电荷传递的方式输出信息，必须另辟传输信道，如果信道中有一个像素故障，就会导致一整排的信号拥塞，无法传递。因此，CCD 图像传感器的良率比 CMOS 图像传感器低，加上另辟传输通道和外加 ADC 等，CCD 图像传感器的制造成本相对高于 CMOS 图像传感器。

8）耗电量的差异。CMOS 图像传感器的影像电荷驱动方式为主动式，感光二极管所产生的电荷会直接由旁边的晶体管放大输出；但 CCD 图像传感器却为被动式，必须外加电压让每个像素中的电荷移动至传输通道。而外加电压通常需要 12V 以上的水平，因此 CCD 图像传感器还必须要有更精密的电源线路设计和耐压强度，高驱动电压使 CCD 图像传感器的耗电量远高于 CMOS 图像传感器。

环境感知中的传感器比较见表 6-2。

表 6-2　环境感知中的传感器比较

传感器类型	测量性能	环境影响	价格对比
超声波传感器	测量范围：0.2～10m 测量精度：±0.1m 测量频率：10～20Hz	不受光照影响，测量精度受测量物体表面形状、材质影响大	低
激光雷达	测量范围：1～150m 测量精度：±0.1m 测量频率：10～20Hz	聚焦性好，易实现远程测量，受光照烟雾等因素影响大，能量高度集中，具有一定危害性	相比超声波传感器高
毫米波雷达	测量范围：0～100m 测量精度：±0.5m 测量频率：20～50Hz	角度分辨率高，抗电子干扰强，受雨雾等因素影响大	相比激光雷达高
视觉传感器	测量范围：3～25m 测量精度：0.3m 测量频率：30～50 帧/s	测量精度不受物体表面材质、形状等因素影响，受环境光照强度影响大	相比毫米波雷达高

6.3.2　驾驶环境的机器视觉识别

驾驶环境的机器视觉识别是自动驾驶技术的关键组成部分，旨在通过摄像头和其他视觉传感器捕捉并处理道路信息，以实现对车道、车辆、行人、交通标志等的检测与识别，确保安全高效的行驶。视觉传感器不仅体积小、成本低，而且由于被动式工作原理，不会受到其他传感器的干扰，因此被广泛应用于物体检测和图像处理中。

视觉传感器技术在 6.3.1 节已经介绍，本节主要介绍目标检测与识别。

1. 车道检测

车道检测的任务是提取车道的几何结构，如车道的宽度、车道线的曲率等；确定车辆在车道中的位置、方向；提取车辆可行驶的区域。根据车道构成特点，可以分为结构化车道和非结构化车道两类。结构化车道具有明显的车道标识线或边界，车道宽度基本上保持不变；

非结构化车道没有车道标识线和明显的车道边界，而且车道宽度一般不恒定。根据检测对象的不同，车道检测方法也不尽相同。结构化车道检测一般依据车道线的边界或车道线的灰度与车道明显不同实现检测，而非结构化车道检测依据车道的颜色或纹理进行检测。

传统的车道线检测方法通常基于视觉信息解决车道检测问题，这些方法主要使用色调-饱和度-强度（Hue-Saturation-Intensity，HSI）颜色模型和边缘提取算法等图像处理技术来提取车道线的颜色和边缘等视觉信息。在缺乏足够视觉信息的情况下，通常会采用跟踪的后处理方法，还可以使用马尔可夫随机场和条件随机场等方法对车道线进行处理。车道检测算法大体可以分为基于区域分割的识别方法、基于特征的识别方法和基于模型的识别方法。

（1）基于区域分割的识别方法　基于区域分割的识别方法是把道路图像的像素分为道路和非道路两类。分割的依据一般是颜色特征或纹理特征。在道路图像中，道路部分的像素与非道路部分的像素的颜色存在显著差别，这是基于颜色特征的区域分割方法的依据。根据采集到的图像性质，颜色特征可以分为灰度特征和彩色特征两类。灰度特征来自于灰度图像，可用的信息为亮度的大小。彩色特征除了亮度信息外，还包含色调和饱和度。基于颜色特征的车道检测的本质是彩色图像分割问题，主要涉及颜色空间的选择和采用的分割策略两个方面。当然，由于不同道路的彩色和纹理会有变化，道路的颜色也随时间变化而变化，因此基于区域的分割是一个很困难的问题。同时，路面区域分割方法大多计算量大，难以精确定位车道的边界。

（2）基于特征的识别方法　基于特征的识别方法主要是结合道路图像的一些特征（如颜色特征、灰度梯度特征等），从所获取的图像中识别出道路边界或车道标识线，适合于有明显边界特征的道路。基于特征的车道检测过程一般分为两个阶段，第一个阶段为特征提取，主要是利用图像预处理技术、边缘检测技术提取属于车道线的像素集合，并利用相位技术确定车道线像素的方向；第二个阶段是特征聚合，即把车道线像素聚合为车道线，包括利用车道线宽度恒定的约束进行车道线局部聚合，再利用车道线平滑性约束以及平行车道线交于消隐点的约束进行车道线的长聚合。

基于特征的车道线识别算法中的特征主要可以分为灰度特征和彩色特征。基于灰度特征的识别方法是从车辆前方的序列灰度图像中，利用道路边界和车道标识线的灰度特征完成对道路边界及车道标识线的识别；基于彩色特征的识别方法是利用从获取的序列彩色图像中，根据道路及车道标识线的特殊色彩特征完成对道路边界和车道标识线的识别。目前应用较多的是基于灰度特征的识别方法。

（3）基于模型的识别方法　基于模型的识别方法主要是基于不同的（2D或3D）道路图像模型，采用不同的检测技术（Hough变换、模板匹配技术、神经网络技术等）对道路边界或车道线进行识别。

在道路平坦的假设前提下，道路的几何结构道路模型可以简化为直线模型。为了更真实地反映道路的形态，各种曲线模型如同心圆曲线、二次曲线、抛物线、双曲线、直线与抛物线的组合、线性双曲线、广义曲线、回旋曲线、样条曲线、圆锥曲线及分段曲率模型等，能够更精确地设计和描述复杂的道路走向。

在道路不平坦的情况下，可以利用双目视觉系统获得立体道路图像，通过建立3D道路图像模型进行车道检测。

基于2D道路图像模型的识别方法便于采用，且不需要精确的标定或知道车辆的自身参数；它的不利之处是很难对车辆位置进行估计。基于3D道路图像模型的识别方法主要用于对距离的分析不是要求很高的、没有标识的道路识别，其缺点是在模型比较简单或噪声强度比较大时，识别精度比较低；在模型比较复杂时，模型的更新比较困难。

随着机器学习的发展，出现了一些采用模板匹配和支持向量机等算法的车道线检测方法。在某些简单的场景下，这些方法表现出了较好的检测效果，但对于复杂的道路交通环境，传统方法过于依赖人工设计的特征提取器和引入了过多的先验信息，使得方法和应用场景过度绑定，无法应对各种各样的道路场景。因此，研究人员逐渐采用更加先进的方法，如深度学习和卷积神经网络等方法。基于深度学习的方法更加注重对图像中的语义信息的提取，能够自动学习特征，降低了对人工设计特征的依赖，提高了车道线检测相关算法的健壮性和泛化性，能够适应各种复杂的道路交通环境。

2. 前方车辆检测

在自动驾驶技术中，前方车辆检测不仅是一个独立的功能，而且是整个车辆感知系统的重要组成部分。前方车辆检测是判断安全车距的前提，这一功能确保自动驾驶车辆能够及时准确地感知和响应前方的车辆或障碍物，从而避免碰撞和提高行驶安全性。对前方车辆的准确检测，依赖于多种传感器的数据融合和先进的算法处理。目前用于检测前方运动车辆的方法主要有4种，即基于特征的方法、基于机器学习的方法、基于光流的方法和基于模型的方法。

（1）基于特征的方法　对于行驶在前方的车辆，其颜色、轮廓、对称性等特征都可以用来将车辆与周围背景区别开来。因此，基于特征的车辆检测方法就以这些车辆的外形特征为基础从图像中检测前方行驶的车辆。常用的基于特征的方法如下：

1）使用阴影特征的方法。前方运动车辆底部的阴影是一个非常明显的特征。通常的做法是先使用阴影找到车辆的候选区域，再利用其他特征或者方法对候选区域进行下一步验证。

2）使用边缘特征的方法。前方运动车辆无论是在水平方向上还是垂直方向上都有着显著的边缘特征，边缘特征通常与车辆所符合的几何规则结合起来运用。

3）使用对称特征的方法。前方运动车辆在灰度化的图像中表现出较为明显的对称特征。一般来说对称特征分为灰度对称和轮廓对称这两类特征。灰度对称特征一般指统计意义上的对称特征，而轮廓对称特征指的是几何规则上的对称特征。

4）使用位置特征的方法。一般情况下，前方运动车辆存在于车道区域之内，所以在定位出车道区域的前提下，将检测范围限制在车道区域之内，不但可以减少计算量，还能够提高检测的准确率。而在车道区域内如果检测到不属于车道的物体，一般都是车辆或者障碍物，对于驾驶人来说都是需要注意的目标物体。

5）使用车辆尾灯特征的方法。在夜间驾驶场景中前方运动车辆的尾灯是将车辆与背景区别出来的显著且稳定的特征。夜间车辆尾灯在图像中呈现的是高亮度、高对称性的红白色车灯对。利用空间以及几何规则能够判断前方是否存在车辆及其所在的位置。

因为周围环境的干扰和光照条件的多样性，如果仅仅使用一个特征实现对车辆的检测，难以达到良好的稳定性和准确性。因此，如果想获得较好的检测效果，目前都是使用多个特征相结合的方法完成对前方运动车辆的检测。

（2）基于机器学习的方法　前方运动车辆的检测其实是对图像中车辆区域与非车辆区域的定位与判断的问题。基于机器学习的检测方法一般需要从正样本集和负样本集提取目标特征，再训练出识别车辆区域与非车辆区域的决策边界，最后使用分类器判断目标。通常的检测过程是对原始图像进行不同比例的缩放，得到一系列的缩放图像，然后在这些缩放图像中全局搜索所有与训练样本尺度相同的区域，再由分类器判断这些区域是否为目标区域，最后确定目标区域并获取目标区域的信息。

机器学习的方法无法预先定位车辆可能存在的区域，只能对图像进行全局搜索，这样造成检测过程的计算复杂度高，无法保证检测的实时性。

（3）基于光流的方法　光流是因为摄像头与目标物体中的一者运动或者两者相互运动而产生的。通过建立运动模型，根据光流计算出图像中各个像素的运动信息，再推算出可能存在目标物体的区域。基于光流的方法对目标物体的先验知识要求低，相对速度越高产生的光流场越强，不过在高速公路场景中车辆高速运动的情况下很容易遇到振动的情况，而摄像头也会随之抖动。在这种情况下拍摄的图像存在模糊、噪声多的问题，而光流法对这些因素的抗干扰性弱，容易产生误检与错误检测的结果。另外，光流法的计算量大，难以保证检测前方运动车辆所需的实时性。

（4）基于模型的方法　基于模型的方法是根据前方运动车辆的参数来建立 2D 或 3D 模型，然后利用指定的搜索算法来匹配查找前方车辆。这种方法对建立的模型依赖度高，但是车辆外部形状各异，难以通过仅建立一种或者少数几种模型的方法来对车辆实施有效的检测，如果为每种车辆外形都建立精确的模型又将大幅增加检测过程中的计算量。

多传感器融合技术是未来车辆检测技术的发展方向。目前，在车辆检测中主要有两种融合技术，即视觉和激光雷达传感器的融合技术以及视觉和毫米波雷达传感器的融合技术。

3. 前方行人检测

基于视觉传感器的行人检测是指利用安装在运动车辆上的摄像头获取车辆前方的信息，然后从视频序列中检测出行人的位置。基于视觉的行人检测系统一般包括感兴趣区分割和目标识别两个模块。感兴趣区分割的目的是快速确定行人可能出现的区域，缩小搜索空间，目前常用的方法是采用立体摄像头或雷达的基于距离的方法，其优点在于速度比较快。目标识别的目的是在感兴趣区中精确检测行人的位置，目前常用的方法主要有基于运动特性的方法、基于形状模型的方法、基于模板匹配的方法以及基于统计分类的方法。

1）基于运动特性的方法。基于运动特性的行人检测就是利用人体运动的周期性特性来确定图像中的行人。该方法主要针对运动的行人进行检测，不适合检测静止的行人。

2）基于形状模型的方法。基于形状模型的行人检测主要依靠行人形状特征来识别行人，避免了由于背景变化和摄像头运动带来的影响，适合于识别运动和静止的行人。

3）基于模板匹配的方法。基于模板匹配的行人检测是通过定义行人形状模型，在图像的各个部位匹配该模型以找到目标，建立的行人形状模型主要有线性模型、轮廓模型以及立体模型等。

4）基于统计分类的方法。基于统计分类的行人检测是从样本中训练得到行人分类器，利用该分类器遍历图像各窗口进行判别。训练是离线进行，不占用识别时间，且分类器具有鲁棒性。

4. 交通标志检测

道路交通标志作为重要的道路交通安全附属设施，可向驾驶人提供各种引导和约束信息。驾驶人实时、正确地获取交通标志信息，可保障行车安全。在无人驾驶汽车中，交通标志的探测是通过图像识别系统实现的。交通标志识别系统主要包括检测和识别两个基本环节。首先，使用车载摄像头获取目标图像，然后送入模式分类程序识别常见的交通标志。

我国交通标志共分为警告标志、禁令标志、指示标志、指路标志、旅游区标志、作业区标志、告示标志共7种，其中最为重要的是警告标志、指示标志、禁令标志。为引起行人和车辆驾驶人的注意，交通标志都具有鲜明的颜色特征。我国指示标志、禁令标志和警告标志共计131种，这些交通标志由5种主要颜色（红、黄、蓝、黑和白色）组成。

交通标志检测主要有基于颜色信息的交通标志检测、基于形状特征的交通标志检测、基于显著性的交通标志检测、基于特征提取和机器学习的交通标志检测等。

（1）基于颜色信息的交通标志检测　颜色分割就是利用交通标志特有的颜色特征，将交通标志与背景分离。颜色特征具有旋转不变性，即颜色信息不会随着图像的旋转、倾斜而发生变化，与几何、纹理等特征相比，基于颜色特征设计的交通标志检测算法对图像旋转、倾斜的情况具有较好的鲁棒性。目前大部分的文献中所采用的颜色模型包括RGB模型、HSI模型、HSV模型及XYZ模型等。

（2）基于形状特征的交通标志检测　除颜色特征外，形状特征也是交通标志的显著特征。我国警告标志、指示标志、禁令标志共131种，其中130种都有规则的形状——圆形、矩形、正三角形、倒三角形、正八边形。颜色检测和形状检测是交通标志检测中的重要内容。检测方法通常都以颜色分割做粗检测，排除大部分的背景干扰；再提取二值图像各连通域的轮廓，进行形状特征的分析，进而确定交通标志候选区域并完成定位。

（3）基于显著性的交通标志检测　显著性作为从人类生物视觉中引入的概念，用来度量场景中具有最显眼的特征，最容易吸引人优先看到的区域。由于交通标志被设计成具有显眼的颜色和特定的形状，在一定程度上满足显著性的要求，可以采用显著性模型来检测交通标志。

（4）基于特征提取和机器学习的交通标志检测　无论是基于颜色和形状分析的算法，还是基于显著性的算法，由于其能包含的信息的局限性，在背景复杂，或者出现与目标物十分相似的干扰物时，都不能很好地去除干扰。因此，通过合适的特征描述，更充分地表示交通标志，再通过机器学习方法区分标志和障碍物。

基于特征提取和机器学习的交通标志检测一般使用滑动窗口的方式，或者使用之前处理得到的感兴趣块进行验证的方式。前者对全图或者交通标志可能出现的感兴趣区域操作，以多尺度的窗口滑动扫描目标区域，对得到的每一个窗口均用训练好的分类器判断是否是标志。后者则认为经过之前的处理，如颜色、形状分析等，得到的感兴趣块已经是一整个标志或者干扰物，只需对其整体进行分类即可。

交通标志被检测出来之后，如何准确地识别其属于哪一个类别也有很多的方法。常见的有统计分类法、模板匹配、神经网络等。

5. 交通信号灯检测

交通信号灯识别系统包括检测和识别两个基本环节，首先是定位交通信号灯，通过摄像头，从复杂的城市道路交通环境中获取图像，根据交通信号灯的颜色、几何特征等信息，准确定位其位置，获取候选区域；然后是识别交通信号灯，检测算法中，已经获取交通信号灯的候选区域，通过对其分析及特征提取，运用分类算法，实现对其分类识别。

交通信号灯的识别方法主要有基于颜色特征的识别算法和基于形状特征的识别算法。

（1）基于颜色特征的识别算法　基于颜色特征的交通信号灯识别算法主要是选取某个色彩空间对交通信号灯的红、黄、绿3种颜色进行描述。依据色彩空间的不同，主要有基于RGB颜色空间的识别算法和基于HSI颜色空间的识别算法。

基于RGB颜色空间的识别算法，通常采集到的交通信号灯图像都是RGB格式的。因此，如果直接在RGB色彩空间中进行交通信号灯的识别，由于不需要色彩空间的转换，算法的实时性会很好；其缺点是R、G、B三个通道之间相互依赖性较高，对光学变化很敏感。

基于HSI颜色空间的识别算法，HSI色彩模型比较符合人类对色彩的视觉感知，而且HSI模型的3个分量之间的相互依赖性比较低，更加适合交通信号灯的识别；其缺点是从RGB色彩空间转换过来会比较复杂。

（2）基于形状特征的识别算法　基于形状特征的识别算法主要是利用交通信号灯和它的相关支撑物之间的几何信息进行识别。这一识别算法的主要优势在于，交通信号灯的形状信息一般不会受到光学变化和天气及气候变化的影响。也可以将交通信号灯的颜色特征和形状特征结合起来，以减少单独利用某一特征所带来的影响。

6.3.3　汽车导航定位技术

无人驾驶汽车的导航定位技术用于确定车辆的地理位置，是无人驾驶汽车路径规划和任务规划的支撑。导航可分为自主导航和网络导航两种。

自主导航是指除了定位辅助之外，不需要外界其他的协助，即可独立完成导航任务。自主导航技术在本地储存地理空间数据，所有的计算在终端完成，在任何情况下均可实现定位。但是自主导航设备的计算资源有限，导致计算能力差，有时不能提供准确、实时的导航服务。

网络导航能随时随地通过无线通信网络、交通信息中心进行信息交互。移动设备通过移动通信网与直接连接于Internet的webGIs服务器相连，在服务器执行地图存储和复杂计算等功能，用户可以从服务器端下载地图数据。网络导航的优点在于不存在存储容量的限制、计算能力强；能够储存任意精细地图，而且地图数据始终是最新的。

1. GPS 的组成与原理

全球导航定位系统（Global Positioning System，GPS）是1994年由美国研制的卫星导航系统，能够在全球海陆空范围内提供精确的位置、速度和时间信息，定位时具有极高的精度、极低的成本、极快的速度，其保密性与抗干扰性也非常优异。因此，GPS已经成为大地测量、精密授时、工程测量、测距、导航等领域中使用最广泛的定位系统。

GPS由3部分组成，分别是空间部分、地面监控部分和用户设备部分，如图6-18所示。空间部分包含24颗工作卫星和3颗备用卫星。地面监控部分负责监测卫星状态，并更新导航信息。用户设备部分则是用户通过接收机接收卫星信号，计算位置和时间。

空间部分由运行在6个轨道平面上的

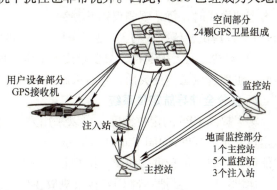

图6-18　GPS 的组成

24 颗卫星组成，相邻轨道之间的卫星彼此呈 30°。这些卫星均匀分布，确保从地球上任何位置在任何时间都能看到至少 4 颗卫星。导航卫星的任务是接收和储存来自地面监控设备发送来的导航定位控制指令，微处理器进行数据处理，以原子钟产生精确的时间为基准向用户连续发送导航定位信息。

地面监控设备由 1 个主控站、3 个注入站和 5 个监控站组成。地面上的监控站负责监控 GPS 卫星的运行状态、时钟同步、轨道校正和卫星发射时的轨道控制。这些监控站位于全球多个地点，与主控站进行通信和协调。主控站位于美国科罗拉多州的彼得森空军基地，负责全球 GPS 的整体运行管理。主控中心通过与控制站和卫星的通信来确保卫星在其设计的轨道上稳定运行，并提供高精度的时间和位置信息。

户设备部分即 GPS 信号接收机，能够捕获并跟踪 GPS 卫星的信号。通过对接收到的信号进行处理，接收机可以计算出用户的 3D 位置、速度和时间信息。

GPS 定位是利用到达时间测距的原理来确定用户的位置。具体工作原理如下：

1）信号传输和接收：GPS 卫星以无线电波形式向地面广播信号，包括卫星的精确位置和时间信息。

2）信号接收和处理：GPS 接收器接收来自多颗卫星的信号，并测量每颗卫星信号的传播时间差异（即传播延迟）。通过知道信号的传播速度（光速）和传播时间差异，接收器可以计算出自己与每颗卫星之间的距离。

3）三角定位原理：GPS 接收器至少需要 3 颗卫星的信号来进行定位。通过测量至少 3 颗卫星的距离，接收器可以确定自己在地球表面的位置（经度、纬度和海拔）。

GPS 具有以下特点：

1）能够实现全球全天候定位。因为 GPS 卫星的数目较多，且分布均匀，从而保证了地球上任何地方、任何时间至少可以同时观测到 4 颗 GPS 卫星，确保实现全球全天候连续的导航定位服务。

2）覆盖范围广。能够覆盖全球 98% 的范围，可满足位于全球各地或近地空间的军事用户连续精确地确定 3D 位置、3D 运动状态和时间的需要。

3）定位精度高。实践证明 GPS 相对定位精度在 50km 以内可达 6～10m；100～500km 可达 7～10m；1000km 可达 9～10m。

4）观测时间短。目前 20km 以内的相对静态定位仅需 15～20min；快速静态相对定位测量时，当每个流动站与基准站相距 15km 以内时，流动站观测时间只需 1～2min；采取实时动态定位模式时，每站观测仅需几秒钟。

5）可提供全球统一的 3D 地心坐标，可同时精确测定测站平面位置和大地高程。

6）测站之间无须通视，只要求测站上空开阔，这既可大大减少测量工作所需的经费和时间，也使选点工作更灵活，可省去经典测量中的传算点、过渡点等的测量工作。

2. 差分全球导航定位系统

为了提高 GPS 的定位精度，可以采用差分全球定位系统进行车辆的定位。差分全球导航定位系统（Differential Global Position System，DGPS）在 GPS 的基础上利用差分技术使用户能够获得更高的精度。DGPS 由基准站、数据传输设备和移动站组成，如图 6-19 所示。

DGPS 实际上是把一台 GPS 接收机放在位置已精确测定的点上，从而组成基准站。基准站接收机通过接收 GPS 卫星信号，将测得的位置与该固定位置的真实位置的差值作为公共

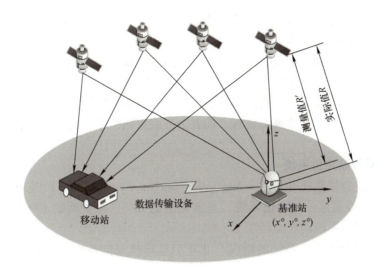

图6-19　DGPS 的组成

误差校正量，通过无线数据传输设备将该校正量传送给移动站的接收机。移动站的接收机用该校正量对本地位置进行校正，最后得到厘米级的定位精度。附近的 DGPS 用户接收到修正后的高精度定位信息，从而大大提高其定位精度。

根据 DGPS 基准站发送的信息方式可将 DGPS 定位分为 3 类，即位置差分、伪距差分和载波相位差分。这 3 类差分方式的工作原理是相同的，都是由基准站发送改正数，由移动站接收并对其测量结果进行改正，以获得精确的定位结果。所不同的是，发送改正数的具体内容不一样，其差分定位精度也不同。

（1）位置差分　位置差分是最简单的差分方法，适合于所有 GPS 接收机。位置差分要求基准站和移动站观测同一组卫星。安装在基准站上的 GPS 接收机观测 4 颗卫星后便可对基准站进行 3D 定位。由于存在轨道误差、时钟误差、大气影响、多径效应以及其他误差等，观测坐标与基准站的已知坐标存在误差。将已知坐标与观测坐标之差作为位置改正数，通过基准站的数据传输设备发送出去，由移动站接收，并且对其解算的移动站坐标进行改正。最后得到的改正后的移动坐标已消去了基准站和移动站的共同误差，如卫星轨道误差、大气影响等，从而提高了定位精度。位置差分法适用于用户与基准站间距离在 100km 以内的情况。

（2）伪距差分　伪距差分是目前用途最广的一种技术。几乎所有的商用 DGPS 接收机均采用这种技术。利用基准站已知坐标和卫星星历可计算出基准站与卫星之间的计算距离，将计算距离与观测距离之差作为改正数，发送给移动站，移动站利用此改正数来改正测量的伪距。最后，用户利用改正后的伪距来解出本身的位置，就可消去公共误差，从而提高定位精度。

与位置差分相似，伪距差分能将两站公共误差抵消，但随着用户到基准站距离的增加又出现了系统误差，这种误差用任何差分法都是不能消除的。用户和基准站之间的距离对精度有决定性影响。

（3）载波相位差分　载波相位差分技术是建立在实时处理两个测站的载波相位基础上的，它能实时提供观测点的 3D 坐标，并达到厘米级的高精度。

与伪距差分原理相同，由基准站通过数据传输设备实时将其载波观测量及站坐标信息一同传送给移动站。移动站接收 GPS 卫星的载波相位与来自基准站的载波相位，并组成相位差分观测值进行实时处理，能实时给出厘米级的定位结果。

实现载波相位差分 GPS 的方法有修正法和差分法。前者与伪距差分相同，基准站将载波相位修正量发送给移动站，以改正其载波相位，然后求解坐标；后者将基准站采集的载波相位发送给移动站，进行求差解算坐标。前者为准载波相位差分技术，后者为真正的载波相位差分技术。

3. 北斗卫星导航定位系统

北斗卫星导航定位系统（Beidou Navigation Satellite System，BDS）是中国自行研制开发的区域性有源 3D 卫星定位与通信系统，是继美国的 GPS、俄罗斯的 GLONASS 之后第 3 个成熟的卫星导航定位系统。

（1）北斗卫星导航定位系统的组成　北斗卫星导航定位系统由空间段、地面段和用户段 3 部分组成，如图 6-20 所示。

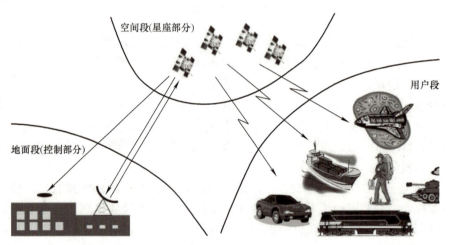

图 6-20　北斗卫星导航定位系统的组成

空间段包括 5 颗静止轨道卫星和 30 颗非静止轨道卫星，这些卫星持续发射导航电文，为用户提供服务。地面段包括主控站、时间同步/注入站和监测站等，负责追踪控制卫星、收集数据、计算导航信息等。用户段则是用户通过接收机接收卫星信号，计算出位置、速度等信息。

（2）北斗卫星导航定位系统功能

1）短报文通信北斗系统用户终端具有双向报文通信功能，用户可以一次传送 40 ~ 60 个汉字的短报文信息。

2）精密授时北斗系统具有精密授时功能，可向用户提供 20 ~ 100ns 时间同步精度。

3）定位精度水平精度 100m（1σ），设立标校站之后为 20m（类似差分状态）；工作频率为 2491.75MHz。

4）最大用户数为 540000 户/h。

北斗卫星导航定位系统可在全球范围内全天候、全天时为各类用户提供高精度、高可靠定位、导航、授时服务，并具有短报文通信能力，已经初步具备区域导航、定位和授时能力。

全球 4 大卫星导航系统比较见表 6-3。

表 6-3 全球 4 大卫星导航系统比较

项目	GPS	北斗	GLONASS	GALILEO
组网卫星数	(24~30) MEO	5GEO + 30MEO	24MEO	30MEO
测地坐标系	WGS-84	中国 2000	PZ-90	WGS-84
使用频率/Hz	L1：1575.42 L2：1227.6 L5：176.45	B1：1561.098 B2：1207.140	L1：1602.5625~1615.5 L2：1240~1260	L1：1575.42 E5b：1207.14 E5a：1176.45
数据速率/(bit/s)	50~100	50~500	50	250~1000
位置精度/m	6	10	12	1
授时精度/ns	20	50	25	20
速度精度/(m/s)	0.1	0.1	0.1	0.1

（3）车辆航位推算 车辆航位推算（Dead Reckoning，DR）方法是一种常用的自主式车辆定位技术。相对于 GPS，它不用发射接收信号，不受电磁波影响，机动灵活，只要车辆能到达的地方都能定位。但是由于这种定位方法的误差随时间推移而发散，所以只能在短时间内获得较高的精度，不宜长时间单独使用。常用的航向传感器有电子罗盘、差分里程计和角速率陀螺。而常用测距传感器是里程计和加速度计。

DR 是利用载体上某一时刻的位置，根据航向和速度信息，推算得到当前时刻的位置，即根据实测的无人驾驶汽车行驶距离和航向计算其位置和行驶轨迹。它一般不受外界环境影响，但由于其本身误差是随时间积累的，所以单独工作时不能长时间保持高精度。

DR 的主要原理是利用 DR 传感器测量位移矢量，从而推算车辆的位置。航位推算原理图如图 6-21 所示。其中，(x_i, y_i)（$i = 0, 1, 2, \cdots$）是车辆在 t 时刻的初始位置，航向角 θ_i 和行驶距离 s_i 分别是车辆从 t_i 时刻到 t_{i+1} 时刻的绝对航向和位移矢量长度。

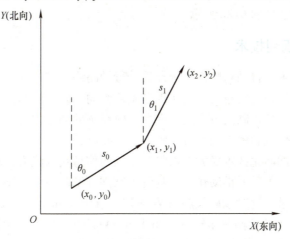

图 6-21 航位推算原理图

由图 6-21 可推得

$$x_k = x_0 + \sum_{i=0}^{k-1} s_i \sin\theta_i \tag{6-5}$$

$$y_k = y_0 + \sum_{i=0}^{k-1} s_i \sin\theta_i \tag{6-6}$$

式中，(x_k, y_k) ($k=1,2$) 是车辆在 t_k 时刻的位置。

由此可见，航位推算必须通过其他手段提供车辆初始位置和初始航向角，位移和航向角的变化量要实时采样，而且采样频率要足够高，这样就可以近似认为采样周期内车辆加速度为零。航位推算的误差随距离和时间积累，不能长期单独使用，可以借助于 GPS 对其定位误差进行补偿。

4. GPS/DR 组合导航定位系统

GPS/DR 组合导航定位系统由 GPS 电子罗盘、里程计和导航计算机组成。GPS 独立给出车辆所在位置的绝对经度、纬度和海拔；电子罗盘作为航向传感器测量车辆的航向；里程计作为速度传感器测量汽车单位时间内行驶的里程；导航计算机采集各传感器数据并做航迹推算、GPS 坐标变换及相关数据预处理，由融合算法融合估计出车辆的动态位置。GPS/DR 组合导航定位系统是一种相对低成本的导航系统，在这个系统上进行 GPS/DR 数据融合，可以实现较高精度的导航定位。

要实现 GPS/DR 组合定位的关键在于如何将两者的数据融合，以达到最优的定位效果。目前，关于 GPS/DR 组合的数据融合方法很多，最常见也是使用最广泛的就是卡尔曼滤波方法。将卡尔曼滤波应用于 GPS/DR 组合定位系统当中，就是将 GPS 和 DR 的定位信息综合用于定位求解，通过卡尔曼滤波来补偿修正 DR 系统的状态，同时，滤波之后的输出又能够为 DR 系统提

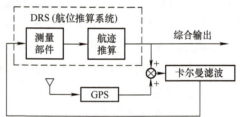

图 6-22　基于卡尔曼滤波的 GPS/DR
组合定位系统结构图

供较为准确的初始位置和航向角，从而能够获得比单独使用任意一种定位方法更高的定位精度和稳定性，其结构图如图 6-22 所示。

6.3.4　汽车路径规划技术

汽车路径规划技术是自动驾驶汽车选择最佳行驶路线和策略的一项关键技术，是无人驾驶汽车信息感知和智能控制的桥梁，是实现自主驾驶的基础。汽车路径规划技术通过环境感知、高精度地图和先进的控制决策系统，在具有障碍物的环境内按照一定的评价标准，寻找一条从起始状态包括位置和姿态到达目标状态的无碰路径。

当前，信息化和网联化技术极大地增强了车辆的信息获取能力，对新能源汽车节能规划与控制技术的进步起到了重要推动作用。具备车联网（Vehicle-to Everything，V2X）通信能力的新能源汽车可通过车辆对基础设施（Vehicle-to-Infrastructure，V2I）通信获取信号灯和交通流状态等信息，通过车辆对车辆（Vehicle-to-Vehicle，V2V）通信和车辆对行人（Vehicle-to-Pedestrian，V2P）通信获取周围车辆和行人的运动状态和意图，从而进行更加精准的路径规划、车速规划和能量管理。研究表明，网联式汽车在高速场景下利用道路坡度和交

通信息可节省 3% ~20% 的能耗，在城市多交叉口场景下利用信号灯信息可节省 10% ~40% 的能耗。此外，车辆到电网（Vehicle-to-Grid，V2G）互动技术使新能源汽车成为电网中的可控充放电节点，在充电规划中不仅可以实现削峰填谷、频率调节和可再生能源的平稳集成，还能够实现车辆和电网层面的能耗优化。

路径规划技术可分为全局路径规划和局部路径规划 2 种。全局路径规划是在已知地图的情况下，利用已知局部信息，如障碍物位置和道路边界，确定可行和最优的路径，从而能够把优化和反馈机制很好地结合起来。局部路径规划是在全局路径规划生成的可行驶区域指导下，依据传感器感知到的局部环境信息来决策无人驾驶汽车当前前方路段所要行驶的轨迹。全局路径规划适用于周围环境已知的情况，局部路径规划适用于环境未知的情况。

1. 环境模型建立方法

环境模型建立方法主要有可视图法、栅格法、自由空间法和拓扑法等。

（1）可视图法　在位姿空间，即 C 空间（Configuration Space）中，运动物体缩小为一点，障碍物边界相应地向外扩展为 C 空间障碍。在 2D 情况下，扩展的障碍物边界可由多个多边形表示，用直线将物体运动的起点和所有 C 空间障碍物的顶点以及目标点连接，并保证这些直线段不与 C 空间障碍物相交，就形成了一张图，称为可视图。由于任意两直线的顶点都是可见的，因此，从起点沿着这些直线到达目标点的所有路径均是运动物体的无碰路径。对图搜索就可以找到最短无碰安全运动路径。搜索最优路径的问题就转化为从起点到目标点经过这些可视直线的最短距离问题。

可视图法的优点是概念直观，实现简单；缺点是缺乏灵活性，一旦车辆的起始点和目标点发生改变，就要重新构造可视图，而且算法的复杂性和障碍物的数量成正比，且不是任何时候都可以获得最优路径。

（2）栅格法　栅格法是用栅格单元表示整个工作环境，将自主车辆的连续工作环境离散化分解成一系列的网格单元，一般情况下，栅格大小与自主车辆的尺寸相同，尽量把自主车辆的工作环境划分为尺寸大小相同的栅格，但是也有尺寸大小不同的情况，主要还是根据自己的实际情况来定。自主车辆的整个工作环境划分后的栅格分为两种，即自由栅格和障碍栅格。自由栅格指的是某一栅格范围内不含有任何障碍物；障碍栅格指的是这个栅格范围内存在障碍物，有的时候可能整个栅格内都布满障碍物，有的时候可能只有栅格的一部分是障碍物，但是只要有障碍物的存在就称为障碍栅格。

栅格法对环境空间的划分方法和操作都比较简单，有一致的规则，较容易实现。但由于连续的工作空间被划分为离散的栅格空间，没有考虑环境本身固有的一些特点，这就使得栅格属性代表的信息具有片面性，并且栅格法对栅格大小的划分有很大的依赖性，当栅格划分较小且当环境很复杂时，搜索空间会急剧增大，算法的效率就会相当低。

（3）自由空间法　自由空间法是采用预先定义的如广义锥形和凸多边形等基本形状构造自由空间，并将自由空间表示为连通图，然后通过搜索连通图来进行路径规划。

自由空间法比较灵活，起始点和目标点的改变不会造成连通图的重构，但算法的复杂程度与障碍物的多少成正比，且不是任何情况下都能获得最短路径。

（4）拓扑法　拓扑法基本思想是降维法，即将在高维几何空间中求路径的问题转化为低维拓扑空间中判别连通性的问题。将规划空间分割成具有拓扑特征一致的子空间，根据彼此连通性建立拓扑网络，在网络上寻找起始点到目标点的拓扑路径，最终由拓扑路径求出几何路径。

拓扑法中自主车辆所处的环境用图形来表示，不同的地点用点来表示，不同点的相邻可达性用弧来表示。拓扑法的优点是不管环境多么复杂，都能找到无碰路径；缺点是建立拓扑网络的过程相当复杂，其计算量十分庞大。在障碍物数量增多或障碍物位置改变时，修改原来的拓扑网络是很棘手的问题。

总之，环境模型建立方法很多，可以根据具体情况选择，也可以把几种方法结合起来使用。

2. 路径规划的经典算法

路径规划的经典算法主要有 Dijkstra 算法、A＊算法、D＊算法等。

（1）Dijkstra 算法　Dijkstra 算法是解决加权图中单源最短路径问题的经典算法。该算法由荷兰计算机科学家狄克斯特拉于 1959 年提出，它以贪心策略为基础，通过逐步扩展节点范围来寻找从起始节点到其他所有节点的最短路径

Dijkstra 算法的根本思想：若每个点都有一个坐标 (d,p)，其中 d 是原点 O 到某一点 j 的一条长度最短的路径；p 则是 d 的前一个点。求解从原点 O 到某一点 j 的路径中最短的一条路径，其算法如下：

1）判断路径规划的可行性（就是说起始点和终点的选择是否可行和储存节点的容器是否正确），将存放节点的容器初始化，然后把所有节点粘贴到临时缓存。

2）首先查找离第一个节点最近的相关节点和两者之间的道路信息，并把它们都储存起来，然后查找与之距离最短的一个节点是不是终点，假如是终点，那么将节点储存起来，然后返回；若不是，则从暂时缓存中删除第一个节点，执行下一步操作。

3）寻找离目前中间点最近的一个节点，将此节点储存起来。

4）再次判断目前节点是不是线路规划的终点，假如是，则返回节点；若不是，则可以删除临时缓存中的已分析节点，重新回到步骤3）。

Dijkstra 算法的核心方法就是对当前网络中存在的所有节点进行查找，找到第一个节点到任意一个节点的最短线路，这种方法并没有考虑任何节点是否存在方向性，因此 Dijkstra 算法具有比较好的计算可靠性、稳定性，但同时也存在着缺点，在范围较大的路径规划中，Dijkstra 算法计算效果不是很好。

（2）A＊算法　在静态路径下的规划算法中常用的算法为 A＊算法。它是一种启发式搜索策略，能根据求解问题的具体特征，控制搜索向着最可能达到目的的地方前进。这种搜索策略针对问题本身特点进行，因而比完全搜索的方案效率要高很多，它往往只需要搜索一部分状态空间就可以达到目的地。

A＊算法是目前最为流行的最短路径启发式搜索算法，它充分运用问题域状态空间的启发信息，对问题求解选取比较适宜的估价函数，再利用估价函数的反馈结果，对它的搜索战略进行动态的调节，最终得到问题的最优解。A＊算法给出的估价函数为

$$f(j) = g(j) + h(j) \tag{6-7}$$

式中，$g(j)$ 是从原点到当前节点 j 的代价；$h(j)$ 是从当前节点 j 到目标节点之间的最小代价的估计函数。当 $h(j)=0$ 时，即 $h(j)$ 没有用到任何启发式信息，此种情况下，A＊算法会演变衰退为一般的 Dijkstra 算法。因此，在一般情况下，$h(j)$ 到底为何种样式应该按照待求问题的实际情况而定，但是它务必需要使估价函数中的 $h(j)$ 项小于等于点 j 到目标节点

的实际最小代价，那么就能得出结论，根据这样的搜索策略，就肯定可以找到最优解。

在最短路径问题中，$h(j)$ 可选择为当前顶点到目标顶点的直线距离 $d(j)$，而 $g(j)$ 则选择为原点到当前节点的实际距离 $d^*(j)$，则估价函数为

$$f(j) = d^*(j) + d(j) \tag{6-8}$$

算法步骤如下：

1）赋给初始值，初始化所有节点、临时缓存和关联容器。

2）计算初始节点和各个相关节点的权值 $f(j)$，然后保存起来，从中获得权值最小的节点，并保存该节点，最后把它从节点存储器中去掉。

3）计算该节点是不是终点，假如是终点就返回节点，若不是终点就接着计算下一步。

4）获得所有的中间节点与相关节点的权值 $f(j)$，然后开始判断，假如这个节点没有保存，那么把这个节点储存起来；假如这个节点已经保存，比较这个节点的权值和已保存节点的权值大小，如果不大于已保存权值，则开始更新替换。

5）查找中间点的关联节点中权值最小的一个节点，将该节点保存，然后将其从节点缓存中去掉，并转到步骤3）。

A∗算法的独特之处在于使用估价模型函数，这种算法会自动使运算结果趋向于目的地。因此，它查找的节点越少，存储空间被占用的就越少。与其他算法相比，如果它们的时间复杂度是一样的，A∗算法在实际应用中效果会更优越。

（3）D∗算法 A∗算法主要是在静态的环境下进行最短路径规划，但在实际环境下，可能由于交通环境复杂，路面的行人、路障、非机动车辆、机动车辆以及其他各种动态障碍物都会影响车辆的行进，所以有必要进行路径的动态规划。典型的动态规划算法为 D∗算法。它的基本思想如下：

1）利用 D∗算法对地图上给定的起始点和目标点进行路径规划，建立 OPEN 表和 CLOSED 表，储存规划路径上的每一路点到目标路点的最短路径信息。

2）在车辆对规划出的路径进行跟踪时，当下一个路点没有障碍能够通行时，则对上面规划出的路径从起始路点向后追溯到目标路点，直至车辆到达目的地。当在跟踪到某一路点 Y 时，检测到在下一路点处有障碍发生时，则在当前路点处重新建立对后续路点的规划，保存障碍物之前的路点在 OPEN 表和 CLOSED 表里的信息和指针，删除障碍物之后路点在 OPEN 表和 CLOSED 表里的信息和后继指针。

3）利用 A∗算法从当前路点 Y 开始向目标路点进行规划，重新规划得到最短路径。回到步骤2）。

3. 路径规划的智能算法

路径规划的智能算法主要有遗传算法、模拟退火算法、蚁群算法等。

（1）遗传算法 遗传算法（Genetic Algorithm，GA）是目前自主车辆路径规划研究中常用的一种算法，它是利用达尔文的生物自然遗传选择和生物自然淘汰的进化来实现的数学模型。遗传算法源于自然进化规律和遗传基因学，并且拥有"生成"与"检测"这种迭加顺序的查询算法。遗传算法把整个蚁群当中的每个成员作为研究对象，而且通过随机化方法去控制当前被编码的参数空间进行查询。遗传算法的主要流程是选择、交叉、变异。GA 可以直接对蚁群对象操作，没有必要考虑函数导数与连续性的限制。GA 内部存在良好的并行处理能力和优秀的全局查询特色。遗传算法通过概率化的方法，能自动获得查询空间，自动地

改变查询方向，不需要有明确的规定。遗传算法目前已成为较新颖的查询方法，它的计算方法不复杂，高效、实用，而且有较好的鲁棒性，适用于并行处理领域，在各个应用领域都得到较高的赞誉。遗传算法和粒子群（Particle Swarm Optimization，PSO）算法流程对比，如图6-23所示。

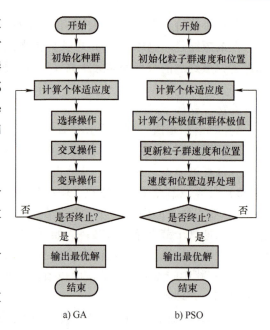

图6-23　GA和PSO算法流程对比

遗传算法的基本运算过程如下：

1）初始化设定起始群体$P(0)$，生成N个个体，设定进化代数变量$t=0$，设定T为最大进化代数。

2）通过个体评价获得群体$P(t)$中每个样本的适应度。

3）选择计算是为了把优秀的个体或通过交配产生新的个体传到下一代。

4）交叉计算是将最核心的交叉算子作用于群体。

5）变异计算是把总群中的每个个体的一些基因座上的基因值改动。种群$P(t_1)$由种群$P(t)$产生，历经选择、交叉、变异。

6）结束判断。当$t=T$时，停止计算，输出具有最大适应度的个体。

（2）模拟退火算法　模拟退火（Simulated Annealing，SA）算法是求解规划问题中的最优值，方法是利用热力学中经典粒子系统的降温过程。当孤立的粒子系统的温度缓慢降低时，粒子系统会保持在热力学平衡稳定的状态，最终体系将处于能量最低的情况，简称基态。基态是能量函数的最小点。模拟退火法能够有效地解决复杂的系统优化问题，并且限制性约束较小。

模拟退火法的基本过程如下：

1）设定初始值，包括温度T及函数值$f(x)$。

2）计算函数差值$\Delta f = f(x') - f(x)$。

3）若$\Delta f > 0$，可把新点作为下一次计算的初始值。

4）若$\Delta f < 0$，则计算新接受概率，即

$$p(\Delta f) = \exp\left(-\frac{\Delta f}{KT}\right) \tag{6-9}$$

从而产生$[0,1]$区间上均匀分布的伪随机数r，r属于$[0,1]$，根据$p(\Delta f)$与r值的大小来判断下一次值的选取。

如果根据退火方案把温度一步步降低，则循环执行上述步骤，这样就形成了模拟退火算法。假如此时系统的温度降到足够低，就会以为目前就是全局最优的状态。在此步骤中，如果温度迅速下降，部分极值点就会遗失；假如温度缓慢下降，这样算法的收敛速度将大不如从前。

（3）蚁群算法　蚁群算法（Ant Colony Algorithm，ACA）寻找最优解效仿了真实蚂蚁的

寻径行为，利用蚂蚁之间的相互通信与相互合作。蚁群算法类似于其他进化算法：首先都是一种随机查找算法；其次，都是利用候选解群体的进化来寻找最优解，具有完善的全局优化能力，不依赖于特定的数学问题。

蚁群算法有以下优点：

1）蚁群算法能够把一些常用的分布式计算、贪婪式搜索等特点综合起来，并且是一种正反馈机制的算法。因此，在优化问题领域具有很强的搜索较优解的能力。想要快速地发现较优解，可利用正反馈机制得到；而过早收敛现象可由分布式计算来排除；若要减少查找过程消耗的时间，可通过贪婪式搜索来实现。

2）蚁群算法具有很强的并行性。

3）蚁群中蚂蚁之间通过信息素展开协同合作，系统有比较好的可扩展性。

蚁群算法也有如下缺点：

1）蚁群算法需要消耗时间较多。尤其是群体规模较大，刚开始寻找路径时，各线路上的信息浓度大小几乎是相同的，短时间内很难发现一条比较好的线路。

2）当查找过程进行到一定阶段时，蚁群中蚂蚁查找到的解相同，很难从深层次去查找得到更好的解，使算法出现停滞现象。

除了上述算法之外，还有其他很多算法，如基于广度优先搜索、深度优先搜索、最小生成树、神经网络、层次空间推理等。

6.3.5 汽车节能车速规划技术

节能车速规划（Eco-Driving）即生态驾驶，是指在行驶环境和车辆动力系统约束下，规划出能耗最优车速轨迹的技术。影响汽车车速规划的主要环境因素有动态坡度、动态限速、信号灯、路口队列等信息。通常以汽车能耗、时间、舒适性为优化目标，规划得到最优车速。研究表明，在不同的交通条件下，生态驾驶往往可以降低 10%～30% 的能耗和 20%～30% 的排放。典型的应用场景，如车辆借助 V2I 通信获取前方信号灯的相位和配时（Signal Phase and Timing，SPaT）信息，通过及时调整车速，实现在绿灯窗口平稳通行，从而减少频繁加减速行为和能量损失。随着市场渗透率的增加，网联式汽车可以从以个体为中心的路权竞争转向注重车群整体利益的相互合作，通过信息共享和协同控制进一步提升节能效果。在交通层面，节能车速规划还能够抑制交通流震荡，缓解城市道路交通拥堵。

1. 车辆道路行驶情况

车辆的行驶场景分为城市和高速，可以细化为跟车、匝道合流和路口通行等，如图 6-24 所示。环境干扰包括道路坡度、限速、前车和信号灯等，可以构成跟车无碰撞和不违反交通规则等约束。在跟车场景中，自车可以通过自适应巡航控制（Adaptive Cruise Control，ACC）系统实现。为了提高节能效果，ACC 还能够借助 V2V 通信或预测技术获取前车速度和道路坡度等信息，从而提前对自车速度进行适应性调整。在匝道合流场景中，主路和匝道上的车辆首先在控制区域调整车速，然后在合流区域完成汇入。不同于单车道的情况，多车道主路或匝道上的车辆首先需要进行换道决策，然后进行纵向车速优化。

在信号灯路口通行场景中，时空不连续的信号灯约束增加了问题的复杂度，相应的节能车速规划方法也叫作节能接近和驶离策略或绿灯最优速度建议等。基于 V2I 通信，多灯感知利用行驶路线前方多个路口信号灯的位置和 SPaT 信息进行车速规划，能够实现比单灯感知

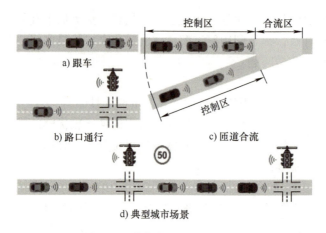

a) 跟车

b) 路口通行

c) 匝道合流

d) 典型城市场景

图6-24 节能车速规划场景示意

更好的节能效果。为了描述信号灯的不确定性，历史定时数据被用于获取有效红灯持续时间的概率分布，并结合实时相位数据进行绿灯概率预测。此外，信号灯路口等待队列也会对车辆行驶造成影响，可以基于交通流预测集成到扩展的信号灯模型中。

节能车速规划问题的优化指标主要为能耗，还包括行驶时间和舒适性等。根据能量传递路径的不同，车辆能耗分为轮端能耗和动力系统能耗。使用轮端能耗忽略了动力传动系统的功率损失，能够简化问题，但同时会降低结果的最优性。无环境约束的车速优化结果表明，以轮端能耗为优化目标时，节能的关键是降低风阻；以简化的动力系统能耗为优化目标时，发动机汽车的最优模式为加速-滑行，电动汽车的最优车速为时间的抛物线函数。

2. 节能车速规划方法分类

节能车速规划方法包括解析优化方法、数值优化方法、混合求解方法和强化学习方法。解析优化方法基于Pontryagin极小值原理（Pontryagin's Minimum Principle，PMP）获得最优控制的必要条件，并进一步推导出解析解。该方法的计算效率高、实时性好，但是高度依赖理想假设，仅适用于相对简单的行驶场景。数值优化方法将变量离散化，通过网格搜索或梯度下降等方式迭代获得数值解，问题适用面广，但是相比于解析优化方法，计算量显著增加。混合求解方法具有复杂的框架，多用于处理包含信号灯干扰的节能车速优化问题。强化学习（Reinforcement Learning，RL）基于Markov决策过程，通过智能体与环境的互动实现累积回报最大化，在复杂决策问题中表现出色，但是需要不断探索和试错，具有很高的训练代价，尤其是随着场景数量的增多，RL的训练成本会急剧增加。

（1）解析优化方法 解析优化方法是一种通过数学解析的方式来求解最优化问题的方法。其公式通常涉及目标函数、约束条件、迭代过程等。

在解析优化方法中，常用的公式包括梯度下降法、牛顿法、拟牛顿法等。这些公式都是通过数学解析的方式来求解最优化问题的最优解。

例如，梯度下降法的公式为 $x(k+1) = x(k) - $ 学习率 $\times$ 梯度，其中 $x(k)$ 表示第 k 次迭代的解，学习率是控制迭代步长的参数，梯度是目标函数在 $x(k)$ 处的梯度。

牛顿法的公式为 $f(x) = 0$ 时，$x_1 = x_0 - f(x_0)/f'(x_0)$，其中 $f(x)$ 表示目标函数，$f'(x)$ 表示目标函数的导数，x_0 表示初始解。

拟牛顿法的公式涉及矩阵运算和迭代过程，较为复杂，但也是通过数学解析的方式来求解最优化问题的最优解。

解析优化方法计算速度快，但要求节能车速规划问题具有简洁的形式。在跟车场景中，解析方法在不增加行程时间的前提下，显著降低了电动汽车的能耗，但需要很多理想条件，如前车在优化时域内保持恒定加速度、无控制变量约束、无机械制动力、忽略传动系统和动力电池的能量损失。

（2）数值优化方法　数值优化方法本质是用一些迭代算法找到整个函数或一些实际问题的近似可能的最优解和最优函数值，而这个过程可以通俗理解为"先进的、有目的的随机搜索"。用数学公式来表示即

$$x_1^*, x_2^*, \cdots, x_n^* = \mathrm{argmax} f(x_1, x_2, \cdots, x_n) \tag{6-10}$$

数值优化的过程会经历不断的试错，中途可能会产生许多局部最优解，但算法要想方设法跳脱局部最优解，尽可能找到全局最优解。

故综合来看，数值优化方法的理论有两个关键点：按照一定的规则产生新的可行解 x；产生的解 x 必须要先符合约束条件，再去研究它是否为最优。产生新解 x 后要制定一套详细的规则，以决定是接受还是拒绝它。因为当前的解 a 可能是局部最优解，使得新解 b 有 $f(b) < f(a)$；如果就此停止迭代，可能找到的就不是全局最优解（全局最大值）。这涉及一个搜索策略的取舍问题：保守 & 冒险。保守的策略倾向于根据已知情况寻找最优解，例如已知 a 附近的取值 $f(a + \Delta x)$ 会越来越大，那尽量在附近搜索。冒险的策略则是更愿意去搜索之前没有探索过的区域，这更可能发现全局最优解，从而跳出局部最优解，但是消耗时间会更长。

用于节能车速规划的数值优化方法包括 DP、凸优化和序列二次规划（Sequential Quadratic Programming，SQP）等。

DP 适用于具有最优子结构性质的复杂非线性优化问题，能够得到全局最优解，因此经常作为其他方法的基准，但计算效率受限于状态变量和控制变量的维数。DP 对节能车速规划问题的适用性强，可以在时域和空间域灵活建模，因此可用于复杂行驶场景下的多约束多目标优化。为了提高 DP 的计算效率，迭代动态规划（Iterative Dynamic Programming，IDP）通过迭代逐步缩小变量搜索范围，在节能车速优化中得到了应用。此外，云计算支撑的 DP 算法相比车载计算可以降低 2 个数量级的计算时间。

凸优化主要包括二次规划（Quadratic Programming，QP）、二次约束二次规划（Quadratically Constrained Quadratic Programming，QCQP）和 SOCP。由于动力系统能耗的非线性和行驶约束的多样性，原始的节能车速规划问题一般是非凸的。为了将原问题转化为凸问题，凸近似和凸松弛是常用的技术手段，并且空间域建模能够更方便地处理随距离变化的道路坡度和限速。

SQP 基于 Taylor 展开将原复杂非线性优化问题在迭代点处转化为相对简单的 QP 问题，并将求解结果作为原问题的下一迭代方向，直至收敛。SQP 计算效率高、收敛性好、边界搜索能力强，是求解中小规模非线性优化问题的常用方法，一般用于时域建模的节能车速规划问题。

（3）混合求解方法　在混合求解方法中，自适应演化也是一个重要的方面。自适应演化指的是在求解过程中，根据问题的性质和求解进展，自动地选择合适的方法或组合策略，以达到最优解的目的。这种方法通常需要在问题中加入一些评估因素，用来指导方法的选择

和组合。

1）牛顿法公式：用于求解非线性方程的根，公式为 $f(x) = 0$ 时，$x_1 = x_0 - f(x_0)/f'(x_0)$。

2）梯度下降法公式：用于求解最优化问题，公式为 $x(k+1) = x(k) - $ 学习率 $\times$ 梯度。

3）共轭梯度法公式：用于求解非线性方程的根，其公式较为复杂，涉及迭代过程和计算梯度的技巧。

$$\beta_i = \frac{g_{i+1}^{\mathrm{T}}(g_{i+1} - g_i)}{g_i^{\mathrm{T}} g_i} \tag{6-11}$$

$$\beta_i = -\frac{\|g_{i+1}\|}{d^{(i)\mathrm{T}} g_i} \tag{6-12}$$

4）拟牛顿法公式：用于求解最优化问题，其公式涉及矩阵运算和迭代过程，较为复杂。

$$H_k - y_k \begin{cases} H_k y_k \\ H_k y_k y_k^{\mathrm{T}} H_k \quad \mathrm{SR1}: s_k - H_k y_k/y_k - B_k s_k \\ y_k^{\mathrm{T}} H_k y_k \end{cases} \tag{6-13}$$

$$B_k - s_k \begin{cases} B_k s_k \\ B_k s_k s_k^{\mathrm{T}} B_k \quad \mathrm{DFP/BFGS}: \begin{cases} s_k s_k^{\mathrm{T}}/y_k^{\mathrm{T}} y_k \\ H_k y_k y_k^{\mathrm{T}} H_k / B_k s_k s_k^{\mathrm{T}} B_k \\ \|y_k\|_{H_k}^2 / \|s_k\|_{B_k}^2 \\ s_k^{\mathrm{T}} y_k / s_k y_k^{\mathrm{T}} \end{cases} \\ s_k^{\mathrm{T}} B_k s_k \end{cases} \tag{6-14}$$

然后为

$$\mathrm{SR1}: \begin{cases} H_{k+1} = H_k + \dfrac{(s_k - H_k y_k)(s_k - H_k y_k)^{\mathrm{T}}}{(s_k - H_k y_k)^{\mathrm{T}} y_k} \\ B_{k+1} = B_k + \dfrac{(y_k - B_k s_k)(y_k - B_k s_k)^{\mathrm{T}}}{(y_k - B_k s_k)^{\mathrm{T}} s_k} \end{cases} \tag{6-15}$$

$$\mathrm{DFP}: \begin{cases} H_{k+1} = H_k + \dfrac{s_k s_k^{\mathrm{T}}}{s_k^{\mathrm{T}} y_k} - \dfrac{H_k y_k y_k^{\mathrm{T}} H_k}{\|y_k\|_{H_k}^2} \\ B_{k+1} = \left(I - \dfrac{y_k s_k^{\mathrm{T}}}{s_k^{\mathrm{T}} y_k}\right) B_k \left(I - \dfrac{s_k y_k^{\mathrm{T}}}{s_k^{\mathrm{T}} y_k}\right) + \dfrac{y_k y_k^{\mathrm{T}}}{s_k^{\mathrm{T}} y_k} \end{cases} \tag{6-16}$$

$$\mathrm{BFGS}: \begin{cases} B_{k+1}^{\mathrm{BFGS}} = B_k + \dfrac{y_k y_k^{\mathrm{T}}}{s_k^{\mathrm{T}} y_k} - \dfrac{B_k s_k s_k^{\mathrm{T}} B_k}{s_k^{\mathrm{T}} B_k s_k} \\ H_{k+1} = \left(I - \dfrac{s_k y_k^{\mathrm{T}}}{s_k^{\mathrm{T}} y_k}\right) H_k \left(I - \dfrac{y_k s_k^{\mathrm{T}}}{s_k^{\mathrm{T}} y_k}\right) + \dfrac{s_k s_k^{\mathrm{T}}}{s_k^{\mathrm{T}} y_k} \end{cases} \tag{6-17}$$

节能车速规划的混合求解方法大多应用于信号灯路口通行场景，主要分为两阶段优化和恒定模式优化。两阶段优化方法首先确定最佳的绿灯通行窗口或通行时间，然后进行车速轨迹优化，通过问题分解大大降低了计算复杂度。恒定模式优化方法通常按照车辆通过信号灯路口的不同情况进行分类，并基于经验规则假设车速由匀加速、匀速和匀减速等运动模式组成，通过计算相应类别和模式下的最优曲线参数来确定车速轨迹。

（4）强化学习方法　RL 在面向自动驾驶的车速优化、换道决策以及横纵向联合控制等方面得到了广泛研究，包括传统 RL 算法和深度强化学习（Deep Reinforcement Learning，DRL）算法。传统 RL 算法采用离散 Q 表记录动作价值函数，受限于问题维数和离散精度，包括 Q-learning 和 SARSA 等。Q-learning 算法在考虑道路坡度的 BEV 跟车控制中实现了93.8% 的 DP 最优节能效果，并在发动机汽车信号灯路口通行场景中降低了 CO_2 的排放、停车时间和次数。DRL 算法通过引入深度 NN 克服了传统 RL 算法难以处理高维输入的缺陷，包括深度 Q 网络（Deep Q-Network，DQN）、深度确定性策略梯度（Deep Deterministic Policy Gradient，DDPG）、近端策略优化（Proximal Policy Optimization，PPO）和软演员-评论（Soft Actor-Critic，SAC）算法等。其中，DDPG 算法结合了 DQN 算法与确定性策略梯度算法，能够实现连续动作输出，在跟车和信号灯路口通行场景中取得了良好的控制效果。

6.3.6　汽车自主循迹控制技术

1. 汽车自主循迹控制技术分类

无人驾驶汽车自主循迹控制系统可以根据所选择的汽车模型、使用的控制理论以及控制内容分别进行分类。

（1）按汽车模型分类　按照汽车模型，无人驾驶汽车自主循迹控制可以分为汽车转向几何学模型、汽车运动学模型和汽车动力学模型。

1）汽车转向几何学模型：汽车转向几何学模型是无人驾驶汽车自主循迹控制中使用最早也是最广泛的汽车模型，用简单的公式表示无人驾驶汽车前轮转角与期望道路轨迹之间的几何关系。汽车转向几何学模型易于理解，控制方法简单，在无人驾驶汽车循迹横向控制方面有着广泛的应用，

2）汽车运动学模型：汽车运动学模型揭示了汽车在全局坐标系中的位移与汽车的车速、横摆角和前轮转角之间的关系。汽车运动学模型可以很好地解决无人驾驶汽车编队跟随控制问题，但模型复杂，且计算量大，增加了工程应用中存在错误的可能性。而且在运算过程中，需要计算道路曲率的一、二阶导数，这无形中要求道路必须连续且平顺，在独立的无人驾驶汽车循迹控制中应用较少。

3）汽车动力学模型：汽车动力学模型以牛顿力学定律为基本原理，揭示了汽车受力与汽车各运动学变量之间的关系。模型易于理解，在应用时算法稍显复杂，控制精度高于汽车转向几何学模型和汽车运动学模型。由于普遍使用的线性二自由度汽车模型在建模时进行了一定的线性化假设，因此模型在非线性区的控制精度较低。

（2）按控制理论分类　按照控制理论，无人驾驶汽车自主循迹控制可以分成经典控制理论、现代控制理论和智能控制理论。

1）经典控制理论：在循迹控制中，确保系统的稳定性是至关重要的。经典控制理论中的几种稳定性判据，如劳斯判据、奈奎斯特判据等，至今仍在智能汽车循迹控制中广泛使用，以保证闭环系统的稳定性。

2）现代控制理论：现代控制理论是建立在状态空间法基础上的一种控制理论，系统辨识法、滑模变结构非线性法、PID 控制等现代控制理论在无人驾驶汽车自主循迹控制中得到

了广泛的应用。

3）智能控制理论：智能控制理论是自动控制理论的最新发展阶段，在无人驾驶汽车的自主循迹控制领域也取得了飞速的发展。模糊控制不依赖于对象的数学模型，而是通过输入、输出信息模仿人脑，并利用先验知识进行模糊化推理，在无人驾驶汽车自主循迹控制方面有着广泛的应用前景。模糊神经网络控制将模糊控制的知识表达容易和神经网络自学习能力强这两种控制方法的优势结合起来，提高了整个控制系统的学习能力和表达能力，非常适合于无人驾驶汽车在非线性区的自主循迹控制。

（3）按控制内容分类　按照控制内容，无人驾驶汽车自主循迹控制可以分成横向控制和纵向控制。

1）横向控制：通过调整转向盘角度，让车辆能够沿着预设或者是实时计算的路线行驶，同时要考虑行驶的舒适性和平顺性要求。无人驾驶汽车循迹横向控制分为补偿跟踪控制和预瞄跟踪控制。补偿跟踪控制的输入是当前时刻汽车行驶的状态信息和道路信息之间的偏差，控制器根据输入的偏差进行补偿校正，计算出相应的转向盘转角。预瞄跟踪控制则是模拟驾驶人驾驶汽车时的预瞄原理，根据未来某一时刻汽车的期望位置和预计位置之间的差值进行控制。

2）纵向控制：通过调节加速和制动系统来控制车速，使车辆按照一定的速度行驶，在起步、加速、定速巡航以及减速停车等场景中尤为重要。纵向控制的本质是对汽车发动机/电机和制动器的控制。目前在乘用车上应用比较成熟的自适应巡航控制、弯道速度控制和起步停车辅助等都属于纵向控制的范畴。

2. 汽车转向几何学模型横向控制原理

汽车转向几何学模型是无人驾驶汽车自主循迹控制中使用最早的本质最广泛的汽车模型。

在建立汽车转向几何学模型时，一般作如下假设：忽略汽车的转向系统，以前轮转角作为转向输入；忽略悬架，即忽略汽车的俯仰和侧倾运动；将汽车纵向车速视作定值；轮胎处于线性区，汽车侧向加速度限定在 $0.4g$ 以下；忽略地面切向力对轮胎的影响。基于以上假设，汽车可以用一个线性二自由度的二轮模型来表示。汽车前轮转角和后轮将要行驶的轨迹之间满足的几何学关系如图 6-25 所示。

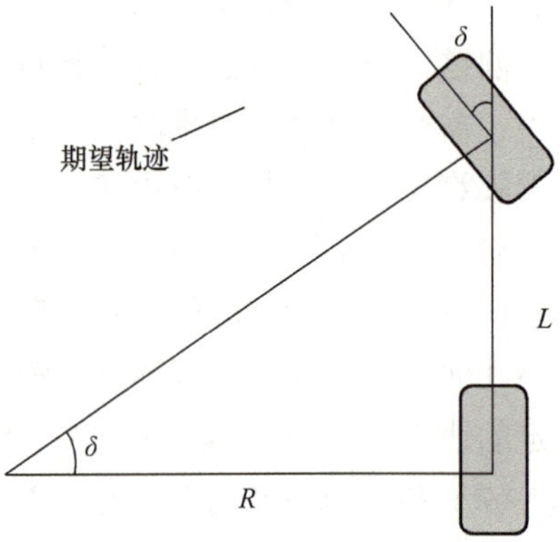

汽车转向几何学模型的前轮转角与道路轨迹曲率半径之间的关系表示为

$$\tan\delta = \frac{L}{R} \qquad (6\text{-}18)$$

图 6-25　汽车转向几何学模型

式中，δ 为前轮转角（°）；L 为汽车轴距（m）；R 为期望轨迹的曲率半径（m）。

不同的无人驾驶汽车自主循迹横向控制方法往往使用汽车不同位置处的横向循迹误差，非预瞄汽车转向几何学模型横向控制方法使用汽车前轮处的横向循迹误差 e_f。汽车前轮处的横向循迹误差与期望轨迹的关系如图 6-26 所示。

由图 6-26 可知，汽车前轮处的角度循迹误差为

$$\theta_e = \theta - \theta_p \tag{6-19}$$

式中，θ_e 为角度循迹误差（°）；θ 为汽车横摆角；θ_p 为期望的汽车横摆角（°）。循迹控制器的目的是通过调整 δ 使 θ_e 和 e_f 都趋于 0，控制率设计为

$$\delta = \theta_e + \arctan\left(\frac{ke_f}{v}\right) \tag{6-20}$$

式中，k 为调整系数；v 为车速（m/s）。

3. 汽车运动学模型横向控制原理

汽车运动学模型揭示的是汽车在全局坐标系中的位移与汽车车速、横摆角和前轮转角之间的关系，如图 6-27 所示。图中 x 和 y 表示汽车后轮中心在全局坐标系中的坐标，x_f 和 y_f 表示汽车前轮中心在全局坐标系中的坐标。

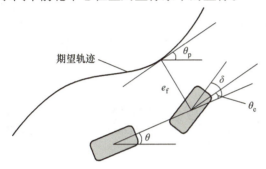

图 6-26　汽车前轮处的横向循迹
误差与期望轨迹的关系

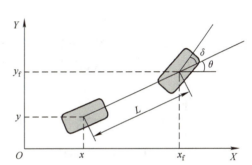

图 6-27　汽车运动学模型

汽车前后轮中心的坐标与汽车横摆角和前轮转角之间的关系可表示为

$$\begin{cases} x_f\sin(\theta+\delta) - y_f\cos(\theta+\delta) = 0 \\ \dot{x}\sin\theta - \dot{y}\cos\theta = 0 \end{cases} \tag{6-21}$$

前轮坐标可以用后轮坐标和轴距表示为

$$\begin{cases} x_f = x + L\cos\theta \\ y_f = y + L\sin\theta \end{cases} \tag{6-22}$$

整理后可得

$$\dot{\theta} = \frac{v_x\tan\delta}{L} \tag{6-23}$$

汽车运动学模型使用的是汽车后轮处的横向循迹误差 e_d，如图 6-28 所示。

期望轨迹曲率 $\kappa(s)$ 可用期望汽车横摆角 θ_p 与汽车沿期望轨迹行程 s 表示为

$$\kappa(s) = \frac{\dot{\theta}_p(s)}{\dot{s}} \tag{6-24}$$

汽车运动学模型用矩阵形式表示为

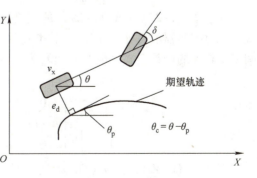

图 6-28　汽车后轮处的横向循迹
误差与期望轨迹的关系

$$
\begin{bmatrix} \dot{s} \\ \dot{e}_d \\ \dot{\theta}_c \\ \dot{\delta} \end{bmatrix} = \begin{bmatrix} \dfrac{\cos\theta_c}{1 - e_d\kappa(s)} \\ \sin\theta_c \\ \dfrac{\tan\delta}{L} - \dfrac{\kappa(s)\cos\theta_c}{1 - e_d\kappa(s)} \\ 0 \end{bmatrix} v_x + \begin{bmatrix} 0 \\ 0 \\ 0 \\ 1 \end{bmatrix} \dot{\delta} \tag{6-25}
$$

在进行汽车运动学模型控制器设计时，通常写成非完整约束系统的标准形式。有 2 个输入的非完整约束系统的标准形式表示为

$$
\begin{cases} \dot{x}_1 = u_1(t) \\ \dot{x}_2 = u_2(t) \\ \dot{x}_3 = x_2 u_1(t) \\ \dot{x}_4 = x_3 u_2(t) \end{cases} \tag{6-26}
$$

式中，x_1、x_2、x_3 和 x_4 为控制系统状态变量；$u_1(t)$、$u_2(t)$ 为控制系统的输入变量。

对式（6-25）的 4 个状态变量进行变换得

$$
\begin{cases} x_1 = s \\ x_2 = -\dot{\kappa}(s)e_d\tan\theta_c - \kappa(s)\left[1 - e_d\kappa(s)\right]\dfrac{1 + \sin^2\theta_c}{\cos^2\theta_c} + \dfrac{\left[1 - e_d\kappa(s)\right]^2\tan\delta}{L\cos^3\theta_c} \\ x_3 = \left[1 - e_d\kappa(s)\right]\tan\theta_c \\ x_4 = e_d \end{cases} \tag{6-27}
$$

对 2 个输入进行变换得

$$
\begin{cases} v = \dfrac{\left[1 - e_d\kappa(s)\right]u_1(t)}{\cos\theta_c} \\ \dot{\delta} = \alpha_2\left[u_2(t) - \alpha_1 u_1(t)\right] \end{cases} \tag{6-28}
$$

α_1 和 α_2 表示为

$$
\begin{cases} \alpha_1 = \dfrac{\partial x_2}{\partial s} + \dfrac{\partial x}{\partial e_d}\left[1 - e_d\kappa(s)\right]\tan\theta_c + \dfrac{\partial x_2}{\partial \theta_c}\left\{\dfrac{\tan\delta\left[1 - e_d\kappa(s)\right]}{L\cos\theta_c} - \kappa(s)\right\} \\ \alpha_2 = \dfrac{L\cos^3\theta_c\cos^2\delta}{\left[1 - e_d\kappa(s)\right]^2} \end{cases} \tag{6-29}
$$

经过式（6-27）~ 式（6-29）的变换，式（6-25）可转换为式（6-26）所示的标准形式，此时控制器的目标是使 x_2、x_3 和 x_4 趋于 0。假定系统输入 $u_1(t)$ 为已知的，且是与时间变量相关的函数，式（6-26）可写为

$$
\begin{cases} \dot{x}_1 = u_1(t) \\ \begin{bmatrix} \dot{x}_2 \\ \dot{x}_3 \\ \dot{x}_4 \end{bmatrix} = \begin{bmatrix} 0 & 0 & 0 \\ u_1(t) & 0 & 0 \\ 0 & u_1(t) & 0 \end{bmatrix} \begin{bmatrix} x_2 \\ x_3 \\ x_1 \end{bmatrix} + \begin{bmatrix} 1 \\ 0 \\ 0 \end{bmatrix} u_2(t) \end{cases} \tag{6-30}
$$

观察式（6-30），当 $u_1(t)$ 为一连续有界的恒正或恒负函数时，系统是可控的。同时，在这种条件下，x_1 为单调函数，状态变量 $x_2 \sim x_4$，相对于时间的微分可用其相对于 x_1 的微分表示为

$$\begin{cases} \dfrac{d}{dt} = \dfrac{d}{dx_1}\dot{x}_1 = \dfrac{d}{dx_1}u_1 \\ \mathrm{sgn}(u_1)\dfrac{d}{dx_1} = \dfrac{1}{|u_1|}\dfrac{d}{dt} \end{cases} \tag{6-31}$$

定义 $x_i^{[j]} = \mathrm{sgn}(u_1)\dfrac{d^j x_i}{dx_1^j}$，$u_2' = \dfrac{u_2}{u_1}$，则 $x_2^{[1]}$、$x_3^{[1]}$ 和 $x_4^{[1]}$ 可表示为

$$\begin{cases} x_4^{[1]} = \mathrm{sgn}(u_1)x_3 \\ x_3^{[1]} = \mathrm{sgn}(u_1)x_2 \\ x_2^{[1]} = \mathrm{sgn}(u_1)u_2' \end{cases} \tag{6-32}$$

对于连续有界的恒正或者恒负输入 u_i，结合 Hurwitz 稳定性判据，可得

$$u_2(x_2,x_3,x_1,t) = -k_1|u_1(t)|x_4 - k_2 u_1(t)x_3 - k_3|u_1(t)|x_2 \tag{6-33}$$

取 $k_1 = k^3$，$k_2 = 3k^2$，$k_3 = 3k$，以保证系统的稳定性。

4. 汽车动力学模型横向控制原理

线性二自由度汽车模型也可以对汽车动力学进行分析。汽车动力学模型表征的是汽车的受力与汽车的速度、加速度以及横摆角之间的关系，如图 6-29 所示。

将无人驾驶汽车的横向和纵向动力学分开，仅研究无人驾驶汽车自主循迹横向控制，汽车侧向运动和横摆运动的动力学微分方程为

$$\begin{cases} F_{yf}\cos\delta - F_{zf}\sin\delta + F_{yr} = m(v_y + v_x\omega) \\ l_f(F_{yf}\cos\delta - F_{xf}\sin\delta) - l_r F_{xr} = I_z\dot{\omega} \end{cases} \tag{6-34}$$

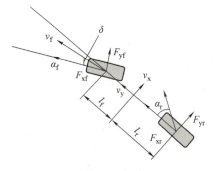

图 6-29　汽车动力学模型

式中，F_{yf}、F_{yr} 分别为汽车前、后轮侧向力（N）；F_{xf}、F_{xr} 分别为汽车前、后轮纵向力（N）；l_f、l_r 分别为汽车质心至前、后轴的距离（m）；m 为汽车质量（kg）；v_x 为汽车横向速度（m/s）；v_y 为汽车纵向速度（m/s）；ω 为汽车横摆角速度 [(°)/s]；I_z 为汽车相对于 z 轴的转动惯量（kg·m²）。

前、后轮侧向力可以简化为

$$\begin{cases} F_{yf} = c_f\alpha_f = c_f\arctan\left(\dfrac{v_y + l_f\omega}{v_x}\right) - \delta \\ F_{yr} = c_r\alpha_r = c_r\arctan\left(\dfrac{v_y - l_r\omega}{v_x}\right) \end{cases} \tag{6-35}$$

式中，α_f、α_r 分别为汽车前、后轮侧偏角（rad）；c_f、c_r 分别为汽车前、后轮综合侧偏刚度（N/rad）。

将式（6-35）代入式（6-34），根据小角度假设理论得

$$\begin{bmatrix} \dot{v}_y \\ \dot{w} \end{bmatrix} = \begin{bmatrix} -\dfrac{c_f + c_r}{mv_x} & \dfrac{l_r c_r - l_f c_f}{mv_x} \\ \dfrac{l_r c_r - l_f c_f}{I_z v_x} & -\dfrac{l_f^2 c_f + l_r^2 c_r}{I_z v_x} \end{bmatrix} \begin{bmatrix} v_y \\ \omega \end{bmatrix} + \begin{bmatrix} \dfrac{c_f}{m} \\ \dfrac{l_f c_f}{I_z} \end{bmatrix}\delta \tag{6-36}$$

汽车动力学模型使用汽车质心处的横向循迹误差 e_{cg}，如图 6-30 所示。

由期望轨迹的曲率可计算出汽车期望横摆角速度和期望侧向加速度分别为

$$\begin{cases} \omega_s = \kappa(s)v_x \\ \dot{v}_{ys} = \kappa(s)v'_x \end{cases} \tag{6-37}$$

式中，$\kappa(s)$ 为期望轨迹的曲率（rad/m）；v_{ys} 为汽车期望侧向加速度（m/s²）；ω_s 为汽车期望横摆角速度 [（°）/s]。

当 θ_c 足够小时，汽车质心处的横向循迹误差 e_{cg} 和角度循迹误差 θ_c 满足

$$\begin{cases} \dot{e}_{cg} = v_y + v_x\theta_c \\ \dot{\theta}_c = \omega - \omega_s \end{cases} \tag{6-38}$$

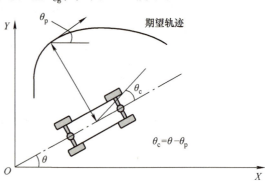

图 6-30　汽车质心处的横向循迹误差与期望轨迹的关系

假设 v_x 为固定值，即 $\dot{v}_x = 0$，式（6-38）两端求导，得

$$\begin{cases} \ddot{e}_{cg} = \dot{v}_y + v_x\dot{\theta}_c \\ \ddot{\theta}_c = \dot{\omega} - \dot{\omega}_s \end{cases} \tag{6-39}$$

将式（6-38）和式（6-39）代入式（6-36），消除 v_y 项和 w 项，得

$$\begin{cases} \dot{e}_{cg} = \dfrac{-(c_f+c_r)}{mv_x}\dot{e}_{cg} + \dfrac{c_f+c_r}{m}\theta_e + \dfrac{l_rc_r-l_fc_f}{mv_x}\dot{\theta}_e + \left(\dfrac{l_rc_r-l_fc_f}{mv_x}-v_x\right)\omega_s + \dfrac{c_f}{m}\delta \\[3mm] \ddot{\theta}_c = \dfrac{l_rc_r-l_fc_f}{I_zv_x}e_{cg} + \dfrac{l_rc_r-l_fc_f}{I_z}\theta_c - \dfrac{(l_f^2c_f+l_r^2c_r)}{I_zv_x}(\dot{\theta}_c+\omega_s) + \dfrac{l_fc_f}{I_z}\dot{\omega}_s \end{cases} \tag{6-40}$$

将式（6-39）写成状态方程的矩阵形式为

$$\begin{bmatrix} \dot{e}_{cg} \\[2mm] \ddot{e}_{cg} \\[2mm] \dot{\theta}_c \\[2mm] \ddot{\theta}_c \end{bmatrix} = \begin{bmatrix} 0 & 1 & 0 & 0 \\[2mm] 0 & \dfrac{-(c_f+c_r)}{mv_x} & \dfrac{c_f+c_r}{m} & \dfrac{l_rc_r-l_fc_f}{mv_x} \\[2mm] 0 & 0 & 0 & 1 \\[2mm] 0 & \dfrac{l_rc_r-l_fc_f}{I_zv_x} & \dfrac{l_rc_r-l_fc_f}{I_z} & -\dfrac{(l_f^2c_f+l_r^2c_r)}{I_zv_x} \end{bmatrix}\begin{bmatrix} e_{cg} \\[2mm] \dot{e}_{cg} \\[2mm] \theta_c \\[2mm] \dot{\theta}_c \end{bmatrix} + \begin{bmatrix} 0 \\[2mm] \dfrac{c_f}{m} \\[2mm] 0 \\[2mm] \dfrac{l_fc_f}{I_z} \end{bmatrix}\delta + \begin{bmatrix} 0 \\[2mm] \dfrac{l_rc_r-l_fc_f}{mv_x}-v_x \\[2mm] 0 \\[2mm] -\dfrac{(l_f^2c_f+l_r^2c_r)}{I_zv_x} \end{bmatrix}\omega_s + \begin{bmatrix} 0 \\[2mm] 0 \\[2mm] 0 \\[2mm] -1 \end{bmatrix}\dot{\omega}_s$$

$$\tag{6-41}$$

为了表达方便，令 $x = \begin{bmatrix} e_{cg} & \dot{e}_{cg} & \theta_c & \dot{\theta}_c \end{bmatrix}^T$，式（6-41）可简化为

$$\dot{x} = Ax + B_1\delta + B_2\omega_s + B_3\dot{\omega}_s \tag{6-42}$$

由式（6-41）可知，$\dot{\omega}_s$ 项的大小仅对 $\ddot{\theta}_c$ 产生影响，而在无人驾驶汽车自主循迹横向控制时，更关注的是 e_{cg}、$\dot{e}_{cg}$、θ_c 和 $\dot{\theta}_c$ 的大小，而不考虑 $\ddot{\theta}_c$ 的大小，故此处可以忽略 $B_3\dot{\omega}_s$ 项，此时系统表示为

$$\dot{x} = Ax + B_1\delta + B_2\omega_s \tag{6-43}$$

系统控制律可以设计为

$$\delta = -Kx = -k_1e_{cg} - k_2\dot{e}_{cg} - k_1\theta_c - k_2\dot{\theta}_c \tag{6-44}$$

式中，$k_1 \sim k_4$ 为矩阵 $\boldsymbol{K}$ 的 4 个特征值。

为了获得期望的特征值，使用最优控制中的线性二次型调节器对闭环矩阵 $\boldsymbol{A} - \boldsymbol{B}_1 \boldsymbol{K}$ 的特征值进行计算。

设 $\boldsymbol{A}_\text{d}$ 和 $\boldsymbol{B}_\text{d}$ 为矩阵 $\boldsymbol{A}$ 和 $\boldsymbol{B}$ 的离散形式，则系统的最优前轮转角可表示为离散形式

$$\delta(k) = -\boldsymbol{K}x(k) \tag{6-45}$$

式中

$$\boldsymbol{K} = (R + \boldsymbol{B}_\text{d}^\text{T} P \boldsymbol{B}_\text{d})^{-1} \boldsymbol{B}_\text{d}^\text{T} P \boldsymbol{A}_\text{d} \tag{6-46}$$

R 为加权系数。

矩阵 $\boldsymbol{P}$ 满足黎卡提方程

$$\boldsymbol{P} = \boldsymbol{A}_\text{d}^\text{T} P \boldsymbol{A}_\text{d} - \boldsymbol{A}_\text{d}^\text{T} P \boldsymbol{B}_\text{d} (R + \boldsymbol{B}_\text{d}^\text{T} P \boldsymbol{B}_\text{d})^{-1} \boldsymbol{B}_\text{d}^\text{T} P \boldsymbol{A}_\text{d} + Q \tag{6-47}$$

定义目标函数代价方程为

$$J = \sum_{k=0}^{\infty} x^\text{T}(k) Q x(k) + \delta^\text{T}(k) R \delta(k) \tag{6-48}$$

为了方便对控制器进行调整，假定对角阵 $\boldsymbol{Q}$ 为

$$\boldsymbol{Q} = \text{diag}\langle [q_1, q_2, q_3, q_4] \rangle \tag{6-49}$$

为了进一步简化计算，令 $R = 1$，矩阵 $\boldsymbol{Q}$ 中的对角线元素 $q_2 \sim q_4$ 满足

$$q_2 = q_3 = q_4 = 0 \tag{6-50}$$

求出最优解对应的矩阵 $\boldsymbol{K}$ 的 4 个特征值 $k_1 \sim k_4$，并通过式（6-44）可求得最优前轮转角。

5. 无人驾驶汽车自主循迹纵向控制

无人驾驶汽车的纵向控制是根据当前道路的曲率、障碍物等情况以及汽车当前的车速、侧向加速度和纵向加速度等状态变量，计算出期望的纵向车速。主要模型有侧向加速度模型、道路宽度和曲率模型、可容忍误差模型、循迹误差模型、数据拟合模型等。

（1）侧向加速度模型 当车速较低时，纵向车速 v_x 与侧向加速度 a_y 的关系满足

$$a_\text{y} = \frac{v_\text{x}^2}{R} \tag{6-51}$$

式中，R 为期望轨迹的曲率半径（m）。

进一步发展的表征侧向加速度相对于车速的递减关系经验模型为

$$\frac{a_\text{y}}{a_\text{ymax}} = 1 - e^{\beta(v_\text{o} - v_\text{x})} \tag{6-52}$$

式中，a_ymax 因子为最大可忍受的侧向加速度（m/s^2）；$v_\text{o} - v_\text{x}$ 为车速递减（m/s）；β 为经验因子。

经验因子 β 的选择与驾驶习惯有关。β 越大，表示汽车达到最大可忍受侧向加速度之前，倾向以较高的车速行驶；β 越小，表示汽车达到最大可忍受侧向加速度之前，倾向以较低的车速行驶。

（2）道路宽度和曲率模型 道路宽度和曲率有关的纵向控制模型为

$$v_\text{x} = 20.9 - 0.578\kappa(s) + 0.681(W - 7.3) \tag{6-53}$$

式中，$\kappa(s)$ 为道路曲率（rad/m）；W 为道路宽度（m）。

当道路的曲率半径较小时，期望纵向车速也较小；当道路的曲率半径逐步增大时，期望

纵向车速也越来越大，并最终到达一个期望的最高车速。

（3）可容忍误差模型　可容忍误差指的是预防汽车超出道路边界所允许的最大误差

$$\lambda = (W - W_\text{v})/2 \tag{6-54}$$

式中，λ 为可容忍误差（m）；W_v 为汽车宽度（m）。

对于某一款固定车型，W_v 可视作固定值，可容忍误差模型就变成了期望车速与道路宽度之间的关系模型。

研究发现，汽车的纵向车速与道路的宽度之间是一种非线性关系，即

$$\frac{1}{v_\text{x}} = a_2 + b_2 T_\text{d} \tag{6-55}$$

式中，a_2、b_2 为辨识系数；$T_\text{d} = \ln\left[\dfrac{2W_\text{v}}{W - W_\text{v}}\right]$ 定义为循迹困难度。

可容忍误差模型适于连续弯道的循迹控制任务，但没有考虑道路曲率对速度决策的影响。

（4）循迹误差模型　循迹误差模型是使用越线时间 T_LC 作为安全边缘的纵向控制。研究发现，在进行车速选择时，T_LC 并不是一个固定值，最小的 T_LC 出现在汽车超越道路中线的瞬间，如图6-31所示。

假定由于转向盘转角误差而导致的汽车实际行驶轨迹的曲率半径误差 ΔR 与期望轨迹的曲率半径 R 之间是一种线性关系，即

$$\Delta R = \frac{k}{1 + k} R \tag{6-56}$$

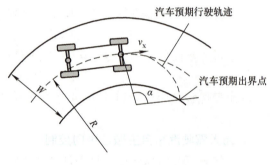

图6-31　循迹误差模型

式中，ΔR 为曲率半径误差（m）；k 为待定系数。

越线时间 T_LC 表示为

$$T_\text{LC} = \frac{\alpha(R - \Delta R)}{v_\text{c}} \tag{6-57}$$

式（6-57）中的转角 α 表示为

$$\alpha = \arccos\left[1 - \frac{W(2R - W/2)}{4\Delta R(R - \Delta R)}\right] \tag{6-58}$$

从图6-31可知，如果不改变汽车转向角，汽车将会以 $R - \Delta R$ 的曲率半径转过 α 的角度并冲出车道边缘。则称 $R - \Delta R$ 为循迹误差，称这种模型为循迹误差模型。

（5）数据拟合模型　无人驾驶汽车自主循迹数据拟合纵向控制最终的期望车速为

$$v_\text{x} = \omega_1 v_1 + \omega_2 v_2 + \omega_3 v_3 + \omega_4 v_4 \tag{6-59}$$

式中，v_1 为与汽车前方道路曲率 κ 相关的车速部分（m/s）；v_2 为与汽车横向循迹误差 e_y 相关的车速部分（m/s）；v_3 为与汽车侧向加速度 a_y 相关的车速部分（m/s）；v_4 为与汽车纵向加速度 a_x 相关的车速部分（m/s）；$\omega_1 \sim \omega_4$ 为权值系数。

前方道路曲率的绝对值与车速的关系表示为

$$v_1 = 9.798\exp(-3488|\kappa|) + 18.65\exp(-20.33|\kappa|) \tag{6-60}$$

横向循迹误差的绝对值与车速的关系表示为

$$v_2 = 6.232\exp(-41.21|e_y|) + 15.35\exp(-0.9548|e_y|) \tag{6-61}$$

汽车侧向加速度的绝对值与车速的关系表示为

$$v_3 = 7.736\exp(-2.581|a_y|) + 17.38\exp(-0.1171|a_y|) \tag{6-62}$$

汽车纵向加速度与车速的关系表示为

$$v_4 = 1.733\exp(-0.2612a_x) + 12.17\exp(0.06975a_x) \tag{6-63}$$

取 $\omega_1 = 0.5$，$\omega_2 = \omega_3 = 0.2$，$\omega_4 = 0.1$，将式（6-60）~式（6-63）代入式（6-59）中，得

$$
\begin{aligned}
v_x &= \omega_1 v_1 + \omega_2 v_2 + \omega_3 v_3 + \omega_1 v_1 \\
&= 0.5 \times [9.798\exp(-3488|\kappa|) + 18.65\exp(-20.33|\kappa|)] + \\
&\quad 0.2 \times [6.232\exp(-41.21|e_y|) + 15.35\exp(-0.9548|e_y|)] + \\
&\quad 0.2 \times [7.736\exp(-2.581|a_y|) + 17.38\exp(-0.1171|a_y|)] + \\
&\quad 0.1 \times [1.733\exp(-0.2612a_x) + 12.17\exp(0.06975a_x)]
\end{aligned} \tag{6-64}
$$

无人驾驶汽车自主循迹数据拟合纵向控制方法输出车速与原始试验车速的对比，如图6-32所示。

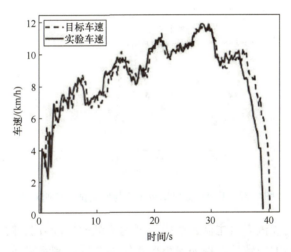

图6-32 无人驾驶汽车自主循迹数据拟合纵向控制方法输出车速与原始试验车速对比

可以看出，无人驾驶汽车自主循迹数据拟合纵向控制方法输出的期望车速与原始试验车速基本一致，说明该纵向控制方法的控制效果良好。行程位于1200~1400m之间时，控制器输出的期望车速信号与原始的试验车速信号有明显差距，这说明在某些工况下，数据拟合方法的控制精度还有待改善。

（6）模糊神经网络模型 模糊神经网络因其自学习和自调整能力，在处理影响车速的非线性和时变变量方面展现出独特优势。利用模糊神经网络，可以有效弥补这些变量对无人驾驶汽车自主循迹纵向控制的影响。通过这种方式，模糊神经网络帮助实现了更加精准和可靠的车辆速度控制，为无人驾驶技术的进步提供了重要支持。

神经网络的结构共5层，分别为输入层、模糊化层、模糊推理层、去模糊化层和输出层。神经网络的输入变量为道路曲率的绝对值 $|\kappa|$、循迹误差的绝对值 $|e_y|$、汽车侧向加速度的绝对值 $|a_y|$ 以及汽车纵向加速度 a_x。神经网络输出为汽车纵向车速 v_x。

4 个输入变量对应的模糊语言值变量均为 5 个——NB、NS、ZE、PS 和 PB，分别表示负大、负小、零、正小和正大。模糊规则设计为 R_n：IF x_i is A_i^j，Then u is B_{ij}；$i = 1 \sim 4$，$j = 1 \sim 5$。其中 R_n 表示第 n 条模糊规则；x_i 表示第 i 个输入；A_i^j 表示第 i 个输入的第 j 个语言值变量；u 表示神经网络的模糊推理输出；B_{ij} 表示神经网络的模糊推理输出对应的语言值变量；模糊规则共有 5^4 条。

考虑到不同的道路结构和行驶工况下，4 个输入变量是复杂多变的，神经网络训练所需的样本应该能充分覆盖各种常见行驶工况。使用误差反向传播法对所建立的模糊神经网络进行训练，误差函数定义为

$$E_1 = \frac{1}{2} \sum_{i=1}^{m} (y_{di} - y_i)^2 \tag{6-65}$$

式中，y_{di} 为样本期望输出；y_i 为神经网络实际输出；m 为样本个数。4 个输入变量的隶属度函数均选择高斯型。

模糊神经网络纵向控制方法输出的期望车速与训练样本的原始试验车速的对比，如图 6-33 所示。

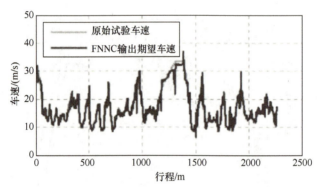

图 6-33 FNNC 输出期望车速与原始试验车速对比

可以看出，无人驾驶汽车自主循迹模糊神经网络纵向控制方法输出的期望车速信号与原始试验车速信号有较高的一致性，说明该纵向控制方法的控制精度较高。另外，还可以采用滑模变结构控制、最优控制、鲁棒控制、模糊控制等现代控制理论和智能控制理论对无人驾驶汽车进行纵向和横向控制。

6.3.7 自动泊车辅助技术

1. 自动泊车辅助系统的组成与原理

自动泊车辅助系统主要由信息检测单元、电子控制单元和执行单元等组成，如图 6-34 所示。

信息检测单元是自动泊车系统的"耳目"，通常用超声波传感器和摄像头探测车辆周围环境和障碍物，采集图像数据及周围物体距车身的距离数据，并通过数据线传输给电子控制单元；电子控制单元是自动泊车

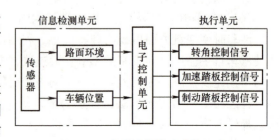

图 6-34 自动泊车辅助系统组成

辅助系统的核心，将信息检测单元上传的数据进行分析处理后，得出汽车的当前位置、目标位置以及周围的环境参数，依据这些参数做出自动泊车策略，并将其转换成电信号；执行单元接收电子控制单元的指令，精确控制转向盘的转动、车辆的加速和制动，以使汽车能准确跟踪路径，并随时准备接收中断以紧急停车。

自动泊车的过程通常为汽车进入停车区域后缓慢行驶，人工开启自动泊车辅助系统，或者根据车速自动启动自动泊车辅助系统。自动泊车辅助系统的运行过程主要分为以下 3 个部分：

1）车位检测。通过车载传感器获取环境信息，传感器主要采用测距传感器（如雷达）和视觉传感器（如摄像头），然后识别出目标车位。

2）路径规划。根据所获取的环境信息，电子控制单元对汽车和环境建模，计算出一条能使汽车安全泊车入位的路径。

3）路径跟踪。控制汽车跟踪预先规划的泊车路径，使汽车避障泊车入位。

2. 自动泊车辅助系统的应用实例

自动泊车辅助系统在汽车上的应用越来越广泛，以下是几种比较典型的应用实例。

（1）雪佛兰自动泊车辅助系统　2015 款雪佛兰科鲁兹配备的自动泊车辅助系统可以实现水平和垂直两种方式的自动泊车，如图 6-35 所示。在泊车入位过程中，驾驶人仅需要控制制动踏板、加速踏板及变速杆，转向盘操作由电子控制单元完成，帮助驾驶人准确将车停到指定位置，方便驾驶人操控车辆。

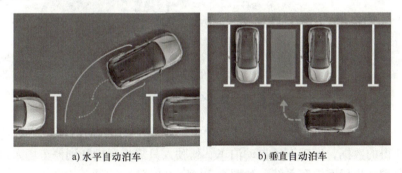

a）水平自动泊车　　　　b）垂直自动泊车

图 6-35　水平和垂直两种方式自动泊车

雪佛兰自动泊车辅助系统控制框图如图 6-36 所示，图中实线表示专线信号，虚线表示网络信号。系统进入工作状态时，通过自动泊车辅助（Auto Parking Assist，APA）传感器监测与路边车辆的相对位置来搜索车位。搜索到合适的车位以后，APA 模块通过仪表和收音

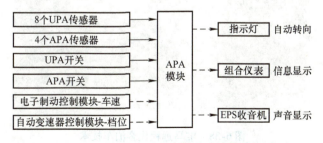

图 6-36　雪佛兰自动泊车辅助系统控制框图

机扬声器向驾驶人提示停车并挂入倒档。驾驶人按指令操作后，APA 模块向电动助力转向（Electric Power Steering，EPS）模块发出转向控制指令，并通过持续的 APA 和超声波驻车辅助（Ultrasonic Parking Assistant，UPA）传感器信号来判定车辆实际位置，然后通过仪表向驾驶人发出指示，直到完全停车入位。

（2）奥迪自动泊车辅助系统　奥迪自动泊车辅助系统利用遍布车辆周围的雷达探头，测量自身与周围物体之间的距离和角度，然后通过车载计算机计算出操作流程配合车速调整转向盘的转动，驾驶人只需要控制车速即可。

（3）奥迪全自动泊车技术　奥迪全自动泊车技术是通过智能手机上的应用程序"一键自动停车"来完成的。当驾驶人将车辆开到停车场的入口附近时，驾驶人下车拿出手机，然后只是简单地点击一下屏幕，就可以转身离去，随后车辆开始自行起动，进入停车场寻找停车位，如图 6-37 所示。

图 6-37　奥迪全自动泊车技术

（4）宝马远程代客泊车技术　远程代客泊车技术是在 360°防碰撞系统的基础上，借助激光扫描仪获得的数据，实现车辆自动泊车。驾驶人只需将车辆开到停车场入口处，即可通过智能手表启动远程代客泊车系统，如图 6-38 所示。

图 6-38　宝马远程代客泊车技术

在车辆进行自动泊车的过程中，系统可以自动识别周围物体，避开意外出现的障碍物，比如行人、其他车辆以及未完全入位的车辆。相比沃尔沃的全自动泊车技术，由于宝马借助了360°防碰撞系统的激光扫描仪，减少了对于 GPS 的依赖，使得该系统的使用范围不再局限于无遮蔽的露天停车场，即便是地下停车场或立体停车场，搭载这项技术的宝马车型都可以畅通无阻，真正意义上解决了"难停车""停车难"的问题。除了配备激光扫描仪之外，这款试验用车还配备了处理系统与运算系统，意味着车辆可以独立完成楼内定位、监测周围环境，并进行独立的自动导航。这样，停车场便不需要配备自动驾驶所需要的复杂基础设施。

全自动泊车技术还处于试验阶段，宝马计划在 2026 年推出的 Neue Klasse 平台全电动汽车上实现 L4 级自主代客泊车，并逐步将此技术推广到其他车型上。

6.3.8　车胎气压监测技术

1. 车胎气压监测系统的组成与原理

车胎气压监测系统（Tire Pressure Monitoring System，TPMS）一般由胎压监测模块和接收显示模块组成，如图 6-39 所示。不同类型车胎气压监测系统的具体组成有差异。

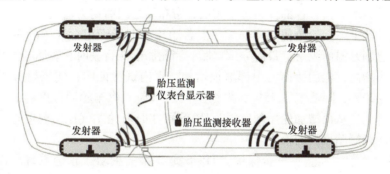

图 6-39　TPMS 的组成与原理示意图

胎压监测模块安装在轮胎内部或车轮表面，主要包括压力传感器、ECU、射频发射器、电池和天线等，负责对轮胎压力、温度、电池电压及加速度等进行数据采集和处理，并以无线传输的方式加以发射。胎压监测模块需要做到低功耗，这样可以延长电池的寿命，一般设计有驻车模式和行驶模式。当模块处于行驶模式时，还会根据轮胎内部压力和温度变化的量来决定射频发射的频率，以进一步减少功耗。接收显示模块用于接收胎压监测模块发来的射频信号，并完成数据分析和处理，判别轮胎的当前状态，在必要的时候给出警告。

2009 年，我国制定了推荐性国家标准《基于胎压监测模块的汽车轮胎气压监测系统》（GB/T 26149—2010），主要基于双向直接式 TPMS 功能和技术指标，提出了世界上最为严格的 TPMS 功能及性能要求。2017 年 10 月 14 日，国家标准化管理委员会正式批准了强制性国家标准《乘用车轮胎气压监测系统的性能要求和试验方法》（GB 26149—2017），要求自 2019 年 1 月 1 日起，中国市场所有新认证乘用车必须安装 TPMS；自 2020 年 1 月 1 日起，所有生产的乘用车开始实施强制安装要求。

2. TPMS 的功能与作用

TPMS 的主要功能如下：

1）开机自检功能。TPMS 需在 10s 内完成自检，在自检的同时进行当时的胎压显示。

如有系统故障或有欠压应在10s内警告，并指明欠压轮胎的位置，直到异常状态解除。

2）欠压警告功能。当轮胎气压低于制造厂规定的冷态轮胎气压值的75%时，则应在10s内警告并指明欠压轮胎的位置，直到异常状态解除。

3）过压警告功能当轮胎气压高于制造厂规定的冷态轮胎气压值的125%时，应在10s内警告，并指明过压轮胎的位置，直到异常状态解除。

4）系统故障警告功能。当系统运行后，应具有自我诊断功能，当系统有异常，应及时警告给驾驶人。

5）当前轮胎压力显示功能。TPMS应具有当前轮胎压力值显示功能，在系统运行状态下，应能够实时查询每个轮胎的压力值信息，以便驾驶人在驾驶过程中随时了解各轮胎胎压情况，确定是否需要补气，这对于长时间运行的车辆是非常必要的。

这些功能对于驾驶人及时了解当前胎压、了解TPMS是否正常是非常必要的。

TPMS主要有以下作用：

（1）可有效预防轮胎爆胎事故　除特殊机械故障外，保障汽车行驶安全最重要的两大部件就是制动装置和轮胎。因为轮胎气压形成轮胎强度，当轮胎低压行驶时，会变形下沉，将加大对轮胎胎肩的磨损，各部件黏于帘布层，帘布层之间剪切力增大，生热加剧，使胶层与帘线的物理性能下降，轮胎使用寿命缩短。若胎压长期低于正常气压的80%，在高速行驶时，轮胎会急剧升温而脱层，最后导致爆胎。当轮胎超压行驶时，轮胎与地面接触的面积减少，单位压力增高，轮胎胎面的中部磨损增加。室内试验证明：气压超出25%，轮胎寿命会降低15%~20%；降低气压25%，寿命降低约30%。汽车轮胎温度越高，轮胎的强度越低，变形就越大，从而增加轮胎的磨损。TPMS可实时对轮胎气压、温度进行自动监测预警，有效防止轮胎爆胎事故的发生。

（2）提供"事前主动"型安全保护　TPMS是"事前主动"预警系统。连续的压力以及温度实时监测会保证车辆在正确的负载中行驶；避免因轮胎压力过低或者过高，以及温度异常而造成爆胎；避免由于汽车4个轮胎压力的不平衡，而造成车辆行驶跑偏现象；能最大限度地减少因轮胎故障而导致的半路抛锚以及发生其他交通事故的可能性；将事故消灭在萌芽状态，来确保汽车行驶中始终处于安全状态。

（3）具有经济效益和绿色环保作用　若轮胎气压和温度过高，则胎冠会加速磨损；轮胎低压行驶将增加行驶的阻力、燃料的消耗以及废气的排放。因此保持轮胎在正常气压下行驶才可节省燃料开支。除此以外，保持轮胎在正常气压行驶，还能避免由于爆胎而引起的车辆损坏的修理费、新轮胎的购置费，以及因为轮胎原因发生故障所造成的有形或者无形的损失。另外，过快磨损轮胎产生的橡胶粉尘也将增加环境污染。

（4）保障整车的性能与寿命　合适的轮胎压力有助于优化车辆整体性能，如汽车的转向性能、制动性能、对方向操纵的响应、提高车辆的负载能力等；另外，合适的轮胎压力还能延长发动机及底盘、轮胎的寿命，从而提高整车寿命与舒适性。

3. TPMS的分类

按胎压数据的测量方式分类，TPMS可以分为间接式TPMS、直接式TPMS和混合式TPMS。

间接式TPMS是最早的轮胎气压监测系统，其与车辆的ABS一起使用，通过汽车ABS的轮速传感器来比较轮胎之间的转速差别，以达到监测胎压的目的，属于事后被动型。当一个轮胎的气压异常时，轮胎的直径就会变大或变小，车轮的转速也会发生相应的变化，监测系统将测得的车轮转速同预先储存的标准值比较，就可得知轮胎气压太高或不足，从而发出警告。该方法利用已有的条件，不需要安装额外的传感器，且成本低、安装方便，装有 ABS 车辆的轮胎只需要对软件进行升级；但其缺点是测量不准、校准复杂，不能具体指示出是哪一只轮胎胎压不足，如果 4 只轮胎的胎压同时下降，这种装置也就失效了，可见其局限性较大。

直接式 TPMS 是在每个轮胎内安装传感器，对轮胎进行监测，属于事前主动防御型。ECU 对传感器采集到的信息进行处理，并用射频发射器发送信息到接收显示模块。接收显示模块接收信号并处理，监测系统通过显示器将各个轮胎的压力和温度告知驾驶人。如果轮胎的压力异常，系统将发出警告信号。直接式 TPMS 的优点是测量准确、精度高，可以实时监测每个轮胎的气压，容易确定轮胎故障；其缺点是成本高、设计复杂。

混合式 TPMS 安装有 2 个胎压传感器和 1 个接收器，能够克服间接式 TPMS 的局限性，可以检测到在同一个车轴或车辆同一侧的两个轮胎压力的差异。与间接式 TPMS 相似，当两个对角轮胎压力异常时，系统只能检测到一个轮胎压力异常。当所有轮胎的压力都异常时，系统可以检测到故障。混合式 TPMS 的可靠性和灵活性不够理想，不能实时测量轮胎的气压，不能定位全部异常轮胎，但可以降低生产成本。

按轮胎模块是否需要电池，TPMS 可以分为有源式 TPMS 和无源式 TPMS。有源式 TPMS 是指在胎压监测系统中，胎压、温度等传感器及信息发射电路需要供电设备；无源式 TPMS 是指系统中的胎压传感器不需要供电设备，而是通过射频耦合、电磁感应及自供电等技术来实现信息传送。目前，直接有源式 TPMS 是汽车市场的主流产品。

4. TPMS 的应用实例

别克君越采用了直接式 TPMS，其胎压显示位于仪表盘显示屏，如图 6-40 所示。通过转向盘的控制按钮对菜单进行切换，能直接进入胎压显示的界面。除了在仪表盘中查看以外，拥有胎压监测系统及安吉星系统的通用车型还能通过手机客户端进行查看。当车辆胎压出现异常时，显示屏会自动切换至胎压显示，并进行提醒。

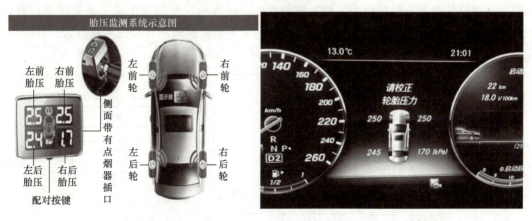

图 6-40　别克君越采用的直接式 TPMS

随着科学技术的发展，TPMS 也在不断地进步，未来的 TPMS 将会实现无源化、智能化和车载局域网共享等先进功能。

6.3.9　决策控制技术

决策控制技术是无人驾驶汽车最复杂且关键的部分，其主要功能是依据感知系统获取信息来进行决策判断，进而对下一步的行为进行决策，从而对车辆进行控制。

决策控制技术主要包括模糊推理、强化学习、神经网络和贝叶斯网络等技术。决策控制系统的行为分为反应式、反射式和综合式 3 种方案。反应式控制是一个反馈控制的过程，根据车辆当前位姿与期望路径的偏差，不断地调节转向盘转角和车速，直到到达目的地；反射式控制是一种低级别行为，用于对行进过程中的突发事件做出判断，并迅速做出反应；综合式控制是在反应层中加入机器学习模块，将部分决策层的行为转化成基于传感器的反应层行为，从而提高系统的反应速度。

在电动汽车的决策控制技术中，主要是通过智能算法和传感器数据来决策车辆的运行状态和行驶路径，以达到节能的目的。具体来说，决策控制技术可以包括以下几个方面：

1）行驶路径规划：通过智能算法和传感器数据，可以预测车辆的行驶路径和行驶时间，从而优化车辆的行驶路径，减少不必要的能源消耗。

2）行驶状态控制：根据车辆的行驶状态和传感器数据，可以智能控制车辆的行驶速度、加速度和制动等参数，以达到节能的目的。

3）能源管理优化：通过智能算法和传感器数据，可以优化车辆的能源管理策略，包括电池充电和放电控制、电机控制等，以提高能源利用效率。

决策控制技术的作用不限于节能，还可以提高车辆的行驶安全性和舒适性。例如，通过智能控制车辆的行驶速度和加速度，可以减少车辆的振动和噪声，提高乘坐舒适性。同时，通过优化能源管理策略，可以延长车辆的续驶里程和使用寿命。总之，在电动汽车的智能化节能技术中，决策控制技术是实现节能和提高车辆性能的重要手段之一。通过智能算法和传感器数据的应用，可以优化车辆的运行状态和行驶路径，提高能源利用效率，降低能源消耗，以实现节能减排的目标。

智能决策系统是无人驾驶车辆的"大脑"，是无人驾驶车辆研究的一个核心问题。决策系统的设计目标是在全局环境中，依靠路网文件、任务和定位信息生成一条最优全局路径；在局部环境中，依靠感知信息，在交通规则的约束下实时推理出合理的驾驶行为，并生成安全可驾驶的轨迹发送到控制系统，如图 6-41 所示。

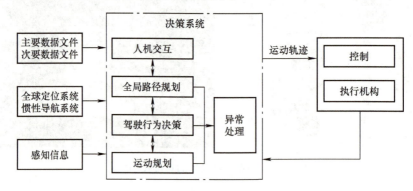

图 6-41　决策系统结构框图

作为自动驾驶的核心，人工智能技术在自动驾驶汽车领域的应用主要体现在环境物体识别、可行驶区域检测和行驶路径规划与决策等方面。利用深度学习和强化学习技术，自动驾驶汽车能够对复杂工况进行在线优化学习，提高决策效率和路径规划能力。结合通信技术的发展，车与车、车与路、车与人、车与云之间的实时通信为自动驾驶提供了更多支持。这些技术不仅提升了单车的感知和决策能力，还能解决群体智能驾驶系统中的协同驾驶问题。

6.3.10　能量管理策略

能量管理（Energy Management，EM）是指根据整车功率需求，在满足动力系统约束的条件下对不同动力源进行功率分配，从而提高能量效率和部件寿命的技术。

工况是影响整车功率需求的关键因素，对能量管理也至关重要。通过瞬时工况识别、未来工况预测和全局工况估计等技术手段，能量管理策略（Energy Management Strategy，EMS）可以利用丰富的工况信息，显著提升节能水平。混合动力电动汽车和燃料电池电动汽车的动力传动系统构型如图6-42所示。混合动力电动汽车包含发动机、电机和动力电池等，分为串联式（Series X，S-X）、并联式（Parallel X，P-X）和混联式。混联式混合动力电动汽车分为功率分流式（Power-Split X，PS-X）和串并联式（Series-Parallel X，SP-X）。燃料电池电动汽车以燃料电池（Fuel Cell，FC）为主能量源，还需配置动力电池（Battery，B）和/或超级电容（Super Capacitor，SC）以克服燃料电池功率响应慢的缺点，分为FC/B、FC/SC和FC/B/SC等构型。

1. 能量管理的主要问题

能量管理问题的输入是整车功率需求，状态变量一般是动力电池的荷电状态或能量状态，控制变量包括档位和部件功率/转矩等，其中档位、发动机起停或燃料电池起停等离散控制变量可以由外部程序确定，也可以和部件功率等连续控制变量一同优化。整车功率需求与车速、加速度和道路坡度等工况信息相关，会受驾驶人、前车和信号灯等道路交通环境的影响。通过工况识别和预测等技术，获取更加准确和丰富的需求功率，能够有效提升能量管理的节能控制效果。驾驶风格和工况特征识别可以提高能量管理控制的自适应能力，车速、道路坡度和驾驶意图预测能够提供未来短期行驶信息，并用于预测能量管理控制。此外，对于公交车或摆渡车等具有固定行驶路线的车辆，全局工况构建可以估计驾驶周期内的整个工况，进而实现更加高效的动力电池全局电量规划。

能耗是能量管理问题的主要优化指标，包括发动机油耗、动力电池电耗和燃料电池氢耗。混合动力电动汽车油耗与发动机转速和转矩有关，一般用发动机MAP表示，也可以使用函数拟合，比如混合动力电动汽车油耗可以拟合为动力电池电流的二次函数。燃料电池电动汽车氢耗与燃料电池系统净功率有关，可以结合效率曲线进行计算。

除了对车辆能耗进行优化，现有研究还开始关注动力电池和燃料电池的循环寿命。动力电池寿命的影响因素包括充放电倍率、操作温度和放电深度等，其退化模型分为电化学模型、数据驱动模型和半经验模型。比如，一种磷酸铁锂电池的半经验容量退化模型可以表示为活化能、通用气体常数、温度和总A·h等变量的拟合函数。燃料电池寿命受工况影响很大，其退化模型分为基于物理的模型、数据驱动的模型和混合模型。比如，燃料电池电压退化率可以表示为大范围负载变化次数、起停次数、怠速时间和高功率负载时间的线性函数。

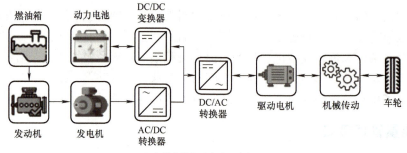

a) 串联式混合动力电动汽车(S-HEV)

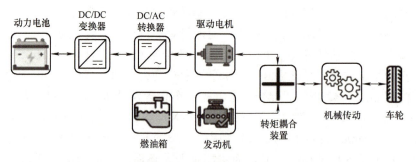

b) 并联式混合动力电动汽车(P-HEV)

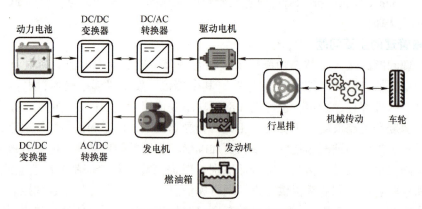

c) 功率分流式混合动力电动汽车(PS-HEV)

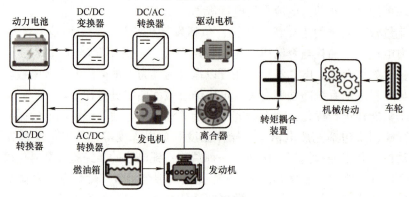

d) 串并联式混合动力电动汽车(SP-HEV)

图 6-42　HEV 和 FCV 的动力传动系统构型

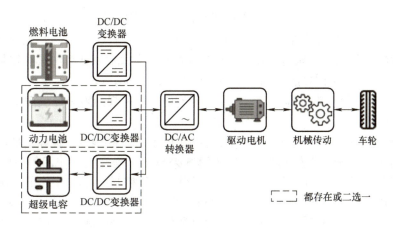

e) 燃料电池电动汽车(FCV)

图6-42　HEV 和 FCV 的动力传动系统构型（续）

2. 能量管理方法的分类

能量管理方法可以分为基于规则的方法、基于模型的方法和数据驱动的方法。基于规则的方法使用专家经验设计逻辑规则，实时性好，在工业界广泛应用，但难以达到最优的节能效果。基于模型的方法依赖于面向控制的车辆动力传动系统模型，需要建立能量管理最优控制问题，并使用优化算法进行求解，实时性较差，但节能效果较佳。数据驱动的方法无须控制对象的数学模型，对高维复杂问题的适用性强，实时性较好，具有可迁移能力，是近年来的研究热点，但是需要大量数据样本，训练成本高，且难以保证动力电池 SOC 的安全性约束。

（1）基于规则的方法　基于规则的方法分为确定性规则和模糊规则，典型代表是适用于插电式混合动力电动汽车的电量耗尽-电量维持（Charge Depleting-Charge Sustaining，CD-CS）策略。丰富的驾驶信息，如驾驶人风格、续驶里程、道路类型、坡度和限速等，可以用于估计动力电池剩余电量，从而为规则的设计提供指导。同时，基于动态规划（Dynamic Programming，DP）、遗传算法（Genetic Algorithm，GA）和庞特里亚金最小值原理（Pontryagin's Minimum Principle，PMP）等优化算法求解得到的能量管理数据，提取关键的阈值参数并用于规则制定，能够有效提升规则策略的节能效果。此外，工况识别和预测可以提升规则策略的工况自适应能力。

（2）基于模型的方法　基于模型的方法分为全局优化方法、瞬时优化方法和滚动时域优化方法。全局优化方法能够在全局工况已知的条件下得到最优控制序列，一般具有较高的计算成本，包括 DP 算法、元启发式算法和凸优化算法等。瞬时优化方法根据瞬时工况进行实时优化，可以通过工况识别等方式提高自适应能力，包括 PMP 和等效消耗最小策略（Equivalent Consumption Minimization Strategy，ECMS）。滚动时域优化方法的典型代表是模型预测控制算法（Model Predictive Control，MPC），基于未来短期工况预测对有限时域内的功率分配问题进行滚动优化，计算量较大，但在迅速提升的车载算力支撑下，未来具有广阔的应用前景。

1）全局优化方法。DP 算法具有全局最优性，对问题的复杂非线性特征不敏感，其反向计算过程面临维数灾难的问题，经常作为其他 EMS 的对比基准或辅助方法。现有基于 DP

的能量管理开源方案主要使用 Matlab 进行开发，包括通用的确定性 DP 函数、针对 FC/B/SC 的 DP 算法以及面向新能源汽车的标准化 DP 软件包。后者解决了 DP 在新能源汽车应用中的维数灾难和标准化等问题，提高了计算效率和计算精度。元启发式算法具有很强的通用性和鲁棒性，包括 GA、粒子群算法（Particle Swarm Optimization，PSO）和模拟退火法（Simulated Annealing，SA）等。为了提高搜索效率，现有研究利用规则限制变量搜索空间或对元启发式算法进行改进。

2）瞬时优化方法。PMP 通过构建包含协态 λ 的 Hamilton 函数，推导出最优控制的必要条件，并根据实时 λ 确定最优功率分配。ECMS 来自于工程经验，使用等效因子（Equivalent Factor，EF）将瞬时电耗补偿为油耗，进而得到最优控制，可以由 PMP 导出。PMP 分析结果表明，最优 λ 是与工况和动力电池特性相关的时变参数。因此，为了实现工况自适应，λ 和 EF 需要实时更新，相应的方法分别称为自适应 PMP（Adaptive PMP，A-PMP）和自适应 ECMS（Adaptive ECMS，A-ECMS）。

3）滚动时域优化方法。MPC 是预测能量管理的基本框架，包含工况预测、滚动优化和反馈控制等过程，相关研究见表 6-4。在常规 MPC 控制策略的基础上，分层 MPC 方法引入了全局 SOC 规划层，以实现插电式混合动力电动汽车和插电式燃料电池电动汽车动力电池电量的全局合理分配。全局 SOC 规划层基于交通流或历史行驶数据进行全局工况构建，生成 SOC 参考轨迹并用于下层 MPC 跟踪控制。工况预测方法包括 Markov 链（Markov Chain，MC）、自回归积分滑动平均模型（Autoregressive Integrated Moving Average Model，ARIMA）和神经网络算法（Neural Network，NN）等。其中，NN 预测模型分为径向基函数神经网络（Radial Basis Function Neural Network，RBF-NN）、多层感知器（Multilayer Perceptron，MLP）、循环神经网络（Recurrent Neural Network，RNN）和 Informer 模型等。研究表明，NN 具有良好的预测效果和计算效率，还可以进一步结合 GA 和小波变换以提升预测性能。SOC 规划方法包括基于简单规则的距离分配法、基于简化能量平衡模型的 DP 和基于最优数据训练的 NN 等。滚动优化方法除 DP 和 PMP 方法外，还包括随机动态规划（Stochastic Dynamic Programming，SDP）、二次规划（Quadratic Programming，QP）和序列二次规划（Sequential Quadratic Programming，SQP）等。

表 6-4　基于 MPC 预测能量管理的研究对比

车型	优化目标		全局 SOC 规划层轨迹生成方法	MPC 控制层	
	能耗	寿命		工况预测方法	滚动优化方法
FC/B	√	√	—	未知	SQP
PS-HEV	√		—	MC/RBF-NN/MLP	DP
P-HEV	√		—	MC	SDP
FC/SC	√		—	小波变换 + MC/RBF-NN/MLP	DP
PFCV	√	√	距离分配法	GA + MLP	SDP
S-PHEV	√		距离分配法	MC	PMP
SP-PHEV	√		混合距离分配法	RBF-NN	PMP
PS-PHEV	√		DP + NN	RBF-NN	DP

（3）数据驱动的方法　用于能量管理的数据驱动方法主要包括监督学习和强化学习（Reinforcement Learning，RL）算法。在监督学习算法中，最优训练数据可以 DP 和 GA 等全

局优化方法获得，学习器一般为多层感知器（Multi-Layer Perceptron，MLP）形式的 NN。由于工况的多样性，单个 NN 模型很难适用于所有工况类型。为了增强 NN 的工况自适应能力，M. P. Munoz 等人针对多条工况训练相应的 NN，并选取其中 2 个适应性强的 NN 分别用于城市和高速工况的 FC/B 能量管理。不同于监督学习算法对最优数据集的依赖，RL 算法，尤其是深度强化学习（Deep Reinforcement Learning，DRL）算法，可以从环境中主动学习最优策略，是能量管理领域的研究热点。高昂的训练成本不利于通用 EMS 的开发，通过经验嵌入或知识迁移来提高 DRL 模型的训练效率和泛化能力是潜在的研究方向。利用发动机在最佳曲线工作等经验规则，可以有效提高 DRL 智能体的探索效率，降低问题复杂度和训练代价。同时，迁移学习能够将基于 DRL 算法的 EMS 在构型相异的 HEV 之间进行传递，且收敛效率与基准方法相比提升了近 70%。

（4）多任务集成优化　新能源汽车的节能规划与控制本质上是多项节能技术的相互耦合和集成，但由于问题的复杂性，多数研究通常会将其解耦为路径规划、车速规划、充电规划和动力系统能量管理等子问题。相比子任务优化问题，多任务集成优化问题虽然控制维度和计算复杂度更高，但它不仅更符合实际情况，还可以挖掘更多的节能潜力。如电动汽车的节能充电导航同时涉及路径规划和充电规划，插电式混合动力电动汽车和燃料电池电动汽车节能车速规划是后续动力系统能量管理的需求输入模块。新能源汽车多任务集成优化问题可以采用耦合优化或解耦优化方法求解。耦合优化方法将集成问题建模为单个优化问题，并在统一的优化架构下求解，具有全局最优性，但难以实现和部署。解耦优化方法将集成问题分解为多个子问题，并通过顺序优化或分层迭代等方式进行求解，降低了计算复杂度，能够以一定的最优性损失实现计算效率的大幅提升。

思考题

1. 新能源汽车智能化发展的意义是什么？如何通过智能化的发展实现汽车的全面节能？
2. 新能源汽车智能化有哪些技术？如何实现节能？
3. 什么是驾驶环境的视觉识别？有何意义？
4. 汽车导航定位技术有哪些？
5. 汽车路径规划有哪些方法？如何实现汽车节能？

第7章 新能源汽车电器的节能技术

7.1 汽车空调的节能技术

汽车空调系统是实现对车厢内空气进行制冷、加热、换气和空气净化的装置。它可以为乘车人提供舒适的乘车环境，降低驾驶人的疲劳强度，以提高行车安全。

汽车空调的功能：调节车内的温度、湿度、空气流速；过滤、净化车内的空气。

汽车空调的特点：抗冲击能力强；动力源多样；制冷、制热能力强；结构紧凑、质量小。

7.1.1 汽车空调的组成和分类

汽车空调是空气调节工程的一个重要分支，是空调技术在汽车上的应用，目的是为车内创造一个舒适的空气环境，从而保障驾驶人和乘员的健康与舒适，以及保障安全驾驶和高效工作的顺利进行。

1. 汽车空调的基本组成

（1）制冷系统 制冷系统由蒸发器总成、平行流动式冷凝器、干燥瓶管翅式蒸发器、膨胀阀、鼓风机、排水管、压缩机、鼓风机总成等组成，如图7-1所示。空调制冷系统是利用液态制冷剂汽化吸热产生冷效应工作的。制冷系统工作时，制冷剂以不同的状态在这个密闭系统内循环流动，每一循环需进行压缩、冷凝放热、膨胀节流、蒸发吸热4个基本过程。制冷剂在空调压缩机的驱动下，在空调系统内不停地循环流动，流经蒸发器吸收热量，流经冷凝器散发热量，从而满足汽车的制冷要求。

（2）供暖系统 供暖系统由加热器、水阀、水管、发动机冷却液等组成，如图7-2所示。汽车空调供暖系统的功用包括：在冬季向车内提供暖气，以提高车内环境温度；当车上玻璃结霜或起雾时，可以输送热风来除霜和除雾；与蒸发器一起调节车内温度，从而使乘员感觉舒适。

（3）通风、配气系统 通风、配气系统由进气模式风门、鼓风机、混合气模式风门、气流模式风门、导风管等组成，图7-3所示为空调出风口的示意图。

（4）控制系统 控制系统由点火开关、A/C开关、电磁离合器、鼓风机开关调速电阻器、各种温度传感器、制冷剂高低压力开关、温度控制器、送风模式控制装置、各种继电器等组成。

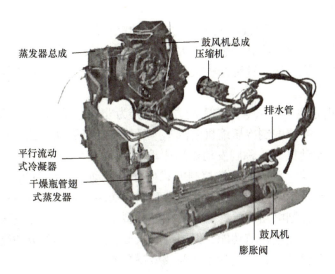

蒸发器总成

鼓风机总成
压缩机

排水管

平行流动
式冷凝器

干燥瓶管翅
式蒸发器

鼓风机

膨胀阀

图 7-1　制冷系统的组成

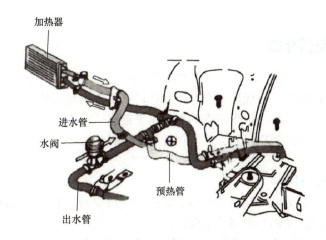

加热器

进水管

水阀

预热管

出水管

图 7-2　供暖系统的组成

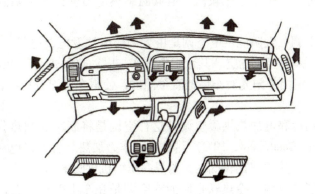

图 7-3　空调出风口示意图

2. 汽车空调的分类

（1）按功能分类　汽车空调按功能可分为单一功能和组合式功能两种。单一功能是指冷风、暖风各自独立，自成系统，一般用于大、中型客车上。组合式功能是指冷风、暖风合用一个鼓风机、一套操纵机构。这种结构又分为冷风、暖风分别工作和冷风、暖风同时工作两种方式，多用于轿车上。

（2）按驱动方式分类　汽车空调按驱动方式可分为非独立式汽车空调和独立式汽车空调两种。非独立式汽车空调的制冷压缩机由汽车本身的发动机驱动。独立式汽车空调的制冷压缩机由专用的空调发动机（也称副发动机）驱动。

（3）按控制方式分类　汽车空调按控制方式可分为手动、半自动和全自动（智能）空调3种。手动空调不具备车内温度和空气配送自动调节功能，制冷、供暖和风量的调节需要使用者按照需要调节，控制电路简单，通常用在普及型轿车和中、大型货车上。半自动空调虽然具备车内温度和空气配送调节功能，但制冷、供暖和送风量等部分功能仍然需要使用者调节，配有电子控制和保护电路，通常用在普及型轿车或部分中档轿车上。全自动（智能）空调具有自动调节和控制车内温度、风量以及空气配送方式的功能，保护系统完善，并具有故障诊断和网络通信功能，工作稳定可靠，目前广泛应用在中、高档轿车和大型豪华客车上。

7.1.2　电动汽车空调介绍

与传统燃油车不同，电动汽车主要动力源是动力电池，动力电池除了保障汽车运行外，还需要为空调系统提供能量。传统燃油车利用废热可以更容易地加热内部空间，而电动汽车由于缺乏可供使用的热机废热，汽车所需的能量水平被进一步推高。同时，为防止电动汽车动力电池过热还需要额外的制冷机制，这不仅导致了能耗的进一步提升，还突出了一个适宜的空调系统的重要性。

1. 电动汽车空调的种类

电动汽车空调主要分为电动热泵式空调、太阳能供电空调、电动压缩式制冷和电加热供暖空调、冷热联合储能式空调、磁制冷空调。

（1）电动热泵式空调　电动热泵式空调是由电机带动压缩机工作，与家用空调工作方式类似，具有冷暖功能，工作效率比较高，但低温制热能力受到条件限制，还需要进一步改进。

（2）太阳能供电空调　太阳能供电空调是由太阳能电池发电，电量储存在动力电池中，作为空调的动力来源。太阳能供电空调其余工作方式与电动热泵式空调相同。同时，布置在车体表面的光伏电池，阻挡了阳光对车体的直接照射，使得车内温升更小，降低了对空调制冷能力的需求。

（3）电动压缩式制冷和电加热供暖空调　这种空调是将制冷和制热分开，由正温度系数（Positive Temperature Coefficient，PTC）热敏电阻作为加热装置，以电动压缩机制冷。此类空调的明显缺陷是PTC热效率比较低，大约只有压缩机供暖的50%。

（4）冷热联合储能式空调　冷热联合储能式空调是在车上安放装置，储存本身具备制冷（夏天）或者制热（冬天）能力的介质，电力只作为这些介质在车内循环的动力。但采用这种方式制冷或者制热的能力有限，自身储存的能力用光后，就必须更换介质，才能重新具备相应能力。并且介质占用大量车内空间，不是理想的控温方式。

（5）磁制冷空调　磁制冷是一种利用磁性材料的磁热效应来实现制冷的新技术，这种冷却技术是基于磁热效应，其基本工作原理为：当向磁热材料施加磁场时，磁热材料的温度会发生改变，所施加的磁场使磁偶极对齐，从而带来温度的升高；当移除磁场后，原子重新变得无序，磁热材料随即冷却。目前磁制冷技术在电动汽车空调系统中的应用仍处于研究阶段。

2. 电动汽车空调与传统燃油车空调的区别

传统燃油车空调是由发动机直接带动压缩机工作，而电动汽车空调的动力源是动力电池，通过电机带动压缩机工作，如图7-4所示。

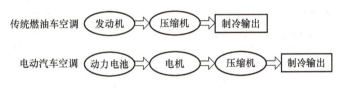

图7-4　传统燃油车空调与电动汽车空调的区别

1）由于传统燃油车空调直接由发动机带动，当车速降低时，空调的制冷性能也会随之下降。停车后，若发动机停转，则空调无法工作。因而，想要停车使用空调，车辆必须特意为空调保持在怠速状态。而对于电动汽车来说，只要电源保持接通状态，空调的使用与车辆本身是否行驶没有关系。

2）传统燃油车中发动机的波动会直接传导到压缩机，造成压缩机效率低下。而电动汽车的空调则不存在这个问题，动力电池可以为空调提供稳定的功率支持，使压缩机保持在最佳工作状态。

3）电动汽车直接以电力作为电源，使得空调控制器可以发挥作用，实现变频调控，从而达到精益节能的目的。在电动汽车上使用空调，其效率相比于在传统燃油车上已经有了很大提高，尤其是电动热泵式空调，更是给人们进一步提升空调效率带来了希望。

3. 冷暖双模式电动热泵式空调的工作原理

热泵式空调是在单冷型空调的基础上，增加了利用热泵制热原理而获得制热功能的空调，而且在空调系统中至少增加了一个电磁四通换向阀。电加热型空调是在冷风型空调的基础上增加了采用电热原理制热的加热器。电加热器可以是金属丝、合金丝等电阻发热元件，也可以是陶瓷发热元件。上述两种空调都属于冷暖两用空调，两者的区别在于制热方式和原理不同。

利用热泵原理制热是一种节能的供暖方式。热泵式空调制热时的能效比较大，即制热量与耗电量的比值较大，一般可达2.5以上，如当耗电功率为600W时，室内获得的热量可以在1500W以上，因此可以省电。但当室外环境温度较低时，热泵式空调制热效率会明显降低。以环境温度7℃时，制热能力计为100%，则当环境温度为0℃时，制热能力降为82%，因此热泵式空调一般运行在5～43℃，如果有自动融霜功能，则可以在−5～43℃运行。

冷暖双模式电动热泵式空调的工作原理如下：

1）温控过程。整车控制器按照驾驶人的指令，设定空调的工作状态。空调控制器接收整车控制器的指令，切换工作模式。

2）制冷模式。低温低压的制冷剂经过压缩机，被压缩为高温高压的热蒸气；热蒸气流向车室外换热器，在风扇的助力下，将热量散发到车外温度更低的空气中；从而使高温高压的制冷剂变成了低温高压的冷凝液体回流到车室内换热器中；液态的制冷剂经历蒸发吸热过程，吸收车内的热量，又汽化成低温低压的气体，循环至压缩机入口。如此循环，制冷剂就可以把热量从车内一次次地带到车外，如图7-5所示。

3）制热模式。制热过程与制冷过程正好相反，当系统处于制热模式时，低温低压气体被送入压缩机中，被压缩成高温高压热蒸气；热蒸气流向车室内换热器中散发热量，制冷剂冷凝成低温高压液体；低温高压液体流往车室外换热器中吸收热量，汽化成低温低压气体，再次来到压缩机入口，如图7-6所示。

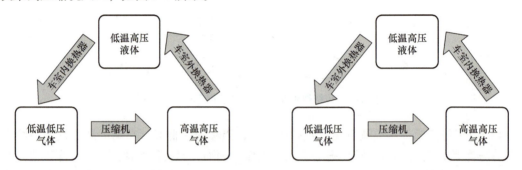

图7-5　冷暖双模式电动热泵式空调制冷工作原理　　图7-6　冷暖双模式电动热泵式空调制热工作原理

热泵式空调的本质是热量在不同空间之间的运输，换向四通阀和双向膨胀阀是冷热一体化的关键部件，也是故障率较高的部件。采用热泵式空调是目前最理想的汽车控温方式，但其自身也存在着明显的局限性，如效率仍然不尽人意、低温制热性能有待提高等。

4. 电动压缩式制冷和电加热供暖空调系统

压缩机空调是把热量从封闭的空间内转移到外面，或者把热量从外面带入到封闭的空间内，这个过程中不会有热量生成，只是有热量的转移。

电动汽车上的压缩机空调受整车控制器的控制，其具体实现形式多种多样，下面以一种典型形式来说明它的详细工作过程。

（1）电气工作过程　从电气角度来看，压缩机空调系统主要由以下几个部分组成：空调控制器、压缩机及热力学系统、压缩机用电机及其控制器、通信模块、温度压力传感器，如图7-7所示。

把车载空调的电气系统分为两个部分来看，即高压部分和低压部分。如图7-8所示，DC＋和DC－是高压电源，直接接入压缩机电机控制器。图7-8中空调继电器是空调控制器的电源开关。

（2）制冷制热量的调节　空调控制器闭合高压回路接触器，压缩机则进入工作状态。驾驶人或乘车人员通过调节风量和温度设置按钮调节车内温度。风量越大，从冷凝器带入车室内的热量越多，要求压缩机的功率就越大。设置的温度与当前温度差距越大，要求压缩机的功率也越大。空调控制器通过控制电动压缩机的电机转速，从而达到控制制冷制热量的目的。随着电机转速的提高，压缩机相应的运转速度也会提高，同时制冷剂流量上升，则提高了制冷量。

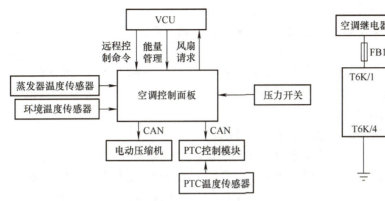

图7-7　压缩机空调系统组成示意图

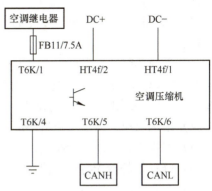

图7-8　车载压缩机空调的电气基本结构图

7.2　汽车车灯的节能技术

新能源汽车和传统燃油车的车灯结构和工作原理没有太大的区别。汽车车灯按照用途可分为照明灯和信号灯两大类。照明灯又可分为车内照明灯和车外照明灯。车外照明灯包括前照灯、牌照灯和前雾灯等；车内照明灯主要有车内阅读灯、组合仪表灯等。信号灯也可分为车外信号灯和车内信号灯。车外信号灯包括转向指示灯、制动灯、尾灯、侧标志和轮廓灯、倒车灯等，车内信号灯包括组合仪表指示灯、空调面板指示灯、音响系统指示灯、档位指示灯等。

汽车车灯经历白炽灯、卤素灯、光电子气体放电灯的发展过程，车灯的光效、寿命都得到了显著提高。随着汽车节能需求的进一步提高，人们针对汽车照明节能技术开展了新的探索。

电能对于新能源汽车的续驶里程尤为重要，为了节约能源，新能源车型通常采用更加节能的固态光源，如发光二极管（Light Emitting Diode，LED）灯就是一种较传统灯具更为节能的灯具形式，LED灯具有高效率、长寿命、低功率等优点，是当今汽车灯具的潮流。

发光二极管是一种能发光的半导体电子元器件。发光二极管与普通二极管一样，由一个PN结组成，也具有单向导电性。当给发光二极管加上正向电压后，从P区注入N区的空穴和由N区注入P区的电子，在PN结附近几微米内分别与N区的电子和P区的空穴复合，产生自发辐射的荧光，这就叫电致发光效应。不同的半导体材料中电子和空穴所处的能量状态不同，当电子和空穴复合时释放出的能量也不同。释放能量越多，则发出光的波长越短。故光线的波长、颜色及亮度与其所采用的半导体材料种类和渗入的元素杂质有关。

发光二极管不像传统灯丝灯泡那样通过热能使灯丝升温发光，而是由电能直接转换为光，是一种冷光源。同时发光二极管具有效率高、寿命长、不易破损、开关速度高和可靠性高等传统光源不具备的优点。因此，发光二极管是一种非常适用于汽车照明的光源。

与传统白炽灯相比，LED灯是汽车照明系统中一种非常理想的光源。LED灯作为汽车照明系统光源的优势如下：

1）寿命长，免维护。LED灯是一种几乎不发热的光源，使用寿命可达5～10年，在整个汽车使用期限内有可能不用更换灯具。

2）LED 灯的光源受电压变化的影响远远小于普通灯泡，具有高安全性和可靠性，而且容易控制。

3）无须热起动，亮灯响应速度快。普通灯泡的起动时间较长，一般在 100 ~ 300ms，而 LED 大约只有 250μs。对于制动灯而言，这样的时间差距意味着高速行驶时相差 4 ~ 7m 的制动距离，可以大大降低事故的发生率。

4）结构简单，耐振动和耐冲击性能远优于普通灯泡。

5）体积小，设计灵活性强，环境适应性强，可以随意变换模式和造型。

6）LED 灯的冷光特性，使灯具不会因长期受热而变形，从而提高了整套灯具的寿命。

7）非常节能。比同等亮度的白炽灯节能至少一半以上。根据美国能源部（DOE）2003 年的评估，若全美国的汽车都采用 LED 灯，每年可以节省燃料 50 多亿 L。

表 7-1 是 LED 灯与白炽灯的节能效果比较。可以看出，LED 灯的节能效果明显。现在生产的汽车均使用了 LED 灯作为汽车的照明设备。

表 7-1　LED 灯和白炽灯的节能效果对比

名称	LED 灯光源功耗/W	白炽灯功耗/W	节能效果（%）
制动灯	2.5 × 2	21 × 2	88
转向灯	3 × 2	21 × 2	85
位置灯	1 × 2	5 × 2	80
高位制动灯	1.5	21	92
宽度灯	1	10	90
后雾灯	3	21	85

思　考　题

1. 发展新能源汽车空调节能技术的意义是什么？

2. 新能源汽车与传统燃油车空调的区别是什么？

3. 简述新能源汽车空调的分类。

第8章 新能源汽车节能技术展望

随着汽车保有量的逐渐提升，世界石油消耗量日益攀升，大力发展新能源汽车是解决能源问题的重要措施。新能源节能技术作为新能源汽车发展的关键之一，其发展趋势备受关注。

（1）燃料技术 根据国家新能源汽车的发展规划，我国的新能源汽车主要是以纯电动汽车、混合动力电动汽车和燃料电池电动汽车为主，其中前两者仍然需要依赖以煤、油、气为主要能量来源的电力系统，尚无法完全满足当前节能减排的政策要求。为此，在推动燃料技术更新与发展的过程中，需要寻求从源头上符合环保要求的新能源，如太阳能、风能、氢能等。相比传统燃油车及电动汽车，太阳能汽车可实现真正的零排放。可燃冰也是一种新型燃料，与传统能源相比较，可燃冰的能量释放方式较为独特，应用后不会产生污染物，但燃料的开采难度高，整体的运输及应用模式还未形成。目前，氢燃料电池技术是最有发展前景的技术之一。尽管氢燃料电池技术还面临一些挑战，但它被认为是一种有潜力的清洁能源技术，可以在减少碳排放和改善空气质量方面发挥重要作用。

（2）发动机技术 随着技术的不断发展，新能源汽车的发动机技术将会进一步优化和创新，从而提高能源利用效率和性能。发动机技术的更新与发展会对新能源汽车的供能稳定性、安全性等产生影响。目前，可变排量发动机技术的应用范围不断拓展，通过应用该技术，可以根据汽车的动力需求进行排量的精准控制。该技术的应用优势在于不会改变汽车发动机的容积，并且可提升燃料的综合使用率，以实现节能减排。为了精准地控制发动机的排量，则需要使用计算机控制技术，并且如果在新能源汽车中搭载智能控制系统，则会使控制效果得到进一步优化。许多新能源车企都比较重视对智能控制系统的开发、对发动机排量的优化以及对汽车车身进行一定程度的控制，并且全面融合感知、决策、控制、交互等软硬件技术，以发挥新能源汽车电动化、智能化的优势，从而实现整车深度智能融合，进一步优化节能性能。

（3）电池技术 新能源汽车的核心技术之一是电池技术，电池技术的发展将直接影响新能源汽车产业的稳步提升。电池技术的发展，主要集中在电池的能量密度提高、电池材料更新以及电池的供能状况优化等方面。目前，锂离子电池是主流的动力电池技术，但其能量密度相对较低，限制了电动汽车的续驶里程。研究人员正在致力于开发新型的高性能电池材料，如硅基负极材料、固态电池等，以提高电池的能量密度和充电速度。此外，由于氢能的热值高、稳定性强、无污染，因此氢燃料电池逐渐走入了人们的视野。还有一些新兴的技术，如钠离子电池、锌空气电池等也受到了业内的关注。新型电池技术的发展将为新能源汽车提供更长的续驶里程和更快的充电速度。

（4）充电技术 新能源汽车的主要驱动力为电能，并且新能源汽车主要是依靠外置充电器与电力供应设备（如换电站、充电桩等）补充电能。当前，充电技术类型主要包括接触式充电、无线充电、换电技术。其中，无线充电和换电技术仍存在成本问题，无线充电成本较高，在未来新能源汽车不断发展的背景下，无线充电技术会逐渐完善，为新能源汽车提供更加便利的充电体验。而换电技术也受电池不同的种类、型号、尺寸的影响，目前各个汽车生产厂商的换电服务成本较高，换电站的运维成本也较高。随着"双碳"工作的不断推进，新能源汽车会受到越来越多的市场关注，新能源汽车充电系统的智能升级也会成为其发展趋势。为了有效避免新能源汽车在充电过程中产生过电流、过电压及温度过高的情况损害电池健康，以电池充电的 SOC 值为依据，设计智能充电系统，有效优化新能源汽车充电过程的控制效果，可以提升电池充电的安全性，并延长电池的使用寿命。

（5）电机系统效率 电机系统效率包括电机效率与控制系统效率。电机系统效率的提升也是新能源汽车节能技术的重要方向。电机是新能源汽车的核心部件之一，其效率直接影响着车辆的能耗和续驶里程。目前，永磁同步电机以高功率密度与更高的能量转换效率成为新能源汽车的主流方案。为了提升电机效率，采用高性能导电材料如"超级铜线"与超导材料作为电枢绕组，能够极大地降低电机的热损耗。采用叠片系数高的硅钢作为定转子材料，可有效降低电机的涡流损耗。此外，采用扁线绕组结构也是提高电机效率的有效途径，相比圆线绕组，扁线绕组具备更高的槽满率、更低的发热与更强的散热能力，在低速下更具效率优势，更适合我国城市路况对于车辆的需求。除了从电机结构设计上实现高效率的目标外，永磁电机控制系统也在朝着高效率方向发展。其中，最大转矩电流比控制是在输出转矩不变的情况下，通过利用磁阻转矩使得电流最小化，从而减小电机铜耗。此外，还可以利用最大效率电流比控制，从根本上保证电机运行于效率最优的工作点下。电机控制策略趋于智能化、网络化、集成化，电动汽车电机控制策略将采用更丰富的人工智能技术，如模糊控制、神经网络控制等，以提高控制系统的智能化水平。

（6）轻量化 新能源汽车推广及发展的最大阻碍是其续驶能力有限，轻量化设计是新能源汽车节能技术的另一个重要方向。新能源汽车轻量化节能技术主要有三大途径，即轻量化材料应用、结构优化设计和先进制造工艺。电动汽车轻量化的研究主要集中在 4 个方面：车身轻量化、电池轻量化、电驱动总成轻量化和零部件轻量化。目前，采用轻质材料、结构优化设计和多体动力学优化等方法是实现汽车车身轻量化的重点。例如，采用高强度钢、铝合金、碳纤维复合材料等轻质材料来替代传统的钢材和其他重质材料；通过结构优化设计来减少材料的使用量和结构的质量；利用多体动力学优化方法来改善车辆的空气动力学性能等。电池系统轻量化可以从电芯轻量化、电池箱体轻量化以及不同类型的电池容器轻量化等方面进行研究，以提高电池系统的能量密度与功率密度。电驱动总成轻量化则主要包括电机轻量化与电控系统轻量化。采用高功率密度电机与高集成化的电控系统能够有效减小电驱动总成的质量与体积。这些轻量化设计技术的应用将进一步提高新能源汽车的能效。

（7）智能控制和车联网技术 智能控制和车联网技术的应用也是新能源汽车节能技术的重要趋势。智能控制技术可以通过精确控制车辆的动力系统、制动系统和悬架系统等，实现对车辆能耗的最佳控制。例如，根据实时路况和驾驶需求进行动态调整，以降低能耗和排放。而车联网技术可以实现车辆之间、车辆与基础设施之间的信息交互和共享，从而优化交通流量、减少拥堵和碰撞等现象的发生。这些智能控制和车联网技术的应用将进一步提高新能源汽车的节能效果和驾乘体验。

（8）自动驾驶技术 新能源汽车的自动驾驶技术是近年来发展较为迅速的技术之一，其将人工智能、机器视觉、传感器等多种技术结合在一起，实现车辆自主感知、决策和控制，从而实现无人驾驶。自动驾驶离不开高精度的感知能力，随着传感器技术的不断进步，新能源汽车将采用更先进的传感器，如激光雷达、高分辨率摄像头、毫米波雷达等，以提高对周围环境的感知精度和范围。智能算法是自动驾驶的核心技术，包括计算机视觉、机器学习、深度学习等。通过对传感器数据的处理和分析，车辆可以实现感知和决策，从而做出正确的行驶决策。未来的发展趋势是通过深度学习等技术，使车辆能够更好地理解和适应复杂的交通环境，提高决策和规划能力。云计算也是自动驾驶的一部分，可以为车辆提供实时路况信息、交通预测和路线规划等服务，从而使车辆的决策更加智能化。此外，自动驾驶需要大量的数据支持，包括地图数据、交通数据等。未来，车辆之间和车辆与云端之间的数据共享将变得更加普遍，通过云计算能够实现车辆间的协同和更精准的决策。

1. 新能源汽车节能技术的发展方向是什么？
2. 新能源汽车有哪些新的节能技术？

参 考 文 献

[1] 帅石金，王志. 汽车动力系统原理 [M]. 北京：清华大学出版社，2021.

[2] 陈勇. 新能源汽车动力传动系统技术与实践 [M]. 武汉：华中科技大学出版社，2022.

[3] 孙超，刘波，孙逢春. 新能源汽车节能规划与控制技术研究综述 [J]. 汽车安全与节能学报，2022，13（4）：593-616.

[4] 张军. 汽车节能技术 [M]. 北京：机械工业出版社，2014.

[5] 崔胜民. 现代汽车新技术解析 [M]. 北京：化学工业出版社，2016.

[6] 付百学. 汽车节能减排技术 [M]. 北京：人民交通出版社，2020.

[7] 谢秋慧，张昊，童琮，等. 新能源汽车电驱动系统能耗检测方法及评价体系研究 [J]. 机电工程，2016，33（4）：6.

[8] 崔胜民. 新能源汽车技术 [M]. 3版. 北京：北京大学出版社，2020.

[9] 史踪. 氢能与燃料电池电动汽车 [M]. 北京：机械工业出版社，2022.

[10] 石玲. 电动汽车概论 [M]. 北京：机械工业出版社，2020.

[11] 董素荣. 车用柴油机替代燃料 [M]. 北京：化学工业出版社，2022.

[12] 曾小华，王庆年，等. 新能源汽车关键技术 [M]. 2版. 北京：化学工业出版社，2023.

[13] 熊云著. 汽车节能技术原理及应用 [M]. 2版. 北京：中国石化出版社，2015.

[14] 叶盛基. 中国增程式电动汽车产业发展报告 [M]. 北京：机械工业出版社，2023.

[15] 霍云龙. 纯电动汽车能耗模型与节能路径规划研究 [D]. 长春：吉林大学，2023.

[16] 沈泽武. 新能源电动汽车的电机驱动技术和制动能量回收控制策略研究 [D]. 南京：南京理工大学，2020.

[17] 许哲. 基于多模式切换的纯电动汽车制动能量回收策略研究 [D]. 南宁：广西大学，2023.

[18] 牛丽媛，李志虎，熊建民，等. 新能源汽车轻量化材料与工艺 [M]. 北京：化学工业出版社，2020.

[19] 雷飞. 车辆电动化与智能化进程中的轻量化设计：挑战、路径与方法 [M]. 武汉：华中科技大学出版社，2022.

[20] 张友国. 新能源汽车铝合金材料工艺及应用 [M]. 北京：机械工业出版社，2021.

[21] 兰凤崇，陈吉清. 新能源汽车动力电池系统关键技术 [M]. 广州：华南理工大学出版社，2022.

[22] 中国汽车工程学会. 节能与新能源汽车技术路线图2.0 [M]. 2版. 北京：机械工业出版社，2021.

[23] 高建平. 新能源汽车概论 [M]. 2版. 北京：机械工业出版社，2022.

[24] 姜立标. 现代汽车新技术 [M]. 3版. 北京：北京大学出版社，2018.

[25] 曲金亮. 纯电动客车全承载式车身骨架结构设计与轻量化研究 [D]. 镇江：江苏大学，2016.

[26] 吴洋. 基于封闭回路结构的馈能式协同控制悬架系统研究 [D]. 长沙：湖南大学，2021.

[27] 黄伟，黄耀南，冯坤，等. 纯电动汽车两档自动变速器研究开发 [J]. 汽车技术，2001（10）：17-21.

[28] 秦大同，周保华，胡明辉，等. 两档电动汽车动力传动系统的参数设计 [J]. 重庆大学学报，2011，34（1）：1-6.

[29] REN Q, CROLLA D A, MORRIS A. Effect of transmission design on electric vehicle（EV）Performance [C] //IEEE Vehicle Power and Propulsion Conference. Piscataway, N. J.：IEEE, 2009：1260-1265.

[30] GAO B, LIANG Q, XIANG Y, et al. Gear ration optimization and shift control of 2- speed I- AMT in Electric Vehicle [J]. Mechanical Systems and Signal Processing, 2015, 50-51：615-631.

[31] STUBBS B. Multi- speed transmissions for electric vehicles [C] //Niche Vehicle Symposium. [S. l.：s. n.], 2012.

[32] 过恺煜. 电动汽车用扁线电机设计与转矩性能优化分析 [D]. 南昌：南昌大学，2023.

[33] 田泽玺. 分布式驱动电动汽车稳定性控制策略研究 [D]. 长春：吉林大学，2023.

[34] 邓菊根. 新能源客车能量回收系统研究 [J]. 汽车测试报告，2023（9）：70-72.

[35] 朱雅君. 混合动力商用车再生制动及防抱死集成控制系统的研究 [D]. 长春：吉林大学，2007.

[36] 张树培，黄璇，荆哲铖，等. 城市道路与 NEDC 工况的制动能量回生率差异分析 [J]. 重庆交通大学学报（自然科学版），2015，34（2）：133-136.

[37] 许强，张云宁，郭建民，等. 汽车制动能量回收方案及比较 [J]. 交通科技与经济，2008（3）：59-60.

[38] 王智文，冯昌川. 新能源汽车轻量化技术路径及开发策略 [J]. 汽车工艺与材料，2021（6）：1-12.

[39] 《中国公路学报》编辑部. 中国汽车工程学术研究综述：2023 [J]. 中国公路学报，2023，36（11）：1-192.

[40] 应祺煜. 探讨新能源汽车电池类型现状及发展趋势 [J]. 时代汽车，2024（5）：101-103.

[41] 冯毅，张德良，高翔. 基于安全、轻量化、可靠性多目标的新能源汽车电池包壳体开发 [J]. 汽车工程学报，2024，14（2）：155-167.

[42] 关涛，刘大猛，何永勇. 永磁轮毂电机技术发展综述 [J]. 电工技术学报，2024，39（2）：378-396.

[43] 陈前，赵美玲，廖继红，等. 轻量化高效率永磁电机及其控制技术综述 [J]. 电气工程学报，2023，18（4）：3-19.

[44] 卢文轩，严星，陈平，等. 纯电动汽车电驱系统集成化前沿趋势 [J]. 汽车工程师，2019（10）：16-18+59.

[45] 曲亚飞，毛红生. 新能源汽车电驱动系统关键技术及其发展趋势 [J]. 时代汽车，2023（15）：80-82.

[46] 高皓铭. 基于坡度信息的混合动力商用车预见性巡航控制研究 [D]. 长春：吉林大学，2024.